TERCEIRIZAÇÃO NA ADMINISTRAÇÃO PÚBLICA

Boas Práticas e Atualização à Luz da Nova Lei de Licitações

CRISTIANA FORTINI
FLAVIANA VIEIRA PAIM
Coordenadoras

Prefácio
Júlio Marcelo de Oliveira

TERCEIRIZAÇÃO NA ADMINISTRAÇÃO PÚBLICA

Boas Práticas e Atualização
à Luz da Nova Lei de Licitações

2ª Reimpressão

Belo Horizonte

2024

© 2022 Editora Fórum Ltda.
2022 1ª Reimpressão
2024 2ª Reimpressão

É proibida a reprodução total ou parcial desta obra, por qualquer meio eletrônico, inclusive por processos xerográficos, sem autorização expressa do Editor.

Conselho Editorial

Adilson Abreu Dallari
Alécia Paolucci Nogueira Bicalho
Alexandre Coutinho Pagliarini
André Ramos Tavares
Carlos Ayres Britto
Carlos Mário da Silva Velloso
Cármen Lúcia Antunes Rocha
Cesar Augusto Guimarães Pereira
Clovis Beznos
Cristiana Fortini
Dinorá Adelaide Musetti Grotti
Diogo de Figueiredo Moreira Neto (*in memoriam*)
Egon Bockmann Moreira
Emerson Gabardo
Fabrício Motta
Fernando Rossi
Flávio Henrique Unes Pereira

Floriano de Azevedo Marques Neto
Gustavo Justino de Oliveira
Inês Virgínia Prado Soares
Jorge Ulisses Jacoby Fernandes
Juarez Freitas
Luciano Ferraz
Lúcio Delfino
Marcia Carla Pereira Ribeiro
Márcio Cammarosano
Marcos Ehrhardt Jr.
Maria Sylvia Zanella Di Pietro
Ney José de Freitas
Oswaldo Othon de Pontes Saraiva Filho
Paulo Modesto
Romeu Felipe Bacellar Filho
Sérgio Guerra
Walber de Moura Agra

FÓRUM
CONHECIMENTO JURÍDICO

Luís Cláudio Rodrigues Ferreira
Presidente e Editor

Coordenação editorial: Leonardo Eustáquio Siqueira Araújo
Aline Sobreira de Oliveira

Rua Paulo Ribeiro Bastos, 211 – Jardim Atlântico – CEP 31710-430
Belo Horizonte – Minas Gerais – Tel.: (31) 99412.0131
www.editoraforum.com.br – editoraforum@editoraforum.com.br

Técnica. Empenho. Zelo. Esses foram alguns dos cuidados aplicados na edição desta obra. No entanto, podem ocorrer erros de impressão, digitação ou mesmo restar alguma dúvida conceitual. Caso se constate algo assim, solicitamos a gentileza de nos comunicar através do *e-mail* editorial@editoraforum.com.br para que possamos esclarecer, no que couber. A sua contribuição é muito importante para mantermos a excelência editorial. A Editora Fórum agradece a sua contribuição.

Dados Internacionais de Catalogação na Publicação (CIP) de acordo com a AACR2

T315	Terceirização na Administração Pública: boas práticas e atualização à luz da Nova Lei de Licitações / coordenado por Cristiana Fortini, Flaviana Vieira Paim. 2ª reimpressão. – Belo Horizonte : Fórum, 2022. 352 p. ; 14,5cm x 21,5cm. Inclui bibliografia e anexo. ISBN: 978-65-5518-288-0 1. Direito. 2. Direito Administrativo. 3. Contratação Pública. I. Fortini, Cristiana. II. Paim, Flaviana Vieira. III. Título.
2021-3682	CDD: 341.3 CDU: 342.9

Elaborado por Vagner Rodolfo da Silva – CRB-8/9410

Informação bibliográfica deste livro, conforme a NBR 6023:2018 da Associação Brasileira de Normas Técnicas (ABNT):

FORTINI, Cristiana; PAIM, Flaviana Vieira (Coord.). *Terceirização na Administração Pública*: boas práticas e atualização à luz da Nova Lei de Licitações. 2. reimpr. Belo Horizonte: Fórum, 2022. 352 p. ISBN 978-65-5518-288-0.

A Deus, por tudo e por todos.
A eles, Luccas João e Maria, pelo amor e pelo exemplo.
A ele, Washington, pelo companheirismo e gratidão.
Aos colegas deste livro, pela confiança e dedicação.
Flaviana Paim

Aos meus filhos, Henrique e Arthur, amor puro.
Ao Rúsvel, mão estendida na dor e no desafio.
Cristiana Fortini

SUMÁRIO

PREFÁCIO
Júlio Marcelo de Oliveira 17

NOTA DAS COORDENADORAS 21

APRESENTAÇÃO 23

A NACIONALIZAÇÃO DE REGRAS FEDERAIS SOBRE
TERCEIRIZAÇÃO POR MEIO DA NOVA LEI DE LICITAÇÃO
Cristiana Fortini, Flaviana Paim 25
    Introdução 25
    Fiscalização e responsabilidade 26
    Da designação dos fiscais de contratos 30
    Do modelo de gestão contratual e a divisão de tarefas e
    atribuições 32
    Da capacitação dos fiscais e gestores de contratos e o auxílio
    pelos órgãos de assessoramento jurídico e de controle interno .. 34
    Da obrigatoriedade de previsão de critério de reajustamento
    em edital 35
    Repactuação e reajuste por índice 37
    Planejamento e os procedimentos de gestão de risco utilizados
    para minimizar problemas trabalhistas 40
    Duração dos contratos 42
    Conclusão 44
    Referências 45

TERCEIRIZAÇÃO NO SETOR PÚBLICO: ENCONTROS E
DESENCONTROS
José dos Santos Carvalho Filho 47
1   Introdução 47
2   Terceirização 48
3   Setor privado 50
4   Regime atual da terceirização 52

5	Regimes funcionais do servidor público	54
6	Terceirização nas contratações públicas	56
7	Contratação na nova Lei de Licitações	61
8	Serviços técnicos especializados de natureza predominantemente intelectual	63
9	A contratação de servidores temporários	65
10	Conclusões	67
	Referências	69

RISCOS, CONTROLES E RACIONALIDADE NA TERCEIRIZAÇÃO
Franklin Brasil Santos, Tânia Lopes Pimenta Chioato 71

1	Introdução	71
2	Trajetória de riscos e controles na terceirização	73
3	Metodologia	78
4	Riscos antes e depois do Acórdão nº 1.214/13	79
5	Estatísticas dos contratos terceirizados federais	85
6	Há o que melhorar?	91
6.1	Prazos de vigência	91
6.2	Conta vinculada	92
7	Considerações finais	97
	Referências	98
	Anexo – Detalhamento de procedimentos metodológicos de obtenção de dados	99

A ATUALIZAÇÃO FINANCEIRA DE CONTRATOS DE TERCEIRIZAÇÃO EM SUAS DIVERSAS FORMAS DE REAJUSTE, REPACTUAÇÃO E REVISÃO DO PREÇO – A ETERNA BUSCA DO EQUILÍBRIO ECONÔMICO-FINANCEIRO E SEUS OBSTÁCULOS
Gustavo Cauduro Hermes 101

ESTUDO TÉCNICO PRELIMINAR NA CONTRATAÇÃO DE SERVIÇOS TERCEIRIZADOS: UM INSTRUMENTO PARA UMA ATUAÇÃO ESTRATÉGICA E INOVADORA
Andréa Heloisa da Silva Soares, Virgínia Bracarense Lopes 125

1	Introdução	125
2	Estudos Técnicos Preliminares: uma origem anterior à Nova Lei de Licitações e Contratos Administrativos	127
3	Elementos do ETP na perspectiva das contratações de terceirização	129
3.1	Descrição da necessidade da contratação (art. 18, §1º, I)	129

3.2	Demonstração da previsão da contratação no plano de contratações anual (art. 18, §1º, II)	132
3.3	Requisitos da contratação (art. 18, §1º, III)	132
3.4	Estimativas das quantidades para a contratação (art. 18, §1º, IV)	135
3.5	Levantamento de mercado (art. 18, §1º, V)	137
3.6	Estimativa do valor da contratação (art. 18, §1º, VI)	138
3.7	Descrição da solução (art. 18, §1º, VII)	139
3.8	Parcelamento ou não da contratação (art. 18, §1º, VIII)	140
3.9	Demonstrativo dos resultados pretendidos (art. 18, §1º, IX)	141
3.10	Providências prévias à celebração do contrato (art. 18, §1º, X)	142
3.11	Contratações correlatas e/ou interdependentes (art. 18, §1º, XI)	142
3.12	Descrição de possíveis impactos ambientais e respectivas medidas mitigadoras (art. 18, §1º, XII)	142
4	Casos práticos	144
4.1	Contratação de serviço de apoio administrativo: Ministério da Economia – Pregão SRP nº 10/2020	144
4.2	Renovação de contratos	148
4.3	Contratação de *facilities*	149
5	Conclusão	151
	Referências	152

AS SEIS REGRAS DE OURO DA FISCALIZAÇÃO ADMINISTRATIVA DE CONTRATOS

Flaviana V. Paim 159

Introdução 159

Regra nº 1: as atividades de gestão e fiscalização devem ser realizadas de forma preventiva, rotineira e sistemática 161

Regra nº 2: ter um plano de acompanhamento baseado em riscos que permita saber o que deve ser solicitado em cada caso 163

Regra nº 3: valer-se de *checklists* completos e bem elaborados 166

Regra nº 4: não basta solicitar documentos. É preciso verificá-los 167

Regra nº 5: manter bom relacionamento com a contratada e seu preposto estabelecendo rotina de reuniões periódicas 170

Regra nº 6: entender a planilha de custos e formação de preços do contrato e os documentos que a embasam 172

Conclusão 174

Referências 174

CRITÉRIOS DE MEDIÇÃO NOS SERVIÇOS TERCEIRIZADOS: DO "HOMEM-HORA" ÀS METODOLOGIAS ÁGEIS

Thiago Zagatto 177

    Introdução 177

1	O que é um bom critério de medição para serviços?	177
2	Critério "homem-hora" ou "por posto"	179
3	Pagamento por resultado objetivamente aferível	181
4	Metodologias ágeis	183
5	A identificação de superfaturamento a partir do critério de medição	185
6	A irrelevância do critério de medição para a configuração da dedicação exclusiva de mão de obra	187
7	Considerações finais	188

FISCALIZAÇÃO DE CONTRATOS CENTRALIZADOS: A EXPERIÊNCIA DA CENTRAL DE COMPRAS

Isabela Gomes Gebrim, Luís Guilherme Izycki 189

1	Introdução	189
2	A Central de Compras: atuação na fiscalização de contratos no Centro de Serviços Compartilhados do Governo Federal	190
3	Fiscalização de contratos centralizados na prática	193
4	Exemplos de contratos fiscalizados pela Central de Compras	198
4.1	TáxiGov	198
4.2	Almoxarifado Virtual Nacional	199
5	Futuros contratos	201
5.1	Compra direta de passagens aéreas	202
5.2	Contratação de serviço de limpeza	203
6	Conclusão	206
	Referências	207

A TERCEIRIZAÇÃO DE SERVIÇOS E O CONTRATO DE *FACILITIES* DA LEI Nº 14.011/2020

Christianne de Carvalho Stroppa, Gabriela Verona Pércio 209

1	Introdução	209
2	A terceirização de serviços pela Administração Pública e a necessidade de um novo modelo	211
3	O contrato de *facilities* previsto na Lei nº 14.011/2020	214
4	Regime jurídico do contrato de *facilities*	217
5	Conclusão	224
	Referências	224

TERCEIRIZAÇÃO MUNICIPAL EM FACE DA LEI DE RESPONSABILIDADE FISCAL

Maria Sylvia Zanella Di Pietro 227

1. A terceirização como forma de burla ao limite de despesa com pessoal 227
2. A terceirização na empresa privada e na Administração Pública 228
3. A terceirização como forma de fornecimento de mão de obra ... 230
4. Distinção entre contrato de prestação de serviços e contrato de fornecimento de mão de obra 238
5. Interpretação do artigo 18, §1º, da Lei de Responsabilidade Fiscal 241

AS TERCEIRIZAÇÕES E AS CONTRATAÇÕES TEMPORÁRIAS REALIZADAS PELA ADMINISTRAÇÃO PÚBLICA – DISTINÇÕES ENTRE AS DUAS FIGURAS E O IMPACTO NA LRF

Cristiana Fortini, Flávia Cristina Mendonça Faria 245

1. Introdução 245
2. A terceirização na iniciativa privada após a Reforma Trabalhista e as decisões do STF 246
3. A terceirização realizada pela Administração Pública 250
4. Contratação temporária por excepcional interesse público 257
5. Distinção entre terceirização e contratação temporária 261
6. As despesas com terceirização de atividades-meio e contratação temporária na Administração Pública 263
7. Conclusão 268

Referências 269

DA APLICAÇÃO DA INSTRUÇÃO NORMATIVA IN/SEGES/MPDG Nº 05/2017 ÀS EMPRESAS ESTATAIS FEDERAIS COMO BOA PRÁTICA DE GOVERNANÇA

Renila Lacerda Bragagnoli, Virginia Kirchmeyer Vieira 271

Introdução 271

Da Instrução Normativa IN/SEGES/MPDG nº 05/2017 271

Das disposições da Lei nº 13.303/2016 275

Do princípio da boa administração 278

Conclusão 279

Referências 280

LEI GERAL DE PROTEÇÃO DE DADOS NOS CONTRATOS DE TERCEIRIZAÇÃO
Greycielle Amaral, Maria Fernanda Pires Carvalho Pereira, Carolina F. Dolabela Chagas.................... 283

1 Introdução.................... 283
2 Incidência da LGPD sobre entes públicos e privados envolvidos nos contratos de terceirização de mão de obra exclusiva.................... 285
3 Dados pessoais envolvidos na relação de mão de obra de dedicação exclusiva.................... 287
4 Análise sobre os requisitos para o tratamento dos dados pessoais pela administração pública em casos de terceirização. 288
5 Lei de Acesso à Informação (LAI) x dados de trabalhadores de empresas terceirizadas.................... 297
6 Conclusão.................... 303
 Referências.................... 304

AS BOAS PRÁTICAS NAS PARCERIAS ENTRE A ADMINISTRAÇÃO PÚBLICA E AS ORGANIZAÇÕES DA SOCIEDADE CIVIL NO MROSC (LEI Nº 13.019/2014)
Tarso Cabral Violin.................... 307

VINTE PERGUNTAS FREQUENTES SOBRE A ELABORAÇÃO E ANÁLISE DAS PLANILHAS DE CUSTOS E FORMAÇÃO DE PREÇOS
Flaviana Paim.................... 321

1 Todos os serviços continuados em regime de dedicação exclusiva de mão de obra demandam que o custo estimado seja definido por meio do preenchimento da planilha de custos e formação de preços? Por quê?.................... 321
2 Qual a importância das planilhas de custos e formação de preços na Lei nº 14.133/21? A Nova Lei de Licitações traz alguma alteração significativa quanto a essa questão?.................... 322
3 O que é indispensável ao orçamentista para a correta elaboração das planilhas de custos e formação de serviços indispensáveis para os serviços contínuos em regime de dedicação exclusiva de mão de obra?.................... 323
4 A Administração Pública pode indicar em Edital a Convenção Coletiva ou Acordo Coletivo que deverá ser utilizado para elaboração da planilha de custos da proposta?.................... 325
5 O que deve ser considerado no momento de precificar um produto?.................... 326
6 O que são preços manifestamente inexequíveis?.................... 327

7	Como deve ser elaborado o orçamento estimativo em planilhas caso a Convenção Coletiva da categoria esteja vencida?	327
8	É possível a indicação em Edital de salários e benefícios a serem observados de forma obrigatória nas propostas?	328
9	Licitantes concorrentes podem solicitar diligências para aferir a exequibilidade do preço do licitante classificado em primeiro lugar no certame?	329
10	Podemos contratar serviços terceirizados tendo como unidade de medida postos de trabalho ou simplesmente horas de trabalho?	329
11	Para a composição do orçamento estimado da contratação o servidor pode aproveitar os itens de um determinado pregão para compor a sua pesquisa de mercado?	329
12	Preposto representa um custo direto a ser previsto em planilha?	330
13	O capital de giro necessário para execução de serviços em regime de dedicação de mão de obra deve ser previsto na planilha quando houver previsão de pagamento em conta depósito vinculada ou pagamento pelo fato gerador?	331
14	É verdade que a planilha, após a realização do contrato, não pode mais ser alterada pela contratada?	331
15	Existe jogo de planilhas em serviços terceirizados?	332
16	Empresas que tributam seus resultados utilizando o regime de tributação do lucro real possuem alguma peculiaridade que deva ser observada na elaboração de suas propostas?	332
17	Quais são os itens não renováveis nas planilhas de custos e formação de preços?	334
18	Por que o IRPJ e a CSLL não são previstos em planilha de custos e formação de preços?	335
19	A administração pode, em sede de repactuação, alterar a planilha de custos em razão de erro em seu dimensionamento inicial?	335
20	É possível aceitar propostas de serviços continuados apresentadas com lucro zero ou pequeno prejuízo?	336

ANEXO A – TERMO DE NOMEAÇÃO DE PREPOSTO 337

ANEXO B – DECLARAÇÃO DE REALOCAÇÃO 339

ANEXO C – MODELO DE NOTIFICAÇÃO GERAL 341

ANEXO D – *CHECKLIST* TRABALHISTA 343

ANEXO E – *CHECKLIST* TC E PROCEDIMENTAL 345

SOBRE OS AUTORES 349

PREFÁCIO

É com vívida satisfação que apresento esta obra sobre terceirização no setor público, coordenada pelas Doutoras Cristiana Fortini e Flaviana Paim, duas renomadas doutrinadoras e admiradas advogadas, que reuniram seleto grupo de profissionais com larga experiência no tema e múltiplas vivências, seja como advogados e consultores de empresas prestadoras dessa classe de serviço, seja como servidores atuantes na administração ou em órgãos de controle, seja ainda como prestigiados membros da academia.

A terceirização no setor público já se provou indispensável como medida de ganho de eficiência e redução de custos. Embora consolidada, não deixa de apresentar notável e constante evolução, que reflete o aprendizado decorrente dos percalços e dificuldades de parte a parte – Administração Pública e empresas contratadas – vividos em sua implementação.

Sem prejuízo de pontuar adequadamente os marcos decisivos na trajetória da terceirização, com indicação cuidadosa não só da evolução legislativa, mas também da jurisprudência do Tribunal de Contas da União, a obra tem seu olhar posto principalmente no presente, no cotidiano, mediante a discussão e resolução de questões práticas, fundamentais para quem contrata, para o contratado e para a sociedade beneficiária da boa utilização do instituto, afinal, uma terceirização bem-feita resulta em uma Administração Pública que funciona melhor.

O capítulo dedicado a perguntas frequentes sobre preços e planilhas de custos dá o tom prático da obra, indicando a resposta mais adequada para situações concretas extraídas da experiência. Na mesma linha, o capítulo que aponta as seis "regras de ouro" da fiscalização fornece um roteiro seguro para o desempenho dessa fundamental atividade.

Também o capítulo relativo às recorrentes questões de reajuste, repactuação e revisão do preço esclarece situações da execução dos contratos de extrema importância para o harmônico, justo e equilibrado desenvolvimento da relação contratual, notadamente em face da ampliação do prazo máximo de duração dos contratos de prestação de serviços, o que aumenta o coeficiente de incerteza inerente a todo contrato de duração continuada.

Os autores advertem que a crescente utilização da terceirização demanda cuidados e providências que vão desde a fase embrionária dos estudos técnicos preliminares, previstos na nova lei de licitações, até os mecanismos de controle e fiscalização da prestação dos serviços, momentos distintos, porém conexos, visto que a qualidade dos primeiros determina a possibilidade de eficácia dos últimos. Aliás, em razão de sua inegável importância, a obra traz capítulo inteiramente dedicado aos estudos técnicos preliminares, chamando a atenção para aspectos essenciais a serem observados por ocasião de sua elaboração.

Com muita propriedade, examina-se o planejamento das formas e métricas de fiscalização já na elaboração dos estudos técnicos preliminares, com a necessária participação de profissionais responsáveis pela fiscalização na equipe encarregada dos estudos, o que se conecta a um dos desafios mais recorrentes em contratos de terceirização, que é o do estabelecimento dos critérios de medição e remuneração dos serviços prestados. O tema é muito bem explorado em capítulo especialmente a ele dedicado, com exemplificação da variabilidade dos parâmetros mais adequados conforme o tipo de serviço a ser contratado.

Nada obstante o foco na prática, portanto, no presente, a obra tem o cuidado de mirar o futuro ao articular a terceirização com as inovações trazidas pela ainda recente Lei Geral de Proteção de Dados, enfocando seus impactos na Administração Pública, de modo geral, e nessa específica modalidade de contratação, em particular, sublinhando cautelas que terão de ser observadas pela Administração Pública e pelas empresas contratadas no tratamento de dados pessoais de cidadãos e empregados.

Com efeito, a introdução de novas leis com repercussões sobre o funcionamento da Administração Pública requer sempre um período de experimentação e aprendizado institucional, ao longo do qual se vão consolidando práticas e interpretações provenientes do Poder Judiciário e dos Tribunais de Contas, com fundamental participação da doutrina na construção desse processo de concretização das normas.

Ainda no campo das recentes inovações legislativas e do olhar para o futuro, não se olvidou de acurada análise do contrato de *facilities*, há pouco introduzido em nosso ordenamento, por meio da Lei nº 14.011/2020, como instrumento de modernização da Administração Pública, com potencial de ampla aplicação ainda por ser explorado, mas já experimentado por algumas instituições.

Por fim, capítulo específico examina a possibilidade de aplicação do regramento contido na Instrução Normativa IN/SEGES/MPDG nº

05/2017 às empresas estatais, tendo em conta seu específico estatuto – Lei nº 13.303/2016 – e o princípio da boa administração.

Este livro constitui, pois, excelente ferramenta prática para todos quantos lidam com o tema da terceirização, nomeadamente os gestores, advogados públicos e das empresas, fiscais de contrato e auditores dos órgãos de controle, sem embargo de fornecer sólida fundamentação técnico-jurídica para o deslinde de casos a serem enfrentados por membros da magistratura e do Ministério Público.

A todos, uma boa e proveitosa leitura!

Júlio Marcelo de Oliveira
Procurador do Ministério Público de Contas junto ao TCU.

NOTA DAS COORDENADORAS

Falar de terceirização é sempre desafiador! Tão desafiador quanto empolgante. Foi com muita satisfação que recebemos o convite para apresentação de uma obra que reunisse temas atuais e relevantes e que de uma forma prática e objetiva pudesse colaborar para o aperfeiçoamento das contratações de serviços terceirizados junto aos operadores nas Administrações Públicas das três esferas de governo.

Desta forma, o primeiro desafio foi selecionar esse time de profissionais, que por suas vivências práticas pudessem abordar temas relevantes sob as mais variadas perspectivas, não se restringindo apenas a aspectos estritamente técnico-jurídicos. E este certamente é um dos diferenciais desta obra.

O que você, leitor, encontrará nas próximas páginas é fruto de uma extensa caminhada na área de cada um dos autores que assinam os artigos que se apresentam a seguir. É também fruto de muita pesquisa, de esforço conjunto e que certamente trará ao leitor uma visão bastante otimista de como planejar e operacionalizar a terceirização de serviços frente a todas as mudanças pelas quais passamos nos últimos anos, de forma eficiente e efetiva, alinhada às tendências atuais, a nova Lei de Licitações e Contratos – a Lei nº 14.133 de 1º de abril de 2021 e a todos os normativos legais que sustentam juridicamente o instituto.

Fato inconteste entre todos os autores desta obra é que a terceirização na Administração Pública é caminho sem volta. Mais do que isso, a terceirização quando bem planejada e conduzida é indispensável para as instituições públicas ganharem eficiência, competitividade (como no caso das estatais) e a almejada redução estrutural de custos.

Neste sentido, esta obra reúne artigos que abordam a terceirização desde seu nascedouro, fazendo um retrospecto histórico de sua trajetória, passando pela abordagem da questão de seus riscos e principais formas de controle e mitigação; relaciona a terceirização de serviços a outros institutos indispensáveis trazidos na nova Lei de Licitações como a necessária etapa de elaboração dos Estudos Técnicos Preliminares como forma de aperfeiçoamento e melhoria do instituto ao buscar alternativas de soluções e modelos contratuais inovadores e a aplicação da repactuação em contratos contínuos; aborda os impactos da Lei

Geral de Proteção de Dados nos contratos de terceirização; compartilha a experiência de sucesso da Central de Compras do Governo Federal na fiscalização centralizada de contratos, bem como traz outros artigos que trazem reflexões bastante atuais que certamente colaboram para o aperfeiçoamento dos aspectos legais e operacionais ligados ao tema.

Ao final, a obra traz alguns modelos úteis de documentos e *checklists* relacionados à fiscalização de contratos, utilizados por instituições públicas de vanguarda, alinhados às recentes orientações jurisprudenciais e normativas que poderão ser utilizadas no dia a dia do acompanhamento contratual.

Para finalizar, queremos agradecer imensamente a todos os profissionais envolvidos nesse projeto, que aceitaram compartilhar um pouco de suas experiências conosco, e desejar aos leitores, estudiosos da terceirização no Brasil, e que certamente justificam todo o esforço para a compilação deste material, uma excelente leitura.

APRESENTAÇÃO

Contratos de prestação de serviço com dedicação exclusiva ou com predominância de mão de obra são realidade de Norte a Sul no país. A despeito de uma singeleza aparente, são contratos que demandam atenção porque reúnem particularidades. Ao se celebrar contratos assim, o que se almeja é a atuação que melhor atenda o interesse público, partindo-se da concepção de que o inchaço do corpo funcional próprio da entidade contratante para o exercício de atividades que podem ser exercidas por terceiros não se revela ou pode não se revelar a medida mais sintonizada com o interesse público por diversas razões, em especial em face da busca de eficiência.

Logo, se o ponto central é atender o interesse público, há de se cuidar da preparação da licitação com a construção de uma adequada minuta de contratos e outros anexos.

Além disso, há sutilezas que justificam um olhar atento aos citados contratos.

Destacam-se o mecanismo peculiar de reajuste, denominado repactuação, e a exigência de uma fiscalização ativa por parte do ente que os contrata, em especial nos casos de serviços com dedicação exclusiva, dada a responsabilidade subsidiária por encargos trabalhistas e solidária por encargos previdenciários.

Assim, importante tanto para a esfera pública quanto para os privados que se interessam por contratos deste porte conhecer a disciplina legal e normativa sobre o tema.

A Lei nº 14.133/21 é bastante distinta da Lei nº 8.666/93 porque introduz uma série de regras inexistentes na lei "velha" tendo como inspiração normas federais e entendimentos do TCU.

Conhecê-la e entender os aspectos vários, como a questão da fiscalização, da formatação da planilha e do reajuste, que circundam contratos deste porte importa para o sucesso da parceria entre os setores público e privado.

O livro ainda traz artigos que correlacionam os contratos ao tema da Lei Geral de Proteção de Dados, a contratação por empresas estatais e os reflexos fiscais, além de anexos que pretendem contribuir para a prática administrativa.

A NACIONALIZAÇÃO DE REGRAS FEDERAIS SOBRE TERCEIRIZAÇÃO POR MEIO DA NOVA LEI DE LICITAÇÃO

CRISTIANA FORTINI,
FLAVIANA PAIM

Introdução

A despeito da vasta utilização de serviços de prestação continuada com dedicação exclusiva ou com predominância de mão de obra, a Lei nº 8.666/93 pouco os disciplinou. Ali não se encontram os conceitos das duas modelagens de contratos, não se aborda o tema da repactuação, não há alusão às cautelas que podem contribuir para a salvaguarda do interesse público.

Os dispositivos mais importantes a propósito dos citados contratos, porque deles resultaram discussões judiciais, atos normativos e práticas, são o *caput* do art. 71 e seus parágrafos.

Passados quase trinta anos, a experiência prática forneceu material expressivo a respeito do assunto, revelando o quão complexos contratos de prestação de serviço são e o quão necessária a cautela na preparação e na fiscalização, em especial quando envolvem dedicação exclusiva, com vistas a minimizar os riscos de responsabilidade subsidiária, consoante decidido pelo STF no julgamento da ADC nº 16.

A Lei nº 14.133/21 a eles dedica um novo olhar e avança para disciplina-los ora repetindo comandos já existentes em atos normativos adotados na esfera federal, e assim atuando de forma imperativa perante estados e municípios, ora apenas sinalizando possíveis práticas cuja adoção dependerá de juízo dos citados entes.

A opção do legislador da Lei nº 14.133/21 é valer-se da regra constitucional que lhe assegura competência para editar normas gerais relativas a licitações e contratos e assim modelar o comportamento dos entes subnacionais.

Não é recente o debate sobre o que são normas gerais para os fins de delimitar a competência da União exatamente no que toca ao tema da contratação pública. E nada indica uma pacificação a respeito do tema. Ao contrário, a Lei nº 14.133/21 coloca mais lenha na fervura.[1]

Os embates judiciais que acompanharam a Lei nº 8.666/93 ao longo de décadas devem ser repetir diante da postura agressiva com que o legislador atual está a interferir nos entes federados.[2]

O legislador da 14.133/21 retira da esfera federal a inspiração para modelar os contratos de prestação de serviço. Daí parte o sopro que conduziu o legislador. A Lei nº 14.133/21, no ponto em exame, é o transportar quase exato de normas federais que já enfrentavam o tema. Falamos do Decreto nº 9.507/2018[3] e da Instrução Normativa nº 05/2017 do Ministério do Planejamento, Desenvolvimento e Gestão.[4]

Fiscalização e responsabilidade

A Lei nº 14.133/21 aborda os dois tipos de contratos: aqueles cuja mão de obra será absorvida com exclusividade pelo contratante e aqueles cuja mão de obra, embora predominante no custo, não é fornecida de forma exclusiva. Mas apenas o primeiro modelo de contrato é conceituado na Lei, em seu art. 6º, inciso XVI. Supõe-se que

---

[1] Disposto em: https://www.conjur.com.br/2021-mai-20/interesse-publico-nacionalizacao-regras-sistema-registro-precos.

[2] Em 2020, o STF julgou pelo menos três ações diretas de inconstitucionalidade envolvendo a temática. Portanto, mesmo após duas décadas de Lei nº 8.666/93, as discussões permaneceram.

[3] BRASIL. Decreto nº 9.507, de 21 de setembro de 2018. Dispõe sobre a execução indireta, mediante contratação, de serviços da administração pública federal direta, autárquica e fundacional e das empresas públicas e das sociedades de economia mista controladas pela União. DOU, 24 set. 2018, p. 3. Disponível em: http://www.planalto.gov.br/ccivil_03/_ato2015-2018/2018/decreto/D9507.htm. Acesso em: 28 fev. 2021.

[4] BRASIL. Instrução Normativa nº 5, de 26 de maio de 2017. Dispõe sobre as regras e diretrizes do procedimento de contratação de serviços sob o regime de execução indireta no âmbito da Administração Pública federal direta, autárquica e fundacional. DOU, 26 maio 2017, edição 100, seção 1, p. 90. Disponível em: https://www.in.gov.br/materia/-/asset_publisher/Kujrw0TZC2Mb/content/id/20239255/do1-2017-05-26-instrucao-normativa-n-5-de-26-de-maio-de-2017-20237783. Acesso em: 28 fev. 2021.

sua conceituação, cuja definição é idêntica à prevista no art. 17 da IN nº 5/2017 Seges/MP, tenha sido considerada fundamental porque o risco de prejuízo ao interesse público, a depender do comportamento da empresa contratada, sugere posição de alerta. Esses serviços terceirizados com regime de dedicação exclusiva de mão de obra são aqueles em que o modelo de execução contratual exige, entre outros requisitos, que:

> I. Os empregados da contratada fiquem à disposição nas dependências da contratante para a prestação dos serviços;
> II. A contratada não compartilhe os recursos humanos e materiais disponíveis de uma contratação para execução simultânea de outros contratos; e
> III. A contratada possibilite a fiscalização pela contratante quanto à distribuição, controle e supervisão dos recursos humanos alocados aos seus contratos.

Como já exposto em outra oportunidade: "Via de regra, são contratos que se caracterizam pelo fato de que o custo da mão de obra é totalmente absorvido pelo contrato. Há um aproveitamento total da jornada de trabalho do empregado alocado, de tal forma que este labora exclusivamente dedicado ao tomador do serviço. Por serem contratos de execução indireta, a demanda administrativa é atendida por meio da atuação de terceiros estranhos aos quadros da Administração contratante. A despeito da ausência de vínculo entre trabalhador e a entidade pública tomadora de serviço, cumpre a esta acompanhar e fiscalizar a atuação da empresa contratada, não apenas com vistas a checar se a métrica contratual está observada quanto à qualidade da execução, mas, ainda, ao efetivo respeito à legislação no que toca ao pagamento de verbas trabalhistas e rescisórias, como verdadeira obrigação acessória decorrente do contrato terceirizado."

Assim, pelo fato de que a mão de obra serve apenas à entidade contratante e atua nas dependências desta, há a possibilidade de uma real e efetiva fiscalização do cumprimento de obrigações trabalhistas e previdenciárias dos empregados alocados na execução contratual. Situação diversa ocorre nos contratos de predominância de mão de obra cuja execução pode ocorrer distante dos olhares da entidade contratante, como ocorre com os trabalhadores que trabalham em *call center* situado fora das muralhas dos prédios públicos, a despeito de contratado por entidade pública.

Essa distinção, conhecida por quem milita na área, inspirou a forma de o legislador abordar o tema porque o grau de cuidado esperado da entidade da Administração Pública contratante não será idêntico em ambos os casos, até mesmo em face da aplicação da temida Súmula nº 331 do TST.

No contrato de prestação de serviços com "predominância de mão de obra", é irrelevante que a mão de obra atue apenas para um tomador. Ela pode ser aproveitada por vários sem prejuízo à boa execução contratual. Sua essência está em que o custo da mão de obra seja preponderante sobre os demais custos. A essas conclusões chega-se não porque a Lei nº 14.133/21 oferece uma definição, mas e realizando interpretação *a contrario sensu*, partindo-se do conceito de contratos com dedicação exclusiva de mão de obra e tentando formatar uma separação.

Melhor andaria o legislador se a definisse, todavia. Mas, até nisso, o legislador se espelhou em normas federais. Igualmente não se encontra o conceito da predominância de mão de obra na IN/5/17 Seges/MP,[5] tampouco no Decreto nº 9.507/2018. Ambos os atos normativos apenas conceituam serviços com dedicação exclusiva de mão de obra com os mesmos termos utilizados na Lei nº 14.133/2021.

O Decreto nº 9.507/2018 estabelece que as contratações deverão ser precedidas de planejamento, bem como que o objeto da contratação será definido de forma precisa no edital, projeto básico ou termo de referência e no contrato. Traz um tratamento diferenciado às contratações de serviços em decorrência da alocação ou não da mão de obra em regime de exclusividade, bem como distingue as regras para terceirização na Administração Pública direta, autárquica e fundacional das regras para as empresas públicas e sociedades de economia mista, prescrevendo dois regimes bem distintos, mas não define, nem traz regras específicas para contratos com predominância de mão de obra.

Apenas se vê contornos bem definidos e cláusulas obrigatórias previstas em seu art. 8º, assim como exigências mínimas para os contratos de prestação de serviços continuados que envolvam disponibilização de pessoal da contratada de forma prolongada ou contínua (art. 9º). Dispõe, ainda, sobre critérios para repactuação e reajuste (arts. 12 e

---

[5] Subseção III – Dos Serviços com Regime de Dedicação Exclusiva de Mão de Obra.
Art. 17. Os serviços com regime de dedicação exclusiva demão de obra são aqueles em que o modelo de execução contratual exija, dentre outros requisitos, que: I – os empregados da contratada fiquem à disposição nas dependências da contratante para a prestação dos serviços; II – a contratada não compartilhe os recursos humanos e materiais disponíveis de uma contratação para execução simultânea de outros contratos; e III – a contratada possibilite a fiscalização pela contratante quanto à distribuição, controle e supervisão dos recursos humanos alocados aos seus contratos. Parágrafo único. Os serviços de que trata o caput poderão ser prestados fora das dependências do órgão ou entidade, desde que não seja nas dependências da contratada e presentes os requisitos dos incisos II e III.

13), que acabaram sendo incorporados à Nova Lei de Licitações, como adiante veremos.

No mesmo sentido, a IN nº 05/2017 regula as contratações de serviços para a realização de tarefas executivas sob o regime de execução indireta pela administração pública federal, com o mesmo viés do Decreto supracitado de demandar critérios objetivos de planejamento da contratação, seleção do fornecedor e gestão do contrato.

Pode-se dizer que a Nova Lei de Licitações bebe da mesma fonte do Decreto nº 9.507/2018 e da própria IN nº 05/2017, com vistas a nacionalizar as orientações em torno das contratações executadas de forma indireta.

A nova lei prevê, por exemplo, que "Somente o contratado será responsável pelos encargos trabalhistas, previdenciários, fiscais e comerciais resultantes da execução do contrato" (art. 121,[6] *caput*), mas esclarece que, "Exclusivamente nas contratações de serviços contínuos com regime de dedicação exclusiva de mão de obra, a Administração responderá solidariamente pelos encargos previdenciários e subsidiariamente pelos encargos trabalhistas se comprovada falha na fiscalização do cumprimento das obrigações do contratado (§2º[7]).

De pronto, percebe-se que a nova lei reiterou a mesma orientação da Lei nº 8.666/93 de que cabe ao contratado a responsabilidade pelos encargos trabalhistas, previdenciários, fiscais e comerciais. Porém o §2º reconhece que, exclusivamente, nos contratos de serviços em regime de dedicação exclusiva de mão de obra, a Administração Pública responderá de forma solidária em relação aos encargos previdenciários e de forma subsidiária em relação aos encargos trabalhistas, desde que comprovado que houve falha na fiscalização do cumprimento das obrigações contratuais pela Administração Pública contratante, incorporando-se ao texto legal a orientação contida no julgamento da ACD nº 16 e a consequente reformulação da Súmula nº 331 do TST. De se destacar a preocupação focada nos casos de dedicação exclusiva de mão de obra.

---

[6] Art. 121. Somente o contratado será responsável pelos encargos trabalhistas, previdenciários, fiscais e comerciais resultantes da execução do contrato.
§1º A inadimplência do contratado em relação aos encargos trabalhistas, fiscais e comerciais não transferirá à Administração a responsabilidade pelo seu pagamento e não poderá onerar o objeto do contrato nem restringir a regularização e o uso das obras e das edificações, inclusive perante o registro de imóveis, ressalvada a hipótese prevista no §2º deste artigo.

[7] §2º Exclusivamente nas contratações de serviços contínuos com regime de dedicação exclusiva de mão de obra, a Administração responderá solidariamente pelos encargos previdenciários e subsidiariamente pelos encargos trabalhistas se comprovada falha na fiscalização do cumprimento das obrigações do contratado.

A isso se adiciona a lista de cautelas sugestivas e não exaurientes que podem ser implementadas para se evitar a responsabilização da entidade tomadora de serviços, diante do diagnóstico de fiscalização ineficiente (§3º do art. 121)[8] e o rol de documentos trabalhistas mínimos a serem acompanhados pelos fiscais, previstos nos incisos do art. 50,[9] a fim de evitar descumprimentos contratuais dessa natureza.

Da designação dos fiscais de contratos

Com relação à fiscalização e execução dos contratos, a Lei nº 14.133/21 partiu da mesma premissa do art. 67 da Lei nº 8.666/93[10] de que o regime administrativo confere à administração o poder dever de fiscalizar a execução do contrato, cabendo à administração indicação de agente para acompanhar a execução. A fiscalização trata-se de um

---

[8] Art. 121 [...] §3º Nas contratações de serviços contínuos com regime de dedicação exclusiva de mão de obra, para assegurar o cumprimento de obrigações trabalhistas pelo contratado, a Administração, mediante disposição em edital ou em contrato, poderá, entre outras medidas:
I – exigir caução, fiança bancária ou contratação de seguro-garantia com cobertura para verbas rescisórias inadimplidas;
II – condicionar o pagamento à comprovação de quitação das obrigações trabalhistas vencidas relativas ao contrato;
III – efetuar o depósito de valores em conta vinculada;
IV – em caso de inadimplemento, efetuar diretamente o pagamento das verbas trabalhistas, que serão deduzidas do pagamento devido ao contratado;
V – estabelecer que os valores destinados a férias, a décimo terceiro salário, a ausências legais e a verbas rescisórias dos empregados do contratado que participarem da execução dos serviços contratados serão pagos pelo contratante ao contratado somente na ocorrência do fato gerador.

[9] Art. 50. Nas contratações de serviços com regime de dedicação exclusiva de mão de obra, o contratado deverá apresentar, quando solicitado pela Administração, sob pena de multa, comprovação do cumprimento das obrigações trabalhistas e com o Fundo de Garantia do Tempo de Serviço (FGTS) em relação aos empregados diretamente envolvidos na execução do contrato, em especial quanto ao:
I – registro de ponto;
II – recibo de pagamento de salários, adicionais, horas extras, repouso semanal remunerado e décimo terceiro salário;
III – comprovante de depósito do FGTS;
IV – recibo de concessão e pagamento de férias e do respectivo adicional;
V – recibo de quitação de obrigações trabalhistas e previdenciárias dos empregados dispensados até a data da extinção do contrato;
VI – recibo de pagamento de vale-transporte e vale-alimentação, na forma prevista em norma coletiva.

[10] Art. 67. A execução do contrato deverá ser acompanhada e fiscalizada por um representante da Administração especialmente designado, permitida a contratação de terceiros para assisti-lo e subsidiá-lo de informações pertinentes a essa atribuição.

dever a ser exercido para melhor realizar os interesses públicos.[11] Por certo, jamais a Administração pode assumir uma posição passiva e aguardar que o contratado cumpra todas as suas obrigações contratuais. A falta de acompanhamento da execução dos contratos administrativos pode caracterizar ato de improbidade administrativa, passível de responsabilização.

Nesse sentido, o artigo 117 da Lei nº 14.133/21 assim dispõe:

> Art. 117. A execução do contrato deverá ser acompanhada e fiscalizada por 1 (um) ou mais fiscais do contrato, representantes da Administração especialmente designados conforme requisitos estabelecidos no art. 7º desta Lei, ou pelos respectivos substitutos, permitida a contratação de terceiros para assisti-los e subsidiá-los com informações pertinentes a essa atribuição.
> §1º O fiscal do contrato anotará em registro próprio todas as ocorrências relacionadas à execução do contrato, determinando o que for necessário para a regularização das faltas ou dos defeitos observados.
> §2º O fiscal do contrato informará a seus superiores, em tempo hábil para a adoção das medidas convenientes, a situação que demandar decisão ou providência que ultrapasse sua competência.
> §3º O fiscal do contrato será auxiliado pelos órgãos de assessoramento jurídico e de controle interno da Administração, que deverão dirimir dúvidas e subsidiá-lo com informações relevantes para prevenir riscos na execução contratual.
> §4º Na hipótese da contratação de terceiros prevista no caput deste artigo, deverão ser observadas as seguintes regras:
> I – a empresa ou o profissional contratado assumirá responsabilidade civil objetiva pela veracidade e pela precisão das informações prestadas, firmará termo de compromisso de confidencialidade e não poderá exercer atribuição própria e exclusiva de fiscal de contrato;
> II – a contratação de terceiros não eximirá de responsabilidade o fiscal do contrato, nos limites das informações recebidas do terceiro contratado.

Como se pode perceber, a primeira questão que chama a atenção no *caput* do art. 117 é a previsão expressa de que poderá haver nomeação de mais de um agente para a fiscalização contratual. Muito embora esta prática tenha sido objeto de orientação trazida desde 2008, com a publicação da IN nº 2 do MPOG, mantida na IN nº 5/17 do MPOG, que veio a substituir aquela, tendo sido expressamente incorporada no texto da Lei nº 14.133, ressalta a importância de regulamentação interna

---

[11] JUSTEN FILHO, Marçal. *Comentários à Lei de Licitações e Contratos Administrativos.*

nas instituições que especifique os partícipes, atribuições e atividades a serem desenvolvidas.

Também chama a atenção no *caput* do artigo 117 o uso da expressão "especialmente designado" com a mesma ideia já amplamente difundida pelo próprio TCU quanto à análise do art. 67 da Lei nº 8.666/93 de que a designação exige ato formal, por escrito, praticado pela autoridade competente, de forma clara, específico e de fácil acesso aos envolvidos. A própria IN5/17 MPOG, em seu artigo 41, §2º, vai inclusive além, determinando que haja ciência prévia ao ato formal de designação. Tal orientação é relevante tendo em vista que a ciência prévia permite que os futuros fiscais ou gestores possam preparar-se tecnicamente pra o encargo e ainda colaborar com a própria equipe de planejamento designada para elaboração dos estudos técnicos preliminares da contratação, no sentido de contribuir com o planejamento trazendo sua visão de executor, prática e operacional.

A necessidade de indicar o fiscal substituto trazida como obrigação pelo 117, é de extrema importância. É regra já contida na inspiradora IN 5/17 do MPOG.[12] A autoridade competente deverá designar fiscais e substitutos para toda a vigência contratual,[13] garantindo a continuidade das atividades de gestão e fiscalização diante de qualquer situação, ou seja, em situações de ausências ou impedimentos do titular.

A ausência de gestores e fiscais ou substitutos indicados e designados formalmente transferirá a responsabilidade pelo exercício das respectivas atribuições e, portanto, os problemas decorrentes do exercício de funções, sem a devida designação formal, a quem detinha competência para indicar ou designar, conforme o caso.

Do modelo de gestão contratual e a divisão de tarefas e atribuições

Importante mencionar que, assim como ocorre na Lei nº 8.666/93, a Lei nº 14.133/21 não segmenta ou separa as atividades de gestão e fiscalização contratual. No entanto, o §3º do art. 8º, a seguir transcrito, determina que as regras relativas ao "agente da contratação e equipe de apoio", fiscais e gestores de contratos devem ser definidas em regulamento.

---

[12] Art. 42, §1º.
[13] Nesse sentido, a orientação contida no Acórdão nº 670/08 – TCU/Plenário.

Art. 8º A licitação será conduzida por agente de contratação, pessoa designada pela autoridade competente, entre servidores efetivos ou empregados públicos dos quadros permanentes da Administração Pública, para tomar decisões, acompanhar o trâmite da licitação, dar impulso ao procedimento licitatório e executar quaisquer outras atividades necessárias ao bom andamento do certame até a homologação.

§3º As regras relativas à atuação do agente de contratação e da equipe de apoio, ao funcionamento da comissão de contratação e à atuação de fiscais e gestores de contratos de que trata esta Lei serão estabelecidas em regulamento, e deverá ser prevista a possibilidade de eles contarem com o apoio dos órgãos de assessoramento jurídico e de controle interno para o desempenho das funções essenciais à execução do disposto nesta Lei.

Como se pode perceber, o §3º do art. 8º faz menção a regulamentação a ser feita pela Instituição ou órgão para fiscais e gestores, dentro de um contexto no qual é possível concluir que ambos são responsáveis pelo acompanhamento da execução contratual, mas não traz definições sobre atribuições e competências, que devem estar bem definidas em regulamentação própria. Por certo, gestão e fiscalização não se confundem. Gestão refere-se ao gerenciamento geral dos contratos, enquanto a fiscalização é operacional e pontual.

A fiscalização, neste sentido, pode ser realizada tanto por comissão, por área, por equipe especializada, ou até mesmo por único servidor designado, mas é fundamental que ela seja bem planejada, alinhada à gestão de riscos e já com contornos definidos trazidos no próprio Edital, na forma prevista pelo art. 25 da Lei nº 14.133/21:

Art. 25. O edital deverá conter o objeto da licitação e as regras relativas à convocação, ao julgamento, à habilitação, aos recursos e às penalidades da licitação, à *fiscalização e* à *gestão do contrato*, à entrega do objeto e às condições de pagamento. (Grifamos)

Existem várias formas de estruturar a gestão e fiscalização contratual, bem como há vários modelos que são utilizados. A começar pelas orientações contidas na própria IN nº 5/17 MPOG e sua famosa estrutura de acompanhamento colaborativa, na linha já amplamente difundida em âmbito federal,[14] com possibilidade de divisão de tarefas e atribuições, entre gestor, fiscalização administrativa, fiscalização técnica e fiscalização setorial. Podendo ainda o público usuário ser eleito "à

---

[14] A divisão de atribuições consta nos artigos 39 e 40 da IN nº 5/17 MPOG.

categoria" de fiscal, ao possibilitar a avaliação da eficácia da contratação para os fins da governança e da gestão das aquisições, além de retirar parte do caráter subjetivo de avaliação de qualidade, que é peculiar na fiscalização. A fiscalização pelo público usuário ser considerado como um quinto partícipe desse processo de acompanhamento, sendo de extrema importância e eficiência, pois trata-se de uma supervisão realizada por quem, de fato, faz uso ou é beneficiado pelos serviços, a exemplo dos próprios servidores.

Mas é de extrema relevância que a Administração adote um modelo de gestão e fiscalização compatível com sua estrutura, evitando-se, na medida do possível, que um único servidor seja responsável por todas as atribuições que o acompanhamento exige, o que pode fragilizar esse processo e gerar responsabilizações.

Da capacitação dos fiscais e gestores de contratos e o auxílio pelos órgãos de assessoramento jurídico e de controle interno

Um ponto de grande avanço trazido pela nova lei de licitações é a necessidade de os agentes que atuarão no processo licitatório estarem sujeitos a capacitação continuada certificada pelas escolas de governo.

No que diz respeito aos fiscais de contratos, sempre foi importantíssima a capacitação, não só pelas escolas de governo como também por empresas privadas, que tão bem desempenham esta atividade organizando eventos de grande qualidade e recrutando os melhores instrutores e doutrinadores sobre os diversos temas que o universo das contratações públicas nos impõe. As questões pertinentes à etapa da execução são muitas. A legislação e as orientações são dinâmicas. A jurisprudência evolui, as interpretações sobre os mesmos pontos são aperfeiçoadas. Os fiscais e gestores de contratos se deparam com problemáticas que muitas vezes perpassam o próprio universo do direito administrativo. São questões trabalhistas envolvendo os empregados terceirizados, cálculos de planilhas para subsidiar pedidos de repactuação e revisões contratuais.

Nesse sentido, a determinação para capacitação tende a minimizar uma prática muito comum, infelizmente, de nomeação de fiscais despreparados para o encargo apenas como meio de cumprir formalidade.

Por outro lado, a orientação contida no §3º do art. 117, de que o fiscal do contrato será auxiliado pelos órgãos de assessoramento jurídico e de controle interno da Administração, que deverão dirimir dúvidas e subsidiá-lo com informações relevantes para prevenir riscos na execução contratual traz maior segurança para estes agentes, demostrando uma clara intenção do legislador em estender a atuação do órgão jurídico das Instituições aos demais agentes do processo de contratação no auxílio à tomada de decisões.

De forma acertada, com a inclusão de tal recomendação na Lei nº 14.133, de fato, essa atuação de apoio da assessoria jurídica ou dos membros da advocacia Pública e do controle interno tende a crescer, o que certamente é algo que pode trazer muito benefício ao aprimoramento do processo de fiscalização e à qualidade do acompanhamento que é feito.

Da obrigatoriedade de previsão de critério de reajustamento em edital

O critério de reajustamento deve obrigatoriamente estar previsto no edital da licitação. A regra, constante do §7º do art. 25,[15] de certa forma já constava nas orientações trazidas no art. 40, XI, da Lei nº 8.666/93.[16]

Importante destacar, ainda, que, mesmo diante da obrigatoriedade de previsão no edital de licitação dos critérios de repactuação, o Tribunal de Contas da União entendia que o reajuste é devido mesmo sem previsão editalícia, sob pena de enriquecimento ilícito da Administração Pública e violação ao princípio da boa-fé objetiva.

Não se pode olvidar que o art. 37, inciso XXI, da Constituição da República determina a manutenção do equilíbrio econômico-financeiro dos contratos administrativos ao prever a obrigatoriedade de se manter "as condições efetivas da proposta".

Dentre os importantes precedentes do TCU nesse sentido, cita-se:

---

[15] §7º Independentemente do prazo de duração do contrato, *será obrigatória a previsão no edital de índice de reajustamento de preço, com data-basevinculada à data do orçamento estimado* e com a possibilidade de ser estabelecido mais de um índice específico ou setorial, em conformidade com a realidade de mercado dos respectivos insumos.

[16] Art. 40. *O edital* conterá no preâmbulo o número de ordem em série anual, o nome da repartição interessada e de seu setor, a modalidade, o regime de execução e o tipo da licitação, a menção de que será regida por esta Lei, o local, dia e hora para recebimento da documentação e proposta, bem como para início da abertura dos envelopes, *e indicará, obrigatoriamente, o seguinte*:
XI – critério de reajuste, que deverá retratar a variação efetiva do custo de produção, admitida a adoção de índices específicos ou setoriais, *desde a data prevista para apresentação da proposta, ou do orçamento a que essa proposta se referir, até a data do adimplemento de cada parcela*; (Redação dada pela Lei nº 8.883, de 1994)

Acórdão nº 7184/2018 - Segunda Câmara
Relator: AUGUSTO NARDES
Sumário: TOMADA DE CONTAS ESPECIAL. CONVÊNIO. IMPUGNAÇÃO PARCIAL DAS DESPESAS. IRREGULARIDADE DAS CONTAS. DÉBITO E MULTA. RECURSOS DE RECONSIDERAÇÃO. COMPROVAÇÃO DE NEXO DE CAUSALIDADE ENTRE PARTE DAS DESPESAS E A VERBA FEDERAL. ATRASOS NOS REPASSES. CULPA EXCLUSIVA DA CONCEDENTE. OCORRÊNCIA DE PAGAMENTOS A MAIOR EM VIRTUDE DE DESPESAS COM REAJUSTES CONTRATUAIS. ERRO DE JULGAMENTO. PROVIMENTO. EXCLUSÃO DE RESPONSABILIDADE. CONSTATAÇÃO DE DÉBITOS REMANESCENTES. NOVOS CONTORNOS DA MATÉRIA. NECESSIDADE DE NOVAS CITAÇÕES. AUTORIZAÇÃO.

[...] 11. O mesmo raciocínio vale para o ex-prefeito, que deve ser isentado de responsabilidade quanto ao valor pago a maior em virtude dos reajustes contratuais. Não há nenhuma evidência nos autos de que tenha, na condição de representante do convenente e signatário do ajuste, contribuído para o retardo nos repasses dos recursos federais.

12. *Por certo, não seria a ausência de previsão de reajuste de preços, no edital e no contrato, impedimento à manutenção do equilíbrio econômico-financeiro dos contratos (art. 37, inciso XXI), sob pena de ofensa à garantia constitucional inserta no art. 37, inciso XXI da Carta Maior. Ademais, a execução do contrato, com a recusa no reajustamento dos preços oferecidos à época da proposta, configuraria enriquecimento ilícito do erário e violaria o princípio da boa-fé objetiva, cuja presença no âmbito do direito público é também primordial.*

13. Há que se considerar ainda que o ex-prefeito fez ingerências junto à Funasa, alertando-a da necessidade de se promover o reajuste de preços – o qual, ao final, foi feito com base em variações do Índice Nacional da Construção Civil (INCC), índice adequado ao caso e validado pela jurisprudência deste Tribunal –, procedimento resultante da celebração, entre as partes, de termo aditivo para aquela finalidade.

14. *Todo esse imbróglio nasceu de falha da Administração, não atribuível ao particular contratado com o poder público, ao ter a Funasa deixado de incluir no edital cláusula de reajuste contratual quando, inicialmente, previu a execução da obra em prazo inferior a um ano.* Essa situação aparentemente ocorreu como forma de assegurar atendimento à periodicidade anual estabelecida na Lei 10.192/2001 – que dispôs sobre o Plano Real – para fins de reajuste de preços dos contratos. Contudo, essa omissão dos gestores públicos – a meu ver escusável diante da falta de uniformização da questão, até mesmo internamente, e das circunstâncias da época – não deixa de conflitar com o entendimento atual perfilhado nesta Corte a respeito da obrigatoriedade de previsão de cláusula de reajuste, independentemente do prazo inicialmente estipulado de execução da avença:

66. *Entretanto, o estabelecimento dos critérios de reajuste dos preços, tanto no edital quanto no instrumento contratual, não constitui discricionariedade conferida ao gestor, mas sim verdadeira imposição, ante o disposto nos artigos 40, inciso XI, e 55, inciso III, da Lei 8.666/93.* Assim, a sua ausência constitui irregularidade, tendo, inclusive, este Tribunal se manifestado acerca da matéria, por meio do Acórdão 2804/2010-Plenário, no qual julgou ilegal a ausência de cláusula neste sentido, por violar os dispositivos legais acima reproduzidos. Até em contratos com prazo de duração inferior a doze meses, o TCU determina que conste no edital cláusula que estabeleça o critério de reajustamento de preço (Acórdão 73/2010-Plenário, Acórdão 597/2008-Plenário e Acórdão 2.715/2008-Plenário, entre outros) [trecho extraído do relatório precedente ao Acórdão 2.205/2016-TCU-Plenário, cuja fundamentação foi acompanhada pela relatora, Min. Ana Arraes, em seu voto] [Grifamos].

Na mesma linha, a Decisão nº 698/2000-TCU-Plenário (Rel. Min. Humberto Guimarães Souto):

8.1. determinar à SERGIPORTOS que:
[...]
8.1.6. nos contratos relativos às obras financiadas com recursos federais, mesmo nos casos cuja duração seja inferior a um ano, preveja a possibilidade de reajuste, fazendo menção ao indicador setorial aplicável, nos casos em que, inexistindo culpa do contratado, o prazo inicialmente pactuado não seja cumprido; (Grifamos)

Repactuação e reajuste por índice

Diferenças à parte, tanto contratos contínuos com cessão de mão de obra, quanto os em que há predominância, envolvem gastos concentrados com mão de obra. Ainda que outros itens se incorporem na planilha de custos, a maior parte dos custos está localizada na parte de mão de obra e diante dos encargos trabalhistas e previdenciários incidentes sobre tal. Tal ponto comum explica a razão pela qual há uma disciplina única aos dois tipos contratuais, aplicável quando o assunto é o mecanismo peculiar de reajuste que a eles se aplica.

Os incisos LVIII e LIX do art. 6º trazem os mesmos conceitos de repactuação e reajustamento constantes da IN nº 05/2017 e do Decreto nº 9.507, conforme se pode observar:

Art. 6º [...]

LVIII – *reajustamento em sentido estrito*: forma de manutenção do equilíbrio econômico-financeiro do contrato consistente na aplicação do índice de correção monetária previsto no contrato, que deve retratar a variação efetiva do custo de produção, admitida a adoção de índices específicos ou setoriais;

LIX – *repactuação*: forma de manutenção do equilíbrio econômico-financeiro do contrato utilizada para serviços contínuos com regime de dedicação exclusiva de mão de obra ou predominância de mão de obra, por meio da análise da variação dos custos contratuais, *devendo estar prevista no edital com data vinculada à apresentação das propostas, para os custos decorrentes do mercado, e com data vinculada ao acordo, à convenção coletiva ou ao dissídio coletivo ao qual o orçamento esteja vinculado, para os custos decorrentes da mão de obra;*

Sobre a repactuação, espécie de reajuste, a Lei reforça conceitos e metodologias conhecidos dos operadores federais, focando a variação dos componentes dos custos do contrato, que deve ser demonstrada analiticamente, de acordo com análise pontual da Planilha de Custos e Formação de Preços em decorrência do reajuste salarial e demais benefícios da mão de obra alocada ao contrato tendo como base o Instrumento Coletivo de Negociação (Convenção Coletiva ou Acordo coletivo de Trabalho).

Assim, diversamente do reajuste tradicional cuja aplicação está atrelada a determinado índice ou aplicação de fórmula contendo cesta de índices sobre o valor do contrato, a repactuação implica juízo sobre as oscilações quanto aos direitos e benefícios trabalhistas para as categorias aos quais representam[17] e por isso espelham a forma de conferir a manutenção das condições efetivas da proposta, a que alude o art. 37, inciso XXI, CF/88.

Das orientações trazidas na nova lei de licitações, em especial o art. 135, a seguir transcrito, depreende-se a possibilidade de previsão em edital para utilizar o reajuste em sentido estrito, por meio da aplicação de índice de correção monetária, somente em contrato de serviço continuado em que não houver a dedicação exclusiva de mão de obra caracterizada ou nos casos em que, mesmo havendo a caracterização de dedicação exclusiva de mão de obra, os insumos representem a maior parcela de custo dentro do preço do serviço. Para os serviços continuados

---

[17] O art. 7º, inciso XXVI, da Constituição Federal, estipula que são direitos dos trabalhadores urbanos e rurais o reconhecimento das convenções e acordos coletivos de trabalho.

com dedicação exclusiva de mão de obra ou com preponderância de mão de obra, a repactuação é o instituto apropriado. Veja-se o art. 135:

> Art. 135 Os preços dos contratos para serviços contínuos com regime de dedicação exclusiva de mão de obra ou com predominância de mão de obra serão repactuados para manutenção do equilíbrio econômico-financeiro, mediante demonstração analítica da variação dos custos contratuais, com data vinculada:
> [...] §4º *A repactuação poderá ser dividida em tantas parcelas quantas forem necessárias, observado o princípio da anualidade do reajuste de preços da contratação, podendo ser realizada em momentos distintos para discutir a variação de custos que tenham sua anualidade resultante em datas diferenciadas, como os decorrentes de mão de obra e os decorrentes dos insumos necessários à execução dos serviços.*

Nesse ponto, a nova lei de licitações, ao determinar a repactuação obrigatória como forma de reajustamento aos contratos de serviços com predominância de mão de obra, e ao valer-se da expressão "serão repactuados", poderá gerar discussões ou até mesmo retrocesso ao uso de contratos no modelo de gerenciamento de facilidades (*facilities management*), por exemplo, que tem como objetivo integrar os serviços de facilidades ao universo da Administração Pública, reduzindo custos operacionais e melhorando a *performance* institucional, constituindo-se em verdadeira tendência atual, mas que certamente poderá trazer em seu bojo a predominância do custo da mão de obra em relação aos demais itens de custos.

Ademais, ao se entender que serviços com predominância de mão de obra requerem obrigatoriamente a previsão de repactuação em edital, como nos leva a crer o aludido *caput* do art. 135 da Lei nº 14.133/21, na fase de planejamento deverá haver a necessidade de elaboração da planilha de custos e formação de preços nos mesmos moldes determinados para os serviços contínuos com dedicação exclusiva de mão de obra, ou no mínimo com desmembramento de custos em grandes grupos, haja vista a necessidade de avaliação da "predominância", o que poderá gerar alto custo administrativo, além de dificuldades na obtenção dos dados para inserção na planilha, em especial para objetos em que serão contratados diretamente por dispensa ou inexigibilidade.

Por outro lado, a Nova Lei de Licitações impõe restrição ao uso do instituto da repactuação, o que se percebe na redação repetida em vários dispositivos que tratam da questão, a exemplo do contido no artigo 25, em seu parágrafo 8º, no artigo 92, parágrafo 4º, e mesmo na definição do instituto constante no artigo 6º. Da forma como posta, verifica-se claramente que gestores públicos não deverão prever repactuação em contratos quando não verificada ao menos a preponderância da mão de obra sobre os demais custos, mesmo sendo a repactuação ferramenta bastante interessante para a manutenção do equilíbrio econômico financeiro.

A Nova Lei de Licitações – Lei nº 14.133/2021 –, ao reproduzir no art. 135, §4º, já previsto no §2º do art. 54 da IN5/17 Seges/MP, autoriza que a repactuação possa ser dividida em quantas parcelas sejam necessárias, em razão de terem contagem de prazo de anualidade realizada em datas diferentes, como os decorrentes de mão de obra e os decorrentes dos insumos necessários à execução dos serviços. Há contratos cujos custos da mão de obra são oriundos de convenções coletivas diferentes, haja vista possuírem mão de obra alocada de categorias diferenciadas e outras pertencentes a categoria preponderante da empresa contratada, além da possibilidade de terem insumos, tal como vale-transporte, que são repactuados conforme Lei Municipal do local de execução.

Por falar em Convenções Coletivas de trabalho e repactuação, o art. 134, §1º,[18] excepciona a submissão da Administração Pública aos acordos, convenções ou dissídios coletivos de trabalho que tratem de questões não vinculadas à matéria trabalhista ou que sejam relativos a custos que incidam sobre o desempenho da empresa, no mesmo sentido já estabelecido no art. 6º da IN nº 5/2017 Seges/MP. Os instrumentos coletivos de trabalho constituem o pilar da formação de preços dos serviços continuados e o fato de estarem vinculados à repactuação, direito do contratado, acabava por estimular a inclusão de itens de custo e previsões de direitos que não compete aos sindicatos regular.

Planejamento e os procedimentos de gestão de risco utilizados para minimizar problemas trabalhistas

Um ponto importante da Nova Lei de Licitação, no que tange à terceirização, diz respeito à sua gestão, cabendo destacar as suas cláusulas obrigatórias. Efetivamente, tanto no Decreto nº 9.507/2018

---

[18] Art. 134 [...]
§1º *A Administração não se vinculará às disposições contidas em acordos, convenções ou dissídios coletivos de trabalho que tratem* de matéria não trabalhista, de pagamento de participação dos trabalhadores nos lucros ou resultados do contratado, ou que estabeleçam direitos não previstos em lei, como valores ou índices obrigatórios de encargos sociais ou previdenciários, bem como de preços para os insumos relacionados ao exercício da atividade.

quanto na IN nº 05/2017 Seges/MP há preocupação com o planejamento e a gestão de riscos dos contratos de prestação continuada, em especial aqueles em regime de dedicação exclusiva de mão de obra.

Como exemplo, segundo o art. 18 da IN nº 05/2017, o procedimento de gerenciamento de riscos, obrigatório para os contratos em que há serviços realizados em regime de dedicação exclusiva de mão de obra, deve considerar o risco de descumprimento das obrigações trabalhistas, previdenciárias e relativas ao FGTS da contratada,[19] na mesma linha também preconizada no Decreto nº 9.507/2018.

A Lei nº 14.133/21 normatiza, em seu art. 50, a determinação para que o contratado apresente a comprovação do cumprimento de suas obrigações sempre que solicitado pela Administração Pública, sob pena de multa, reforçando a necessária proatividade relacionada à fiscalização administrativa, já mencionada nas orientações trazidas tanto na IN nº 5/2017 quanto no Decreto nº 9.507/18, mas não menciona a mesma exigência para serviços com predominância de mão de obra, o que certamente deverá ser avaliado na construção da matriz de risco na fase de planejamento.

Doutra banda, o novo diploma legal normatiza também uma série de orientações e medidas, já conhecidas em âmbito federal, no bojo do art. 121 aqui já citadas, para garantir que o contratado cumpra suas obrigações, no intuito de impedir que a Administração arque com

---

[19] Art. 18. Para as contratações de que trata o art. 17, o procedimento sobre Gerenciamento de Riscos, conforme especificado nos arts. 25 e 26, obrigatoriamente contemplará o risco de descumprimento das obrigações trabalhistas, previdenciárias e com FGTS da contratada.
§1º Para o tratamento dos riscos previstos no caput, poderão ser adotados os seguintes controles internos:
I – Conta-Depósito Vinculada - bloqueada para movimentação, conforme disposto em Caderno de Logística, elaborado pela Secretaria de Gestão do Ministério do Planejamento, Desenvolvimento e Gestão; ou
II – Pagamento pelo Fato Gerador, conforme disposto em Caderno de Logística, elaborado pela Secretaria de Gestão do Ministério do Planejamento, Desenvolvimento e Gestão.
§2º A adoção de um dos critérios previstos nos incisos I e II do parágrafo anterior deverá ser justificada com base na avaliação da relação custo-benefício.
§3º Só será admitida a adoção do Pagamento pelo Fato Gerador após a publicação do Caderno de Logística a que faz referência o inciso II do §1º deste artigo.
§4º Os procedimentos de que tratam os incisos do §1º deste artigo estão disciplinados no item 1 do Anexo VII-B.
ANEXO VII-B
DIRETRIZES ESPECÍFICAS PARA ELABORAÇÃO DOATO CONVOCATÓRIO
1. Dos mecanismos de controle interno:
1.1. Para atendimento do disposto no art. 18, o ato convocatório deverá conter uma das seguintes regras:
a) Conta-Depósito Vinculada – bloqueada para movimentação; ou
b) Pagamento pelo Fato Gerador; [...]

ônus financeiro decorrente de descumprimentos de obrigações legais. Destas, a mais polêmica, sem sombra de dúvidas, é a prevista no inciso V, que estabelece o questionável pagamento de verbas trabalhistas condicionado à ocorrência e comprovação do fato gerador.

A medida estabelecida no inciso II do art. 121, que condiciona o pagamento à comprovação de quitação das obrigações trabalhistas vencidas relativas ao contrato, embora também polêmica sob o aspecto jurídico, tem excelente aceitação entre os gestores públicos que já a utilizavam, sendo apontada como uma medida eficaz para evitar ônus financeiro do contratante.

Cabe destacar, ainda, a exigência contida no Decreto nº 9.507/18, replicada na Lei nº 14.133/21 de prestação de garantia da contratada, inclusive em relação ao pagamento de suas obrigações trabalhistas, previdenciárias e com o FGTS.

Ainda na análise das garantias, o art. 142 da Lei nº 14.133/21 conta com a previsão de pagamento em conta vinculada ou pela efetiva comprovação do fato gerador, à semelhança das normas federais, porém, diferente destas, considera um ato discricionário do gestor a ser analisado pontualmente em face do objeto contratual e das circunstâncias em que se insere, o que certamente deverá ser abordado em matriz de risco.

Há, assim, espaço para entes subnacionais decidirem, adequando-se a realidade institucional de cada um, bem como considerando a relação custo e benefício da utilização de cada procedimento e as vantagens e desvantagens de cada um.

Duração dos contratos

Outra correspondência relevante é a que diz respeito à duração dos contatos administrativos na nova lei, identificada no art. 106,[20] ao regular contratos com prazos de até 5 anos para serviços e fornecimentos

---

[20] Art. 106. A Administração poderá celebrar contratos com prazo de até 5 (cinco) anos nas hipóteses de serviços e fornecimentos contínuos, observadas as seguintes diretrizes:
I – a autoridade competente do órgão ou entidade contratante deverá atestar a maior vantagem econômica vislumbrada em razão da contratação plurianual;
II – a Administração deverá atestar, no início da contratação e de cada exercício, a existência de créditos orçamentários vinculados à contratação e a vantagem em sua manutenção;
III – a Administração terá a opção de extinguir o contrato, sem ônus, quando não dispuser de créditos orçamentários para sua continuidade ou quando entender que o contrato não mais lhe oferece vantagem.
§1º A extinção mencionada no inciso III do caput deste artigo ocorrerá apenas na próxima data de aniversário do contrato e não poderá ocorrer em prazo inferior a 2 (dois) meses, contado da referida data.

contínuos, podendo chegar aos 10 anos. Trata-se, sem dúvida, de uma das grandes alterações da lei.

Há muito tempo se verificava uma tendência de que contratos de natureza continuada observassem a duração máxima permitida no art. 57 da Lei nº 8.666/93, principalmente quando firmados com empresas de médio a grande porte. A possibilidade de permitir contratos com prazos iniciais de 5 anos tende a aumentar a competitividade nas licitações, melhorar preços, principalmente pelo fato de permitir a economia na amortização de investimentos mais altos, incentivando o uso de novas tecnologias, além, é claro, de colaborar para a redução dos custos transacionais de gestão contratual com as recorrentes prorrogações anuais. Todavia, para que a Administração se valha de contratos com prazo mais longo, que poderá iniciar em 5 anos, não é mais necessária a vinculação ao início e fim do exercício financeiro corrente como dispunha o art. 57 da Lei nº 8.666/93, o que aliás, ao menos em âmbito federal, a questão já foi superada há muito com a Orientação Normativa AGU nº 01/2009, segundo a qual "a vigência do contrato de serviço contínuo não está adstrita ao exercício financeiro", e com a jurisprudência do TCU firmada a partir de 2013,[21] mas sim de observância das 3 diretrizes estabelecidas em seus incisos, quais sejam: (1) a necessidade de a autoridade competente do órgão ou entidade contratante atestar a maior vantagem econômica vislumbrada em razão da contratação plurianual, (2) o alinhamento com plano anual de contratações e (3) a existência de créditos orçamentários vinculados e a vantagem da manutenção do contrato no tempo.

Por outro lado, contratos de longo prazo podem apresentar outros riscos ou ainda elevar riscos que atualmente são bastante comuns e conhecidos em contratos anuais com previsão de prorrogações, especialmente naqueles em que se verifica baixa margem de lucratividade e de despesas operacionais e administrativas, que certamente deverão ser precedidos de uma boa análise de riscos (matriz de riscos), alocando riscos presumíveis entre o contratante e o contratado, estabelecendo quais riscos serão assumidos pelo contratante, quais caberão ao contratado e quais serão compartilhados entre eles.

---

§2º Aplica-se o disposto neste artigo ao aluguel de equipamentos e à utilização de programas de informática.

[21] Acórdão nº 1214/2013, rel. Min. Aroldo Cedraz, Pleno do TCU, julgamento em 22.05.2013.

Conclusão

Diante desse panorama aqui exposto, verificamos que o legislador claramente optou por "caminhar em trilhas conhecidas", bebendo na fonte das normas federais reguladoras que tratam da questão, passando para o plano nacional regras anteriormente aplicáveis apenas à União. Muitas delas, de natureza procedimental, o que poderá suscitar debate sobre a competência legislativa atribuída à União no que tange a normas gerais de licitações, mas que de toda sorte, por terem sido implementadas anteriormente em âmbito federal, foram objeto de recomendação do TCU e reiteradas por outro Tribunais de Contas, muitas destas normas já foram absorvidas tanto por gestores públicos atentos às boas práticas que são repassadas em treinamentos e eventos na área de licitações, bem como pelo mercado licitante, e trouxeram bons resultados já comprovados.

Nesse sentido, a nova lei de Licitações e Contratos – Lei nº 14.133/21 – demonstra maior preocupação em dispor orientações procedimentais a serem observadas durante a fase de execução contratual pelos agentes públicos, em especial na organização do acompanhamento contratual, atribuição de responsabilidades e necessidade de capacitação específica aos agentes públicos que atuam nessa fase da contratação, inclusive trazendo orientações específicas para serviços continuados em regime de dedicação exclusiva de mão de obra, que são "o tendão de Aquiles" da Administração Pública, pois são aqueles onde há grande monta de recursos públicos empregados e grande dificuldade de organização devido às questões de fiscalização administrativa e trabalhista dos empregados alocados aos contratos.

Neste sentido, não se pode negar o avanço que tivemos em relação à Lei nº 8.666/93, que muito pouco dispunha sobre a gestão dos contratos continuados, muito embora não tenhamos grandes novidades, ao menos não para os entes federais, ao nacionalizar procedimentos federais já conhecidos, partiu o legislador de premissas mais seguras, para as quais o caminho já percorrido teve sua terra batida e o mato cortado, servindo de ensinamento, visando ao aperfeiçoamento e à modernização da máquina pública. Como já disse o grande mestre educador Paulo Freire: "Ninguém caminha sem aprender a caminhar, sem aprender a fazer o caminho caminhando, refazendo e retocando o sonho pelo qual se pôs a caminhar."

Referências

BATISTA JÚNIOR, Onofre Alves. *Princípio constitucional da eficiência administrativa.* 2. ed. Belo Horizonte: Fórum, 2012.

BRASIL. *Decreto nº 9.507*, de 21 de setembro de 2018. Dispõe sobre a execução indireta, mediante contratação, de serviços da administração pública federal direta, autárquica e fundacional e das empresas públicas e das sociedades de economia mista controladas pela União. *DOU*, 24 set. 2018, p. 3 Disponível em: http://www.planalto.gov.br/ccivil_03/_ato2015-2018/2018/decreto/D9507.htm. Acesso em: 28 fev. 2021

BRASIL. *Instrução Normativa nº 5*, de 26 de maio de 2017. Dispõe sobre as regras e diretrizes do procedimento de contratação de serviços sob o regime de execução indireta no âmbito da Administração Pública federal direta, autárquica e fundacional. *DOU*, 26 maio 2017, edição 100, seção 1, p. 90. Disponível em: https://www.in.gov.br/materia/-/asset_publisher/Kujrw0TZC2Mb/content/id/20239255/do1-2017-05-26-instrucao-normativa-n-5-de-26-de-maio-de-2017-20237783. Acesso em: 28 fev. 2021.

BRASIL. *Lei nº 4.133*, de 01 de abril de 2021. Lei de Licitações e Contratos Administrativos. *DOU* extra, 01 abr. 2021. Disponível em https://www.in.gov.br/en/web/dou/-/lei-n-14.133-de-1-de-abril-de-2021-311876884. Acesso em: 17 abr. 2021.

BRASIL. Presidência da República. Ministério da Administração e da Reforma do Estado. *Plano Diretor da Reforma do Aparelho do Estado*, de novembro de 1995. Disponível em: http://www.bresserpereira.org.br/Documents/MARE/PlanoDiretor/planodiretor.pdf.

DROPPA, Alisson; BIAVASCHI, Magda. A História da Súmula 331 do Tribunal Superior do Trabalho. DOI: 10.5433/2176-6665.2011v16n1p124.

FORTINI, Cristiana. Contratos de Prestação Continuada na nova Lei de Licitações e Contratos. *Consultor Jurídico*. Disponível em: https://www.conjur.com.br/2021-abr-08/interesse-publico-contratos-prestacao-continuada-lei-licitacoes. Acesso em: 22 abr. 2021.

PAIM, Flaviana; PERCIO, Gabriela. *Instrução Normativa nº 05/17-MPDG –Comentários a artigos e anexos*. Modelos Estruturais para Estudos Preliminares. Porto Alegre: Ingep Ed., 2017.

Informação bibliográfica deste texto, conforme a NBR 6023:2018 da Associação Brasileira de Normas Técnicas (ABNT):

FORTINI, Cristiana; PAIM, Flaviana. A nacionalização de regras federais sobre terceirização por meio da nova Lei de Licitação. *In*: FORTINI, Cristiana; PAIM, Flaviana Vieira (Coord.). *Terceirização na Administração Pública*: boas práticas e atualização à luz da Nova Lei de Licitações. Belo Horizonte: Fórum, 2022. p. 25-45. ISBN 978-65-5518-288-0.

TERCEIRIZAÇÃO NO SETOR PÚBLICO: ENCONTROS E DESENCONTROS

JOSÉ DOS SANTOS CARVALHO FILHO

1 Introdução

A ideia de que a função administrativa é, em regra, executada pelo Estado por intermédio de seus agentes é bem mais singela do que aquela que diz respeito à situação jurídica que vincula tais agentes ao Estado. Como a função administrativa é multifária e complexa, torna-se compreensível a criação de novos mecanismos com o fito de melhor adequar-se a sua execução.

O sentido, porém, do numeroso contingente de servidores do Estado está longe de ser ortodoxo, e isso pela simples razão de que diversos são os vínculos – funcionais ou não – que aproximam os efetivos executores da função (os agentes) e aquele em favor do qual a função é desenvolvida (o Estado). Esse é o verdadeiro motivo da heterodoxia que se desenha acerca da missão executória das funções públicas.

Ao tratar do fenômeno *trabalho*, asseverava Cirne Lima ser ele "a soma de energia necessária à manifestação de qualquer atividade".[1] Na lição que ministra sobre o *trabalho público*, ensina que este – dedicado exatamente ao exercício da função pública – oferece peculiaridades próprias que o distinguem do *trabalho privado*, e, dentre elas, avulta a unilateralidade econômica, consoante a qual não haveria correspecti-

---
[1] LIMA. *Princípios de direito administrativo*, p. 159.

vidade "entre o trabalho público e a compensação patrimonial", como ocorreria na outra forma de trabalho.[2]

Malgrado as modificações ocorridas com o evolver das relações entre o Estado e seus agentes no que concerne à patrimonialidade, não há dúvida de que, numa visão teórica e ideológica, a função administrativa deve ser, em princípio, objeto de desempenho pelos agentes que compõem os quadros funcionais dos entes públicos, e nela sobressai o sentido do *interesse público* ao qual está preordenada.

Modernamente já se pacificou o pensamento no sentido de que agentes públicos, bens públicos, impostos, desapropriação e outros fatos do gênero são regidos pelo direito público, que, obviamente, apresenta normas típicas de Estado, muitas delas retratando verdadeiras prerrogativas estatais, como acentua Gabino Fraga.[3] Sendo assim, será oportuno examinar se é legítimo que o Estado se socorra de agentes privados, ao invés dos públicos e, em caso positivo, quais os limites dessa legitimidade.

O que se pretende, de resto, neste sucinto trabalho é tão somente reafirmar os modelos de adequada vinculação para o exercício da função pública e identificar aqueles outros contaminados por distorção incompatível com os princípios que regem a Administração Pública.

De outro lado, não nos parece devam ser relegados a segundo plano os processos administrativos dotados de eficiência e efetividade, entre os quais se encontra a terceirização – todos, aliás, reclamados pela sociedade. São verdadeiras aspirações da sociedade. Na observação de Dromi, a sociedade "aspira a la eficacia de la organización administrativa, a efectos de lograr una administración racional del 'bien-estar general', no a una administración pasional del 'mal-estar común', acosada de legalismo y burocratismo con estructuras excesivas y obsoletas".[4]

2 Terceirização

A *terceirização* caracteriza-se como *fato jurídico* e, portanto, idôneo a produzir a criação, alteração e extinção de relações jurídicas. Enquadra-se entre os fatos jurídicos *voluntários*, visto que oriundos da manifestação volitiva dos interessados, formalizada normalmente por meio de contrato.

---

[2] LIMA. *Princípios de direito administrativo*, p. 159.
[3] FRAGA. *Derecho administrativo*, p. 25.
[4] DROMI. *Derecho administrativo*, p. 26.

O termo, genericamente, indica a transferência de certa atribuição a terceiros. No entanto, no âmbito empresarial e do trabalho, significa o fato de a direção de uma empresa transferir a outra algumas atribuições de seu interesse direto. Quando a empresa se utiliza desse procedimento, diz-se que se socorreu do processo de terceirização. Essa é a ideia central do processo.

O problema que envolve a terceirização é o que diz respeito à natureza das funções terceirizadas.

Muitas são as atribuições inerentes a determinada pessoa jurídica. Algumas delas, porém, integram seu *núcleo fundamental*, vale dizer, representam as atribuições básicas, assim consideradas aquelas para as quais a pessoa foi instituída. Tais misteres é que, em última instância, mobilizaram a sua criação. Ao mesmo tempo que lhe constituem a *causa*, servem-lhe também como *objeto*. Sem tais finalidades, a própria pessoa se esvaziaria: são, pois, *atividades-fim*.

Outras atribuições, contudo, a despeito de serem importantes para a busca das metas alvitradas, não integram o núcleo fundamental da entidade. Sua característica é a de serem *atividades-meio*, ou seja, aquelas que traduzem os instrumentos de apoio necessários à consecução dos objetivos. Cuida-se de típicas atividades de apoio, sobre as quais a empresa vai consolidando seus passos com os olhos voltados para as metas que estabeleceu.

De acordo com o pensamento dos estudiosos da área de Administração, a terceirização só deveria processar-se em relação às atividades-meio, dado seu caráter de apoio às atividades-fim. A transferência delas a outra pessoa jurídica assumiria ares de mero suporte administrativo e logístico como meio de acelerar e tornar mais eficaz o processo de consecução dos objetivos.

A terceirização de atividades-fim, no entanto, retrataria distorção do modelo. Na verdade, não parece mesmo lógico transferir a terceiro tarefas que justificaram a própria criação da pessoa. Haveria nesse fato visível *contradictio*: cria-se algo com objetivo predeterminado para execução própria e, após, traslada-se a execução a outra pessoa. Se o próprio elemento (que é o núcleo central da pessoa) desaparece, fica prejudicada a própria pessoa, despida que está agora de seu motivo criador.

As observações ora feitas são de extrema singeleza e decorrem de simples análise sobre o sujeito e o objeto a que se destinou. Não obstante, foram alteradas, como se verá adiante, as percepções até há pouco reconhecidas sobre a terceirização relativamente às atividades-meio e atividades-fim.

O que parece fundamental esclarecer neste passo é o fato de que a terceirização serve de referência como método de *gestão da empresa* ou de qualquer pessoa em geral, sempre considerado o meio mais adequado de alcançar metas.

3 Setor privado

O fenômeno da terceirização teve seu início há mais de vinte anos. Foi deflagrado primeiramente nos Estados Unidos e Europa, mas desenvolveu-se em todo o mundo como ferramenta gerencial, e não como mera contratação de mão de obra. Tal evolução foi provocada principalmente pelo fato de que a delegação de atividades auxiliares permite a concentração no foco principal (ou núcleo fundamental) da pessoa.

O desenvolvimento do processo de terceirização no setor privado demonstrou que, para a gestão eficaz da empresa, é importante proceder a planejamento, análises e estudos de todos os seus aspectos. A ausência de tais fatores, algumas vezes, proporcionou maus resultados no gerenciamento da entidade, provocando, inclusive, um travamento ou até mesmo um retrocesso em sua administração.

A iniciativa privada concluiu que a terceirização não poderia ter como único fundamento a necessidade de redução de custos, inclusive a de enxugamento da folha de pagamento e eliminação de encargos trabalhistas. Mais importante seria a contribuição do processo para os resultados alvejados pela empresa e o impacto dele oriundo em médio e longo prazos.

Verificou-se, por outro lado, que a terceirização poderia produzir efeitos positivos e negativos.

Entre os *efeitos positivos*, pode ser citada a postura da empresa quanto ao foco de seu desempenho: a concentração de esforços reflui diretamente sobre sua atividade principal. Outro efeito positivo consiste na maior celeridade decisória, eis que os representantes da empresa não desperdiçam seu tempo com atividades ancilares. Ainda: a redução de custos, decorrente do enxugamento do quadro de empregados da empresa contratante, já que estes pertencem ao quadro da pessoa terceirizada.

Podem originar-se, também, *efeitos negativos*. Cite-se, para exemplificar, a maior dificuldade de gerenciamento, e isso em virtude de ficarem algumas atividades a cargo do terceiro. A descoordenação pode ser outro efeito indesejável: frequentemente desaparecem ou se reduzem os canais de comunicação entre o transferidor e o terceiro. Mais grave, por fim, é a perda da qualidade dos serviços prestados e, consequentemente, o estreitamento da clientela.

O risco de efeitos ruinosos para a empresa tem gerado novo fenômeno contratual: a *quarteirização*. Nessa hipótese, a empresa-base contrata o terceiro para gerenciar os quarteirizados. A estes cabe a execução das atividades auxiliares da empresa-base, ao passo que ao terceiro compete a supervisão dos terceiros executores (quarteirizados). A tendência desse modelo de transferência é a de melhorar e otimizar a gestão da empresa, permitindo-lhe que encete todos os seus esforços sobre o núcleo de sua atividade principal.

Os estudiosos do processo de terceirização têm ensinado que duas foram as atividades inicialmente terceirizadas: a de serviços de limpeza e conservação e a de vigilância. Até hoje são elas o principal alvo das terceirizações, devendo considerar-se no caso que, sem a menor dúvida, constituem atividades-meio, isto é, meros instrumentos administrativos ou de apoio, necessários à concretização das metas estabelecidas pela empresa transferidora.

Posteriormente, outras atividades vieram a ser terceirizadas, mas, enquanto algumas delas representaram excelente mecanismo de gestão empresarial, outras redundaram em problemas para a empresa-base, inclusive quanto ao aspecto da responsabilidade por indenizações trabalhistas.

Valentin Carrion, ao examinar o fato diante da legislação trabalhista, apresenta conceituação em que consigna os elementos básicos da terceirização: "ato pelo qual a empresa produtora, mediante contrato, entrega a outra empresa certa tarefa (atividades ou serviços não incluídos nos seus fins sociais) para que esta a realize habitualmente com empregados desta; transporte, limpeza e restaurante são exemplos típicos".[5]

Explica o autor que, quando não fraudulenta, constitui mecanismo inserido nas modernas técnicas competitivas. Esclarece, porém, que o TST colocou um freio ao processo, ao limitar as hipóteses em que poderia considerar-se legítima a terceirização.[6] O Tribunal chegou, inclusive, a editar súmula em que deixava clara a limitação imposta.[7]

---

[5] CARRION. *Comentários à Consolidação das Leis do Trabalho*, p. 307.
[6] CARRION. *Comentários à Consolidação das Leis do Trabalho*, p. 307.
[7] TST. Súmula nº 256: "Salvo os casos de trabalho temporário e de serviço de vigilância, previstos nas Leis nº 6.019, de 03.01.74, e 7.102, de 20.06.83, é ilegal a contratação de trabalhadores

Posteriormente, o mesmo Tribunal editou a conhecida Súmula nº 331, na qual trata do tema, inclusive considerando contratações firmadas pela administração pública direta e indireta. Tal Enunciado provocou numerosos litígios envolvendo o Estado como responsável por obrigações trabalhistas do terceirizado no que se refere aos empregados deste, embora tenha sido alterado posteriormente, mitigando aquela responsabilidade. A legislação posterior, porém, alterou fundamente os pilares desse Enunciado.

Como o tema está a merecer algumas observações mais detalhadas, parece-nos oportuno fazê-lo mais adiante, ao tratarmos da terceirização no setor público.

4 Regime atual da terceirização

Em sua configuração tradicional, a terceirização se formalizava por contrato de trabalho temporário, disciplinado pela Lei nº 6.019, de 03.01.1974. Esse diploma, porém, foi profundamente alterado pela Lei nº 13.429, de 31.03.2017. Criou-se no novo diploma outra forma de terceirização além da clássica. Com as modificações, há atualmente duas categorias de terceirização: uma se efetiva por *contrato de trabalho temporário*, ao passo que a outra decorre de *contrato de prestação de serviços*.

A lei define o *trabalho temporário* como sendo aquele prestado por pessoa física contratada por *empresa de trabalho temporário*, que a disponibiliza a uma *empresa tomadora do serviço*, com o fim de atender à necessidade de substituição transitória de pessoal permanente ou à demanda complementar de serviços (art. 2º, Lei nº 6.019/1974).

Por outro lado, a *prestação de serviços a terceiros* consiste na transferência feita pela empresa *contratante* da execução de suas atividades à pessoa jurídica de direito privado *prestadora de serviços*, dotada de capacidade econômica compatível com a execução da atividade.

Trata-se de duas modalidades específicas do gênero *empresas prestadoras de serviços a terceiros*, mas uma dedica-se a prover situações temporárias na empresa contratante, enquanto a outra pode colaborar com a tomadora em caráter permanente.

A *temporariedade* do trabalho é bem definida na lei: "Trabalho temporário é aquele prestado por pessoa física contratada por uma empresa de trabalho temporário que a coloca à disposição de uma

---

por empresa interposta, formando-se o vínculo empregatício diretamente com o tomador dos serviços". A súmula, todavia, foi cancelada pela Resolução TST nº 121/03, de 19.11.2003.

empresa tomadora de serviços, para atender à necessidade de substituição transitória de pessoal permanente ou à demanda complementar de serviços" (art. 2º, Lei nº 6.019). Considera-se *complementar* a demanda quando derivada de fatores imprevisíveis ou, quando previsíveis, sejam intermitentes, periódicos ou sazonais (art. 2º, §2º). Empresa de trabalho temporário, por sua vez, é aquela "responsável pela colocação de trabalhadores à disposição de outras empresas temporariamente" (art. 4º).

Quanto à categoria de *prestação de serviços*, diz a lei que assim se considera "a transferência feita pela contratante da execução de quaisquer de suas atividades, inclusive sua atividade principal, à pessoa jurídica de direito privado prestadora de serviços que possua capacidade econômica compatível com a sua execução" (art. 4º-A). O aspecto fundamental que cercou a nova legislação, na verdade, consistiu na concepção conferida ao *objeto* da terceirização, no qual ficaram *incluídas tanto as atividades-meio quanto as atividades-fim*, dirimindo, portanto, a velha dúvida existente sobre a matéria e, com certeza, reduzindo as controvérsias.

De fato, o legislador foi claro ao afirmar que o contrato de trabalho temporário *"pode versar* sobre o desenvolvimento de *atividades-meio e atividades-fim* a serem executadas na empresa tomadora de serviços" (art. 9º, §3º, grifamos).

Noutro giro, a lei deixou claro que o contrato de prestação de serviços admite a transferência pela contratante "de quaisquer de suas atividades, *inclusive sua atividade principal"* (art. 4º-A, grifamos).

Não é difícil concluir que foi evidentemente ampliado o leque de atividades suscetíveis de terceirização, para abranger atividades-meio e atividades-fim – posição, aliás, já adotada pelo STF sobre o tema.

Seja qual for a categoria da terceirização, todavia, é imperioso destacar um ponto relevante no que toca à relação jurídica de trabalho: os *empregados não têm vínculo com a empresa tomadora do serviço*. Sua vinculação, na ótica jurídica, se dá tão somente com as empresas de trabalho temporário e de prestação de serviço, estando, portanto, peremptoriamente, afastados de relação jurídica com a empresa tomadora.

A lei registra que é a empresa de prestação de serviço que "contrata, remunera e dirige o trabalho realizado por seus trabalhadores, ou subcontrata outras empresas para realização desses serviços" (art. 4º-A, §1º). Além disso, estabelece que não existe vínculo de emprego entre os empregados da empresa de trabalho temporário e a empresa tomadora do serviço (art. 10).

É possível que ocorra, em certas situações, uma extensão de responsabilidade para as empresas tomadoras do serviço, mas a ideia central da terceirização é a de que seu elo contratual se forme apenas com as empresas contratadas, e não com os empregados destas.

5 Regimes funcionais do servidor público

O fenômeno da terceirização envolve usualmente uma série de problemas relativos ao vínculo de trabalho (em sentido lato) entre o Estado e seu servidor. Entretanto, os vínculos de trabalho no serviço público cingem-se aos regimes jurídicos que os regulam, de modo que há menor densidade no que toca à flexibilização existente no setor privado, calcada no contrato de trabalho.

O quadro básico dos *agentes públicos* no direito pátrio, com uma ou outra visão dissonante no campo doutrinário, constitui-se de três categorias: a dos *agentes políticos*, que mantêm com o Estado um vínculo tipicamente político e cujas funções têm previsão constitucional;[8] a dos *agentes colaboradores*, que, sem vínculo profissional típico, auxiliam o Poder Público no exercício de algumas funções específicas e relevantes;[9] e a dos *servidores públicos*, que constituem a grande massa de trabalhadores do Estado e cujo vínculo é o que efetivamente se configura como de caráter profissional.

O regime jurídico de cada uma dessas categorias tem delineamento próprio. O regime dos agentes políticos encontra fundamento na Constituição. Tendo em vista a característica diretiva de suas funções, alguns de seus poderes jurídicos não podem mesmo deixar de situar-se na Lei Maior. Por outro lado, o regime dos agentes colaboradores é extremamente variado e disperso, e isso pela simples razão de que se trata normalmente de situações transitórias e pontuais.

O regime jurídico dos servidores públicos depende da categoria a que estes pertençam.

O *regime estatutário* é o que disciplina a categoria dos *servidores estatutários*. Semelhante regime é alinhavado no âmbito de cada ente federativo em virtude de sua autonomia administrativa, isso, é claro, sem considerar as normas constitucionais, que, por traduzirem princípios verdadeiramente extensíveis, incidem sobre todos os servidores,

---

[8] CARVALHO FILHO. *Manual de direito administrativo*, 20. ed., p. 556 e GASPARINI. *Direito administrativo*, p. 156.
[9] MEDAUAR. *Direito administrativo moderno*, p. 311.

independentemente da pessoa em cujo quadro se alojam seus cargos. As normas desse regime são alteráveis unilateralmente, mas, obviamente, resguardam-se os direitos legitimamente adquiridos.[10] O vínculo jurídico que relaciona o Estado a tais servidores não tem caráter contratual; trata-se de relação típica de direito público, não constituída por meio da negociação bilateral própria dos contratos.

O *regime trabalhista* (ou *celetista*) é o adotado para a relação jurídica firmada entre o Estado e os *servidores trabalhistas*. Tais servidores exercem emprego público, mas não ocupam cargos públicos, visto que estes são privativos dos servidores estatutários. Vigora para ele o princípio da unicidade normativa, aplicando-se a Consolidação das Leis do Trabalho (CLT) em todos os contratos, seja qual for a entidade federativa contratante.[11] A despeito dessa disciplina uniforme, não custa lembrar que, por serem servidores públicos, a relação jurídica que os vincula ao Estado sofre a incidência também de algumas normas constitucionais. De qualquer modo, o regime contratual constitui, na visão de alguns estudiosos, importante alternativa de recrutamento de pessoal, independentemente da existência de carreiras de servidores estatutários.[12]

Por fim, o *regime especial* é aquele que tem aplicação no caso de *servidores temporários*, ou seja, para aqueles servidores recrutados em situações excepcionais. A base desse regime encontra-se no art. 37, IX, da Constituição, dispositivo no qual se antevê que lei especial possa regular a contratação de servidores, por prazo determinado, "para atender a necessidade temporária de excepcional interesse público".

O regime especial, por sua natureza de exceção aos regimes comuns (o estatutário e o trabalhista), cerca-se de significativas complexidades e interpretações incongruentes. Já observamos que três são as características do regime especial: a) a determinabilidade temporal, que reclama seja o contrato firmado por prazo determinado; b) a temporariedade, indicativa de que a situação a ser enfrentada há de ser transitória; e c) a excepcionalidade, com o sentido de que tal regime só deve ser adotado em situações particularíssimas.[13] A formalização encerra a celebração de contrato, mas, diferentemente do vínculo trabalhista, constitui-se contrato administrativo ou contrato público de natureza

---

[10] DI PIETRO. *Direito administrativo*, p. 479.
[11] MADEIRA. *Servidor público na atualidade*, p. 29.
[12] NETTO. *A contratualização da função pública*, p. 243.
[13] CARVALHO FILHO. *Manual de direito administrativo*, 20. ed., p. 569-570.

funcional, regido por normas próprias e só supletivamente por normas do regime estatutário.[14]

Todos os regimes jurídicos implicam a *formação de vínculo funcional* entre o Estado e os respectivos servidores. Em outras palavras, todos são servidores públicos, variando apenas as normas que regulam sua situação jurídica funcional. Todos, na verdade, são profissionais do serviço público e oferecem sua força de trabalho ao ente federativo em cujo quadro funcional se inserem.

É oportuno acrescentar que esses são os únicos regimes jurídicos contemplados na legislação constitucional e infraconstitucional. Por conseguinte, se fosse obedecida a legislação, não haveria qualquer problema na identificação do regime sob cujas regras estaria o servidor exercendo as suas funções. Cada um deles tem regras bem definidas, dando contornos claros à situação funcional do servidor.

Infelizmente não é isso, na prática, o que se passa em muitos casos. Recrutamentos ilegais, ausência de concurso público, favorecimentos imorais, irresponsabilidade de governantes, ausência de controle de pessoal, falta de auditorias – tudo isso gera vínculos funcionais de inteira dissonância relativamente aos princípios constitucionais da Administração Pública. E não é raro que o Judiciário encontre dificuldades para dirimir conflitos de que participam servidores com vínculos esdrúxulos; naturalmente tal fato propicia soluções usualmente inadequadas às normas de regência.

Semelhantes mazelas conduzem à ocorrência de situações bem ligadas à terceirização, como adiante comentaremos. Mas já aqui é importante consignar: *na terceirização inexiste qualquer vínculo funcional entre o prestador do serviço e o Estado*. O verdadeiro vínculo somente se forma sob o império das normas que delineiam os regimes jurídico-funcionais que mencionamos acima.

6 Terceirização nas contratações públicas

A Administração Pública tem celebrado numerosos contratos administrativos para a execução terceirizada de atividades-meio, como os serviços de conservação e limpeza, de vigilância, de transporte, de garçons e outros congêneres. Não há dúvida de que se cuida

---

[14] A observação é de VIEIRA. *Servidor público temporário*: natureza jurídica, regime, contratação irregular e a (não) incidência do princípio primazia da realidade de fato sobre as formas, p. 37.

de terceirização de mão de obra, mas releva notar que o objeto da contratação traduz a execução de funções meramente instrumentais da Administração, o que constitui método de melhor gestão administrativa das atividades públicas.

O problema que surge com a terceirização de serviços reside no fato de que, sob o manto desse tipo de contratação, a Administração (ou também o empregador do setor privado) simula a intermediação de mão de obra, figura enquadrada como locação de mão de obra (*merchandising*). É desse ponto de contato que surgem as crises de interpretação e se originam as controvérsias acerca da terceirização. Desse modo, é cabível distinguir as hipóteses de *terceirização lícita e real*, quando o objeto do contrato é um serviço meramente instrumental da Administração, e de *terceirização ilícita e simulada*, quando o que o contratante pretende, de fato, é locar mão de obra em substituição a servidores ou empregados.

Contudo, se a terceirização encerra a execução de tarefas por intermédio de terceiros, nenhuma ilegalidade haverá e, sem dúvida, muitos efeitos positivos advirão dos contratos administrativos dessa natureza. De outro lado, se o fato denotar qualquer deformação, como é o caso da locação de mão de obra por interposta pessoa (o terceirizado), estará ele contaminado de ilegalidade, como já acentuou Jessé Torres Pereira Junior em obra especializada.[15]

O Tribunal de Contas da União, ao examinar a matéria, bem esclareceu que uma empresa terceirizada sempre executa uma atividade-meio por sua conta e risco, interessando ao tomador do serviço o resultado ou produto alvitrado. Na locação de mão de obra, todavia, o contratante, inclusive a Administração, demanda a disponibilização, pelo terceirizado, de empregados cujas tarefas ficam sob a supervisão do tomador.

Diante dessas premissas, consignou peremptoriamente a referida Corte: "A locação de mão de obra sempre tenta travestir-se de terceirização a fim de adquirir aparente revestimento de legalidade. O exame acurado das situações concretas, todavia, não deixa dúvidas sobre a verdadeira natureza dos contratos".[16] Esse é exatamente o aspecto salientado pelos estudiosos da terceirização: esta, por si só, guarda inteira compatibilidade com o sistema normativo vigente, mas não pode servir de escudo para a prática de atividades ilegais dissimuladas sob o manto da legalidade.

---

[15] PEREIRA JUNIOR. *Comentários à Lei das Licitações e Contratações da Administração Pública*, p. 688.
[16] TCU. Decisão nº 569/96, Plenário. Rel. Min. Paulo Affonso Martins de Oliveira.

A contratação de serviços, portanto, como espécie de terceirização de atividades administrativas de apoio, é legítima na medida em que a Administração vislumbra o resultado como um todo, cabendo-lhe, por isso mesmo, remunerar diretamente o prestador do serviço.[17] Quando a Administração terceiriza tendo como alvo cada um dos trabalhadores responsáveis pela execução da atividade administrativa, ela também efetua pagamento direto à empresa intermediária, mas não alveja globalmente o resultado, e sim a energia despendida por parte de cada um dos trabalhadores a seu serviço.

Nesse aspecto, fundamental é o controle dos órgãos competentes para evitar a distorção do sistema. Conforme anota autorizada doutrina, "presume-se que a autoridade administrativa, ao celebrar qualquer pacto, cônscia está da obrigação de guardar coerência com os máximos princípios publicistas, diretrizes deonticamente inafastáveis, não devendo, em hipótese alguma, misturá-los com interesses subalternos, ancorados na compreensão errônea e hiperdimensionada das cláusulas exorbitantes".[18]

O Tribunal Superior do Trabalho, a propósito do fenômeno da terceirização, editou a Súmula nº 331, nela envolvendo, inclusive, órgãos da administração direta e entidades da administração indireta. A regra básica da Súmula era a de que a contratação irregular de trabalhadores por empresa interposta seria ilegal; o efeito era o de que o vínculo se formaria diretamente com o tomador do serviço. A finalidade da norma consistia na proteção que devia ser dispensada ao empregado, para o fim de não o prejudicar no que tange a seus direitos laborais.

O outro aspecto da Súmula que gerava expressiva discordância tem por justificativa a seguinte parte: "O inadimplemento das obrigações trabalhistas, por parte do empregador, implica a responsabilidade subsidiária do tomador dos serviços, quanto àquelas obrigações, inclusive quanto aos órgãos da administração direta, das autarquias, das fundações públicas, das empresas públicas e das sociedades de economia mista, desde que hajam participado da relação processual e constem também do título executivo judicial".

Malgrado a sua aplicação fosse generalizada e os termos amplos nela contidos, a Súmula, também nessa parte, vinha sofrendo críticas contundentes. Na verdade, transferia-se para o tomador do serviço a responsabilidade fiscalizatória do Poder Público. Em última instância,

---

[17] SOUSA. *Temas de licitações e contratos da Administração Pública*: estudos e pareceres, p. 157.
[18] FREITAS. *O controle dos atos administrativos e os princípios fundamentais*, p. 296.

haveria um entrelaçamento anômalo de relações jurídicas: o contratante não tem qualquer tipo de ingerência nas relações trabalhistas derivadas do contrato de trabalho celebrado entre a empresa terceirizada e seus empregados.

A atribuição, ao tomador do serviço, de responsabilidade pelo inadimplemento de obrigações trabalhistas por parte do terceirizado era, por linha transversa, uma forma de restringir, em desfavor daquele, o direito subjetivo à contratação, e de interferir no círculo privativo da autonomia da vontade das pessoas.

Entretanto, a referida Súmula, em grande parte, restou prejudicada ante o novo quadro normativo estabelecido pela Lei nº 6.019/1974 com as alterações da Lei nº 13.429/2017.

Na ótica do direito público, que é a que interessa aos presentes comentários, cabem duas questões sobre o processo de terceirização. Primeiramente, é de se indagar se a Administração pode celebrar contrato de trabalho temporário e, também, se pode firmar contrato de prestação de serviços a terceiros, ambos previstos na Lei nº 6.019. Além disso, à luz da nova legislação, há que se considerar, caso possíveis as contratações, qual tipo de atividade pode ser objeto do contrato.

Sempre houve certa hesitação quanto ao contrato de trabalho temporário pela Administração. Enquanto alguns estudiosos aceitavam a aplicação da Lei nº 6.019 para entes públicos, outros se inclinavam pela inviabilidade. Vários eram os argumentos contrários, e entre eles despontava o fato de que tal contratação ofenderia indiretamente o princípio do concurso público. Além disso, os pressupostos dessa contratação seriam compatíveis apenas com o setor privado.

Esses argumentos, no entanto, sucumbem à realidade da atividade administrativa. Não haveria vulneração ao princípio concursal em virtude da transitoriedade do ajuste. De outro lado, sempre houve contratação com empresas de prestação de serviços cujo objeto é o fornecimento de mão de obra.

A Lei nº 6.019, com a alteração da Lei nº 13.429, não estabeleceu qualquer regra da qual se possa inferir a inviabilidade da contratação temporária. Soma-se ainda o fato de que a substituição transitória de pessoal permanente e a demanda complementar de serviços – pressupostos do trabalho temporário – são fatores inegavelmente comuns na Administração. Parece, pois, juridicamente viável o contrato temporário, desde que presentes os pressupostos legais para esse fim.

Dois aspectos desafiam sucinto comentário como contraponto. Um deles é o de que eventual contratação deve ser precedida do manejo de transparência e motivação por parte do administrador público, para o fim de indicar realmente a necessidade do serviço em prol dos fins da Administração.

O outro resulta da possibilidade de que o Estado limite as hipóteses dessa contratação, excluindo certas funções mais sensíveis e estratégicas amoldadas a servidores do quadro permanente. É o que ocorre com o Decreto federal nº 9.507/2018, no qual se enumeram algumas situações para as quais foi vedada a contratação dessa natureza.

Se alguma hesitação pode existir quanto à contratação de empresa de trabalho temporário pela Administração, praticamente nenhuma pode ser oposta à *contratação de empresas prestadoras de serviço*. Reitera-se aqui a inexistência de vedação legal para tal tipo de contratação, aduzindo-se, ainda, o fato de que se trata de ajuste similar aos contratos de serviços celebrados sob a égide da Lei nº 14.133/2021, sucessora da Lei nº 8.666/1993. Por outro lado, a terceirização é de atividades, e não de mão de obra.

Não custa lembrar que a terceirização, denominada de *execução indireta*, já é prevista desde o vetusto Decreto-lei nº 200/1967, que permite que a Administração se desobrigue da realização material de atividades executivas através de empresas terceirizadas, mediante contrato (art. 10, §7º). Importa, por conseguinte, não fechar os olhos às novas realidades administrativas para permitir à Administração alcançar a meta que atualmente sobressai: *a boa e eficiente gestão administrativa*.

Quanto à segunda questão, as dúvidas anteriormente existentes foram, como se anotou acima, dissipadas pela nova legislação. Tendo sido descartada a distinção entre atividade-meio e atividade-fim para fins de contratação de trabalho temporário e de prestação de serviço, nada obstaria a que a Administração também adotasse os parâmetros do vigente quadro normativo.

É claro que, de qualquer modo, sempre haverá alguma sensibilidade no que tange à terceirização de atividades-fim, visto que estas integram a própria essência das funções estatais. Cabe apenas ao próprio Estado fixar os parâmetros de viabilidade e de vedação. Mas haverá, sem dúvida, certas atividades-fim que, por sua natureza, bem poderiam comportar a terceirização, cabendo, porém, ao Estado defini-las e exercer o controle que no caso se faz necessário.

A questão da responsabilidade do contratante também precisa ser enfocada. Caso a Administração adote algum desses modelos de contratação, o ente público, apesar de ser apenas o contratante do serviço, terá a obrigação de fiscalizar o cumprimento das obrigações trabalhistas e previdenciárias por parte da prestadora. De acordo com as novas linhas da lei, a empresa contratante é *subsidiariamente responsável* pelas obrigações trabalhistas relativamente ao período em que ocorrer a prestação do serviço. Além disso, cabe-lhe, nos termos do art. 31, da Lei nº 8.212/1991, reter 11% do valor bruto da nota fiscal ou fatura de prestação de serviços e recolher, em nome da empresa cedente da mão de obra, o valor retido no mês subsequente, em prazo fixado na lei (arts. 10, §7º, e 5º-A, §5º, Lei nº 6.019).

Decerto muitas dúvidas serão levantadas no caso de adoção desses regimes de terceirização pela Administração. Mas não se pode, *a priori* e sem facciosismo, julgar se será melhor ou pior. O Estado sempre foi um péssimo gestor de seus recursos humanos, de modo que a ele assiste o dever de repensar sua gestão, seja qual for o regime a que se submetam os seus agentes. Não é a terceirização, por qualquer de suas modalidades (que, a rigor, já existem), que vai transformar os órgãos públicos; o fator de transformação é a mudança de mentalidade dos administradores públicos e o exercício da verdadeira cidadania.

Deve considerar-se, ainda, que o processo de terceirização precisa ser adotado com razoabilidade, sem exacerbações ou distorções. Afastam-se soluções radicais: nem o Estado deve vedá-la inteiramente, nem deve terceirizar todas as suas funções. Não é difícil inferir a necessidade de que a Administração atue com equilíbrio e bom senso em tal processo.

7 Contratação na nova Lei de Licitações

A Lei nº 14.133, de 01.04.2021, que instituiu o novo Estatuto de Licitações e Contratos (ELC), substituindo a Lei nº 8.666/1993, cuida das *contratações de serviços*, que podem ser de mais de uma natureza, muito embora representem formas de terceirização.

De um lado, há os *serviços contínuos*, contratados para necessidades permanentes ou prolongadas da Administração. De outro, estão os *serviços não contínuos*, aqueles ajustados para fim determinado em período certo. Além desses, há ainda os *serviços técnicos especializados de natureza predominantemente intelectual* e os *serviços contínuos com regime de dedicação exclusiva de mão de obra*, em que os empregados do contratado desempenham suas funções nas próprias dependências do órgão administrativo.

Os serviços contínuos com regime de dedicação exclusiva de mão de obra traduzem o processo de terceirização *stricto sensu*, porquanto os empregados da empresa contratada para a prestação do serviço em regra desempenham suas atividades nas dependências do órgão público contratante. Na aparência, portanto, assemelham-se aos próprios servidores do órgão.

De acordo com o novo Estatuto licitatório, a *terceirização* dos serviços é admitida quando se trata de atividades materiais *acessórias, instrumentais ou complementares* à matéria que se situe na competência do órgão ou entidade (art. 48).

Não obstante, a lei criou inúmeras vedações para a execução indireta pela contratação de serviços. Veda-se, entre outras, a indicação de pessoas nominadas, a fixação de salário inferior ao fixado na legislação, a existência de vínculo de subordinação com empregado do terceirizado e qualquer tipo de interferência indevida da Administração na gestão do terceirizado. Da mesma forma, o terceirizado não pode contratar cônjuge, companheiro ou parente em linha reta, até o terceiro grau, de dirigente do órgão ou da entidade (art. 48, parágrafo único).

Vale a pena fazer breve consideração a respeito dos contratos de serviços com regime de dedicação exclusiva de mão de obra em confronto com os contratos de prestação de serviços permanentes previstos na Lei nº 6.019, referidos anteriormente, com os quais guardam inegável similitude.

A Lei nº 6.019 atualizada admite que a contratação para a prestação de serviços a terceiros tenha por objeto qualquer atividade do contratante, até mesmo a atividade principal (art. 4º-A), mas não há referência permissiva ou proibitiva no que tange à contratação pela Administração. Noutra vertente, a Lei nº 14.133, ao tratar do contrato de serviço no regime de dedicação exclusiva de mão de obra firmado pela Administração, impõe que as atividades sejam acessórias, instrumentais ou complementares (art. 48).

Há, aparentemente, um conflito legislativo sobre o tipo de atividade permitida para a terceirização de serviços de mão de obra. Entretanto, será necessário verificar o que a Administração pretende terceirizar. É claro que *funções sensíveis* da Administração não podem mesmo ser terceirizadas, mas estas são em muito menor número do que aquelas constantes da rotina administrativa. Poderá servir como parâmetro o que dispõe o já citado Decreto federal nº 9.507/2018.

Quanto às contratações de serviços com regime de dedicação exclusiva de mão de obra, a empresa contratada deve apresentar a prova de que está em situação regular com as obrigações trabalhistas e com o FGTS, fornecendo os documentos pertinentes a tal comprovação (art. 50).

De qualquer modo, tanto as contratações de serviço no regime de dedicação exclusiva de mão de obra, regidas pela Lei nº 14.133, como os contratos de prestação de serviços a terceiros, previstos na

Lei nº 6.019, são ferramentas de terceirização de serviços, em que o contrato é celebrado entre a Administração Pública, de um lado, e a empresa particular de prestação de serviços, de outro. Sendo assim, não há evidentemente relação jurídica direta entre a Administração e os empregados prestadores de serviço; a relação se forma entre a Administração e a empresa prestadora de serviço.

8 Serviços técnicos especializados de natureza predominantemente intelectual

A terceirização não se efetiva apenas por meio da contratação de serviços comuns, como os exemplificados acima. Pode ser adotada por meio de outros expedientes, que, em cada caso, deverão merecer análise para concluir-se sobre sua legalidade ou não.

Outro instrumento suscetível de terceirização é o que se formaliza pela contratação dos atualmente denominados de *serviços técnicos especializados de natureza predominantemente intelectual*, aqueles relacionados no art. 6º, XVIII, da Lei nº 14.133/2021 e suscetíveis de permitir a inexigibilidade de licitação, quando presentes os pressupostos contidos no art. 74, III e §3º, do mesmo diploma.

Os serviços técnicos profissionais especializados não podem, obviamente, equiparar-se aos serviços comuns. Não só exigem que sejam executados por *profissionais*, como deve a execução ser concretizada de forma *especializada*. Além disso, não se caracterizam como serviços braçais, mas, ao contrário, de natureza predominantemente intelectual. Como já anotamos, tais serviços são assim considerados "em virtude do alto grau de aperfeiçoamento e especialização dos profissionais que os executam".[19]

É comum que, pela natureza dos serviços contratados, o contrato seja celebrado com pessoas físicas – especialistas dedicados a perícias, projetos, consultorias, supervisão, fiscalização, treinamento e outros, todos contemplados no citado art. 6º, XVIII, da Lei nº 14.133, o novo Estatuto das contratações públicas.

Não é difícil perceber que, em algumas situações, será tênue a linha demarcatória entre um serviço autônomo, objeto de contratação administrativa, e uma atividade subordinada, exclusiva de servidores públicos. Por tal motivo, a Administração tanto pode implementar uma

---

[19] CARVALHO FILHO. *Manual de direito administrativo*, 20. ed., p. 177.

terceirização legítima (no primeiro caso), como pode fazê-lo de modo ilegítimo (no segundo).

Dificulta, ainda, a demarcação o fato de que o art. 6º, XVIII, da lei licitatória, está estreitamente associado ao art. 74, III, e §3º, da mesma lei. A razão é simples: tratando-se de serviços especializados, é comum que o prestador se caracterize como tendo *notória especialização*, o que torna a licitação inexigível. Portanto, não é fácil a identificação conceitual, como o reconhece a doutrina em geral.[20]

O certo é que, se a Administração celebra contrato administrativo com esse objeto, sem realizar a prévia licitação, poderá estar mascarando um processo de terceirização de mão de obra (*merchandagem*) sem observância dos requisitos constitucionais. Por conseguinte, será necessário analisar cada caso e seus elementos para que se possa chegar a uma conclusão precisa.

Um dos fatores de identificação da legitimidade da contratação consiste na natureza da atividade. Para que seja realmente legítimo, o contrato de serviço tem que ter como objeto atividades-meio, e nunca atividades-fim de *natureza sensível*.[21] Assim, a Administração não pode celebrar contrato de serviços especializados para a função de professor de escolas públicas ou de médico para hospitais públicos. Contratação para esse tipo de atividades estaria escamoteando uma admissão funcional indevida.[22]

Se determinada atividade se configura como finalística, ainda que se caracterize como profissional especializada, o Poder Público precisa estruturar-se com quadro funcional próprio, constituído de cargos ou empregos, para cujo acesso será necessária a prévia aprovação em concurso público de provas ou de provas e títulos, como o exige a Constituição (art. 37, II).

Não faz o menor sentido que esse tipo de atividades seja objeto de contrato de serviços com terceiros, e ainda sem licitação, dada a inexigibilidade prevista no art. 74 da Lei nº 14.133/2021. Situação dessa ordem levanta a imediata e justificada suspeita de favorecimento e de improbidade, com a substituição de servidores concursados e aprovados em razão do mérito por terceiros muito provavelmente apaniguados e frequentemente despreparados para o exercício da função pública.

---

[20] PEREIRA JUNIOR. *Comentários à Lei das Licitações e Contratações da Administração Pública*, p. 165.

[21] MATTOS. *O contrato administrativo*, p. 262.

[22] TCU. Proc. nº 004.908/95-3. *DOU*, 30 set. 1996 apud MATTOS. *O contrato administrativo*, p. 262.

A terceirização, portanto, se revelará legítima na medida em que o contrato de serviço tiver basicamente por objeto atividade complementar, instrumental e eventual, necessária, enfim, para a consecução dos objetivos institucionais da entidade pública.

Sendo frágil, em algumas situações, a linha diferencial entre a terceirização lícita e a ilícita, necessário se torna que o intérprete ou agente controlador redobre os cuidados para a análise dos elementos que cercam a situação administrativa, coibindo qualquer prática que ponha em risco a observância das exigências constitucionais.

Deve insistir-se em ponto fundamental: o administrador público não tem escusa para tal procedimento, assistido que está por várias assessorias, consultorias e procuradorias. Contra ele pesará certamente a suspeita de ter agido dolosamente, com fins antiéticos, e, por isso mesmo, deve responder por seus atos de improbidade.

9 A contratação de servidores temporários

Outra forma de terceirização ilícita reside na admissão de *servidores temporários* pelo *regime especial,* para o exercício permanente de funções do órgão público, fora, portanto, dos pressupostos demandados pela Constituição.

Reza o art. 37, IX, da CF, que "a lei estabelecerá os casos de contratação por tempo determinado para atender a necessidade temporária de excepcional interesse público".

O texto constitucional, na verdade, não deixa margem a qualquer dúvida quanto ao desiderato do Constituinte. Trata-se de regime jurídico especialíssimo e que – como já foi dito – só deve ser adotado em situações excepcionais e temporárias, e assim mesmo para atender ao interesse público ocorrente ao momento da situação de necessidade.

A doutrina é praticamente unânime a esse respeito. Maria Sylvia Zanella Di Pietro consigna que tais servidores "são contratados para exercer funções em caráter temporário, mediante regime jurídico especial a ser disciplinado em lei de cada unidade da federação".[23]

De nossa parte – seja-nos perdoada a insistência – já registramos que a função há de ser temporária e, para adoção do regime, cumpre que a situação seja excepcional no que diz respeito ao atendimento do interesse público.[24]

---

[23] DI PIETRO. *Direito administrativo*, p. 479.
[24] CARVALHO FILHO. *Manual de direito administrativo*, 20. ed., p. 570.

No mesmo sentido, traga-se o ensinamento de Cármen Lúcia Antunes Rocha, para quem o interesse público, no caso, deve ter natureza ímpar, singular, extraordinária.[25]

O Supremo Tribunal Federal, ao examinar questão ligada ao regime especial, decidiu que pode o mesmo ser adotado para o exercício de funções permanentes, embora tenha anteriormente decidido de forma diversa.[26] Com a devida vênia, não abonamos tal pensamento, e o fazemos porque se nos afigura dissonante do espírito que norteou a criação do referido regime. Se a função é permanente, deve a Administração recrutar os servidores pelos *regimes comuns*, que são o *estatutário* e o *trabalhista*.

Segundo entendemos, o verdadeiro servidor temporário, regido pelo regime especial, qualifica-se como *servidor público*, configurando-se entre ele e o Poder Público um vínculo de subordinação no que diz respeito à força de trabalho oferecida pelo servidor, muito embora seja temporária a função para a qual foi recrutado. Resulta, pois, que o recrutamento nas condições estabelecidas na Constituição não traduz nenhuma terceirização, mas sim uma convocação de servidores públicos para o exercício de função pública.

Contrariamente, para serviços técnicos profissionais especializados, que se caracterizem como atividades-meio, a outorga da atividade concretiza um processo de terceirização. São hipóteses inteiramente diversas.

A despeito dessas distinções, tem sido habitual (lamentavelmente) o recrutamento de servidores temporários para o exercício permanente de funções comuns, em evidente descompasso com o modelo permitido na Constituição. Trata-se de verdadeiro desvio de finalidade relativamente ao escopo da norma constitucional; com efeito, a finalidade "visa a atuar a vontade normativa, o interesse público que pode estar apenas subjacente na norma",[27] de forma que, se a conduta não se coaduna com tal interesse, concretiza-se realmente o desvio de finalidade.

Referidos fundamentos induzem à conclusão de que o recrutamento de servidores temporários para o exercício de funções permanentes do órgão público constitui, indiscutivelmente, *terceirização ilícita*, embora sob o manto dissimulado de mero recrutamento funcional de servidor.

---

[25] ROCHA. *Princípios constitucionais dos servidores públicos*, p. 244.
[26] ADI nº 3.068/DF, Rel. Min. Eros Grau, em 25.08.2004. Assinale-se, contudo, que houve cinco votos vencidos – dos Min. Marco Aurélio, Carlos Britto, Gilmar Mendes, Carlos Velloso e Sepúlveda Pertence – com os quais, em nosso entender, está o melhor direito. A divisão da Corte, porém, demonstra a hesitação a respeito da interpretação e aplicação do art. 37, IX, da CF.
[27] FIGUEIREDO. *Curso de direito administrativo*, p. 203.

O desvio não se revela apenas pelo fato de admitir-se servidor temporário para funções permanentes e sem qualquer cunho de excepcionalidade. Revela-se também pelo fato de que o regime especial comporta a possibilidade de contratação por meio de procedimento seletivo simplificado, e não por concurso público, como admite a doutrina em geral.[28] Ora, ninguém desconhece que, por ser simplificado, a seletividade do procedimento fica bastante comprometida.

Por linha transversa, portanto, a terceirização ilegítima consiste no recrutamento de servidores temporários para funções incompatíveis com a temporariedade, como são as funções permanentes das instituições.

Conforme averba reconhecida doutrina, tais distorções no processo de terceirização, na atualidade, têm sido objeto de enfrentamento por parte dos órgãos de controle da Administração Pública, não sendo rara a hipótese em que se vislumbram indícios de improbidade nesse tipo de recrutamento inconstitucional.[29]

Reafirme-se, em suma, que a contratação de servidores temporários pelo regime especial não se delineia como terceirização, porque tais servidores integram o quadro funcional da Administração e não têm a autonomia que caracteriza as pessoas terceirizadas.[30] A hipótese é a de recrutamento funcional legítimo, desde que, é claro, estejam presentes os pressupostos constitucionais.

Não obstante, quando esse recrutamento desobedece aos parâmetros constitucionais, configurado estará um processo de terceirização ilícita, o que equivale a dizer que foram outorgadas a terceiros (admitidos ilicitamente) atribuições próprias de servidores públicos.

10 Conclusões

O processo de terceirização, ao contrário do que algumas pessoas – mais radicais – supõem, não se revela um mal em si mesmo. Ao contrário, cuida-se de instrumento eficaz para melhor gerenciamento de atividades e empreendimentos, e para a consecução das metas alvitradas pelas instituições.

"Terceirizar" não significa a transferência integral dos serviços e atividades que fazem parte do processo das instituições; se

---

[28] FARIA. *Curso de direito administrativo positivo*, p. 214.
[29] FERNANDES. *Contratação direta sem licitação*: dispensa de licitação, inexigibilidade de licitação, comentários às modalidades de licitação, inclusive o pregão, procedimentos exigidos para a regularidade da contratação direta, p. 497.
[30] MATTOS. *O contrato administrativo*, p. 261.

assim fosse, estariam estas inteiramente esvaziadas e despidas dos fundamentos econômicos, políticos, sociais, administrativos sobre os quais se ampararam. A verdadeira e legítima terceirização representa a possibilidade de transferir a terceiros apenas algumas atividades de apoio (atividades-meio), ou seja, os serviços da mera rotina de gestão que não dizem respeito aos reais objetivos a serem alcançados.

Ocorre que, em algumas situações, tal processo se tem prestado a simular a transferência indevida de funções primordiais das instituições, permitindo que pessoas inescrupulosas se locupletem das distorções perpetradas nesse modelo de transferibilidade ao promoverem disfarçada locação de mão de obra.

As pessoas administrativas estão capacitadas a terceirizar algumas atividades de apoio, como os serviços de conservação e limpeza, vigilância, copa e cozinha e outros do mesmo gênero. Essa terceirização é adequada e legítima, formalizando-se por meio de contratação administrativa e procedimento licitatório, como o permite a Constituição e a legislação aplicável.

Entretanto, as funções institucionais primordiais e sensíveis dos entes administrativos são insuscetíveis de terceirização, inclusive e principalmente quando visam a propiciar, por via oblíqua, dissimulada locação de mão de obra – tudo em total descompasso com o sistema adotado constitucionalmente. Aqui estaremos diante de terceirização ilegítima, dela não se podendo socorrer a Administração Pública.

A contratação de serviços técnicos especializados de natureza predominantemente intelectual é forma de ajuste absolutamente lícita se guardar conformidade com as normas que a admitiram. Dependendo do tipo de serviço, pode a Administração deixar de realizar licitação. Mas tais serviços devem ser eventuais e excepcionais, para justificar a terceirização por meio de contratos dessa natureza. Por essa razão, podem esses contratos falsear o verdadeiro sentido da lei, ensejando, numa análise mais acurada, a conclusão de que estaria havendo recrutamento de pessoal, sem observância dos requisitos constitucionais. Nessa hipótese, tratar-se-ia de terceirização ilícita e simulada e, por conseguinte, vedada ao Poder Público.

Por último, será sempre oportuno considerar que o regime especial dos servidores temporários retrata caráter de excepcionalidade e deve estar preordenado a funções transitórias do ente público. Dele não deve valer-se a Administração Pública quando as funções são suscetíveis de ser executadas pelos regimes funcionais comuns: o estatutário e o trabalhista. Quando a Administração adota o regime especial para funções permanentes da entidade, está promovendo verdadeira terceirização ilícita, visto que transfere a servidores temporários atribuições que só poderiam ser desempenhadas por servidores permanentes. Cabe à Administração promover a terceirização lícita e real, mas lhe cabe também repudiar a terceirização ilícita e simulada.

Referências

CARRION, Valentin. *Comentários à consolidação das Leis do Trabalho*. 32. ed. Atualizada por Eduardo Carrion. São Paulo: Saraiva, 2007.

CARVALHO FILHO, José dos Santos. *Manual de direito administrativo*. 20. ed. Rio de Janeiro: Lumen Juris, 2008

CARVALHO FILHO, José dos Santos. *Manual de direito administrativo*. 27. ed. São Paulo: Atlas, 2014.

DI PIETRO, Maria Sylvia Zanella. *Direito administrativo*. 20. ed. São Paulo: Atlas, 2007.

DROMI, José Roberto. *Derecho administrativo*. 4. ed. Buenos Aires: Ciudad Argentina, 1995.

FARIA, Edimur Ferreira de. *Curso de direito administrativo positivo*. 6. ed. Belo Horizonte: Del Rey, 2007.

FERNANDES, Jorge Ulisses Jacoby. *Contratação direta sem licitação*: dispensa de licitação, inexigibilidade de licitação, comentários às modalidades de licitação, inclusive o pregão, procedimentos exigidos para a regularidade da contratação direta. 5. ed. Brasília: Brasília Jurídica, 2004.

FIGUEIREDO, Lúcia Valle. *Curso de direito administrativo*. 9. ed. São Paulo: Malheiros, 2008.

FRAGA, Gabino. *Derecho administrativo*. 17. ed. México: Porrúa, 1977.

FREITAS, Juarez. *O controle dos atos administrativos e os princípios fundamentais*. 3. ed. São Paulo: Malheiros, 2004.

LIMA, Ruy Cirne. *Princípios de direito administrativo*. 6. ed. São Paulo: Revista dos Tribunais, 1987.

MADEIRA, José Maria Pinheiro. *Servidor público na atualidade*. Rio de Janeiro: América Jurídica, 2003.

MATTOS, Mauro Roberto Gomes de. *O contrato administrativo*. 2. ed. Rio de Janeiro: América Jurídica, 2002.

MEDAUAR, Odete. *Direito administrativo moderno*. 8. ed. São Paulo: Revista dos Tribunais, 2004.

NETTO, Luísa Cristina Pinto e. *A contratualização da função pública*. Belo Horizonte: Del Rey, 2005.

PEREIRA JUNIOR, Jessé Torres. *Comentários à Lei das Licitações e Contratações da Administração Pública*. 5. ed. Rio de Janeiro: Renovar, 2002.

ROCHA, Cármen Lúcia Antunes. *Princípios constitucionais dos servidores públicos*. São Paulo: Saraiva, 1999.

SOUSA, Horácio Augusto Mendes de. *Temas de licitações e contratos da Administração Pública*: estudos e pareceres. Rio de Janeiro: Lumen Juris, 2008.

VIEIRA, Raphael Diógenes Serafim. *Servidor público temporário*: natureza jurídica, regime, contratação irregular e a (não) incidência do princípio primazia da realidade de fato sobre as formas. Viçosa: Universidade Federal de Viçosa, 2007.

Informação bibliográfica deste texto, conforme a NBR 6023:2018 da Associação Brasileira de Normas Técnicas (ABNT):

CARVALHO FILHO, José dos Santos. Terceirização no setor público: encontros e desencontros. In: FORTINI, Cristiana; PAIM, Flaviana Vieira (Coord.). *Terceirização na Administração Pública*: boas práticas e atualização à luz da Nova Lei de Licitações. Belo Horizonte: Fórum, 2022. p. 47-70. ISBN 978-65-5518-288-0.

RISCOS, CONTROLES E RACIONALIDADE NA TERCEIRIZAÇÃO

**FRANKLIN BRASIL SANTOS,
TÂNIA LOPES PIMENTA CHIOATO**

1 Introdução

Desde 1967 há diretriz para que o governo federal terceirize sua área-meio. A premissa da terceirização é buscar o aumento da qualidade, eficiência, eficácia e racionalização administrativa. A diretriz, entretanto, só foi se materializar trinta anos depois, quando a Lei nº 9.527/1997 abriu caminho para as contratações.

Começou, então, o movimento de transferir atividades de suporte no setor público para os serviços terceirizados. Desde 1997, no Governo Federal, as despesas com terceirização vêm crescendo anualmente, em especial a partir de 2003 (SAIGG, 2008). A locação de mão de obra quase dobrou de representatividade no custeio federal, de 2009 a 2013 (CGU, 2015). Consulta ao Painel de Custeio (paineldecusteio.planejamento.gov.br) demonstra que, de 2016 a 2020, foram gastos R$84 bilhões em itens de despesa associados, de modo geral, à terceirização,[1] o que representa 54% de todo o custeio administrativo ali evidenciado. Dados disponibilizados pela CGU[2] informam que em janeiro de 2019, estavam

---

[1] Apoio administrativo, técnico e operacional; vigilância; limpeza; manutenção; locação de mão de obra.

[2] https://www.gov.br/cgu/pt-br/acesso-a-informacao/dados-abertos/arquivos/terceirizados.

atuando, pelo menos, 98 mil empregados terceirizados em órgãos do Poder Executivo federal.

A terceirização, portanto, tomando esses números como referência, tem se tornado um elemento extremamente relevante na estrutura administrativa do serviço público, em vários aspectos. E um desses aspectos é certamente a gestão contratual.

Em 2019, os órgãos federais mantinham cerca de 8.000 contratos envolvendo serviços com dedicação exclusiva de mão de obra, somando R$8,5 bilhões de gastos anuais.[3]

Para cada um desses contratos, foram despendidos esforços administrativos de planejamento, seleção do fornecedor, assinatura, monitoramento, fiscalização, revisão, pagamento. E cada etapa nessa cadeia de esforços tem custos de transação, pode representar riscos e exigir controles para sua mitigação.

Por isso, a trajetória dos contratos terceirizados é também a trajetória dos seus riscos e controles. Queremos contar essa história, especialmente os últimos capítulos, depois de uma precisa intervenção do TCU.

Em 2013, o Plenário do Tribunal de Contas da União emitiu o Acórdão nº 1.214 (daqui para a frente, simplesmente, Acórdão nº 1.214/13), induzindo a adoção de novos critérios de habilitação nas licitações de serviços terceirizados, com o objetivo de racionalizar as contratações e mitigar os riscos mais relevantes da época, relacionados à inadimplência de verbas trabalhistas das empresas contratadas.

Essa decisão do TCU mudou significativamente os critérios de seleção do fornecedor e gestão dos contratos de serviços com dedicação exclusiva de mão de obra, influenciando, inclusive, a recente Lei de Licitações e Contratos, nº 14.133/2021.

Mas, afinal, quais efeitos nos contratos foram provocados com aquelas mudanças de 2013?

Essa é a primeira parte da missão deste texto. Avaliar se o Acórdão nº 1.214/13 contribuiu em alguma medida para minimizar os casos mais severos de inadimplências e inexecuções em contratos administrativos com predominância de mão de obra e, consequentemente, de rescisões desses contratos. Para isso, estudaremos mais de 20 mil contratos federais, assinados nos últimos onze anos.

---

[3] Central de Compras. Projeto Terceirização. Estudos Técnicos Preliminares. Consulta Pública acessada em 11.12.2020.

Nosso objetivo é avaliar potenciais efeitos da guinada nos controles, da fase de fiscalização contratual para a fase de seleção de fornecedores, da ênfase na verificação integral de comprovantes de pagamento para novos critérios de habilitação. Será que essa mudança contribuiu, como era esperado, para melhorar a gestão de riscos?

A adequada gestão de riscos em contratações é uma premissa da boa governança em compras públicas. Gerenciar os riscos por meio de controles internos adequados oferece maior segurança de que os resultados serão atingidos, se traduzindo em maior eficácia da atuação governamental, redução de incertezas e ampliação da chance de combater desperdícios, seja de esforços, recursos, dinheiro ou tempo. E menos desperdício se traduz em mais entregas para a sociedade (SOUZA; SANTOS, 2019).

Isso tem a ver com a segunda parte da missão deste texto, complementando a primeira. Tal como ocorreu nos movimentos que resultaram no Acórdão nº 1.214/13, queremos contribuir para a reflexão sobre mapeamento, avaliação e tratamento de riscos, assim como a análise de custo e benefício de controles nos contratos de serviços terceirizados, de natureza continuada, especialmente aqueles com regime de dedicação exclusiva de mão de obra.

Assim, apresentamos estatísticas de execução contratual no Poder Executivo federal.

Ambicionamos, ainda, avaliar alguns controles e práticas atuais, no cenário pós-Acórdão nº 1.214/13, e possibilidades de aprimoramento dessas práticas, considerando as estatísticas de execução contratual no Poder Executivo federal. Afinal, sempre há o que melhorar!

2 Trajetória de riscos e controles na terceirização

A jornada normativa dos serviços terceirizados, no governo federal, começou focando a falta de padronização dos artefatos e diretrizes para contratações da época. Assim nasceu a IN MARE nº 18/1997, modelando a limpeza contratada por metro quadrado e a vigilância por tipo de posto de trabalho, criando limites de preço para esses dois serviços. A ênfase dos controles, portanto, estava no dimensionamento e definição da demanda.

Outros riscos, porém, não tardaram a se manifestar, especialmente nas contratações sob o regime de dedicação exclusiva de mão de obra, sendo o principal deles a inadimplência das obrigações trabalhistas da empresa contratada. Em 2000, alterando a Súmula nº 331, o Tribunal

Superior do Trabalho (TST) determinou a responsabilidade subsidiária dos entes públicos, atraindo inúmeros processos judiciais do gênero.

Um novo capítulo, então, começou a ser escrito na história dos controles de terceirização, resultando na IN SLTI nº 2/2008, que enfatizou a fiscalização administrativa do contrato, exigindo a verificação e conferência, todos os meses, de todos os documentos de todos os empregados envolvidos na execução dos serviços, destacadamente, guias de recolhimentos previdenciários e trabalhistas, folhas salariais, comprovantes de vale-transporte, vale-alimentação, contracheques, atestados médicos, férias, afastamentos.

Era um esforço com grande impacto nos custos de transação, consumindo enormes volumes de recursos humanos, com resultados questionáveis. Os riscos de responsabilização continuaram altos.

O próprio Tribunal de Contas da União passava por sérios problemas. De 2007 a 2009, vinte de seus contratos com dedicação exclusiva foram rescindidos por inexecução ou inadimplência. A situação levou o então Presidente da Corte de Contas, Ministro Ubiratan Aguiar, a incitar a área administrativa do Tribunal a buscar soluções eficazes e definitivas, reconhecendo ser um problema crônico da Administração Pública, que ultrapassava os limites do TCU.

Assim, em 2010, um grupo de especialistas em licitações e contratos composto por representantes do Tribunal de Contas da União (TCU), Ministério do Planejamento, Orçamento e Gestão (MP), Advocacia-Geral da União (AGU), Ministério da Previdência Social (MPS), Ministério da Fazenda (MF), Tribunal de Contas do Estado de São Paulo (TCE-SP) e Ministério Público Federal (MPF) iniciou um movimento de profunda mudança nas contratações públicas de serviços de natureza continuada com dedicação exclusiva de mão de obra.

O grupo constatou que, nos anos que antecederam sua formação, era comum, nas licitações, a participação de empresas sem as mínimas condições financeiras e operacionais de cumprir regularmente os contratos firmados, reduzindo a eficiência na prestação dos serviços, tendendo a ampliar casos de inadimplência e o risco de responsabilizações subsidiárias na Justiça Trabalhista. Sua missão era propor controles com vistas a mitigar esses riscos.

O estudo pontuou casos concretos em que, mesmo após a exaustiva análise dos documentos que apontavam sua perfeita regularidade, as empresas contratadas não honraram com encargos sociais e verbas rescisórias dos empregados, colocando em xeque a eficácia da estratégia.

Avaliou-se que os controles até então adotados pela administração pública com a finalidade de evitar prejuízos causados pelas empresas terceirizadas vinham sendo sempre no sentido de intensificar a análise documental, onerando a fiscalização desses contratos com estruturas administrativas robustas mais voltadas ao exame de informações e documentos, que ao cumprimento efetivo do objeto do contrato.

Ao longo dos trabalhos do grupo, a Secretaria-Geral de Administração do TCU serviu como verdadeiro laboratório das proposições teóricas, de maneira a avaliar sua viabilidade, efeitos e desdobramentos, incorporando as novas exigências, de forma gradativa, em seus editais. Ao todo, dezessete editais incorporaram as propostas em menor ou maior grau até novembro de 2010 com o respaldo da consistente motivação que acompanhou cada mudança pretendida, em função dos riscos mapeados e do histórico das contratações.

Em face do ineditismo das alterações, praticamente todos os certames sofreram impugnações, pedidos de esclarecimentos e recursos. Houve, ainda, um mandado de segurança e dois editais foram objeto de representação ao controle externo do TCU. Ao longo da execução dos contratos decorrentes dos dezessete editais "piloto", houve uma única rescisão unilateral, confirmando o acerto das decisões que mantiveram os novos critérios de habilitação.

Os obstáculos foram superados nos casos concretos e o relatório do Grupo de Estudos (2010) foi oferecido como representação ao controle externo do TCU no intuito de firmar os entendimentos ali delineados e estender seus efeitos a outros órgão e entidades públicos.

Vislumbrou-se, à época, a possibilidade de toda a Administração Pública ser beneficiada com redução de custos, menos rescisões contratuais, menos demandas trabalhistas e uma gestão contratual mais racional.

Como resultado de todo esse esforço, a área finalística do TCU se debruçou sobre as questões apresentadas e o paradigmático Acórdão TCU nº 1.214/13, da relatoria do Ministro Aroldo Cedraz, recomendou a adoção de alternativas para melhorar a gestão dos contratos terceirizados, mudanças normativas, de forma a enfatizar controles que buscassem mitigar os riscos de seleção adversa nas licitações, especialmente envolvendo dedicação exclusiva de mão de obra, ao mesmo tempo que fomentou a racionalização dos procedimentos de fiscalização, para que se tornassem amostrais.

Os riscos e controles, até então fortemente voltados à fase de execução contratual, com verificação integral de documentos, foram considerados, pelo TCU, ineficientes. Ao passo que exigia grande estrutura de fiscalização, priorizando o aspecto formal em detrimento da atividade precípua de verificar o desempenho do contratado, todo aquele esforço não estava evitando os problemas, dados os subterfúgios utilizados por algumas empresas para mascarar desvios nas obrigações.

Assim, os ventos do controle sopraram para a fase de seleção do fornecedor. O TCU recomendou diversas medidas, entre elas, em especial, critérios mais rigorosos de habilitação, tais como patamar mínimo de Capital Circulante Líquido, Patrimônio Líquido proporcional aos compromissos já assumidos e 3 anos de experiência no ramo licitado.

O julgado, dessa forma, induziu significativas alterações na IN SLTI nº 2/2008, levadas a efeito por meio da IN SLTI nº 6/2013, em dezembro daquele ano. A partir de 2014, portanto, unidades do Sisg, Sistema de Serviços Gerais do Executivo Federal, passaram a adotar os novos critérios, incorporados aos modelos de editais elaborados pela Advocacia-Geral da União.

Em que pese a obrigatoriedade de observância da IN apenas pelos órgãos da Administração pública federal direta, autárquica e fundacional, suas premissas passaram a ser adotadas como boas práticas de forma ostensiva nos mais diversos órgãos públicos.

Mais tarde, entrou em vigor a IN SEGES nº 5/2017, enfatizando controles, desta vez, sobre a fase de planejamento da contratação, exigindo mecanismos mais robustos e detalhados de definição da necessidade a ser suprida, estudos e justificativa da solução a ser contratada.

Em seguida, foi editado o Decreto nº 9.507/2018, disciplinando de forma mais abrangente a contratação de serviços da administração pública federal, assimilando parte das diretrizes da IN SEGES nº 5/2017.

E, mais recentemente, a Lei nº 14.133/2021, ao estabelecer o novo marco legal das contratações públicas no país, incorporou diversos dos mecanismos previstos nos regulamentos federais, reforçando o foco dos controles na fase de planejamento, agora para toda a estrutura de gestão governamental brasileira. A lei também incluiu a permissão para exigir experiência mínima de 3 anos como condição de habilitação nas licitações de serviços contínuos, requisito induzido pelo Acórdão nº 1.214/13.

Figura 1 – Trajetória normativa da terceirização federal e ênfases conforme as fases da contratação

Fonte: elaboração própria, com base no macroprocesso de contratação elaborado pelo TCU.

Como se vê, ilustrado pela Figura 1, o caminho dos riscos e controles na terceirização federal foi trilhado com forte mudança de ênfase em cada etapa de sua evolução, ao longo de duas décadas. Primeiro, a prioridade foi a definição de preços máximos e padronização documental, algo que se relaciona com o nascedouro da demanda (1), previamente limitada por intervalos de valores predeterminados. Depois, o destaque foi para a exaustiva fiscalização documental (2), substituído mais tarde pelo realce na habilitação dos licitantes (3), arrematado, por fim, pela preponderância de artefatos de planejamento (4).

O mercado, de forma geral, vem aceitando e se adaptando às mudanças, e os gestores públicos, com o passar do tempo, vêm alterando seus procedimentos, suas práticas, seus conhecimentos e habilidades na área de licitações e contratos de serviços terceirizados.

Queremos avaliar o que aconteceu depois do ponto (3) da Figura 1, quando foram enfatizados os critérios de seleção do fornecedor, o que se poderia chamar de terceira onda evolutiva dos controles da terceirização no governo federal.

Afinal, há indícios de que esse movimento, iniciado em 2013, trouxe benefícios?

3 Metodologia

Para a nossa ousada empreitada, escolhemos um método que nos pareceu, ao mesmo tempo, simples e efetivo, como as coisas, na gestão pública, deveriam, idealmente, se manifestar. Basicamente, comparamos as taxas de rescisão contratual antes e depois do Acórdão nº 1.214/13, tendo em vista ser esse um indicador das intercorrências de maior gravidade nos contratos administrativos. Fizemos, na sequência, alguns outros levantamentos que julgamos bem interessantes para evidenciar o atual cenário e apontar riscos modernos nos contratos com predominância de mão de obra. Acreditamos que os leitores também podem achar os dados e conclusões úteis e relevantes.

Da metodologia adotada, merece destaque esclarecer que os dados se referem aos contratos dos órgãos federais, integrantes do Sistema de Serviços Gerais (Sisg), cujos registros constam do Sistema Integrado de Administração de Serviços Gerais (Siasg), de alimentação compulsória por unidades Sisg. A extração foi realizada pela plataforma de consulta gerencial, DW Comprasnet. Extraíram-se contratos assinados de 2009 a 2020, licitados por pregão eletrônico, categorizados como "serviço", contendo palavras-chave (*vide* Anexo), no campo "descrição de objeto do contrato", que pudessem filtrar os tipos mais comuns de funções terceirizadas: apoio administrativo, vigilância, limpeza, manutenção predial e manutenção de elevador ou ar-condicionado. Os quatro primeiros segmentos são executados com dedicação exclusiva de mão de obra e foram filtrados para que representassem apenas esse tipo de contrato. A manutenção de elevador ou ar-condicionado foi filtrada para representar, majoritariamente, contratos sem mão de obra exclusiva. O objetivo de incluí-los foi comparar segmentos com e sem dedicação exclusiva dos empregados terceirizados.

Tratamos os resultados, excluindo registros com valores iniciais inferiores a R$50 mil, duplicidades, contratos de natureza não continuada, objetos contratuais que se referiam a "aquisição" ou "fornecimento", assim como descrições incompatíveis com a seleção pretendida (*vide* Anexo). Infelizmente, não há um indicador no Comprasnet para contratos com dedicação exclusiva de mão de obra. Daí a necessidade do esforço manual de filtragem.

Utilizamos, ainda, cruzamento de dados e novas extrações, com o objetivo de obter, para cada empresa contratada, a quantidade de advertências e multas registradas no Sistema de Cadastramento Unificado de Fornecedores (Sicaf), bem como a quantidade de penalidades restritivas: suspensão, impedimento e inidoneidade, considerando serem essas ocorrências importantes indicadores de risco. Foram obtidas, também, as médias de quantidade de licitantes e lances ofertados em cada pregão que deu origem aos contratos, de modo a evidenciar o comportamento dos fornecedores na fase competitiva e avaliar também mudanças e riscos associados a essas informações.

Ao final, obtivemos planilhas com mais de 20 mil contratos, totalizando R$105 bilhões, considerados seus valores finais, incluídas prorrogações. Todos, presumidamente, em regime de dedicação exclusiva, exceto os de manutenção de elevador ou ar-condicionado. Essas contratações envolveram mais de 1.400 unidades compradoras diferentes (Uasg). Agrupamos os contratos em 5 segmentos, conforme seu objeto principal (*vide* Anexo).

Tabela 1 – Descritivo geral dos contratos analisados

Objeto principal	Qtde. contratos	Total (R$ bilhões)	Qtde. UASG
Apoio Administrativo	7.517	78,0	1.367
Vigilância	4.059	11,4	1.306
Limpeza	4.820	10,5	1.401
Manut. Elevador/Ar-Condic.	3.124	2,8	1.037
Manut. Predial	1.938	2,2	822
TOTAL	**21.458**	**104,9**	(*)

(*) Não foram somadas porque se repetem nos diferentes objetos contratuais.

Fonte: elaboração própria, com dados do Siasg.

4 Riscos antes e depois do Acórdão nº 1.214/13

Rescisões contratuais são um bom indicador de riscos que se materializam durante a execução do serviço. Sabemos que nem toda rescisão ocorre por falha do contratado, pois há o caso previsto no art. 79, II, da Lei nº 8.666/93, em que o fim do contrato é amigável, por acordo entre as partes. Há, também, alguns dispositivos do art. 78 da mesma lei, nos quais o motivo da rescisão pode se originar de comportamento do contratante, como, por exemplo, razões de interesse público, suspensão por ordem da Administração por mais de 120 dias ou o atraso nos pagamentos superior a 90 dias.

Entretanto, há vários motivos de rescisão provocados por comportamento inadequado do contratado, como o não cumprimento ou irregularidade no cumprimento de cláusulas contratuais, especificações, projetos ou prazos, lentidão, atraso injustificado, paralisação sem justa causa ou o cometimento reiterado de faltas.

Em contratos com dedicação exclusiva de mão de obra, as regras prescrevem que o descumprimento das obrigações trabalhistas ou a não manutenção das condições de habilitação pelo contratado podem resultar em rescisão contratual (item 8, Anexo VIII-B, IN nº 05/2017).

Para reforçar essa ideia, investigamos os motivos das rescisões nos contratos do nosso estudo, com base nos extratos de rescisão publicados no *Diário Oficial da União*. Da amostra analisada, foi possível compilar que cerca de 30% são rescisões amigáveis, 60% são falhas do contratado e 10% se referem a outros motivos. Fica claro que a maioria das rescisões são motivadas por problemas na execução, representando riscos para o contratante.

Adotamos a premissa de que as rescisões representam, em boa medida, o risco de inadimplência trabalhista ou previdenciária, tendo em vista que é notória a associação entre esse risco e a terceirização que envolve mão de obra em dedicação exclusiva. Estudo de Freitas (2011) apontou que o problema de execução contratual mais recorrente em serviços terceirizados é o de atrasos em pagamentos de salários, férias e benefícios trabalhistas aos empregados vinculados a cada contrato.

Assim, um dos resultados mais relevantes desta pesquisa é a comparação entre as taxas médias de rescisão contratual no período de 2009 a 2013, antes do Acórdão nº 1.214/13, e no período de 2015 a 2018, depois da intervenção do TCU nos controles da terceirização.

Não utilizamos os dados de 2014 porque foi o primeiro ano em que as medidas induzidas pelo TCU começaram a valer. É de se esperar que a adoção dos novos critérios de habilitação tenha levado um certo tempo para se consolidar. Também não utilizamos, para comparação, os contratos mais recentes, de 2019 e 2020, porque o prazo de vigência ainda é pequeno, o que poderia distorcer os resultados.

Mesmo que nem toda rescisão por falha do contratado seja provocada por problemas de natureza trabalhista ou previdenciária, os controles de seleção do fornecedor podem contribuir para sua mitigação, razão pela qual permanece válida a lógica de comparar as taxas antes e depois do Acórdão nº 1.214/13.

Tabela 2 – Comparativo de taxa média de rescisões
antes e depois do Acórdão nº 1.214/13

Objeto principal	Antes (2009-2013)	Depois (2015-2018)	Diferença
Apoio Administrativo	22,6%	13,2%	-41,6%
Vigilância	15,6%	10,5%	-32,7%
Limpeza	17,0%	9,3%	-45,3%
Manut. Elevador/Ar-Condic.	6,6%	5,1%	-22,7%
Manut. Predial	10,2%	7,8%	-23,5%
Média geral	**14,4%**	**9,2%**	**-33,2%**
Média dedicação exclusiva	**16,4%**	**10,2%**	**-35,8%**
Média apoio e limpeza	**19,8%**	**11,3%**	**-43,4%**

Fonte: elaboração própria, com dados do Siasg.

Esses números apontam para a realidade esperada e permitem uma constatação de extrema importância: os controles introduzidos pelo Acórdão nº 1.214/13 contribuíram para a redução da taxa de rescisão nos contratos administrativos de natureza continuada e predominância de mão de obra. E a contribuição foi relevante.

Todos os segmentos apresentaram forte queda nas proporções de rescisão contratual. Pela coincidência temporal, reforçada pelas médias anuais demonstradas no Gráfico 1, a causa mais provável desse movimento é a adoção, a partir de 2014, de critérios de habilitação mais rigorosos com vistas a selecionar fornecedores com maior aptidão técnica e saúde financeira para a prestação dos serviços contratados.

Admite-se que possam existir outras causalidades, mas, pelo volume de dados e a consistência do movimento observado nos diversos segmentos avaliados, a compatibilidade da tendência estatística com a introdução dos novos critérios de habilitação é forte indicativo de que há validade nas análises.

O mesmo efeito de mitigação de riscos pela habilitação mais rigorosa foi identificado no próprio TCU. Artigo de Márcio Motta apontou que, de 2010 até 2015, quando os editais do Tribunal passaram a prever regras similares às recomendadas no Acórdão nº 1.214/13, nenhum contrato foi rescindido, um gigantesco e eloquente avanço em relação ao período anterior, em que as rescisões explodiram, motivando, inclusive, o próprio Acórdão nº 1.214/13 (CRUZ, 2016).

É relevante notar que a redução de rescisões nos contratos de manutenção de ar-condicionado ou elevador foi bem menor que o padrão observado nos contratos de serviços com dedicação exclusiva. Os riscos já eram baixos antes do Acórdão nº 1.214/13 e, mesmo assim, sofreram melhora entre 2015 e 2018. Uma explicação para a situação é que, por não envolverem a alocação exclusiva de empregados, há menor probabilidade de ocorrência de eventos relacionados aos direitos trabalhistas e previdenciários. As causas de rescisão, nesse caso, podem estar mais relacionadas com o desempenho do contratado na entrega do serviço (níveis de serviço). E, mesmo essas causas, podem ter sido mitigadas por novos critérios de habilitação,[4] considerando que fornecedores mais bem capacitados foram, potencialmente, selecionados.

Além disso, as atividades de manutenção são mais especializadas, ofertadas por fornecedores de ramos comerciais mais focados, o que pode ajudar a explicar os riscos menores. É o que se observa, também, na manutenção predial, que teve taxas de rescisão abaixo do patamar dos demais serviços com dedicação exclusiva.

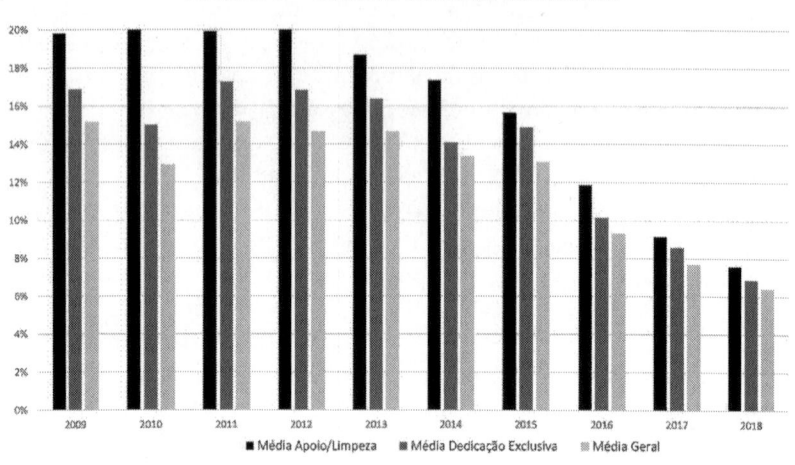

Gráfico 1 – Taxa de rescisão contratual

Fonte: elaboração própria, com dados do Siasg.

---

[4] O Acórdão nº 1.214/13 não diferenciou os critérios de habilitação entre serviços com ou sem dedicação exclusiva. A IN nº 05/2017 trouxe essa distinção, se ajustando a jurisprudência mais recente, permitindo que contratações de serviços continuados sem dedicação exclusiva de mão de obra adotem critérios diferenciados, conforme as peculiaridades do objeto a ser licitado.

Em contraposição, as maiores taxas de rescisão estão no segmento dos serviços genéricos de apoio administrativo, que englobam as atividades de copeiragem, portaria, recepção, secretariado, carregadores, brigadistas, motoristas, chamados pelo TCU de "serviços não especializados", fornecidos por empresas voltadas, em geral, à mera disponibilidade de postos de trabalho aos contratantes, sendo especializadas apenas em gestão de mão de obra.

Nota-se uma tendência do aumento de risco conforme diminui o grau de especialização técnica do mercado fornecedor. Em razão disso, para modelagens mais robustas, em termos de desempenho e resultados, em clara quebra de paradigma aos modelos tradicionais, entende-se ser a especialização um caminho possível. São vislumbrados menores riscos quando se contratam, para objetos tecnicamente sofisticados, empresas verdadeiramente especializadas na prestação dos serviços, que entregam planejamento, coordenação e gestão de pessoas, processos e insumos, produzindo resultados mensuráveis e sendo remuneradas pela lógica do lucro-eficiência em vez do lucro incompetência.[5]

Não se pode olvidar, contudo, em linha com os mecanismos de gestão de risco, que a modelagem das contratações tecnicamente sofisticadas e inovadoras, aqui excluídos os modelos tradicionais de mera terceirização com dedicação exclusiva de mão de obra, deve considerar a influência do fator especialização técnica na competitividade do certame, visando à obtenção da proposta mais vantajosa.

Concluindo a análise do comparativo dos períodos pré e pós Acórdão nº 1.214/13, ficou comprovado que os riscos de inexecução contratual, cuja mitigação foi exatamente o objetivo daquele julgado, foram significativamente reduzidos, sendo possível afirmar que as proposições de controle cumpriram um importante papel na indução da mudança. Em especial, como seria de esperar, nos contratos com dedicação exclusiva de mão de obra mais genéricos, de apoio administrativo e limpeza, a queda, em média, alcançou 43%. Os riscos de inadimplência, portanto, caíram quase pela metade. E há uma clara

---

[5] O TCU usa o termo "lucro-incompetência" quando se refere aos contratos de terceirização que vinculam o lucro da contratada à quantidade de empregados disponibilizados, baseados exclusivamente em postos de trabalho. Quanto mais gente, mais lucro. Não há qualquer estímulo para que a empresa busque melhorar a produtividade, pelo contrário, quanto pior o desempenho na execução das tarefas, mais pessoas serão requisitadas e maior será o lucro auferido. Em contraposição, propomos o termo "lucro-eficiência", para designar contratos que remuneram por desempenho, permitindo que o contratado exerça sua especialização técnica e desenvolva mecanismos modernos, eficientes e inovadores, que aumentem a produtividade.

tendência, olhando para os números anuais mais recentes, no Gráfico 1, de redução ainda maior, à medida que os controles vão se consolidando e se incorporando de forma mais intensa à rotina administrativa das unidades contratantes, em especial na fase de planejamento das contratações.

Os números levantados, portanto, servem de suporte fundamentado à avaliação dos efeitos da mudança na ênfase dos controles na terceirização e também ajudam na tomada de decisão sobre riscos e controles nas contratações atuais e futuras.

Esperamos que as evidências aqui apresentadas possam ser úteis em estudos preliminares e termos de referência de contratações de serviços terceirizados, especialmente em termos de escolhas de modelagens, critérios de seleção e métodos de fiscalização contratual.

Torcemos, também, para que revisões normativas possam se valer dessa realidade para avaliar impactos, custos e benefícios de mecanismos de controle, levando em conta a premissa há mais de 50 anos estabelecida pelo artigo 14 do Decreto-Lei nº 200/1967, de controlar proporcionalmente aos riscos.

Atingido um dos objetivos da pesquisa, passamos a apresentar outros dados, que podem contribuir para a identificação e avaliação de riscos nos contratos terceirizados.

Assim como a fiscalização que ensejou o Acórdão nº 1.214/13 mapeou diversas oportunidades de melhoria na seleção dos fornecedores de serviços terceirizados, as estatísticas a seguir apresentadas têm o intuito de apontar outras oportunidades que podem, na mesma linha do mencionado julgado, conduzir a reflexões e, quem sabe, iniciar um movimento de novas revisões normativas, processos de trabalho e rotinas de análises e verificações.

Vale repisar que a Administração Pública vem priorizando, nas normas, o planejamento das contratações, como reforçam os mais recentes julgados do TCU sobre o tema, a exemplo do Acórdão nº 2.622/2015-Plenário, e os últimos normativos federais, assim como a novíssima Lei nº 14.133/2021.

Os quadros comparativos complementares a seguir trazem, como regra, a situação dos contratos da amostra avaliada antes e depois do Acórdão nº 1.214/13. Pretende-se, dessa maneira, verificar se o arcabouço normativo induzido pelo julgado foi relevante para a mudança de cenários no que tange a aspectos indiretos, como o perfil dos fornecedores, concentração de mercado e comportamentos dos licitantes na fase competitiva.

5 Estatísticas dos contratos terceirizados federais

Tabela 3 – Comparativo de proporção de contratos com MPE antes e depois do Acórdão nº 1.214/13

Objeto principal	Antes (2009-2013)	Depois (2015-2018)	Diferença
Apoio Administrativo	58%	54%	-7%
Vigilância	23%	22%	-4%
Limpeza	56%	57%	2%
Manut. Elevador/Ar-Condic.	69%	82%	19%
Manut. Predial	55%	56%	2%
Média geral	**52%**	**54%**	**4%**

Fonte: elaboração própria, com dados do Siasg.

Comparando a proporção na quantidade de contratos assinados com Micro e Pequenas empresas (MPE) antes e depois do Acórdão nº 1.214/13, na Tabela 3, de modo geral, não há mudanças significativas.

Apesar de não ter relevante alteração de cenários antes e depois do acórdão, nota-se que a área de vigilância, historicamente, tem baixa participação de micro e pequenas empresas. Uma possível causa são as regras específicas do mercado, regulado e fiscalizado pela Polícia Federal.

Outro dado importante é a concentração de contratos firmados com os mesmos fornecedores em termos de valor pactuado inicial, compilados na Tabela 4. Aqui, incluímos os anos mais recentes, 2019 e 2020, tendo em vista que o prazo de vigência não interfere nas análises.

Tabela 4 – Comparativo de valor contratado inicial com os 10 maiores fornecedores antes e depois do Acórdão nº 1.214/13

Objeto principal	Antes (2009-2013)	Depois (2015-2020)	Diferença
Apoio Administrativo	53%	48%	-9%
Vigilância	33%	40%	21%
Limpeza	34%	38%	12%
Manut. Elevador/Ar-Condic.	52%	52%	0%
Manut. Predial	69%	57%	-17%
Média geral	**48%**	**47%**	**-2%**

Fonte: elaboração própria, com dados do Siasg.

Não identificamos um padrão de tendência. Na limpeza e vigilância, houve aumento na concentração de fornecedores, enquanto o apoio administrativo e a manutenção predial apresentaram queda, sem alteração para a manutenção de elevador e ar-condicionado. Os movimentos, portanto, não parecem responder significativamente a mudanças nos critérios de seleção do fornecedor. Salta aos olhos, entretanto, que, de modo geral, apenas 10 fornecedores concentram metade do valor contratado em cada segmento de serviços. Embora as MPE ganhem muitos contratos, predominando, em quantidade, na maioria dos segmentos, poucas empresas dominam os grandes valores contratuais, situação que permaneceu quase que inalterada após o Acórdão nº 1.214/13.

Isso é mais bem evidenciado quando se observam as médias de quantidade de contratos anuais por fornecedor, conforme Tabela 5. Não se verificam grandes mudanças nos dois períodos (2009-2013) e (2015-2020), exceto no apoio administrativo, em que houve expressivo aumento de 58% na concentração. De modo geral, um fornecedor não chega a assinar, no mesmo ano, 2 contratos em cada segmento. Mas, reforçamos, 10 fornecedores ficam com metade dos valores contratados.

Tabela 5 – Comparativo de média de contratos por fornecedor antes e depois do Acórdão nº 1.214/13

Objeto principal	Antes (2009-2013)	Depois (2015-2020)	Diferença
Apoio Administrativo	1,2	1,9	58%
Vigilância	1,9	1,9	0%
Limpeza	1,5	1,7	13%
Manut. Elevador/Ar-Condic.	1,5	1,7	13%
Manut. Predial	1,5	1,6	7%
Média geral	**1,5**	**1,8**	**20%**

Fonte: elaboração própria, com dados do Siasg.

Também é digno de nota, observando a Tabela 6, que a redução de riscos depois do Acórdão nº 1.214/13 ocorreu em todas as faixas de vigência contratual e os maiores riscos se concentram nos primeiros 12 meses, sendo fortemente reduzidos quando o contrato ultrapassa os dois anos de execução. Controles podem ser ajustados conforme a longevidade contratual.

Tabela 6 – Taxas de rescisão conforme a vigência
contratual, em meses (incluídas prorrogações)

Objeto principal	Antes (2009-2013)			Depois (2015-2018)		
	Até 12	12-24	24+	Até 12	12-24	24+
Apoio Administrativo	28%	26%	16%	21%	16%	7%
Vigilância	18%	20%	13%	19%	9%	8%
Limpeza	25%	17%	13%	15%	10%	6%
Manut. Elev./Ar-Cond.	6%	8%	6%	7%	7%	3%
Manut. Predial	12%	11%	9%	13%	6%	4%
Média	**18%**	**16%**	**11%**	**15%**	**10%**	**6%**

Fonte: elaboração própria, com dados do Siasg.

Na Tabela 7, comparamos as taxas de rescisão antes e depois do Acórdão nº 1.214/13 levando em conta os registros no cadastro do fornecedor no Sistema de Cadastramento Unificado de Fornecedores (Sicaf). Fica evidente que o risco de rescisão aumenta consideravelmente, à medida que existam mais registros negativos na ficha do fornecedor no Sicaf. Esse é um elemento fundamental de análise de riscos na assinatura e durante a execução do contrato. Controles podem ser ajustados conforme o nível e tipo de ocorrências existentes.

Tabela 7 – Taxas de rescisão por quantidade de ocorrências do fornecedor no SICAF

Objeto principal	Antes (2009-2013)						Depois (2015-2018)					
	Advertências e multas			Penas restritivas			Advertências e multas			Penas restritivas		
	0	1 a 5	6+	0	1	2+	0	1 a 5	6+	0	1	2+
Apoio Administrativo	10%	19%	26%	13%	23%	29%	5%	10%	17%	7%	7%	24%
Vigilância	11%	16%	16%	10%	14%	23%	8%	8%	13%	7%	9%	24%
Limpeza	1%	5%	12%	3%	2%	11%	1%	2%	7%	2%	1%	6%
Manut. Elev./Ar-Cond.	6%	7%	7%	6%	9%	6%	2%	6%	6%	3%	7%	10%
Manut. Predial	3%	8%	13%	8%	11%	14%	2%	7%	10%	4%	12%	12%
Média	**6%**	**11%**	**15%**	**8%**	**12%**	**17%**	**4%**	**7%**	**11%**	**5%**	**7%**	**15%**

Fonte: elaboração própria, com dados do Siasg.

Na Tabela 8, comparamos o nível de competividade dos pregões antes e depois do julgado-paradigma, considerando a quantidade média de licitantes e lances, levando em conta a faixa de valor inicial do contrato. Incluímos 2019 e 2020 porque o prazo de vigência não interfere na análise.

Tabela 8 – Competitividade dos Pregões, por faixa de valor inicial do contrato

Objeto principal	Período	Até R$100 mil		R$100 mil – R$1 milhão		R$1 milhão ou mais	
		Lances	Licitantes	Lances	Licitantes	Lances	Licitantes
Apoio Administrativo	2009-2013	114	19	137	25	122	27
	2015-2020	74	21	97	26	116	30
Vigilância	2009-2013	58	6	70	8	84	10
	2015-2020	58	11	59	11	71	13
Limpeza	2009-2013	95	15	112	18	140	20
	2015-2020	82	20	100	25	113	29
Manut. Elev./ Ar-Cond.	2009-2013	5	52	7	79	10	82
	2015-2020	8	47	11	61	14	64
Manut. Predial	2009-2013	67	8	82	9	83	11
	2015-2020	48	11	59	12	81	16
Média	2009-2013	68	20	82	28	88	30
	2015-2020	54	22	65	27	79	30

Fonte: elaboração própria, com dados do Siasg.

O que se comprova com os dados da Tabela 8 é que não houve redução de competitividade nas licitações depois dos critérios de habilitação introduzidos com base no Acórdão nº 1.214/13. Pelo contrário: em todas as faixas de valor, houve aumento ou manutenção do número médio de licitantes. O que diminuiu foi a quantidade de lances ofertados nas disputas, o que não parece ter relação com os critérios de habilitação introduzidos pelo julgado do TCU, afinal, o que se poderia imaginar seria a possível redução no número de participantes, potencialmente afastados pelo aumento no rigor dos requisitos mínimos, mas, uma vez que a empresa se apresentou no certame, conhecendo os critérios definidos no edital, não há motivos para que não se disponha a disputar, considerando apenas as regras de habilitação. De qualquer forma, ainda que tenha reduzido o volume de lances, os números sugerem a manutenção de expressiva competição.

Isso demonstra que controles mais rigorosos na fase de seleção do fornecedor não levam, necessariamente, a menos competição. Pode até acontecer o inverso, como os números demonstram. Uma hipótese é que novos fornecedores, que antes não entravam em licitações, passaram a participar, atraídos pela mudança no perfil dos concorrentes potenciais. Antes, o mercado estava excessivamente aberto, sem filtros para afastar aventureiros, desprovidos de condições mínimas de cumprir obrigações e, por isso mesmo, dispostos a vencer as disputas com preços agressivos e irresponsáveis. Agora, editais mais rígidos e alinhados com a capacidade de atendimento de parcela relevante do mercado afastaram os aventureiros e incentivaram os bons fornecedores a se interessarem pelas disputas de contratos com o governo. Esse é um fator que merece mais reflexão e estudos adicionais, pois pode revelar grandes mudanças no senso comum sobre exigências de habilitação em licitações.

Demonstra também maior chance de sucesso em mudanças introduzidas em cenários maduros, de contratações de serviços corriqueiros e comuns a toda a estrutura pública administrativa e com sólido mercado fornecedor. No caso em exame, o grupo de estudos que precedeu o Acórdão nº 1.214/13 avaliou que seria possível para grande parte dos fornecedores desses serviços absorver as alterações propostas, mantendo razoável nível de competitividade nas licitações.

Tal premissa alinha-se aos recentes Acórdãos-TCU nº 2.870/2018-Plenário e nº 7.164/2020-2ª Câmara, da relatoria dos Ministros Walton Alencar Rodrigues e André de Carvalho, respectivamente. Defendeu-se, nesses julgados, que até mesmo alguns critérios de referência estabelecidos no Acórdão nº 1.214/13, a exemplo da experiência de três anos, devem se basear em adequados estudos prévios e na experiência pretérita do órgão contratante, que indiquem que as exigências mais restritivas são indispensáveis para assegurar a prestação do serviço em conformidade com as necessidades específicas do órgão, por força da sua essencialidade, quantitativo, risco, complexidade ou qualquer outra particularidade. Os dados aqui apresentados podem servir de referência para tais estudos.

Vale comentar o número médio de licitantes na vigilância, menor que nos outros segmentos, possivelmente pelos requisitos mais rigorosos de entrada nesse mercado. Mesmo aqui, os novos requisitos de habilitação não afetaram a quantidade de licitantes, ocorrendo, ao contrário, o aumento de concorrentes.

Na Tabela 9, comparamos os prazos de duração média dos contratos.

Tabela 9 – Prazos de duração média dos contratos, em meses, por porte do contratado

Objeto principal	Antes (2009-2013)			Depois (2014-2015)		
	Total	MPE	Outro	Total	MPE	Outro
Apoio Administrativo	50	47	52	51	49	53
Vigilância	36	32	38	37	32	38
Limpeza	38	31	34	37	33	35
Manut. Elevador/Ar-Condic.	36	33	44	36	33	46
Manut. Predial	36	32	42	32	28	39
Média	**39**	**35**	**42**	**39**	**35**	**42**

Fonte: elaboração própria, com dados do Siasg.

O período de comparação, aqui, depois do acórdão-paradigma, é de 2014 a 2015, porque são os anos em que os contratos poderiam ter vigorado pelo prazo máximo permitido, de 60 meses. Verifica-se que não houve alteração significativa. Importa ressaltar que 2014 foi considerado um período de transição, possivelmente com diversos contratos firmados ainda sem a influência das exigências induzidas pelo Ac. nº 1.214/13, o que pode explicar, em parte, a manutenção do cenário anterior ao julgado.

Também se verifica que os contratos de natureza continuada têm a tendência de chegar próximo da duração máxima, especialmente quando assinados com empresas de médio e grande porte. Isso pode ajudar a modelar decisões sobre prazos de vigência, tanto iniciais quanto, principalmente, prorrogações, procedimentos que exigem significativos esforços administrativos e representam altos custos de transação na gestão contratual e podem ser mais eficientes se forem observados controles proporcionais ao risco.

Concluindo as comparações, ressaltamos que os dados apresentados podem contribuir para fundamentar decisões sobre controles em contratos de terceirização. Servem, certamente, para justificar uma reflexão sobre os controles e parâmetros que adotamos hoje e a possibilidade de aperfeiçoamento.

6 Há o que melhorar?

6.1 Prazos de vigência

A depender das características do objeto e da materialidade envolvida na contratação, prazos de vigência maiores podem atrair mais concorrência, melhores preços, participação de empresas mais bem qualificadas para prestar o serviço, geração de estabilidade e economia pela amortização de investimentos e curva de aprendizado, incentivando a adoção de novos métodos e tecnologias, relacionamento duradouro, de parceria e confiança, reduzindo incertezas do fornecedor e diminuindo custos processuais com renovações.

Seguindo essa lógica, há jurisprudência do Tribunal de Contas da União permitindo a vigência inicial estendida, com a finalidade de obter preços e condições mais vantajosas para a Administração, como o Acórdão nº 3.320/2013-TCU-2ª Câmara, relator Ministro Raimundo Carreiro, no qual se estabeleceu a relevância de considerar as circunstâncias de forma objetiva, fazendo-se registrar no processo próprio o modo como interferem na decisão e quais suas consequências, demonstrando o benefício decorrente do prazo estabelecido. A AGU, na Orientação Normativa nº 38/2011 também já se posicionou favorável ao prazo superior a 12 meses, de modo excepcional, em função da peculiaridade e/ou complexidade do objeto, desde que demonstrado o benefício. Essa prática já é utilizada inclusive em licitações promovidas pelo próprio TCU, a exemplo do Pregão Eletrônico nº 64/2015, para contratação de limpeza, que estabeleceu 30 meses de vigência inicial.

A Lei nº 14.133/2021, confirmando essa tendência, previu expressamente, em distintos dispositivos, a vigência inicial superior a 1 ano, dando abertura para contratos com prazo de até 5 anos, prorrogáveis até 10 anos.

A vantajosidade de prazo maior na vigência inicial, no caso específico da limpeza, foi evidenciada em iniciativa da Universidade Federal de Santa Catarina, que licitou o serviço com duas possibilidades: 12 ou 30 meses.[6] Dispondo de duas hipóteses de contratação, cada licitante poderia avaliar a melhor proposta a ser ofertada para a execução do objeto. As propostas para 30 meses foram mais vantajosas e, consequentemente, adjudicadas.

---

6   Disponível em: https://noticias.ufsc.br/2018/11/departamento-de-licitacoes-inova-no-pregao-para-servicos-de-limpeza-e-conservacao.

Se combinarmos os dados das Tabelas 6 e 9, sobre as taxas de rescisão mais altas até 12 meses de vigência e longevidade contratual média próxima de 40 meses, podemos formular uma alternativa de ação em casos que não exijam grandes investimentos iniciais: começar com 12 meses e prorrogar por 24 ou até mesmo por período maior. Ultrapassado o período mais crítico da vigência inicial, os riscos diminuem, a relação com o contratado já está mais madura e o controle da prorrogação poderia ser ajustado, reduzindo os custos administrativos, aumentando a segurança para o contratado e estimulando a consolidação de uma relação de confiança entre as partes. A fundamentação jurídica para prorrogar com prazo diferente do original já existe.[7]

6.2 Conta vinculada

Mais alternativas de ação podem e merecem ser suscitadas a partir da análise dos dados que apresentamos, os quais representam, até onde sabemos, conhecimento inédito sobre a realidade e evolução contratual nos serviços terceirizados ao longo dos anos mais recentes. A discussão que propomos é de natureza similar àquela que deu origem ao Acórdão nº 1.214/13: riscos e controles, custos e benefícios, avaliação de práticas atuais e proposição de mudanças potenciais.

Em especial, gostaríamos de promover um debate racional sobre a conta vinculada (CV), procedimento de controle previsto pelas normas federais e agora na Lei nº 14.133/2021 para mitigar riscos de inadimplência em caso de custos de mão de obra provisionados, buscando evitar a responsabilização subsidiária. Na conta vinculada são depositados recursos para cobrir custos potenciais com décimo terceiro salário, férias e encargos previdenciários e FGTS incidentes sobre as rescisões de trabalho sem justa causa.

O começo da conta vinculada remonta a 2009, quando o próprio TCU, por meio do Acórdão nº 1.937/2009-2ª Câmara, relator Ministro Benjamin Zymler, determinou ao Banco do Brasil que implantasse um "fundo de reserva" para fazer frente a encargos trabalhistas e previdenciários em seus contratos terceirizados e, com isso, afastar possível responsabilidade solidária por eventual inadimplemento daqueles encargos. Naquele mesmo ano, o Banco recorreu e o Tribunal,

---

[7] ON AGU nº 38/2011, c: "é juridicamente possível a prorrogação do contrato por prazo diverso do contratado originariamente". A Lei nº 14.133/2021 segue na mesma linha, disciplinando que os contratos podem ser prorrogados sucessivamente, sem restringir como se darão os prazos sucessivos.

no Acórdão nº 4.720/2009-2ª Câmara, relator Ministro Aroldo Cedraz, reconheceu que a conta vinculada não tem amparo legal, aumenta o preço do serviço, cria controles adicionais que aumentam o custo administrativo e podem, até mesmo, reforçar a responsabilidade subsidiária.

Mesmo assim, ainda naquele ano de 2009, a CV acabou introduzida, como opção, na IN SLTI nº 02/2008.

Quatro anos depois, no Acórdão nº 1.214/13, a CV foi novamente avaliada pelo TCU, que consolidou sua visão negativa sobre o controle, entendendo representar interferência direta na gestão da contratada e não ser compatível com a ideia de gestão contratual menos onerosa possível ao erário.

A AGU, entretanto, pouco depois, no Parecer nº 73/2013 DECOR/CGU, entendeu pela legalidade da conta vinculada e recomendou sua adoção em todo e qualquer contrato de serviço terceirizado, citando, inclusive, como fundamento, o Acórdão nº 1.214/13.

Diante disso, instalou-se contradição de entendimentos: o TCU, contrário à conta vinculada, e a AGU, baseada no mesmo acórdão, recomendando adoção obrigatória.

A discussão sobre esses controles precisa levar em conta, como toda análise de gestão de riscos, probabilidades, impactos, custos e benefícios. Foi o que o próprio TCU instou o governo federal a fazer, por meio do Acórdão nº 2.328/2015-Plenário, relator Ministro Augusto Sherman, recomendando reavaliar a conta vinculada, sob a diretriz de racionalização de controles do art. 14 do Decreto-Lei nº 200/1967: o custo do controle não pode superar o risco. O Ministro-Relator viu indícios de que o procedimento, em certos casos, poderia se afigurar oneroso, embora, de forma geral, ofereça ao gestor segurança no gerenciamento do contrato, caso a contratada não honre com suas obrigações trabalhistas.

Assim, o TCU sugeriu avaliar alternativas como, por exemplo, aquelas suscitadas no Acórdão nº 1.214/13: controles mais rígidos na seleção do fornecedor e fiscalização mais racional. Na mesma linha, seguiu o Acórdão nº 3.030/2015-Plenário, relator Ministro Augusto Sherman. A sugestão fazia todo sentido, pois riscos e controles devem ser conciliados com custos de transação, a fim de fundamentar escolhas com melhor custo/benefício.

Mas o estudo sugerido pelo TCU acabou não acontecendo. Pelo menos, não se tem notícia dele. No Acórdão nº 599/2017-Plenário, relator Ministro Augusto Sherman, verificou-se que, em vez da análise, criou-se alternativa à conta vinculada, o "fato gerador", mecanismo que prevê a quitação de verbas provisionadas apenas quando de sua efetiva ocorrência, a exemplo de rescisão, ausências legais, bem como o auxílio maternidade e paternidade.

Veja-se que outro controle foi criado, sem demonstração de que tenha levado em conta os riscos e os custos. Tanto a conta vinculada como o fato gerador exigem detalhamento preciso, rígido e permanente de todos os empregados terceirizados que atuam no contrato, de forma a gerenciar, individualmente, verbas e direitos, relacionadas com os períodos em que estiveram atuando em dedicação exclusiva nas atividades contratadas.

Também não se tem notícia de que foi levado em conta outro ponto, abordado pela CGU em 2015,[8] quando foram identificados números que apontavam para o superdimensionamento financeiro da conta vinculada, em relação à probabilidade de eventos motivadores de movimentação dos recursos. Continuou-se fazendo a mesma coisa, aparentemente sem reflexão apropriada.

Estudo recente, avaliando a conta vinculada num órgão do Judiciário, onde também é obrigatória, concluiu que a implantação ocorreu, novamente, sem avaliação prévia de custos e benefícios (MENDES, 2020). A pesquisadora concluiu que o controle indiscriminado soa como um julgamento de que todas as empresas contratadas estão predispostas a descumprir obrigações trabalhistas. Ela sugeriu que houvesse alguma liberdade de escolha para o gestor, a depender dos riscos envolvidos. Concordamos com ela, em especial por causa dos números que apresentamos aqui e que poderiam ajudar o gestor a decidir.

Em sua pesquisa, Lorena Mendes (2020) verificou que a maior parte do dinheiro fica parada na conta vinculada, submetida a taxas de remuneração baixíssimas, que sequer mantêm o valor nominal da moeda, servindo, na verdade, como boa fonte de recursos para o banco depositário. Em muitos casos, a conta vinculada se torna uma forma de poupança forçada para as empresas, a ser resgatada no encerramento do contrato.

As rotinas de conferência da documentação nas solicitações de movimentação da conta exigem enorme esforço administrativo do contratante e oneram, também, a empresa contratada. Operar a conta vinculada compromete a fiscalização do objeto contratado. Nas palavras de um entrevistado, "é preciso praticamente paralisar os serviços da

---

[8] Relatório de avaliação por área de gestão nº 3 – gastos do governo federal com terceirização de serviços de vigilância, limpeza e conservação predial. CGU. Abril/2015.

Secretaria para realizar em tempo hábil a conferência de um pedido que abarque mais de 200 terceirizados e que conta com uma dinamicidade natural abrangendo as mais variadas ocorrências" (MENDES, 2020, p. 97).

Lorena Mendes (2020) ponderou, de forma muito lúcida, que a adoção irrefletida da conta vinculada desconsidera os controles adotados na fase de seleção do fornecedor e mais tarde reforçados na execução contratual, pela exigência de o contratado manter as condições de habilitação e qualificação. Além disso, desconsideram-se os efeitos da Reforma Trabalhista, instituída pela Lei nº 13.467/2017, cuja tendência é de reduzir processos judiciais, pela inclusão de honorários advocatícios para a parte perdedora. Números recentes apontam para queda de 32% nos processos em primeira instância, dois anos depois da Reforma.[9]

Ademais, existe ainda a influência da consolidação na jurisprudência sobre responsabilidade subsidiária, que pode alterar a probabilidade e os impactos dos riscos de inadimplência dos contratados.

Guilherme Mazzoleni (2017) apurou 21% de decisões favoráveis à Administração Pública no TST, analisando 100 processos, antes do julgamento do Recurso Extraordinário nº 760.931, de repercussão geral, no STF. No mesmo estudo, o pesquisador identificou 99,3% de condenações no Tribunal Regional do Trabalho da 4ª Região. Para o autor, os números apontavam para uma visão distorcida da realidade, um padrão decisório da Justiça Trabalhista, adotando fundamentos genéricos para justificar a culpa *in vigilando* nos casos concretos, sem demonstração efetiva da culpa, pelo simples fato de restar evidenciado o inadimplemento de verbas trabalhistas.

Partindo desses números, João Bastos (2018) analisou 72 acórdãos do TST julgados depois do RE nº 760.931. A proporção favorável à Administração Pública alcançou 71%, confirmando tendência de mudança nas decisões da Justiça Trabalhista. O tema, entretanto, ainda está longe de ser pacificado. Notícia recente revelou opinião do Supremo no sentido de haver resistência do TST em aplicar o entendimento do STF.[10]

De qualquer forma, desde que a conta vinculada foi implantada, o cenário de riscos se alterou profundamente, seja pela Reforma Trabalhista, seja pela jurisprudência do STF, seja, sobretudo, pelos efeitos

---

[9] Disponível em: https://valor.globo.com/brasil/noticia/2020/01/04/numero-de-novas-acoes-trabalhistas-cai-32percent-dois-anos-apos-reforma.ghtml.

[10] Disponível em: https://portal.stf.jus.br/noticias/verNoticiaDetalhe.asp?idConteudo=451222&ori=1.

do Acórdão nº 1.214/13. E isso merece, mais ainda do que merecia antes, estudo de custos e benefícios para avaliar a pertinência de sua adoção.

Pautados pelo espírito da racionalidade administrativa, exortamos gestores, controladores, doutrinadores e fornecedores a refletir sobre a possibilidade de alterações nas normas, com objetivo de inserir, por exemplo, referenciais de níveis de riscos para a tomada de decisão sobre a adoção ou não de mecanismos onerosos como a conta vinculada ou o fato gerador, que tendem a desvirtuar o conceito de terceirização.

Em alternativa aos controles caros de retenção de pagamentos ou ressarcimentos para toda e qualquer verba provisionada, de todo e qualquer trabalhador, de toda e qualquer empresa, é possível imaginar cenário em que, primeiro, desenha-se um planejamento adequado da solução, com consulta apropriada das condições de mercado e da modelagem mais vantajosa, em especial em termos de agregação, integração e centralização de demandas, assim como de prazos contratuais, de início e de eventuais prorrogações. Assim, reduzimos os riscos de soluções ineficientes e aumentamos o patamar de exigências na seleção do fornecedor, sem perder de vista a manutenção de níveis razoáveis de competitividade, atraindo empresas especializadas e mais capacitadas.

Depois, desenha-se um procedimento licitatório baseado em critérios robustos de seleção do fornecedor, conforme o objeto,[11] com bons mecanismos de prevenção de fraudes, de preferência automatizados, como já existem, reduzindo fortemente os riscos de contratar aventureiros.

Selecionado o parceiro, avaliam-se os riscos inerentes a esse fornecedor, com base em seu histórico de ocorrências no Sicaf e na longevidade de seus contratos anteriores. Somente então, tomam-se decisões sobre os melhores e mais apropriados mecanismos de controle na execução contratual, proporcionais aos riscos, custos e benefícios do caso concreto. E se ajustam esses controles ao longo da execução contratual, conforme novas análises de risco.

Como uma boa gestão de riscos deve ocorrer.

Do jeito que é hoje, ignoramos os riscos, os custos e boa parte dos benefícios. Só nos concentramos em implantar os controles que parecem melhores, sem, de fato, terem sua eficácia, eficiência e efetividade comprovados.

Estamos diante de números que podem ajudar a mudar essa realidade.

---

[11] É importante ressalvar que não defendemos a aplicação irrestrita dos critérios do Acórdão nº 1.214/13 para objetos que não envolvem dedicação exclusiva de mão de obra e não estejam amplamente absorvidos pelo mercado.

7 Considerações finais

Dos dados analisados, especialmente aqueles relacionados às rescisões contratuais antes e depois do Acórdão nº 1.214/13, fica claro que a ação coordenada dos órgãos de controle e gestores, com foco em mitigar riscos comuns, passando por mudanças, inclusive, normativas, demonstra o poder de reverter situações indesejáveis e realidades incoerentes com os princípios administrativos, estabelecendo controles baseados em riscos, custos e benefícios e ampliando a capacidade pública de entregar resultados à sociedade.

Percebe-se ainda que, mesmo intuitivamente, as grandes mudanças decorreram, em alguma medida, de processos inovadores. Foi o que fez o Grupo de Estudos (2010) ao oferecer representação ao TCU que resultou na prolação do Acórdão nº 1.214/13. O caso tomou contornos semelhantes aos processos de inovação, ideação, prototipagem e experimentação, conceitos que merecem ser mais bem explorados no setor público, cada vez mais necessários diante da rápida evolução das relações humanas e institucionais.

O grupo promoveu um processo de imersão, com a reunião do máximo de evidências, casos concretos, experiências e documentos que permitiram entender as causas do problema – o excessivo número de rescisões contratuais com fornecedores contratados para prestarem serviços com dedicação exclusiva de mão de obra por inadimplência de encargos sociais e trabalhistas – e suas consequências.

Passada essa etapa, procedeu-se à ideação colaborativa, com a reunião de pessoas que entendiam a fundo do tema e que juntas foram capazes de fornecer possíveis soluções para o problema, avaliando os riscos de implantação de cada uma, os obstáculos a serem transpostos e sua viabilidade.

Os certames que serviram como piloto transformaram as ideias em aplicação concreta em ambiente controlado (prototipagem), com boa parte dos riscos já mapeados e as estratégias para enfrentá-los delineadas, sucessivas experimentações e respostas rápidas em eventuais correções necessárias, até que a solução se mostrou viável e eficaz.

O desenvolvimento e aplicação, por meio da plena implantação em universo não controlado, se deu com a chancela do órgão de controle externo federal, a partir do multicitado Acórdão nº 1.214/13. Mesmo não idealizadas como inovação em sua concepção original, as mudanças seguiram, de modo geral, as etapas de um típico processo inovador.

Faltava, nesse ambiente, o monitoramento, a avaliação dos impactos e resultados da experiência implantada. Procuramos, aqui, preencher essa lacuna.

Fica evidente, como conclusão, a importância e a necessidade de monitorar constantemente problemas e possíveis soluções das contratações públicas, fugindo da mera replicação de ideias pré-concebidas para questões complexas e dinâmicas. Os controles internos exaustivos sobre as práticas existentes poderiam ser, em muitos casos, prescindidos ou racionalizados a partir de modelagens inovadoras das contratações.

Referências

BASTOS, João Rafael Gabbi. *Responsabilidade subsidiária da Administração Pública após a decisão do RE 760.931*. Trabalho de conclusão de curso (Graduação em Direito). Universidade Federal do Rio Grande do Sul, 2018.

CGU – Controladoria-Geral da União. *Relatório de avaliação por área de gestão nº 3*. Gastos do Governo Federal com terceirização de serviços de vigilância, limpeza e conservação predial. Brasília, abr. 2015.

CRUZ, Marcio Motta Lima da. Efeitos das exigências do Acórdão TCU-Plenário n. 1214/2013 nas licitações realizadas pelo Tribunal de Contas da União. *Portal Jus*, 2016. Disponível em: jus.com.br.

FREITAS, Marcelo de. *Investigação das causas dos problemas de gestão e execução dos contratos de prestação de serviços contínuos, licitados por pregão eletrônico, pela Diretoria de Administração do Campus-Dirac/Fiocruz*. Dissertação (Mestrado em Saúde Pública). Escola Nacional de Saúde Pública Sergio Arouca, Rio de Janeiro, 2011.

GRUPO DE ESTUDOS de contratação e gestão de contratos de terceirização de serviços continuados na administração pública federal. Relatório – propostas de melhoria. Brasília, 2010.

MAZZOLENI, Guilherme. *Responsabilidade subsidiária da administração pública na terceirização de serviços*: por que a exceção virou a regra? Monografia (Especialização em Direito) – Universidade Federal do Rio Grande do Sul, Porto Alegre, 2017.

MENDES, Lorena Lopes Freire. *Terceirização de serviços na Administração Pública*: uma análise da conta vinculada no âmbito do Tribunal Regional do Trabalho da 3ª Região. Dissertação (Mestrado em Administração Pública) – Fundação João Pinheiro, Escola de Governo Professor Paulo Neves de Carvalho, 2020.

SAIGG, Ibrahim Gonçalves. *Terceirização de mão-de-obra na Câmara dos Deputados*: elementos quantitativos e financeiros dos contratos. Monografia (Especialização em Orçamento Público) – Instituto Serzedello Corrêa, do Tribunal de Contas da União, Centro de Formação, Treinamento e Aperfeiçoamento (Cefor), da Câmara dos Deputados, e Universidade do Legislativo Brasileiro (Unilegis), do Senado Federal, Curso de Especialização em Orçamento Público, 2008.

SOUZA, Kleberson Roberto de. SANTOS, Franklin Brasil. *Como combater o desperdício no setor público*: gestão de riscos na prática. Belo Horizonte: Fórum, 2019.

ANEXO

DETALHAMENTO DE PROCEDIMENTOS METODOLÓGICOS DE OBTENÇÃO DE DADOS

1 Palavras-chave utilizadas para filtrar cada segmento

1.1 Apoio Administrativo: "apoio administrativo", "apoio adm", "apoio técnico", "aux adm", "brigad", "carregador", "copeira", "dedic exc", "garço", "mensag", "motorista", "obra exc", "portaria", "porteiro", "secretaria", "secretariado".

1.2 Vigilância: "vigil".

1.3 Limpeza: "limpeza".

1.4 Manutenção de elevador ou ar-condicionado: ("manut" e "edif"), ("manut" e "elevado"), ("manut" e "condicion");

1.5 Manutenção predial: ("manut" e "predial).

2 Contratos excluídos em cada segmento

2.1 Apoio Administrativo: descrições que continham "forma eventual", "por diária", "caráter eventual", "sob demanda".

2.2 Vigilância: aqueles do tipo "eletrônica" e os que mencionavam "limpeza", "vigilância sanitária", "vigilância em saúde", "treinamento", "curso", "eventual", "sem dedic", "remoto", "locação de equip", "instalação de", "manuten".

2.3 Limpeza: descrição mencionava "condicionado", "climatiz", "refrig", "engenharia", "fossa", "caixa", "veícu", "canil", "pintura", "sem dedic", "não cont", "limpeza de reserv", "sob demanda", "eventos", "elabora".

2.4 Manutenção de elevador ou ar-condicionado: eliminados os que continham "com dedicação exclusiva", "fornecimento e instalação", "automotivos", "veículo", "substituição completa", "modernização", "retrofit", "software", "equipe residente", "locação de", "impress".

2.5 Manutenção predial: descrições que continham "reforma", "adequação", "pintura", "sob demanda", "por demanda", "sem dedicação exclusiva", "sem mão de obra exclusiva", "forma eventual", "por diária", "caráter eventual", "sob demanda".

3 Classificação dos segmentos por objeto principal

Classificamos como "objeto principal" com base na(s) palavra(s)-chave(s) utilizada(s) em cada filtragem, removendo as duplicidades, pois há considerável parcela de contratos que envolvem limpeza combinada com outras atividades de apoio, inclusive postos de trabalho ligados à manutenção predial. Não há elementos na base de dados para avaliar o impacto econômico de cada atividade no contrato.

Informação bibliográfica deste texto, conforme a NBR 6023:2018 da Associação Brasileira de Normas Técnicas (ABNT):

SANTOS, Franklin Brasil; CHIOATO, Tânia Lopes Pimenta. Riscos, controles e racionalidade na terceirização. *In*: FORTINI, Cristiana; PAIM, Flaviana Vieira (Coord.). *Terceirização na Administração Pública*: boas práticas e atualização à luz da Nova Lei de Licitações. Belo Horizonte: Fórum, 2022. p. 71-100. ISBN 978-65-5518-288-0.

A ATUALIZAÇÃO FINANCEIRA DE CONTRATOS DE TERCEIRIZAÇÃO EM SUAS DIVERSAS FORMAS DE REAJUSTE, REPACTUAÇÃO E REVISÃO DO PREÇO – A ETERNA BUSCA DO EQUILÍBRIO ECONÔMICO-FINANCEIRO E SEUS OBSTÁCULOS

GUSTAVO CAUDURO HERMES

A previsão de atualização financeira dos contratos já se mostra uma regra no cenário nacional, tendo origem antes mesmo do Plano Real, justamente por conta da hiperinflação que acometia o país naquele período. O valor nominal dos contratos era de fato corroído de um dia para o outro, tão mais semanal ou mensalmente, tendo superado oitenta por cento ao mês para o mês de março de 1990. Nesta senda, um contrato só mantinha valor adequado se devidamente indexado, e isto se dava nas imprescindíveis cláusulas de reajustamento que invadiram todos os contratos.

Após diversos planos econômicos, sobreveio o Plano Real em 1994, que reeditou algumas medidas econômicas anteriormente conhecidas para o combate da hiperinflação, mas de fato inovou e ganhou eficácia ao prever uma regra aparentemente simples: a imutabilidade de preços por períodos sequenciais de no mínimo 12 (doze) meses. Note-se na redação do artigo 11 da Medida Provisória nº 434, de 27 de fevereiro de 1994:

Art. 11. Nos contratos celebrados em URV, a partir de 1º de março de 1994, inclusive, é permitido estipular cláusula de reajuste de valores por índice de preços ou por índice que reflita a variação ponderada dos custos dos insumos utilizados, desde que sua periodicidade seja anual.

Esta nova regra tinha o claro objetivo de frear os aumentos de preços por prevenção ou por reação dos agentes econômicos, pois incrementava à época uma inflação inercial e fictícia sem fundamentos econômicos concretos para tamanha desvalorização da moeda.

Juntamente com esta medida de manutenção anual de valores dos preços contratados, repare-se que foi ressaltada uma forma alternativa de ajustar os preços e mais precisa de promover a correção monetária, textualmente indicada pela "variação ponderada dos custos dos insumos utilizados". O que seria este instituto senão de modo efetivo a repactuação? Estabelecia-se, assim, uma opção à adoção de reajuste por índice de preços, já que os índices gerais de preços eram demasiadamente afetados por preços irreais e mesmo surreais daquele período histórico de hiperinflação, e dependiam diretamente da composição da cesta de preços balizadores.

Como o plano foi instituído por medida provisória e mantido por sucessivas reedições, incorporou melhorias redacionais e culminou em Lei Federal a manter este estabelecimento tanto de prazo mínimo quanto de dupla opção para a atualização dos preços – o Reajuste e a Repactuação, sendo que durante muito tempo, logo após a implementação do Plano Real, o instituto da Repactuação era incentivado e mesmo imposto por diversas instituições públicas do Estado Brasileiro, sobremodo no âmbito federal, com vistas a encontrar o exato ponto de equilíbrio e acerto na precificação de cada contratação, acertando o valor da moeda, assim como suas referências de valor comparativo, e ajudando na estabilização econômica do Brasil.

Ao final de tantas medidas provisórias, assim restou assentado na Lei Federal nº 10.192/2001:

> Art. 2º É admitida estipulação de correção monetária ou de reajuste por índices de preços gerais, setoriais *ou que reflitam a variação dos custos de produção ou dos insumos utilizados nos contratos* de prazo de duração igual ou superior a um ano.
> §1º É *nula* de pleno direito qualquer estipulação de *reajuste ou correção monetária de periodicidade inferior a um ano*. (Grifos nossos)

E como esta nova realidade fora incorporada nos contratos administrativos? A partir do seu clausulamento, na medida em que se trata de atualização financeira, do tipo ordinária, que precisa estar prevista na convenção entre as partes para integrar o arcabouço obrigacional. Em relação a isto, repare-se que, tanto na redação original da Medida Provisória quanto no texto final de Lei, a estipulação de regra de atualização dos contratos veio normatizada como faculdade, não obrigação. A Lei passou a admitir estipulação de atualização financeira em modos alternativos e sob limitação.

Ocorre que desde junho de 1993 já convivíamos com a antiga Lei Federal de Licitações (L. nº 8.666/93); portanto, antes mesmo do Plano real, e no seu bojo, especialmente no artigo 55, inciso III, já constava a obrigatoriedade de inserir no contrato cláusula estabelecendo "os critérios, data-base e periodicidade do reajustamento de preços", que não se confundem com "os critérios de atualização monetária entre a data do adimplemento das obrigações e a do efetivo pagamento", que também é outra inclusão impositiva no texto clausular dos contratos administrativos claramente vinculada ao elevado poder de corrosão do período de elevada inflação. Logo, à primeira vista, percebe-se que existira a obrigatoriedade de definir o tema no contrato, não existindo, *a priori*, obrigação de conceder ou não reajuste ou repactuação.

Importante ressaltar que a própria antiga Lei de Licitações trata em momentos distintos com a terminologia de reajustamento e de reajuste, respeitando estas diferenças terminológicas, e convém ainda referir que na época de sua edição não se utilizava outro instituto que não o reajuste por índices gerais e setoriais para atualização dos contratos, ante a dinâmica e velocidade de variação dos preços que impedia calcular modificações no custos, pois ao terminar um processo de cálculo provavelmente já haveria nova defasagem no preço.

Neste contexto, como primeiro impacto da normatização do Plano Real nos contratos, os gestores públicos passaram a ter que identificar claramente em seus contratos se se operaria reajuste ou repactuação (ou ainda a interessante e recomendada combinação de ambos em casos específicos para partes distintas da planilha de formação do preço), assim como precisaram passar a prever periodicidade em prazos jamais inferiores a um ano, vindo a sagrar-se praxe nacional as cláusulas com periodicidade exata de um ano, muitas vezes ainda adicionadas de condicional possível mudança para período inferior se sobreviesse lei reduzindo ou extinguindo a periodicidade mínima.

Num primeiro momento, a repactuação foi adotada nos contratos com elevada participação do "item de custo mão-de-obra", vez que a imposição de regras novas editadas a cada ano nas Normas Coletivas (Convenção Coletiva, Acordo Coletivo e Dissídio Coletivo) impunham efeitos e impactos de difícil, senão impossível, previsão e efeitos extremamente peculiares a cada categoria envolvida, sem qualquer condição de efetivo reflexo por índices gerais e mesmo setoriais do mercado. Esta adoção se mostrou bastante eficiente e eficaz, apenas um pouco trabalhosa dependendo do histórico de estruturação e manuseio das planilhas de custo no histórico de cada contratação.

Concomitantemente, convivia com estes institutos a possibilidade de revisão de preços para reequilíbrio econômico-financeiro, prevista na alínea "d" do inciso II do artigo 65 da antiga Lei de Licitações (L. nº 8.666/93), e reforçada nos parágrafos 4º, 5º e 6º, *in verbis*:

> Art. 65. Os contratos regidos por esta Lei poderão ser alterados, com as devidas justificativas, nos seguintes casos:
> [...]
> II – por acordo das partes:
> [...]
> d) para restabelecer a relação que as partes pactuaram inicialmente entre os encargos do contratado e a retribuição da administração para a justa remuneração da obra, serviço ou fornecimento, objetivando a manutenção do equilíbrio econômico-financeiro inicial do contrato, na hipótese de sobrevirem fatos imprevisíveis, ou previsíveis porém de consequências incalculáveis, retardadores ou impeditivos da execução do ajustado, ou, ainda, em caso de força maior, caso fortuito ou fato do príncipe, configurando álea econômica extraordinária e extracontratual.
> [...]
> §4º No caso de supressão de obras, bens ou serviços, se o contratado já houver adquirido os materiais e posto no local dos trabalhos, estes deverão ser pagos pela Administração pelos custos de aquisição regularmente comprovados e monetariamente corrigidos, podendo caber indenização por outros danos eventualmente decorrentes da supressão, desde que regularmente comprovados.
> §5º Quaisquer tributos ou encargos legais criados, alterados ou extintos, bem como a superveniência de disposições legais, quando ocorridas após a data da apresentação da proposta, de comprovada repercussão nos preços contratados, implicarão a revisão destes para mais ou para menos, conforme o caso.
> §6º Em havendo alteração unilateral do contrato que aumente os encargos do contratado, a Administração deverá restabelecer, por aditamento, o equilíbrio econômico-financeiro inicial.

Desta forma, tinha-se instituído o seguinte estado de coisas quanto à atualização financeira dos contratos administrativos no âmbito legal:

- deveria haver regra prevista em contrato prevendo as atualizações financeiras;
- as previsões de atualizações ordinárias poderiam versar sobre reajuste, sobre repactuação e mesmo sobre a combinação de ambos, exigindo periodicidade mínima de 12 (doze) meses, tratando-se de faculdade da Administração tal escolha e definição;
- as atualizações extraordinárias para revisão de preço estavam asseguradas em lei, mediante cumprimento de condições.

Paralela e adicionalmente, a partir de maio de 2008 o Ministério do Planejamento passou a orientar de modo mais detalhado a contratação de serviços, primeiramente através da Instrução Normativa número 2, que sofreu inúmeras evoluções até culminar na IN nº 5/2017, que, entre diversos temas de grande interesse e repercussão para a terceirização no setor público, adentrou no tratamento das atualizações financeiras destas convenções obrigacionais, incrementando sobremodo os critérios para abertura de custos na formação do preço e para repactuação dos preços destes contratos.

Com o advento da Nova Lei de Licitações (Lei nº 14.133, de 1º de abril de 2021), emergiu um novo marco legal para a matéria, aposentando a antiga Lei Federal de Licitações (L. nº 8.666/93), que de fato estava muito ultrapassada, sendo apenas sustentada na prática pela combinação com outras normas legais e infralegais aplicáveis. Contudo, sua revogação efetiva e final foi postergada para dois anos após a Nova Lei de Licitações, e ainda se deve contar com os contratos licitados e contratados sob a regra antiga, de modo que teremos aplicação simultânea de ambos os institutos, em contratos distintos, por bastante tempo ainda.

A bem da verdade, inova, mas timidamente, em relação a institutos jurídicos, mas é muito diferente da "velha" Lei de Licitações. Contradição textual? Não, senão vejamos.

Ocorre que esta Lei, originada de substitutivo elaborado pela Câmara dos Deputados ao antigo Projeto de Lei do Senado (PLS) nº 559/2013, trouxe uma compilação de inúmeras normas e práticas pertinentes e atuais sobre licitações e contratos, de leis a instruções normativas ajustadas em interpretação a recorrências polêmicas avaliadas pelos Tribunais de Contas. Percebe-se o grandioso e valioso trabalho em sua elaboração.

Boas práticas aplicáveis a nichos restritos do setor público foram incorporadas, exigências formais ou documentais antes exigidas em certas situações específicas agora foram planificadas para aplicação generalizada. Trata-se, pois, de uma consolidação normativa com efeito de ampliação de aplicação de institutos a toda esfera pública, fazendo de fato surgir uma efetiva Nova Lei de Licitações, muito melhor que a anterior, e especialmente dispensando as inúmeras pesquisas e combinações com outras normas para efetivar uma boa seleção e contratação pública. Agora está tudo concentrado numa lei só, mais moderna e mais completa.

Dentre tantos temas inovados no âmbito da Nova Lei de Licitações, mas há muito tempo aplicados e avaliados no mundo jurídico por outras fontes, conceitos e finalidades, se destaca o instituto da atualização financeira de preços, bem como a terceirização, corretamente agregados à Lei que trata dos contratos administrativos, porém tratados no texto normativo com alguns desacertos que podem gerar polêmica e problemas no futuro, merecendo as cautelas adiante ressaltadas no tema propósito deste artigo.

Primeiramente, cumpre ressaltar que a Nova Lei de Licitações integrou de forma explícita na definição de superfaturamento o dano provocado ao patrimônio da Administração por reajuste irregular de preços, também considerando como tal as alterações no orçamento de obras e de serviços de engenharia que causem desequilíbrio econômico-financeiro do contrato em favor do contratado.

Desta forma, percebe-se já em início de leitura, eis que tais definições encontram-se no artigo 6º. Aliás, este mesmo artigo de definições da nova Lei conceitua também reajuste e repactuação, "importando" uma inovação conceitual das Instruções Normativas do Ministério do Planejamento: o tal "sentido estrito", doravante explicado quanto à sua origem e aplicação por vezes errática.

A atualização financeira de contratos pode ser ordinária ou extraordinária. Ordinária é aquela prevista para ocorrer necessária e periodicamente no contrato; possui como única condição de aplicabilidade o decurso do tempo. Já as atualizações financeiras extraordinárias são aquelas que remotamente ocorrerão, pois dependem de estritas condições para serem admitidas.

As atualizações financeiras ordinárias devem ser previstas e regradas em conteúdo clausular impositivo tanto no edital quanto no contrato,[1] independentemente do prazo de duração do contrato, e podem ser estipuladas como reajuste ou como repactuação, e ainda numa combinação entre ambos.

Segundo a própria Nova Lei de Licitações, o reajuste consiste em forma de manutenção do equilíbrio econômico-financeiro de contrato consistente na aplicação do índice de correção monetária previsto no contrato, que deve retratar a variação efetiva do custo de produção, admitida a adoção de índices específicos ou setoriais. Note-se que esta é a definição do "reajustamento em sentido estrito" no inciso LVIII do artigo 6º, mas que a rigor significa reajuste mesmo.

Se for definido o critério de reajuste, será obrigatória a previsão no edital do índice a ser aplicado, com a possibilidade de ser estabelecido mais de um índice específico ou setorial, na estipulação da chamada cesta de índices, em conformidade com a realidade de mercado dos respectivos insumos. Pode-se inclusive combinar índices com pesos distintos e em desproporção. Mas, seja qual for a regra ou o(s) índice(s), é imprescindível que haja clara previsão no edital e no contrato.

Além da previsão do critério de atualização ordinária, imprescindível que haja a definição da data-base. Ora, se existirá um interregno de tempo para aplicar-se o reajuste, imprescindível que se saiba o termo inicial da contagem do estipulado interregno. Infelizmente a nova Lei de Licitações refere tal data-base vinculada à data do "orçamento estimado", o que se mostra por vezes inadequado e emerge em contrário a todas as disposições legais anteriores.

A Lei do Plano Real (L. nº 10.192/2001) estabelece no parágrafo primeiro do artigo 2º que é nula de pleno direito qualquer estipulação de reajuste ou correção monetária de periodicidade inferior a um ano. Ainda, ante as peculiaridades das contratações públicas, tal Lei estabelece em seu artigo 3º que a periodicidade anual nos contratos em que seja parte órgão ou entidade da Administração Pública direta ou indireta da União, dos Estados, do Distrito Federal e dos Municípios será contada "a partir da data limite para apresentação da proposta ou do orçamento a que essa se referir".

Logo, resta claro que quem faz aniversário é o preço e não o contrato, e a estipulação exata da data-base para iniciar esta contagem emerge com extrema importância, ante o desacerto do texto da Nova Lei de Licitações no tocante, pois data do orçamento que se refere

---

[1] Observe-se o texto repetitivo de conteúdo para o edital no artigo 25, parágrafos 7º e 8º, e para o contrato no artigo 92, parágrafos 3º e 4º.

a proposta é deveras distinto de data do orçamento estimado, vez que o primeiro é data do proponente, e o segundo é data da fase interna da licitação. Contudo, tratando-se de regras do dever ser em clausulamento contratual, importa mais e mesmo como seja inserido no contrato. Se minimamente diferente do que consta numa ou noutra Lei (Lei de Licitações *versus* Plano Real), até pode ser objeto de pedido de esclarecimento ou mesmo impugnação ao edital, mas desde que aderente a uma delas, não se tratando de invenção contrária à Lei, certamente será admitida e tornar-se-á a regra obrigatória.

De outra banda, a repactuação consiste em modalidade diversa de atualização financeira ordinária, que igualmente exige previsão no edital e no contrato, assim como respeito à anualidade, e se operacionaliza por meio da investigação da variação dos custos contratuais diretamente em exame analítico da planilha de custos, devendo ser fixada data-base com data vinculada à apresentação das propostas, para os custos decorrentes do mercado, e com data vinculada ao acordo, à convenção coletiva ou ao dissídio coletivo ao qual o orçamento esteja vinculado, para os custos decorrentes da mão de obra.

A Nova lei de Licitações explicitamente direciona a metodologia de atualização financeira ordinária de contratos de prestação de serviços contínuos com regime de dedicação exclusiva de mão de obra ou predominância de mão de obra para esta modalidade de repactuação.

O mecanismo da repactuação é bastante simples, embora nem sempre os cálculos também assim sejam. Basta a detentora e gestora dos seus próprios custos – a contratada – apresentar uma nova planilha demonstrando cada item que sofreu modificação e a origem comprovada destas variações, assim como seus reflexos na matriz de custos do contrato. Claro, somente no momento em que alcançada a anualidade prevista na cláusula, emergindo neste momento a importância da fixação da data-base.

Diante deste demonstrativo planilhado, cabe à Administração contratante criticar os números e razões de justificativa apresentados, devendo sua investigação e crítica poder determinar diligências e recair sobre:

- ocorrência ou não dos fatos apresentados como fundamento para a repactuação de cada item (exemplos: aumento dos salários na nova norma coletiva, aumento do combustível);

- efeito financeiro do fato ocorrido (exemplos: quanto aumentou para qual cargo ou faixa de salários, quanto aumentou o diesel e a gasolina);

- pontos de impacto na Planilha (exemplos: quantos empregados do contratado estão em cada condição de impacto de qual aumento salarial – lembrando que certas categorias de trabalhadores vêm sofrendo aumentos salariais diferentes para as diversas faixas salariais, buscando aumentar quem ganha menos e reduzir disparidades, ou ainda, qual proporção de consumo de diesel e quanto de gasolina para cada tipo de serviço demandável);
- efeito ponderado e combinado de todas as modificações no custo do contrato de modo efetivo (exemplos: se a contratada vinha pagando salário maior com rubrica de "adiantamento de dissídio" e apenas editou os números pouco ou nada aumentando o custo efetivo final com salários, ou ainda se não mais precisa e nem aloca certo profissional que ainda constava na planilha anterior e sofreria impactos da norma coletiva, se certos trajetos foram ajustados e a proporção de consumo entre diesel e gasolina mudou, e em quanto).

No final de toda esta avaliação, muitas vezes contando com sucessivas rodadas de análise conjunta e negociação com a contratada, encontrar-se-á o novo e preciso valor que o preço do contrato merece acolher para reequilíbrio econômico-financeiro, partindo-se para a formalização. A formalização correta de repactuação se dá por meio de termo aditivo, conforme explicação mais ao final deste artigo.

Emerge preocupação o texto da Nova Lei de Licitações e os riscos de considerar este instituto de aplicação restrita a alguns poucos tipos de contratos administrativos. Atente-se para a previsão de conteúdo básico do edital, constando no artigo 25, parágrafo 8º, que assim dispõe:

> §8º Nas licitações de serviços contínuos, observado o interregno mínimo de 1 (um) ano, o critério de reajustamento será por:
> I – reajustamento em sentido estrito, quando não houver regime de dedicação exclusiva de mão de obra ou predominância de mão de obra, mediante previsão de índices específicos ou setoriais;
> II – repactuação, quando houver regime de dedicação exclusiva de mão de obra ou predominância de mão de obra, mediante demonstração analítica da variação dos custos.

Fácil identificar a existência do mesmo problema redacional no repetitivo artigo 92, em seu parágrafo 4º, e mesmo na definição do instituto constante no artigo 6º, limitando a utilização do instituto da repactuação. Enquanto assim perdurar, e em não havendo solução concreta (alteração legal ou jurisprudência consolidada com repercussão geral), imporá limites de utilização do instituto na Administração Pública.

Uma vez assim publicada a Lei, aqueles que querem se ver bem longe de dar explicações em apontamentos do controle interno ou externo deixarão de usar este instituto nos contratos que não tenham predominância de custo com mão de obra ou sua exclusividade na matriz de formação do preço, pelo que perderão os contratos administrativos ferramentas de melhor desenvolvimento. Cumpre aos gestores atentarem a estes detalhes relevantes da redação da Nova Lei.

Ainda tratando do instituto da repactuação, importante ressaltar que no artigo 92 da Nova Lei de Licitações, em seu inciso X, consta a previsão que no contrato administrativo seja previsto prazo para resposta ao pedido de repactuação de preços, adicionada esta exigência legal da expressão "quando for o caso". O problema aqui é saber exatamente quando será o caso.

A rigor, a fixação de um prazo para resposta de pedido de repactuação de preços significa adicionar uma obrigação convencional contra a Administração, em delicado movimento que exige perspicácia na fixação, pois prazo exíguo pode facilmente colocar a Administração em mora, e prazo demasiado extenso significará prejuízo ao contratado, que se apresenta antecipadamente em majoração de preços no certame, novamente sendo prejudicial à Administração por potencialmente direcionar em rumo contrário à economicidade.

A solução para esta questão passa por melhorar o conjunto redacional do contrato administrativo, prevendo de início e em forma completa e detalhada como deve ser instruído o pedido de repactuação, e, a partir daí, somente do pedido correta e completamente instruído prever contagem de prazo para avaliação e resposta. Fato é que a interpretação cautelosa desta passagem legal incita a que haja previsão de prazo para resposta a pedido de repactuação, o que somente será seguro se o contrato detalhar exatamente como instruir o pedido de modo completo e correto, com informações e documentos precisos para aceitação.

Também do artigo 92 da Nova Lei de Licitações provém outra previsão acerca da repactuação, no tocante ao referido prazo de resposta, fixando um transcurso de tempo "preferencial" de um mês. Ora, a que serve uma norma legal com indicação textual de observância "preferencial", sem que delimite períodos ou imponha critérios de fixação ou justificação? A rigor, "letra morta", mas que pode dar um desnecessário trabalho aos agentes públicos e possível retardo em contratações por conta de possíveis impugnações ao edital que critiquem fixação porventura demasiado longa para tal resposta, sobremodo se ultrapassar um mês, pois repare-se como posto na redação oficial:

> §6º Nos contratos para serviços contínuos com regime de dedicação exclusiva de mão de obra ou com predominância de mão de obra, o prazo para resposta ao pedido de repactuação de preços será preferencialmente de 1 (um) mês, contado da data do fornecimento da documentação prevista no §6º do art. 135 desta Lei.

Ante este aspecto, a cautelosa atenção à Lei determinaria que sempre seja fixado o prazo de resposta de um mês, não esquecendo de melhor especificar a documentação mínima para considerar instrução completa e começar a contagem do prazo, que há de ser mais detalhada e exata que a previsão legal. Ora, se um mês é o prazo preferencial, por que impor à Administração um prazo menor, uma obrigação maior e arriscada? Não tem sentido.

Já no que tange a prazos maiores, de fato existem situações extraordinárias que envolvem uma matriz de custos muito complexa e exigem cálculos aprofundados, pesquisas mais extensas e, por conseguinte, necessariamente mais tempo. Nestes casos, nada obsta que se fixe desde a minuta do contrato que segue anexa ao edital de licitação um prazo de resposta superior a um mês. Contudo, importante que se firme a regra de sempre justificar no processo de instrução do certame as razões para fixar prazo superior a um mês. A adoção do prazo preferencial da Lei dispensa respectiva justificativa, somente atraída quando adotado prazo diverso, que possa ensejar irresignação dos licitantes.

A propósito do mencionado artigo 135 da Nova Lei de Licitações, cumpre ressaltar que contempla os mesmos equívocos das passagens legais acima criticadas, no que se refere a consideração da repactuação apenas para contratos com dedicação exclusiva de mão de obra ou predominância desta.

Além deste problema de limitação do instituto, emerge outro relacionado ao texto legal, qual seja, o de tornar impositiva a repactuação do contrato administrativo nestes casos a despeito do que possa constar na respectiva cláusula do contrato administrativo. Ora, a repactuação consiste numa das modalidades possíveis para atualização financeira do preço dos contratos, e deveria a lei apenas se limitar a oferecer possibilidades de aplicação do instituto, instrumentalizando o Gestor Público. Da forma escrita, só se aplica a contratos com regime de dedicação exclusiva de mão de obra ou com predominância de mão de obra e sempre a estes, por força do artigo 135, que assim dispõe:

> Art. 135. Os preços dos contratos para serviços contínuos com regime de dedicação exclusiva de mão de obra ou com predominância de mão de obra serão repactuados para manutenção do equilíbrio econômico-financeiro, mediante demonstração analítica da variação dos custos contratuais, com data vinculada:
> I – à da apresentação da proposta, para custos decorrentes do mercado;
> II – ao acordo, à convenção coletiva ou ao dissídio coletivo ao qual a proposta esteja vinculada, para os custos de mão de obra.

Além das críticas apresentadas ao seu enunciado, também pertine criticar a limitação de possibilidades para fixação das datas-bases, pois percebe-se redação desnecessariamente redutora de possibilidades, limitando o instituto da repactuação em relação à sua melhor aplicação de contagem de tempo.

De relembrar a base legal que sustenta o instituto da repactuação no cenário nacional, donde se percebe clara inspiração na redação da data-base em referência na Nova Lei de Licitações, tendo sido também inspiração para as demais normativas que tratam sobre o instituto. Trata-se do artigo 3º, parágrafo 1º, da Lei que assentou o Plano Real (L. nº 10.192/2001), que assim dispõe:

> §1º A periodicidade anual nos contratos de que trata o caput deste artigo será contada a partir da *data limite para apresentação da proposta ou* do *orçamento a que essa se referir*. (Grifo nosso)

Interessante reparar que a Lei do Plano Real apresenta duas possibilidades de fixação da data-base.

A primeira delas seria a data limite para apresentação da proposta, hipótese absolutamente não recomendada, pois a rigor pode significar data posterior à de fixação do preço. E se existe uma premissa destacada, e existe, sobre atualização financeira, é que a metodologia de correção e cálculo deve incorporar todas as ocorrências após a base de fixação do preço em recálculo.

Logo, se o processo administrativo de seleção admite apresentação de propostas e preços antes de ultimado o prazo para tal, podemos nos deparar com preços fixados antes de uma data na qual poderiam ocorrer eventos relevantes de desequilíbrio. Neste contexto, foi muito bem a Nova Lei de Licitações ao considerar no inciso I do artigo 135 não a data limite, mas a data da própria proposta, melhorando a aplicação do instituto.

Contudo, pode causar outro problema: desequilíbrio de forças no certame e perda da absoluta isonomia competitiva para a licitação considerando a contratação pretendida, pois embora os números sejam comparados matematicamente apenas, quem ofereceu proposta em momento anterior, se não revista e atualizada com nova data, está em vantagem aos demais, pois terá direito à atualização financeira em momento antecipado em relação ao planejamento dos outros competidores interessados, englobando possivelmente impactos econômicos adicionais e maior majoração na primeira repactuação, pois eventos relevantes e então não percebidos podem ter ocorrido no intervalo entre propostas de licitantes distintos.

Logo, data da proposta é melhor do que data limite para apresentação da proposta, mas ambos não são exatamente a melhor alternativa de contagem.

A segunda possibilidade instituída na Lei do Plano Real diz respeito à "data-base fixada a partir do orçamento a que a proposta se referir". Embora a menção a acordo, convenção coletiva ou dissídio coletivo, constante na Nova Lei de Licitações, possa significar uma data-base orçamentária a que se refira a proposta, acaba por ser limitador, pois existem inúmeros outros marcos a que o orçamento pode se apegar, não somente Normas Coletivas.

Neste aspecto, percebe-se um avanço e um reflexo da anomalia antes apontada, de pensar no instituto da repactuação apenas para contratos com predominância de mão de obra. Ora, inúmeros outros contratos celebrados no mercado possuem marcos orçamentários de grande relevância que não estão atrelados a custos trabalhistas. Não existe justificativa plausível para esta limitação imposta ao instituto, de ter sido pensado e limitado somente a contratos com intensiva e mais representativa participação da mão de obra.

Porquanto, limitar as datas-bases apenas à data da proposta ou a normas coletivas mostra-se inadequado; operacional, mas limitante e, por isso, inadequado. Por sorte, a redação do cabeçalho do artigo 135, com repetição da falha de limitação de hipóteses da repactuação centrada em contratos com predominância de mão de obra, faz com que a interpretação da lei permita entender as limitações dos incisos I e II apenas para repactuação nos casos de contratos com mão de obra com dedicação exclusiva ou com sua predominância nos custos, mantendo-se o disposto na Lei nº 10.192/2001 para demais contratações, se em algum momento houver ajuste nesta Lei para ampliar as hipóteses de aplicação da Repactuação aos demais contratos.

O fato é que a Lei do Plano Real, ao mencionar de modo aberto data-base fixada a partir do "orçamento que a proposta se referir", abre inúmeras possibilidades ajustáveis diretamente para adequação às peculiaridades de cada contrato. Permite, por exemplo, aplicar no caso prático a melhor solução identificada no mercado, qual seja: fixar desde o edital uma data certa para que todos os licitantes considerem como base orçamentária para suas propostas, podendo trabalhar com mais opções de datas para parcelas distintas da composição de custos. Neste caso, seria planificada a data-base entre todos os licitantes e esta seria fixada pela Administração desde a publicação do Edital, facilitando sobremodo a fixação do preço, a disputa entre interessados e mesmo a promoção da repactuação (por exemplo, indicaria que todos os preços terão como data base econômica de referência o dia 1º de janeiro de 2020, sempre indicando data passada, claro).

Seguindo a avaliação das disposições da Nova Lei acerca da repactuação, cumpre ressaltar a perfeição do disposto no parágrafo primeiro do mesmo artigo 135, assim redigido:

> §1º A Administração não se vinculará às disposições contidas em acordos, convenções ou dissídios coletivos de trabalho que tratem de matéria não trabalhista, de pagamento de participação dos trabalhadores nos lucros ou resultados do contratado, ou que estabeleçam direitos não previstos em lei, como valores ou índices obrigatórios de encargos sociais ou previdenciários, bem como de preços para os insumos relacionados ao exercício da atividade.

Trata-se de um pertinente regramento sobre tratamento de questões inseridas em normas coletivas que não devam afetar a Administração Pública ou possam de alguma forma representar vantagem indevida ao contratado.

Uma delas é a inadmissão do repasse da cobrança de valores por participação dos empregados nos lucros da empresa. Ora, caso haja previsão deste tipo de alcance, terá por base ganho, vantagem, lucro auferido pela empresa, cujo respectivo pagamento de participação significará apenas uma redução deste, mas jamais custo da atividade. Trata-se da aplicação da mesma lógica para não se admitir nas planilhas de custo rubricas de imposto de renda e contribuição social sobre o lucro líquido como encargo da Administração. Do contrário, admitir-se-ia pagar maiores valores para empresas que lucrassem mais.

Já a previsão de desvinculação de qualquer definição de valores ou índices obrigatórios de encargos sociais ou previdenciários, bem como de preços para os insumos relacionados ao exercício da atividade, vem ao encontro de entendimento crescente e até mesmo evidente, sobre limites de disposições das normas coletivas. Na contramão da evolução do instituto da Terceirização, que prevê contratar resultados e não trabalhadores – o que é feito e não quem vai fazer – alguns sindicatos vinham de modo impertinente e mesmo incompetente adicionando em suas normas coletivas especialmente percentual obrigatório de encargos sociais e respectivas provisões a serem considerados para atividades envolvendo empregados de certas categorias; e mais, vinham atormentando licitações públicas a exigir tal percentual e mesmo sua consideração para cálculo de exequibilidade. Por certo que este tipo de abuso normativo poderia transtornar gravemente o equilíbrio de um contrato também no momento de repactuação, razão pela qual o acerto na exclusão expressa mencionada na Lei.

Também merece registro o acerto na desvinculação obrigacional insculpida no parágrafo seguinte da mesma disposição legal, como vemos:

> §2º É vedado a órgão ou entidade contratante vincular-se às disposições previstas nos acordos, convenções ou dissídios coletivos de trabalho que tratem de obrigações e direitos que somente se aplicam aos contratos com a Administração Pública.

Trata-se de evidente repúdio a outra investida de alguns sindicatos, que buscavam negociação de cláusulas diferenciais na norma coletiva, estabelecendo certas cláusulas de âmbito geral e outras exclusivas para empregados alocados na Administração Pública, fazendo com que a mesma norma coletiva previsse aplicação diferenciada conforme o tipo de "cliente" do prestador de serviços onde alocasse a mão de obra. Neste sentido, estabeleciam direitos majorados em relação aos respectivos empregados alocados na Administração Pública, na clara expectativa de reposição integral dos valores majorados por meio de repactuação impositiva. Ou seja, em tese o sindicato patronal poderia aceitar tais imposições tranquilamente, na certeza de repasse integral das majorações ao setor público. Acabou!

Entretanto, ao contrário dos dois primeiros parágrafos, o parágrafo terceiro do mesmo artigo 135 vai mal e traz na redação outro problema relacionado a datas-bases da repactuação, pois contradiz o próprio enunciado do artigo, elencando marcos temporais distintos e deixando de fora as normas coletivas da referência temporal, como se percebe na redação a seguir:

§3º A repactuação deverá observar o interregno mínimo de 1 (um) ano, contado da data da apresentação da proposta ou da data da última repactuação.

Esta disposição aparentemente teria o condão de apenas regrar novas repactuações, mas também vai mal quando tenta criar um marco seguinte em repactuações sucessivas, na medida em que "data da última repactuação" não é um marco recomendado, já que na maioria das vezes a data da última repactuação é a data da formalização do termo aditivo, lançada após inúmeras discussões e debates, que podem ter se estendido e determinaram o novo valor do contrato com base financeira economicamente fixada em momento anterior.

É certo que toda formalização de repactuação consagra novo valor calculado em data pretérita, sendo extremamente recomendado e correto que no termo de formalização da repactuação seja fixada a nova data-base do novo valor, de modo explícito, claro, e certamente anterior à data da formalização do ajuste, de modo a inserir no próprio termo de formalização não só os novos valores, mas suas datas de referência econômica. Esta uma solução para contornar este equívoco da previsão legal.

Já os parágrafos 4º e 5º do artigo 135 elucidam de forma clara a possibilidade de multipartição da repactuação, já que pode recair sobre parcelas distintas do custo em momentos/datas-bases mais pertinentes a cada insumo. Uma prática de grande valia que deixa a repactuação ainda mais precisa em vista da realidade contratual.

O parágrafo 6º do artigo 135, por sua vez, regula o procedimento para promoção da repactuação, onde prevê que ela será precedida de solicitação da contratada, acompanhada de demonstração analítica da variação dos custos, por meio de apresentação da planilha de custos e formação de preços, ou do novo acordo, convenção ou sentença normativa que fundamenta a repactuação.

Trata-se de estabelecimento mínimo procedimental e de instrução, que admite e merece maior detalhamento dentro do contrato, conforme cada realidade de objeto convencionado e insumos dos custos, sendo essencial como previsto na lei a participação ativa da contratada informando e comprovando as variações e impactos efetivos nos custos.

Por final, impende tratar da formalização da repactuação. O artigo 136 da Nova Lei de Licitações incorpora agora em âmbito legal a temerária inovação da IN nº 6/2013 do MPOG (quando atualizou a IN nº 2/2008 do MPOG) ao assemelhar repactuação ao reajuste para efeito de admissão de apostilamento na sua formalização.

Aqui reside um importante aspecto de debate há muitos anos controverso no cenário nacional. Com todo respeito aos posicionamentos em contrário de alguns juristas e às determinações de instruções normativas do Poder Executivo, repactuação não se deve fazer por apostilamento, deve-se fazer por termo aditivo.

Os ajustes contratuais têm como regra a formalização por termo aditivo, regra geral para qualquer alteração de contrato, e por exceção, em hipóteses taxativas antes previstas no parágrafo 8º do artigo 65 da "antiga" Lei Geral de Licitações (L. nº 8.666/93), o apostilamento, *in verbis*:

> §8º A variação do valor contratual para fazer face ao *reajuste de preços previsto no próprio contrato*, as atualizações, compensações ou penalizações financeiras decorrentes das condições de pagamento nele previstas, bem como o empenho de dotações orçamentárias suplementares até o limite do seu valor corrigido, *não caracterizam alteração do mesmo, podendo ser registrados por simples apostila, dispensando a celebração de aditamento.* (Grifo nosso)

Na Nova Lei de Licitações (L. nº 14.133/21), o apostilamento teve uma redação minimamente ajustada, trocando ordem e itemizando as hipóteses, vindo a constar, no tocante à atualização financeira, *in verbis*:

> Art. 136. Registros que não caracterizam alteração do contrato podem ser realizados por simples apostila, dispensada a celebração de termo aditivo, como nas seguintes situações:
> I – variação do valor contratual para fazer face ao reajuste ou à repactuação de preços previstos no próprio contrato;
> [...]

A utilização do apostilamento sempre foi excepcional, prevista para situações de mero registro de alguma situação formal necessária a justificar modificação explícita de algum valor, nomenclatura ou rubrica contábil, que não envolva avaliação ou carga de valor e não tenha potencial modificativo do ajuste contratual. Não se modifica contrato por apostilamento, apenas se registram efeitos numéricos necessários e invariáveis ante as condições contratuais preexistentes, ou se corrige e atualiza alguma informação de referência.

Quanto à admissão de o reajuste ser formalizado por apostilamento, é como se servisse a registrar uma providência contratual no sentido de que "foi feito o que deveria ser feito, da única forma admissível a fazer, com o resultado cartesiano invariável que deveria ter". Isto explica colocar o reajuste neste rol porque, na medida em que estipulado o índice a ser adotado, a data-base e o valor base/anterior, por certo que o valor reajustado será único e invariável, pois resultará de uma operação matemática simples, de adicionar o aumento do índice sobre o preço anterior e identificar o preço novo. A participação de agentes públicos ou da contratada no cálculo do reajuste devido não modifica a conta final, jamais (sem desconsiderar a possibilidade de as partes negociarem incremento em menor percentual que o indicado no índice ou mesmo renúncia ao reajuste, o que se concretizaria formalização com assinatura da contratada, que não se dá por apostilamento).

É comum o questionamento se a repactuação não seria exatamente o mesmo processo matemático do reajuste, não equivaleria a múltiplo reajuste mediante identificação de variações e índices individuais nos custos em norma coletiva e aplicação sobre respectivos itens da planilha de formação do preço. A resposta é não!

Reajuste é um instituto que se faz de um jeito e resulta numa conta certa e invariável, enquanto a Repactuação é outro instituto promovido de forma diversa e com resultados menos cartesianos, justamente para serem tendentes à maior precisão no caso concreto, embora ambos busquem o mesmo objetivo.

Repactuação não se assemelha ao reajuste na medida em que a repactuação não é apenas aplicar índice(s) sobre os custos originais da planilha do contrato, pois estes custos podem ter perdido a proporção original entre si. Impõe adicionalmente que se atualizem as proporções internas de custos na planilha, e, diante de uma mudança percebida, a necessária identificação do impacto de mudança dos pesos ponderados de custos antes de se apropriar os novos valores, o que depende de situações concretas decorrentes da condução da contratada sobre o período de execução do contrato que se quer repactuar. Por exemplo, se um dos itens da planilha era um insumo mais utilizado para o período inicial de execução mas passava a ser menos significativo na execução de meio do contrato (e teve significativo aumento de custo); ou se a norma coletiva tenha imposto diferentes índices de aumento ou premiações para diferentes faixas salariais da categoria, e a evolução contratual determinou modificação da distribuição de cargos e salários que a inicial, ou ainda se houve um incremento de custo de insumo extremamente elevado e descolado das médias da economia, mas cujo impacto não ocorrerá nos custos da contratada por aquisição anterior ou compromisso firme com preço estabelecido junto ao fabricante em momento anterior; e assim diversas outras situações práticas concretas que demonstram merecer a repactuação efetiva instrução documental e planilhada para análise e deliberação.

Fosse algo cartesiano, nem precisaria da participação da contratada para identificação do novo valor devido por repactuação, pois ante uma primeira planilha de custos conhecida seria possível identificar o exato novo valor devido. Logo, do próprio processo de instrução exigido na Nova Lei de Licitações para a repactuação emerge a complexidade do tipo de atualização financeira tratado – com essencial participação da contratada – e sua incompatibilidade com um documento de registro firmado apenas pela Administração.

De reparar que o próprio nome repactuação indica em suas raízes verbais a ideia de um novo acordo contratual, de "pactuar novamente", o que necessariamente atrai a obrigatoriedade de participação e concordância de ambas as partes, concordância esta que deve ao final ser assentada em documento bilateral, diverso do que se tem no instituto do apostilamento.

O apostilamento tem como característica básica tratar-se de mera anotação no processo administrativo, anotação esta promovida individualmente pelo agente público competente sem necessidade de participação da contratada ou sua subscrição, e dispensando a formalidade inerente aos aditivos, que é a publicação de extrato de sua ocorrência.

Ora, como imaginar uma repactuação sem debate aplicado sobre a planilha de custos, com suas ponderadas variações, e sem acordo entre as partes? O próprio essencial processo dinâmico de instrução da repactuação conduz à dedução de encontrar-se excluído do rol taxativo de exceções para apostilamento, pois exige instrução processual, não fosse sua inserção explícita e equivocada neste rol legal.

Tão relevante é essa questão que se tem notícia da prática de apostilamento com assinatura de ambas as partes, criando um instituto intermediário entre apostilamento e termo aditivo, menos formal que aditivo ao dispensar vistas do jurídico e publicação e mais formal que o apostilamento ao exigir registro formal de concordância com assinatura de ambas as partes, mas absolutamente carente de amparo legal. Por mais anômalo que possa parecer, ainda é melhor que um apostilamento típico unilateral. Mas ainda assim, pela inexistência deste instituto intermediário e ante o Princípio da Legalidade, adequado mesmo é adotar o formal termo aditivo.

É verdade que desde a Instrução Normativa número 2 do Ministério do Planejamento, Orçamento e Gestão, somente após a redação dada pela Instrução Normativa nº 3 (de 16 de outubro de 2009), se inaugurou uma nova classificação de reajuste "em sentido estrito" e "em sentido lato" e interpretação jurídica "forçada" para tentar justificar a repactuação feita por apostilamento, quando no art. 40, parágrafo 4º, afirmava ser a repactuação "espécie de reajustamento de preços" e, por essa razão, dispensaria a celebração de termo aditivo, o que certamente influenciou na redação desta Nova Lei de Licitações que agora apresenta esta anomalia integrada em texto legal.

É como aquela máxima de que uma mentira repetida mil vezes torna-se uma verdade. Um erro jurídico repetido mais de mil vezes acaba por ser incorporado ao texto legal do qual destoava.

A temerária manobra interpretativa é ainda perceptível ao se comparar as terminologias usada na Lei, exatamente a interpretação literal e sua premissa de que não existem palavras inúteis na Lei, técnica escorreita na hermenêutica jurídica.

A Lei sempre tratou em certos momentos de reajuste e noutros momentos de reajustamento e até é possível admitir reajustamento como um possível gênero no sentido pretendido *lato sensu*, mas reajuste não só sempre apareceu como instituto claro isolado sem necessidade de complementação com sentido lato ou estrito, como ainda aparece no próprio inciso primeiro do artigo 136 da Nova Lei de Licitações como instituto diferente e oposto/complementar à repactuação.

Ora, se não existem palavras inúteis na lei, por que escrever "fazer face ao reajuste ou à repactuação"? Dá a entender que reajuste é uma coisa e repactuação é outra coisa, como de fato são institutos diferentes. Da forma posta na redação na Nova Lei de Licitações, pela adição explícita de repactuação, indica que a utilização do instituto de apostilamento pela repactuação nos contratos regidos pela lei antiga não pode nem poderia ter sido feita. Por outro lado, indica uma inserção intencional do legislador para a nova lei, porém incompatível com o instituto a que se pretendeu aderir, pelas razões acima.

A partir daquele momento em que a Instrução Normativa criou esta classificação, o Brasil passou a adotar em larga escala esta instrução, que veio a repercutir inclusive em admissão por Tribunais de Contas, mas não raras vezes constando nos mesmos julgados admissivos do apostilamento a recomendação de uso preferencial de termo aditivo. Vale registrar que a redação original do mesmo dispositivo normativo do Ministério do Planejamento indicava que "no caso de repactuação, será lavrado termo aditivo ao contrato vigente" e não houve mudança na Lei de Licitações para ter sustentado a "evolução" interpretativa de extensão do instituto do apostilamento, ainda mais constante em

Instrução Normativa de Órgão do Poder Executivo lá em 2013, e não em Lei.

Não alheios a esta problemática, o Poder Judiciário Eleitoral deste país, órgão notoriamente bem administrado e pelo qual passaram inúmeros presidentes e diretores gerais de elevado quilate, resolveu redigir e publicar sua própria normativa para contratações de serviços, pareando com a referida IN nº 2/08, visivelmente nela inspirados mas corrigindo os desacertos jurídicos mais evidentes, dentre eles este ora em foco, pelo que o Tribunal Superior Eleitoral publicou em 2010 a Resolução nº 23.234, que previa, no seu artigo 38, termo aditivo para repactuações, sendo este um exemplo de interpretação correta para aplicação do instituto. Norma posterior inspirada visivelmente na Instrução Normativa anterior e corrigindo alguns aspectos desta, como este.

Logo, a previsão constante no artigo 136, inciso I, da Nova Lei de Licitações mostra-se inadequada no que concerne à Repactuação, mas ao menos não limitante, vez que apenas insere esta impropriedade como faculdade ao gestor público, e não obrigação. Neste sentido, contornar este problema é simples, basta jamais utilizar apostilamento para formalizar repactuação, pois dispensar a celebração de termo aditivo não significa que não possa ser utilizado, sempre podendo inserir em termos aditivos assuntos admitidos em apostilamento.

Merece reconhecimento positivo o fato de ter sido incorporado oficialmente ao texto legal o instituto da repactuação de preços, mas algumas previsões limitantes reclamam providências de ajustes legais e certas normatizações inadequadas recomendam criteriosa aplicação, contornando as inconformidades, então não mais consideradas ilegalidades, pois o sancionamento tornou legais aplicações que mereceriam avaliação de ilegalidade, e no plano da coerência e lógica jurídica está a limitar e deturpar institutos jurídicos consagrados.

Por terceiro instituto para atualização dos valores dos contratos, emerge a revisão de preços, por muitos intitulada ou apelidada de reequilíbrio econômico-financeiro, embora este seja exatamente o objetivo de todas as atualizações, não apenas da revisão de preços.

A revisão de preços consiste em modalidade de atualização financeira extraordinária, que dispensa previsão anterior no contrato e mesmo decurso mínimo de tempo, e ocorre apenas quando certas e específicas condições forem identificadas, gerando o direito a pleitos de contratadas em tipos que admitem a seguinte subclassificação:

- revisão por ocorrência de fatos externos imprevisíveis e incalculáveis (relacionada à cláusula *rebus sic stantibus*);

- revisão por consequência de ato da Administração (supressão ou aditivo);
- revisão por Fato do Príncipe.

A revisão por ocorrência de fatos externos imprevisíveis e incalculáveis está prevista no artigo 124, inciso II, alínea "d" da Nova Lei de Licitações, *in verbis*:

> d) para restabelecer o equilíbrio econômico-financeiro inicial do contrato em caso de força maior, caso fortuito ou fato do príncipe ou em decorrência de fatos imprevisíveis ou previsíveis de consequências incalculáveis, que inviabilizem a execução do contrato tal como pactuado, respeitada, em qualquer caso, a repartição objetiva de risco estabelecida no contrato.

Trata-se do estabelecimento prático da cláusula *rebus sic stantibus*, que sustenta revisões nos contratos por decorrência de modificações externas que desequilibram a relação entre as contrapartidas contratuais. Qualquer fato imprevisível ou previsível de consequências incalculáveis atrai potencialmente o instituto, que ainda reclama uma segunda condição para merecimento da revisão do preço: que inviabilize a execução do contrato tal como pactuado. Anteriormente esta condição era expressa como "retardadores ou impeditivos da execução do ajustado".

Logo, para revisão por ocorrência de fatos externos imprevisíveis e incalculáveis é imprescindível identificar dois requisitos: (i) a ocorrência do fato imprevisível ou incalculável e (ii) o efeito de inviabilização da execução do contrato tal como pactuado.

Como identificar matematicamente a inviabilização da execução do contrato como pactuado? Quando o desequilíbrio econômico-financeiro for tão elevado que imponha acréscimos aos encargos de tal monta que lhes faça superar a retribuição contratada; em outras palavras, quando impõem uma inexequibilidade financeira posterior ao contrato, motivada por fatos externos imprevisíveis ou incalculáveis.

Já a revisão de preços por consequência de ato da Administração se dá com decorrência da supressão ou de aditivo com efeito na matriz de custos marginais. A Nova Lei de Licitações prevê no artigo 129 a obrigação da Administração de adicionalmente pagar materiais, custos e outros danos potencialmente decorrentes de supressão no contrato. Trata-se de um possível efeito reflexo na matriz de custos originalmente concebida pela contratada para atender o contrato em sua composição original, alterados pela supressão havida.

Outra possibilidade de revisão de preços é a decorrente de alteração unilateral possivelmente utilizada pela Administração, com base no artigo 130 da Nova Lei de Licitações; ora, uma coisa é a contratada ser obrigada a aceitar as alterações dentro dos limites legais do artigo 125, outra coisa é ter que arcar com prejuízos decorrentes desta alteração unilateral imposta. A contratada poderá exigir o restabelecimento no mesmo termo aditivo do equilíbrio econômico-financeiro inicial potencialmente afetado pela alteração unilateral que aumentou encargos para a contratada. Diga-se de passagem que também prevê a Lei este procedimento de revisão para reflexos que reduzam custos proporcionais do contrato.

Por fim, ainda temos a possibilidade de revisão de preços por Fato do Príncipe. Embora textualmente prevista no artigo 124 inciso II, alínea "d", tal menção ali se situa equivocadamente, repercutindo um equívoco originalmente presente na Antiga Lei de Licitações. A perfeita consideração de Fato do Príncipe está apenas no artigo 134 da Nova Lei de Licitações, que estabelece a obrigatoriedade de revisão de preço quando ocorrer após a data de apresentação da proposta, criação, alteração ou extinção de quaisquer tributos ou encargos legais, ou a superveniência de disposições legais, com comprovada repercussão sobre os preços contratados. Ora, esta é legítima alteração de preços para revisão por Fato do Príncipe, pois os atos impactantes no custo citados no referido artigo têm promoção exclusiva por ato de governo.

Quanto à formalização da revisão de preços, sempre por termo aditivo, podendo se deferida e ocorrer mesmo após a extinção do contrato, embora o pedido deva ter sido apresentado ainda durante sua vigência.

Pelo exposto, percebe-se a complexidade e evolução do instituto da atualização financeira nos contratos administrativos, e especialmente a grande importância que recebeu na evolução legislativa representada pela Nova Lei de Licitações.

Importante que os operadores e interessados no Direito Administrativo relacionado ao tema das atualizações financeiras atentem para a regra de transição da nova Lei, já que a maioria dos contratos atualmente vigentes e que devem ter seguimento nos próximos anos foram licitados e regrados pela Antiga Lei de Licitações, ao que reclamam cumprimento apenas da regra insculpida em suas cláusulas e adicionalmente da própria e pouco esclarecedora Antiga Lei de Licitações (L. nº 8.666/93) e das normas complementares acerca do tema, como a Lei do Plano Real (L. nº 10.192/01).

Ademais, na medida em que ainda possível a opção de aplicação da lei antiga, em certos casos, mormente quando se pretenda aplicar de modo mais amplo o instituto da repactuação, enquanto não ajustada a restrição textual de aplicação na nova Lei, mostra-se uma opção justificável.

Ainda, importante frisar que o contrato faz lei entre as partes e a regra e fonte das atualizações financeiras, sobremodo ordinárias, é a fixada nele, via de regra oriundo de redação constante em anexo de edital divulgado que passou pelo momento de crivo popular (através de impugnação possível) com efeito decadencial e assentamento final dos seus termos, restando aos operadores da Administração implementar seus ditames como postos.

Porquanto, o planejamento da contratação ganha ainda destacada importância também neste aspecto, pois ante as peculiaridades materiais e sazonais influenciadoras dos preços, a melhor previsibilidade financeira e regras de atualização certamente concedem ao mercado maior segurança e interesse nas licitações e à disputa menores preços, repercutindo em ganhos reais à Administração Pública.

Neste diapasão, a contratação, especialmente de serviços, encontra respaldo sob diversos institutos de atualização financeira para manter-se equilibrada e sustentável, cabendo aplicação de diferentes institutos de atualização ordinária ou extraordinária a conceder reequilíbrios econômico-financeiros, sendo certo que não existe a garantia de lucratividade linear no período da contratação e tampouco o desamparo ao prejuízo superveniente, mas sim regras com lógica e razoabilidade a garantir ajustes e longevidade financeira dos contratos. Basta identificar exatamente qual regra é cabível e em que momento e fazer sua correta aplicação, tratando-se de medida de manutenção das condições efetivas da proposta das contratadas, o que atende inclusive a previsão constitucional do artigo 37, inciso XXI.

Que venham contratos mais claros e precisos, relações mais justas e transparentes, e mercado mais interessado e confiante na Administração Pública.

Informação bibliográfica deste texto, conforme a NBR 6023:2018 da Associação Brasileira de Normas Técnicas (ABNT):

HERMES, Gustavo Cauduro. A atualização financeira de contratos de terceirização em suas diversas formas de reajuste, repactuação e revisão do preço – A eterna busca do equilíbrio econômico-financeiro e seus obstáculos. In: FORTINI, Cristiana; PAIM, Flaviana Vieira (Coord.). *Terceirização na Administração Pública*: boas práticas e atualização à luz da Nova Lei de Licitações. Belo Horizonte: Fórum, 2022. p. 101-124. ISBN 978-65-5518-288-0.

ESTUDO TÉCNICO PRELIMINAR NA CONTRATAÇÃO DE SERVIÇOS TERCEIRIZADOS: UM INSTRUMENTO PARA UMA ATUAÇÃO ESTRATÉGICA E INOVADORA

ANDRÉA HELOISA DA SILVA SOARES,
VIRGÍNIA BRACARENSE LOPES

1 Introdução

A Administração Pública, na busca pela realização das necessidades e do interesse público, seja por meio do desenho e implementação de políticas públicas, seja para a manutenção de seu corpo administrativo-funcional, vale-se de estratégias diferenciadas para realizar suas funções com maior eficiência e menor custo operacional e transacional.

Uma delas é a terceirização, que pode ser definida de forma simples e direta como a transferência, a terceiros, de atividades que a própria organização, pública[1] ou privada, poderia executar de forma imediata. Ao longo das últimas décadas, houve significativa mudança de entendimento quanto às funções que poderiam ser terceirizadas, indo de

---

[1] Para Marçal Justen Filho, "A terceirização consiste num contrato de prestação de serviços por meio do qual um sujeito transfere a outrem o dever de executar uma atividade determinada, necessária à satisfação de um dever" (JUSTEN FILHO, Marçal. *Curso de Direito Administrativo*. 6. ed. rev. e atual. Belo Horizonte: Fórum, 2010. p. 793).

um contexto limitado de delegação das denominadas atividades-meio, ao que hoje alcança, também, as atividades-fim.[2]

Voltando ao contexto do setor público, há particularidades que precisam ser observadas em relação à abrangência da terceirização como, por exemplo, a exigência constitucional, prevista no artigo 37,[3] de realização de concurso público para investidura em cargo ou emprego público e a exigência de contabilização dos custos dos contratos de terceirização de mão de obra na rubrica de "Outras despesas de pessoal", em atendimento ao disposto no artigo 18[4] da Lei de Responsabilidade Fiscal, nos casos de substituição de servidores e empregados públicos.

Em quaisquer desses contextos, execução direta ou indireta de atividades, quando a Administração Pública detecta uma necessidade a ser provida, deve promover estudos a fim de alcançar a melhor solução ou forma de atuação. Para tanto, pode valer-se da construção do instrumento de Estudo Técnico Preliminar (ETP),[5] que irá apoiá-la desde a evidenciação da demanda real e do problema público a ser resolvido, a identificação das opções possíveis de solução e seus custos, a análise dos prós e contras das alternativas identificadas, até a avaliação da viabilidade técnica e econômica das soluções, que poderá ser endereçada por meio de uma contratação.

---

[2] Art. 9º, §3º da Lei nº 13.429/2017: "O contrato de trabalho temporário pode versar sobre o desenvolvimento de atividades-meio e atividades-fim a serem executadas na empresa tomadora de serviços." (NR). Disponível em: http://www.planalto.gov.br/ccivil_03/_ato2015-2018/2017/lei/l13429.htm; e art. 2º da Lei nº 13.467/2017 que incluiu o art. 4º-A na Lei nº 6.019/74: "Considera-se prestação de serviços a terceiros a transferência feita pela contratante da execução de quaisquer de suas atividades, inclusive sua atividade principal, à pessoa jurídica de direito privado prestadora de serviços que possua capacidade econômica compatível com a sua execução". Disponível em: http://www.planalto.gov.br/ccivil_03/_ato2015-2018/2017/lei/l13467.htm. Acesso em: 12 jun. 2021.

[3] Art. 37, inciso II: "a investidura em cargo ou emprego público depende de aprovação prévia em concurso público de provas ou de provas e títulos, de acordo com a natureza e a complexidade do cargo ou emprego, na forma prevista em lei, ressalvadas as nomeações para cargo em comissão declarado em lei de livre nomeação e exoneração". Disponível em: http://www.planalto.gov.br/ccivil_03/constituicao/constituicao.htm. Acesso em: 12 jun. 2021.

[4] "Art. 18, §1º: "Os valores dos contratos de terceirização de mão-de-obra que se referem à substituição de servidores e empregados públicos serão contabilizados como 'Outras Despesas de Pessoal'". Disponível em: http://www.planalto.gov.br/ccivil_03/leis/lcp/lcp101.htm. Acesso em: 12 jun. 2021.

[5] Art. 6º, inciso XX, da Lei nº 14.133, de 1º de abril de 2021: "Documento constitutivo da primeira etapa do planejamento de uma contratação que caracteriza o interesse público envolvido e a sua melhor solução e dá base ao anteprojeto, ao termo de referência ou ao projeto básico a serem elaborados caso se conclua pela viabilidade da contratação." Disponível em: http://www.planalto.gov.br/ccivil_03/_ato2019-2022/2021/lei/L14133.htm. Acesso em: 12 jun. 2021.

É nesse contexto, de busca por enquadramentos mais assertivos de problemas públicos e por métodos que viabilizem a identificação e implementação de soluções eficientes e efetivas, que apresentamos este artigo, com olhos já voltados para as disposições da Lei nº 14.133/2021. A Nova Lei de Licitações trouxe alterações significativas no regime das contratações públicas,[6] destacando a importância e centralidade dada ao ETP. Em especial, propomo-nos a abordar os elementos necessários para uma análise do conteúdo mínimo recomendado para este instrumento quando o assunto é terceirização, valendo-nos, também, de jurisprudências relacionadas e casos práticos, mesmo que esses sejam anteriores ao novo diploma, mas que foram inspiração para a regra geral de licitações e contratos administrativos que emergiu no cenário nacional.

Ressaltamos que não é objetivo do artigo provocações em torno do debate da terceirização no serviço público, mas apresentar reflexões para uma análise, à luz do ordenamento vigente, dos estudos necessários para uma tomada de decisão mais acertada. Também, pretendemos demonstrar a necessidade de perceber as oportunidades de posicionamento estratégico e inovador nas contratações de terceirização, identificadas a partir de ETPs, como bem sinaliza Franklin Brasil,[7] ao analisar posição recente do Tribunal de Contas da União (TCU)[8] em sede de licitação para registro de preços, realizada pelo Ministério de Economia, para prestação de serviços de apoio administrativo, recepção e secretariado aos órgãos e entidades públicos federais.

2 Estudos Técnicos Preliminares: uma origem anterior à Nova Lei de Licitações e Contratos Administrativos

A necessidade de estudos técnicos não é novidade no contexto de licitações. A previsão de ocorrerem e orientarem a elaboração das definições de Projetos Básicos já constava em dispositivos como o artigo

---

[6] Sugerimos a leitura do artigo de Virgínia Bracarense, disponível em: http://anesp.org.br/todas-as-noticias/nova-lei-de-licitacoes. Acesso em: 12 jun. 2021.

[7] Disponível em: https://gestgov.discourse.group/t/tcu-a-necessaria-permissao-para-inovar-fundamentadamente-na-terceirizacao/13847. Acesso em: 12 jun. 2021.

[8] Disponível em: https://pesquisa.apps.tcu.gov.br/#/redireciona/acordao-completo/%22ACORDAO-COMPLETO-2455370%22 e https://pesquisa.apps.tcu.gov.br/#/redireciona/acordao-completo/%22ACORDAO-COMPLETO-2466334%22. Acesso em: 12 jun. 2021.

6º, inciso IX, da Lei nº 8666/93;[9] o artigo 2º, inciso IV, alínea "a" da Lei nº 12.462/11;[10] e o artigo 42, inciso VIII, da Lei nº 13.303/16.[11] Porém, de forma detalhada e com o destaque dado pela Lei nº 14.133/2021, tais disposições específicas, chegando a enumerar seus elementos necessários, podem ser consideradas um novo olhar para a etapa preparatória das compras públicas em nível de norma geral. Não elevamos à condição de novidade, pois tais dispositivos foram inspirados no artigo 7º da Instrução Normativa – IN/SEGES nº 40/2020,[12] que trata das informações que devem ser produzidas e registradas em um ETP, especialmente no formato eletrônico, no Sistema ETP digital.

Deve-se atentar, que o ETP não se confunde com o Termo de Referência[13] ou o Projeto Básico, sendo diferentes suas funções e momentos durante o planejamento de uma contratação. Enquanto o ETP se presta a identificar uma necessidade, analisando seus requisitos, e os pontos fundamentais para subsidiar a melhor decisão da Administração quanto à solução a ser adotada; o Termo de Referência, ou Projeto Básico, irá detalhar os requisitos daquela alternativa escolhida para a

---

[9] Disponível em: http://www.planalto.gov.br/ccivil_03/leis/l8666cons.htm. Acesso em 12/06/2021.

[10] Disponível em: http://www.planalto.gov.br/ccivil_03/_ato2011-2014/2011/lei/L12462compilado.htm. Acesso em: 12 jun. 2021.

[11] Disponível em: http://www.planalto.gov.br/ccivil_03/_ato2015-2018/2016/lei/l13303.htm. Acesso em: 12 jun. 2021.

[12] Disponível em: https://www.in.gov.br/en/web/dou/-/instrucao-normativa-n-40-de-22-de-maio-de-2020-258465807. Acesso em: 12 jun. 2021. Cabe registrar que foi na IN nº 01, de 11 de setembro de 2014, um dos primeiros espaços onde o Estudo Técnico Preliminar foi detalhado quanto aos seus elementos e objetivos. Disponível em: https://www.gov.br/governodigital/pt-br/legislacao/IN42014Completa.pdf. Acesso em: 24 jun. 2021.

[13] Art. 6º, inciso XXIII: termo de referência: documento necessário para a contratação de bens e serviços, que deve conter os seguintes parâmetros e elementos descritivos: a) definição do objeto, incluídos sua natureza, os quantitativos, o prazo do contrato e, se for o caso, a possibilidade de sua prorrogação; b) fundamentação da contratação, que consiste na referência aos estudos técnicos preliminares correspondentes ou, quando não for possível divulgar esses estudos, no extrato das partes que não contiverem informações sigilosas; c) descrição da solução como um todo, considerado todo o ciclo de vida do objeto; d) requisitos da contratação; e) modelo de execução do objeto, que consiste na definição de como o contrato deverá produzir os resultados pretendidos desde o seu início até o seu encerramento; f) modelo de gestão do contrato, que descreve como a execução do objeto será acompanhada e fiscalizada pelo órgão ou entidade; g) critérios de medição e de pagamento; h) forma e critérios de seleção do fornecedor; i) estimativas do valor da contratação, acompanhadas dos preços unitários referenciais, das memórias de cálculo e dos documentos que lhe dão suporte, com os parâmetros utilizados para a obtenção dos preços e para os respectivos cálculos, que devem constar de documento separado e classificado; j) adequação orçamentária.

formalização de um processo licitatório ou de uma contratação direta,[14] podendo o ETP, inclusive, dar origem a vários procedimentos futuros de contratação ou, até, apontar para opções que não se materializem em uma compra pública.

Outro esclarecimento que se faz necessário é que o ETP também tem utilidade nas prorrogações contratuais em serviços de natureza contínua, apesar de ser uma situação em que uma nova elaboração pode ser dispensada, sendo a construção original uma peça de orientação para essa decisão.

3 Elementos do ETP na perspectiva das contratações de terceirização

A Lei nº 14.133/2021 trouxe, em seu artigo 18, §1º, o rol de elementos que devem orientar a construção de um ETP, tendo, em seu §2º, aqueles que são considerados mínimos e obrigatórios para sua existência.

Nesta seção iremos tratar desses elementos (do §1º, do art. 18), sob a perspectiva das contratações de terceirização, apontando alguns quesitos fundamentais a serem observados, bem como onde se localizam oportunidades de um novo olhar quanto às estratégias adotadas.

3.1 Descrição da necessidade da contratação (art. 18, §1º, I)

O primeiro passo para a construção do ETP é observar qual necessidade real da Administração demanda uma resposta e, por isso, entendê-la enquanto um problema a ser resolvido é fundamental, pois remete à busca por uma solução. Nesse contexto, parece um equívoco de muitos gestores iniciarem um processo de contratação sem o devido olhar e dedicação à etapa prévia de planejamento, assumindo, muitas vezes, que o problema a ser resolvido seria a falta de mão de obra. Quando pode não ser de fato.

Quando se pensa em atendimento ao cidadão, por exemplo, muitas vezes a resolução do problema ocorre por meio da utilização ou desenvolvimento de uma solução de tecnologia da informação, que

---

[14] Sugerimos a leitura do texto de Tatiana Camarão, disponível em: http://www.novaleilicitacao.com.br/2020/01/03/estudo-tecnico-preliminar-arquitetura-conteudo-obrigatoriedade-e-a-previsao-no-pl-1292-95/. Acesso em: 12 jun. 2021.

automatiza a execução dos processos, como o sistema de Declaração de Imposto de Renda.[15] Em outros casos, há necessidade de uma solução tecnológica acompanhada de um operador (pessoa física), como ocorre nos níveis mais avançados de atendimento de *call center* de telefones de atendimento ao cidadão. E haverá situações nas quais apenas será possível contratar a solução de atendimento externa à Administração, pois a realização das atividades precisará ser feita exclusivamente por servidores, como nos serviços de 190 da Polícia Militar ou 193 do Corpo de Bombeiros. Ainda, poderá haver casos que dependem de um atendimento físico-presencial, como em postos de atendimento centralizado de serviços ao cidadão, como as Unidades de Atendimento Integrado (UAI), em Minas Gerais, ou Poupatempo, em São Paulo, e outros similares em diversos estados e municípios brasileiros. Nesses locais há serviços específicos e prestados por servidores públicos, como a entrega de passaporte, mas há também serviços puramente administrativos e que podem ser prestados por terceiros. Aí se enquadram serviços de recepção, emissão de senha e direcionamento interno, recepção e entrega de documentos, manutenção, conservação e limpeza do espaço físico.

Assim, percebe-se que o serviço ao cidadão é um exemplo de necessidade que não pode deixar de ser atendida, sob pena de o Estado omitir-se aos seus deveres, além de a qualidade e eficiência do atendimento implicar em reclamações em ouvidorias, medidas judiciais, como *habeas data*, intervenção do Ministério Público ou Defensoria Pública e, principalmente, na própria falta do atendimento público.

Resta nítida, então, a necessidade a ser acudida: atendimento ao cidadão, em serviços prestados pela Administração, com respostas rápidas, menor custo, menor necessidade de deslocamento, seja do cidadão seja do setor público, redução do risco de reclamações ou recursos administrativos e judiciais.

Interessante observar, nesse caso, que uma estratégia para aferir a necessidade de forma mais detalhada é o uso de pesquisas diretas com os usuários do serviço, bem como realizar *benchmarking* de estudos e soluções em problemas similares feitos pela própria Administração, inclusive por outros entes.

Como não poderia deixar de ser, quando se fala em ETP para terceirização, um aspecto de fundamental relevância é a análise da legislação aplicável. Nesse contexto, o apoio da assessoria jurídica será

---

[15] Que no passado se dava pela recepção, por um servidor público, numa agência da Receita Federal, do documento impresso e emissão de um protocolo de recebimento.

fundamental nessa etapa de planejamento para evitar frustração de processos dada a impossibilidade legal ou jurisprudência contrária. Aqui, cabe registrar uma norma referência, o Decreto Federal nº 9.507/08,[16] que adotou estratégia diferente daquela feita pelo Decreto Federal nº 2.271/91,[17] ao não elencar as atividades em que é permitida a execução indireta mediante contratação, mas indicou as atividades em que há vedação[18] à terceirização e estabeleceu que os serviços auxiliares, instrumentais ou acessórios referentes aos vedados podem ser executados indiretamente, impedida a transferência de responsabilidade para a realização de atos administrativos ou a tomada de decisão para o contratado. Em relação a tais atividades-meio, já era pacífica a possibilidade de terceirização. Todavia, o referido Decreto Federal em vigor não permitiu a terceirização das atividades-fim, como o fizeram as Leis de 2017, nº 13.429 e nº 13.467.

Nesse mesmo sentido, nos parece que dispõe a nova lei de licitações,[19] uma vez que não há a permissão expressa para terceirização da atividade-fim, como bem pontua o professor Marçal Justen Filho[20] sobre os limites previstos em legislação própria.

Por fim, cabe lembrar que, para qualquer órgão ou entidade, antes de optar pela terceirização, há que se observar, em primeiro

---

[16] Disponível em: http://www.planalto.gov.br/ccivil_03/_Ato2015-2018/2018/Decreto/D9507.htm. Acesso em: 13 jun. 2021.

[17] Disponível em: http://www.planalto.gov.br/ccivil_03/decreto/d2271.htm. Acesso em: 13 jun. 2021.

[18] "Art. 3º Não serão objeto de execução indireta na administração pública federal direta, autárquica e fundacional, os serviços: I – que envolvam a tomada de decisão ou posicionamento institucional nas áreas de planejamento, coordenação, supervisão e controle; II – que sejam considerados estratégicos para o órgão ou a entidade, cuja terceirização possa colocar em risco o controle de processos e de conhecimentos e tecnologias; III – que estejam relacionados ao poder de polícia, de regulação, de outorga de serviços públicos e de aplicação de sanção; e IV – que sejam inerentes às categorias funcionais abrangidas pelo plano de cargos do órgão ou da entidade, exceto disposição legal em contrário ou quando se tratar de cargo extinto, total ou parcialmente, no âmbito do quadro geral de pessoal."

[19] "Art. 48. Poderão ser objeto de execução por terceiros as atividades materiais acessórias, instrumentais ou complementares aos assuntos que constituam área de competência legal do órgão ou da entidade, vedado à Administração ou a seus agentes, na contratação do serviço terceirizado:"

[20] "Existem limites à contratação de prestadores de serviço pela Administração Pública. É vedado à Administração Pública promover a contratação de uma empresa privada para a prestação de serviços sempre que a atividade envolvida abranger a necessária e inafastável atuação de uma pessoa física vinculada diretamente ao Estado – seja por relação de direito público, seja por relação de direito privado. Esse entendimento se fundamenta no monopólio pelo Estado de certas atividades, as quais não podem ser delegadas a um particular que não integre de modo permanente a estrutura estatal" (JUSTEN FILHO, Marçal. *Comentários à Lei de Licitações e Contratações Administrativas*: Lei 14.133/2021. São Paulo: Thomson Reuters Brasil, 2021. p. 624).

lugar, se a atividade deve ser feita por execução direta de servidores, se pode ocorrer por execução indireta, por terceirização, ou mesmo se é facultativo o uso de um ou outro modelo, cabendo à Administração a análise dos demais elementos.

3.2 Demonstração da previsão da contratação no plano de contratações anual (art. 18, §1º, II)

Assim como a normatização do ETP na Lei nº 14.133/2021, também merece destaque a previsão[21] de um plano de contratações anual. Caso a necessidade de contratação da terceirização não esteja contemplada pelo plano anual, por exemplo, quando não se trata dos serviços comumente terceirizados sendo proveniente de demanda superveniente, é necessário realizar os estudos preliminares, devendo ser justificada sua não previsão.

Ao mesmo passo, deverá o plano anual indicar seu alinhamento com o planejamento estratégico da Administração, que poderá influenciar ou determinar uma solução mais apropriada, como, por exemplo, a necessidade de atendimento de uma meta de virtualização de serviços.

3.3 Requisitos da contratação (art. 18, §1º, III)

Para iniciar esse tópico vamos a um caso prático: um município precisa que uma tarefa específica seja realizada, cujo escopo é uma análise técnica e multidisciplinar. Essa análise envolve domínio de diversos ramos do direito, por exemplo, a elaboração de um parecer sobre riscos jurídicos para tomada de decisão que tem impactos econômicos, ambientais, civis, administrativos, envolvendo o ente e instituições internacionais de países asiáticos e europeus. Observa-se que não se trata de um conhecimento comum de município; trata-se de um conhecimento específico e não compatível com as exigências do cargo de procurador municipal. Uma série de normativos nacionais e internacionais precisam ser conhecidos, além do impacto de uma decisão em outra. O prazo necessário para o recebimento do parecer conclusivo para que outros

---

[21] "Art. 12 [...] VII – a partir de documentos de formalização de demandas, os órgãos responsáveis pelo planejamento de cada ente federativo poderão, na forma de regulamento, elaborar plano de contratações anual, com o objetivo de racionalizar as contratações dos órgãos e entidades sob sua competência, garantir o alinhamento com o seu planejamento estratégico e subsidiar a elaboração das respectivas leis orçamentárias.
§1º O plano de contratações anual de que trata o inciso VII do caput deste artigo deverá ser divulgado e mantido à disposição do público em sítio eletrônico oficial e será observado pelo ente federativo na realização de licitações e na execução dos contratos."

encaminhamentos sejam dados, os impactos relacionados a direitos e deveres para o município e as condições mínimas para a prestação dos serviços, como, por exemplo, experiência prévia do contratado, são fundamentais no caso em tela. Todas essas informações servirão para, nos próximos passos, identificar a melhor solução: um pregão, uma licitação por técnica e preço, uma inexigibilidade; mas importa que todos esses pontos fiquem claros na análise.

Objetivamente, então, faz-se necessária a definição de se tratar de uma demanda frequente, contínua ou não, ou específica; os normativos ou ramos de conhecimento que são necessários para a prestação dos serviços; as práticas quanto ao sigilo das informações a serem passadas para fins de pesquisa de mercado, para disponibilização em edital ou apenas posteriormente para o contratado; o prazo da contratação, considerando, inclusive, a necessidade de continuidade; identificar a necessidade de a contratada promover a transição contratual com transferência de conhecimento, tecnologia ou técnicas empregadas; o prazo máximo para a conclusão do serviço ou de parte, quando se trata de serviços por escopo; apresentar os requisitos para o atendimento da necessidade, incluindo os padrões mínimos de qualidade e condições indispensáveis, contudo evitando a restrição da competição de forma indevida. Tudo isso são requisitos que irão influenciar na prospecção e análise das potenciais soluções para atender à demanda em questão, mas é importante destacar a necessidade de equilíbrio[22] das exigências e para não comprometer a competitividade.

Outro aspecto relevante, em especial na terceirização, trata-se da análise de níveis de serviço que poderão ser criados para que a prestação atinja um nível mínimo aceitável pela Administração. Não é por outro motivo que, embora sua utilização seja difundida em outros tipos de contratação, é na IN nº 05/2017,[23] do então Ministério do Planejamento, Orçamento e Gestão, sobre contratação de serviços sob regime de

---

[22] "Na busca do equilíbrio entre 'detalhamento necessário' e 'manutenção da competitividade', sugere-se ao administrador que, de forma hipotética, abstraísse a exigência e verificasse os prejuízos prováveis. Em contrapartida, seria interessante breve levantamento no mercado para avaliar qual o impacto da exigência na competitividade. A partir daí, proceder a um juízo de ponderação. Avaliar se a exigência detém proporcionalidade em sentido estrito. É um caminho na busca do equilíbrio, embora, reconheça-se, não é uma atividade simples" (LOPES, Fabrício. *In*: SARAI, Leandro (Org.). *Tratado da Nova Lei de Licitações e Contratos*: Lei 141333/2021 Comentada por Advogados Públicos. São Paulo: JusPodivm, 2021. p. 340).

[23] Disponível em: https://www.gov.br/compras/pt-br/acesso-a-informacao/legislacao/instrucoes-normativas/instrucao-normativa-no-5-de-26-de-maio-de-2017-atualizada. Acesso em: 13 jun. 2021.

execução indireta (terceirização), que se apresentam diretrizes para o tema,[24] denominado Instrumento de Medição de Resultado (IMR).[25]

Algo que deve estar em atenção, desde a fase de planejamento até a execução contratual, é o conhecimento, compreensão e atualização da legislação e jurisprudência trabalhista. Equívocos como o tratamento ao terceirizado nos mesmos moldes que o estatutário associado ao desconhecimento de regras da CLT causam riscos e prejuízos ao erário, como se vê no Acórdão nº 1.262/2020[26] – Plenário do TCU, referente a um pregão de uma empresa estatal, mas cujos comandos servem perfeitamente a qualquer órgão ou entidade.

Também deve-se observar o artigo 48[27] da Lei nº 14.133/2021, cujos dispositivos visam à minimização de riscos trabalhistas, e o artigo 50,[28] específico para os casos de uso de mão de obra exclusiva.

---

[24] Anexo I, item X: INSTRUMENTO DE MEDIÇÃO DE RESULTADO (IMR): mecanismo que define, em bases compreensíveis, tangíveis, objetivamente observáveis e comprováveis, os níveis esperados de qualidade da prestação do serviço e respectivas adequações de pagamento.

[25] Esse elemento já era previsto no Anexo I da IN nº 02/2008, antecessora da IN em vigor, mas com a nomenclatura de: "I – ACORDO DE NÍVEL DE SERVIÇO – ANS: é o ajuste escrito, anexo ao contrato, entre o provedor de serviços e o órgão contratante, que define, em bases compreensíveis, tangíveis, objetivamente observáveis e comprováveis, os níveis esperados de qualidade da prestação do serviço e respectivas adequações de pagamento" (Disponível em: https://www.gov.br/compras/pt-br/acesso-a-informacao/legislacao/instrucoes-normativas-revogadas/instrucao-normativa-no-02-de-30-de-abril-de-2008-revogada-pela-in-no-5-de-26-de-maio-de-2017. Acesso em: 13 jun. 2021).

[26] "9.2.1.1. excluir a obrigação prevista no item 5.1 do edital, a qual exige que os serviços deverão ser executados por profissionais disponibilizados nas instalações da PPSA e de maneira regular, por 8 (oito) horas diárias de serviço no horário padrão das 09:00h às 18:00h, a fim de afastar a caracterização de habitualidade, pessoalidade e subordinação desses trabalhadores, requisitos caracterizadores de vínculo empregatício, nos moldes previstos no art. 3º da CLT, e, consequentemente, podendo levar à eventual condenação em ações trabalhistas, por responsabilização subsidiária, consoante o disposto Súmula TST 331, com potencial responsabilização subsidiária quanto aos encargos trabalhistas e previdenciários dos profissionais alocados no contrato; 9.2.1.2. caso a empresa contratada ainda assim optar por manter os profissionais alocados prestando serviços com habitualidade nas dependências da PPSA, definir medidas para avaliar o cumprimento das obrigações trabalhistas e previdenciárias desse profissionais, a fim de evitar possível responsabilização subsidiária quanto aos encargos trabalhistas e previdenciários dos profissionais alocados no contrato" (Disponível em: https://pesquisa.apps.tcu.gov.br/#/redireciona/acordao-completo/%22ACORDAO-COMPLETO-2398001%22. Acesso em: 14 jun. 2021).

[27] "Art. 48. Poderão ser objeto de execução por terceiros as atividades materiais acessórias, instrumentais ou complementares aos assuntos que constituam área de competência legal do órgão ou da entidade, vedado à Administração ou a seus agentes, na contratação do serviço terceirizado: I – indicar pessoas expressamente nominadas para executar direta ou indiretamente o objeto contratado; II – fixar salário inferior ao definido em lei ou em ato normativo a ser pago pelo contratado; III – estabelecer vínculo de subordinação com funcionário de empresa prestadora de serviço terceirizado; IV – definir forma de pagamento mediante exclusivo reembolso dos salários pagos; V – demandar a funcionário de empresa prestadora de serviço terceirizado a execução de tarefas fora do escopo do objeto da

Para finalizar, não se pode esquecer de registrar os métodos, fontes e requisitos que balizaram o estudo e justificar a escolha de tais parâmetros, exigências e requisitos definidos para o atendimento da necessidade. Esse cuidado é de suma importância para demonstrar que as decisões estão motivadas e lastreadas por quesitos técnicos, que respeitam os normativos vigentes e que buscam obter a melhor solução para a satisfação do interesse público. E que, também, serão muito importantes para a comprovação de não direcionamento da solução para determinado fornecedor, no caso de futuros questionamentos.

3.4 Estimativas das quantidades para a contratação (art. 18, §1º, IV)

Quando se trata de terceirização de serviços, a definição de quantitativos, além de combinar dados históricos com perspectivas do futuro, como em qualquer outra contratação, é preciso também analisar as formas de se contratar a mão de obra.

A mais comum é por posto de trabalho, utilizada para atividades em que a Administração necessita de profissionais para atendimento em um ponto específico, como os serviços de portaria e recepção. Já para a atividade de limpeza, a IN nº 05/2017 dispôs sobre a contratação por produtividade, adotando a referência por metro quadrado,[29] ou seja, importa é a área contratada limpa, independentemente do número de pessoas necessárias. Nesse caso, o fornecedor pode apresentar

---

contratação; VI – prever em edital exigências que constituam intervenção indevida da Administração na gestão interna do contratado. Parágrafo único. Durante a vigência do contrato, é vedado ao contratado contratar cônjuge, companheiro ou parente em linha reta, colateral ou por afinidade, até o terceiro grau, de dirigente do órgão ou entidade contratante ou de agente público que desempenhe função na licitação ou atue na fiscalização ou na gestão do contrato, devendo essa proibição constar expressamente do edital de licitação."

[28] "Art. 50. Nas contratações de serviços com regime de dedicação exclusiva de mão de obra, o contratado deverá apresentar, quando solicitado pela Administração, sob pena de multa, comprovação do cumprimento das obrigações trabalhistas e com o Fundo de Garantia do Tempo de Serviço (FGTS) em relação aos empregados diretamente envolvidos na execução do contrato, em especial quanto ao: I – registro de ponto; II – recibo de pagamento de salários, adicionais, horas extras, repouso semanal remunerado e décimo terceiro salário; III – comprovante de depósito do FGTS; IV – recibo de concessão e pagamento de férias e do respectivo adicional; V – recibo de quitação de obrigações trabalhistas e previdenciárias dos empregados dispensados até a data da extinção do contrato; VI – recibo de pagamento de vale-transporte e vale-alimentação, na forma prevista em norma coletiva."

[29] "ANEXO VI-B – SERVIÇO DE LIMPEZA E CONSERVAÇÃO, item 2. Os serviços serão contratados com base na área física a ser limpa, estabelecendo-se uma estimativa do custo por metro quadrado, observadas a peculiaridade, a produtividade, a periodicidade e a frequência de cada tipo de serviço e das condições do local objeto da contratação."

soluções com mais ou menos pessoas, mais ou menos equipamentos que substituem pessoas, podendo gerar uma maior economia de recursos humanos e, também, fornecer seus próprios produtos de limpeza, o que é muito comum, se assim estiver previsto na licitação.

No âmbito das contratações de serviços de tecnologia e comunicação (TIC), inicialmente a contratação se dava por postos de trabalho, mas, conforme a atividade desenvolvida exigisse mais especialização, como desenvolvimento de sistemas ou manutenção de equipamentos, passou-se a adotar o parâmetro de homem-hora. Com o tempo, observou-se a dificuldade de garantir que as horas alocadas fossem suficientes, daí a orientação, em normativos e jurisprudências, para a utilização de métricas de avaliação de resultado como ponto de função (PF) ou unidade de serviço técnico (UST), por exemplo. Atualmente, a recomendação da IN SGD nº 1/2019[30] é pela não utilização de postos de trabalho, nem de homem-hora,[31] assim como a do TCU.[32] Mais recentemente, entretanto, no já citado Acórdão nº 1.262/2020 – Plenário TCU, foi flexibilizada a adoção de horas-homem e até de postos de trabalho, mas destacando a importância de definição prévia, a cada demanda, do quantitativo de horas necessárias para executar o serviço conforme a complexidade da demanda.

Aí reside uma das grandes dificuldades: saber utilizar uma métrica para apurar resultados, dado que cada processo de contratação, cada necessidade, cada solução é que definirá o que será considerado como unidade da métrica.[33] Recente Acórdão nº 1.508/2020[34] – Plenário do TCU, que trata do problema das métricas, os riscos e cuidados

---

[30] Disponível em: https://www.in.gov.br/materia/-/asset_publisher/Kujrw0TZC2Mb/content/id/70267659/do1-2019-04-05-instrucao-normativa-n-1-de-4-de-abril-de-2019-70267535. Acesso em: 14 jun. 2021.

[31] "Art. 5º É vedado: VIII – adotar a métrica homem-hora ou equivalente para aferição de esforço, salvo mediante justificativa e sempre vinculada à entrega de produtos de acordo com prazos e qualidade previamente definidos; IX – contratar por postos de trabalho alocados, salvo os casos justificados mediante a comprovação obrigatória de resultados compatíveis com o posto previamente definido."

[32] Disponível em: https://pesquisa.apps.tcu.gov.br/#/redireciona/acordao-completo/%22ACORDAO-COMPLETO-2378675%22. Acesso em: 14 jun. 2021.

[33] Mais detalhes em: https://www.fattocs.com/blog/o-que-a-analise-de-pontos-de-funcao-quais-seus-objetivos-e-referencias/ e https://www.fattocs.com/blog/como-medir-ust-unidade-de-servico-tecnico/. Acesso em: 12 jun. 2021.

[34] "Sumário: Auditoria. Contratações de serviços de tecnologia da informação (TI). Aquisições baseadas em unidade de serviços técnicos (UST), entre outras denominações similares. Necessidade de medidas estruturantes pela Administração Federal com vistas à mitigação dos riscos na contratação por UST. Recomendações. Determinação. Arquivamento. Ciência" (Disponível em: https://pesquisa.apps.tcu.gov.br/#/redireciona/acordao-completo/%22ACORDAO-COMPLETO-2410535%22. Acesso em: 12 jun. 2021).

que a Administração deve ter, somado a normativos do Ministério da Economia e do Conselho Nacional de Justiça, deverão normatizar o assunto.

Seja qual for a atividade terceirizada, a definição do quantitativo passa pelo entendimento de como o mercado trabalha, de como a legislação e a jurisprudência orientam. Por fim, deve-se também registrar as memórias de cálculo e os documentos que dão suporte à estimativa apresentada.

3.5 Levantamento de mercado (art. 18, §1º, V)

Conhecer o mercado fornecedor é fundamental em qualquer estudo técnico, afinal a Administração precisa saber de que forma ele disponibiliza suas soluções e como essas poderão ser incorporadas e utilizadas pelo contratante. A terceirização é típica atividade que não comporta um contrato de adesão, sendo necessário modelar como serão prestados os serviços.

Nesse sentido, primeiro é preciso conhecer as condições de fornecimento: se há alguma limitação ou requisitos; se o mercado funciona bem com conta vinculada ou pagamento de seguro, por exemplo; se as parcelas de um contrato por escopo precisam ser pagas isoladamente ou se o mercado aceita bem o pagamento integral com entrega imediata; se há múltiplos fornecedores ou fornecedor exclusivo; se os profissionais são comuns do mercado ou se há exigência de especialização diferenciada, dentre tantos outros parâmetros. Quando essa análise não é feita, corre-se o risco de se optar por uma solução, por exemplo, que reduzirá, ou mesmo impedirá, a participação de múltiplos interessados e a boa competição entre eles.

Nesse momento, também se verifica a existência de microempresas e empresas de pequeno porte (ME/EPP) nos âmbitos local e regional. Isso porque a Lei Complementar nº 123/2006 prevê exclusividades, preferências, subcontratação, prioridades e, também, dispensa desses benefícios nos seus artigos 48 e 49.[35] Dessa forma, é preciso confrontar o valor estimado, o parcelamento ou não do objeto, o enquadramento legal da contratação, a estratégia do ente em relação à concessão de prioridade a fornecedores locais e regionais. A partir dessa análise,

---

[35] Sugerimos a leitura do texto de Andrea Soares, disponível em: https://www.parcerias governamentais.com.br/como-implantar-a-prioridade-de-compras-a-fornecedores-locais-e-regionais/. Acesso em: 12 jun. 2021.

poder-se-á concluir por uma ampla concorrência, uma exclusividade a ME/EPPs ou uma participação mista.

Feitos esses levantamentos, é possível a realização de análise das alternativas viáveis, e justificativa técnica, que incluirá as características suportadas pelo mercado, que dialoguem com a necessidade elencada e os requisitos identificados previamente, bem como a justificativa econômica, que deverá incluir todas as informações possíveis que impactam na proposta e na forma de pagamento e na escolha do tipo de contratação mais viável.

3.6 Estimativa do valor da contratação (art. 18, §1º, VI)

O valor da contratação terá relação, em primeiro lugar, com as quantidades estimadas, os requisitos que deverão constar da solução e o tipo da contratação em referência, como no caso de serviços contínuos em que a contratação de limpeza terá como unidade de medição e prestação do serviço a quantidade de metros quadrados (internos, externos, vidraria etc.), bem como o fornecimento conjunto dos materiais de limpeza. Já, se a opção for por posto de trabalho, a quantidade, os valores de piso da categoria, a composição de demais exigências legais e acordos e convenções coletivas serão as parcelas analisadas e componentes do valor da contratação. Obviamente, para esses dois tipos de atividade, a prestadora tem custos, mas também precisa ter lucro, que pode se dar na forma de taxa de administração (TA) ou, como mais usado, na de bonificações e despesas indiretas (BDI), conforme NT nº 01/2007 do STF.[36] Este último, é sinalizado pelo TCU, no Acórdão nº 2.369/2011[37] – Plenário, embora não se trate de terceirização, como amplamente utilizado pela Administração Pública, sendo composto pelas seguintes parcelas:[38]

---

[36] Esse percentual visa estimar, o mais próximo possível da realidade, aqueles custos que não possuem relação direta com a execução do serviço, por exemplo, os custos de manutenção do escritório da empresa, assim como os tributos incidentes sobre o faturamento da empresa e o próprio lucro do negócio. NT nº 01/2007 – SCI do Supremo Tribunal Federal, que define o conceito e os limites para o BDI nas contratações de serviço com locação de mão de obra no âmbito do STF. Disponível em: http://www.stf.jus.br/arquivo/cms/sobreStfEstudoSci/anexo/BDI_03102008.pdf. Acesso em: 15 jun. 2021.

[37] Disponível em: https://pesquisa.apps.tcu.gov.br/#/redireciona/acordao-completo/%22ACORDAO-COMPLETO-1199478%22. Acesso em: 15 jun. 2021.

[38] A taxa representativa da incidência de impostos constante do denominador da fração da fórmula de cálculo do BDI é aplicada sobre o preço de venda da prestação do serviço, enquanto que as demais taxas que figuram no numerador são aplicadas sobre o custo.

$$BDI = \frac{\left(1+\left(AC+S+R+G\right)\right)\left(1+DF\right)\left(1+L\right)}{\left(1-I\right)}$$

Onde:

AC = taxa representativa das despesas de rateio da Administração Central;
S = taxa representativa de Seguros;
R = taxa representativa de Riscos;
G = taxa representativa de Garantias;
DF = taxa representativa das Despesas Financeiras;
L = taxa representativa do Lucro;
I = taxa representativa da incidência de Impostos.

Para serviços de TIC, como já abordado, exceto no caso de postos de trabalho, cuja lógica é a acima referida, é necessária a definição da métrica para que o mercado tenha condições de ofertar preço justo, nem inexequível, nem em que haja sobrepreço.

Para contratações por escopo, os quantitativos dependerão dos serviços englobados e de como o mercado precifica.

Enfim, qualquer que seja o serviço, a estimativa deverá ser acompanhada dos preços unitários referenciais, das memórias de cálculo e dos documentos que lhe dão suporte.

3.7 Descrição da solução (art. 18, §1º, VII)

Descrita a necessidade da administração e os requisitos que necessitarão ser observados para seu atendimento, definidas as quantidades para atendimento da necessidade, identificadas as soluções disponíveis no mercado, e feita a estimativa de valor da contratação, têm-se elementos suficientes para analisar comparativamente os cenários disponíveis e apontar para a solução mais aderente.

Deve-se detalhar os motivos que auxiliaram na definição dessa escolha, inclusive se foram avaliados critérios de funcionalidade, confiabilidade, usabilidade, eficiência, manutenção, padronização, assistência técnica.

Trazendo para um caso concreto, em um ETP de terceirização, como já mencionado, é possível chegar à conclusão quanto à métrica a ser aplicada, a permissão ou incentivo ao uso de tecnologias para ganho de produtividade, à previsão de fornecimento conjunto de materiais para a prestação do serviço, à aplicação de Acordos de Nível de Serviço – ANS (ou Instrumento de Medição de Resultados – IMR) para aferição da qualidade e do resultado esperado.

Deve-se atentar, ainda, para o fato de que, na maioria dos casos, é necessário definir os quantitativos exigidos do fornecedor para a prestação de serviços, como, por exemplo, quantos profissionais devem ser alocados ou mesmo quantos equipamentos, materiais, locais onde devem ser disponibilizados. É fundamental ter atenção atendendo a essas exigências para não limitar a competitividade na futura licitação, mas não deixar de prevê-los, pois são essenciais para a correta definição da solução.[39]

3.8 Parcelamento ou não da contratação (art. 18, §1º, VIII)

Conforme preceitua o art. 40, V, "b", da Lei nº 14.133/2021, o planejamento deverá observar a diretriz do parcelamento, quando for tecnicamente viável e economicamente vantajoso.

Deve-se planejar a solução como um todo, mas verificar se é necessário dividi-la em tantos objetos quanto possível para fins de contratação, de modo a ampliar a competitividade nas contratações, desde que seja técnica e economicamente viável. Assim, a equipe tem que ter em mente que a regra é a divisão de uma solução cujas partes possam ser contratadas separadamente, devendo ser motivada a junção em lote único.

Resumindo, o parcelamento da solução é a regra, devendo a licitação ser realizada por item, sempre que o objeto for divisível, desde que se verifique não haver prejuízo para o conjunto da solução ou perda de economia de escala, visando propiciar a ampla participação de licitantes, que, embora não disponham de capacidade para execução da totalidade do objeto, possam fazê-lo com relação a itens ou unidades autônomas.

Um exemplo corriqueiro é a necessidade de contratação de vigilância armada e vigias ou porteiros (não armados). Quando os

---

[39] Acórdão nº 2.802/2013 – Plenário-TCU: "19. De fato, o entendimento predominante do Tribunal é nesse sentido, uma vez que cabe ao gestor definir com precisão as reais necessidades de fornecimento do vale refeição/alimentação aos seus empregados. No entanto, o TCU tem formulado determinação no sentido de que no processo atinente à licitação sejam explicitados e definidos claramente os critérios técnicos referentes à fixação das quantidades mínimas de estabelecimentos e que tais critérios sejam oriundos de levantamentos estatísticos, parâmetros e de estudos previamente realizados" (Disponível em: https://pesquisa.apps.tcu.gov.br/#/redireciona/acordao-completo/%22ACORDAO-COMPLETO-1292220%22. Acesso em: 14 jun. 2021).

dois itens são acrescentados num mesmo lote, há possível restrição de competição, uma vez que, enquanto a contratação de vigias não tem maiores exigências de qualificação do fornecedor, a vigilância armada exige registro junto à Polícia Federal,[40] por exemplo. Desta forma, esse é um caso clássico em que o parcelamento é indicado, salvo algum objetivo maior a ser alcançado justifique a combinação dos objetos, ou uma grande oportunidade de um serviço mais bem prestado ou mais econômico.

3.9 Demonstrativo dos resultados pretendidos (art. 18, §1º, IX)

O ETP deve mostrar de forma clara os resultados que se espera obter com a contratação da solução apontada. Além da economicidade, é necessária também a comprovação do melhor aproveitamento dos recursos humanos, materiais e financeiros disponíveis. O prazo de contratação (12, 24, 60 meses, por exemplo), a adoção ou não de registro de preços e as exigências técnicas são exemplos de fatores que afetam diretamente o resultado financeiro. Lembremos do exemplo da contratação de uma análise técnica e multidisciplinar. Pois bem, deve-se registrar o que se espera com a contratação: mais agilidade do que se buscando elaborar internamente com ajudas pontuais externas, maior isenção na avaliação por menor conflito de interesse, melhor atendimento ao cidadão.

É nesse momento que se tem a oportunidade (e diríamos, necessidade) de definir indicadores que medirão, futuramente, a realização dos objetivos pretendidos no plano anual, na política pública, no planejamento estratégico da instituição, no sucesso ou não da contratação. A construção desses parâmetros apoiará a realização de atividades, também, de controle, podendo contemplar a análise da satisfação do cliente.

Vale lembrar, que aferir os resultados contribuirá para um próximo estudo técnico preliminar de uma futura contratação para enfrentar o mesmo problema.

---

[40] Disponível em: http://www.planalto.gov.br/ccivil_03/leis/l7102.htm. Acesso em: 24 jun. 2021.

3.10 Providências prévias à celebração do contrato (art. 18, §1º, X)

Tendo como base a definição dos requisitos da contratação, deve-se ter atenção a quais providências precisarão ser tomadas para preparar o ambiente da instituição para viabilizar uma boa execução contratual. Infraestrutura física, tecnológica, ações de comunicação sobre mudanças de processos de trabalho, tudo isso determinará o êxito da contratação, bem como poderá apontar para necessidades correlatas.

Também é fundamental avaliar a dimensão de treinamento, seja dos servidores públicos que serão gestores ou fiscais do contrato, dos servidores ou cidadãos que farão uso da solução escolhida. No âmbito da terceirização trata-se de um fator crítico de sucesso, tendo em vista os parâmetros que deverão ser avaliados no julgamento das propostas, por exemplo, bem como na aferição das métricas de execução contratual, como o IMR.

3.11 Contratações correlatas e/ou interdependentes (art. 18, §1º, XI)

Nessa etapa, deve-se averiguar se existem contratações que guardam relação/afinidade com a solução escolhida, sejam elas já realizadas e em execução na Administração, ou contratações futuras.

É fundamental descrever os pontos em comum dessas contratações, se há relação de dependência entre elas, por exemplo, para que todas funcionem na sua completude. Pode ser necessária a disponibilização de espaço físico, equipamentos, acesso à rede de computadores para que o terceirizado possa trabalhar. Esses componentes podem demandar acionamento, por exemplo, de contratos de aquisição de mobiliário, de computadores, de prestação de serviços de suporte a TI. Não raro, um órgão ou entidade inicia um serviço, mas, apenas quando detecta a ausência do que é necessário para a realização plena das atividades, é que analisa os contratos que deveriam ter sido acionados.

3.12 Descrição de possíveis impactos ambientais e respectivas medidas mitigadoras (art. 18, §1º, XII)

As contratações públicas, assim como outras atividades da administração, podem ocasionar efeitos negativos, que devem ser identificados quanto à sua gravidade, probabilidade de ocorrer e o grau do impacto causado.

Na elaboração do ETP, deve-se identificar esses impactos, em especial na dimensão ambiental, e identificar medidas mitigadoras para tratar tais consequências. Bom exemplo na dimensão da terceirização, como na limpeza e conservação, é avaliar os materiais e insumos que serão utilizados pelo futuro fornecedor, sendo possível agregar parâmetros ambientais na composição desses elementos.

3.13 Posicionamento conclusivo sobre a adequação da contratação (art. 18, §1º, XIII)

Os estudos precisam chegar a uma indicação de qual solução foi mais adequada para atender ao interesse público. Desde o primeiro momento, lembramos que há uma necessidade pública a ser satisfeita; faz-se sua descrição detalhada; a demonstração da previsão no plano de contratação anual ou sua inclusão justificada; os requisitos da contratação de forma a atender à necessidade sem, entretanto, direcionar a solução para um fornecedor; os quantitativos que consideram dados históricos e perspectivas futuras além da unidade de contratação (por exemplo horas, UST, posto, projeto); o levantamento de mercado pra conhecê-lo e saber sua forma de trabalho; a estimativa do valor de contratação que considera sempre os custos indiretos e lucro; o demonstrativo dos resultados pretendidos, incluindo fatores financeiros e o melhor atendimento ao cidadão.

Pois bem, após todos esses pontos pode-se chegar à viabilidade de uma ou mais opções de solução. Nesse sentido, é necessária a conclusão de qual é a melhor, uma vez escolhida uma solução as demais são excluídas,[41] considerando todas as análises anteriores:[42] usar mão de obra própria e não seguir com um processo de contratação; realizar uma licitação com critério de julgamento menor preço, comum ou por registro de preços; licitação com critério de julgamento melhor técnica e preço; contratar por dispensa uma instituição de pesquisa ou uma

---

[41] "Ao escolher um desses modelos, para a definição do objeto da licitação, excluir-se-ão os demais. Por isso, uma precipitada definição do objeto licitatório pode ignorar problemas que apenas são percebidos mais claramente durante a licitação ou mesmo na execução contratual" (TORRES, Ronny Charles Lopes. *Leis das Licitações Públicas Comentadas*. 12. ed. rev. ampl. e atual. São Paulo: JusPodivm, 2021. p. 139).

[42] "As atividades anteriormente referidas, exigidas de modo implícito ou explícito no §1º do artigo 18, poderão impor uma conclusão de inadequação da contratação tal como concebida. Em tal hipótese, será apropriado elaborar um documento conclusivo, mas não existirá um estudo técnico preliminar orientado ao prosseguimento do processo licitatório.
Não se admite uma avaliação conclusiva imprestável, que se reduza a afirmar que a contratação se revela como solução adequada. É imprescindível examinar os diferentes tópicos objeto de exame e daí extrair conclusões fundamentadas, com exposição satisfatória" (JUSTEN FILHO, Marçal. *Comentários à Lei de Licitações e Contratações Administrativas*: Lei 14.133/2021. São Paulo: Thomson Reuters Brasil, 2021. p. 358).

estatal criada para esse fim;[43] contratar por inexigibilidade uma empresa especializada e cujos profissionais detêm notório saber, dentre outras.

Cabe enfatizar, como retromencionado, que concluir por não realizar uma contratação é totalmente possível e aceitável e, como exemplo, citam-se os sistemas do Governo Federal de gestão de viagens a serviço[44] e de ouvidoria,[45] que foram disponibilizados gratuitamente para outros entes, evitando novos custos.

4 Casos práticos

4.1 Contratação de serviço de apoio administrativo: Ministério da Economia – Pregão SRP nº 10/2020

Caso recente e que apresenta diversos elementos para ilustrar a importância do ETP, considerando o que foi trazido até o momento, é a licitação para registro de preços sob responsabilidade da Central de Compras do Ministério da Economia, para contratação de serviço de apoio administrativo, recepção e secretariado, com disponibilização de solução tecnológica para gestão e fiscalização dos contratos, para suprir necessidades dos órgãos e entidades federais localizados no Distrito Federal, cabendo apontar também alguns questionamentos constantes em análise realizada do TCU.

O Ministério da Economia publicou consulta, em julho de 2020,[46] para conhecimento e opinião do mercado sobre seu futuro processo. Em outubro de 2020, foi então publicado o Pregão SRP nº 10/2020,[47] dividido em 24 lotes, que totalizavam 10.584 postos de trabalho, contemplando 49 órgãos e entidades participantes. A estimativa do valor total dos contratos é de até R$60,85 milhões mensais, com um montante global de R$1,70 bilhões para os 28 meses de execução inicialmente previstos.

---

[43] Como é o caso da Minas Gerais Administração de Serviços S/A. Disponível em: https://www.mgs.srv.br/. Acesso em: 15 jun. 2021.

[44] Disponível em: https://www2.scdp.gov.br/novoscdp/home.xhtml. Acesso em: 12 jun. 2021.

[45] Disponível: https://falabr.cgu.gov.br/publico/Manifestacao/SelecionarTipoManifestacao.aspx?ReturnUrl=%2f. Acesso em: 12 jun. 2021.

[46] Disponível em: https://www.gov.br/compras/pt-br/acesso-a-informacao/noticias/irp-13-contratacao-de-servicos-de-apoio-administrativo-recepcao-e-secretariado. Acesso em: 15 jun. 2021.

[47] Disponível em: https://www.gov.br/economia/pt-br/assuntos/gestao/central-de-compras/transparencia/editais/2020/pregao-no-10-2020-apoio-administrativo. Acesso em: 15 jun. 2021.

Com previsão de abertura da licitação em 12.11.2020, sofreu diversos pedidos de esclarecimento, impugnações e adiamentos. A sessão ocorreu em 03.12.2020, sendo suspenso o processo administrativamente, em 25.01.2021, para análise das propostas, com previsão de continuidade em 29.01.2021.

Entretanto, em 30.11.2020, uma empresa apresentou representação ao TCU contra ilegalidades no processo (alegando restrição de competitividade do certame de forma a inviabilizar a participação de empresas de menor porte, que poderiam executar a prestação de serviços em entidades e órgãos participantes ou não do certame). Houve a suspensão do certame por força do Acórdão nº 181/2021[48] em 03.02.2021, que referendou cautelar concedida e oitiva ao Ministério da Economia para prestar informações. Após os esclarecimentos do órgão, houve novo julgamento em 17.02.2021 revogando a cautelar que suspendeu o processo, autorizando sua continuidade por força do Acórdão nº 558/2021.[49]

Trata-se de caso de grande relevância, porque alguns dos itens que geraram a suspensão do processo para melhor explicação estavam relacionados a incompletudes do ETP disponibilizado, conforme apontou o TCU. O documento disponível na internet traz detalhamento de todos os estudos feitos pelo ME, cujo título é "Projeto Terceirização". Foram destacados os motivadores da centralização desse serviço, inclusive valendo-se de apontamentos da Controladoria-Geral da União (CGU)[50] em Relatório de Avaliação dos Contratos de Terceirização de 2019. A recomendação foi feita a partir da análise de dados referentes a 127 contratos, dos 66 órgãos ou entidades (dos 79 possíveis, 13 instituições ou não encaminharam informações ou não tinham contrato na condição da vigência estabelecida). Nesse universo, verificou-se uma diferença entre os valores unitários para realização de um processo licitatório de R$42.534,38 e R$66.144,28, sendo um para pregão eletrônico e outro para pregão para SRP, respectivamente. No mesmo levantamento, foram detectados 36 tipos de cargos, porém, quando padronizadas as atividades, os mesmos foram reduzidos para 4 tipos. Tudo isso ao longo de 62 páginas, tabelas e gráficos.

---

[48] Disponível em: https://pesquisa.apps.tcu.gov.br/#/redireciona/acordao-completo/%22ACORDAO-COMPLETO-2455370%22. Acesso em: 15 jun. 2021.
[49] Disponível em https://pesquisa.apps.tcu.gov.br/#/redireciona/acordao-completo/%22ACORDAO-COMPLETO-2466334%22. Acesso em: 15 jun. 2021.
[50] Disponível em: https://auditoria.cgu.gov.br/download/13680.pdf. Acesso em: 15 jun. 2021.

O TCU, mesmo tendo realizado oitiva prévia e diligência, considerou insuficientes algumas informações que foram apresentadas pelo Ministério da Economia referentes ao ETP. Uma delas refere-se à ausência de justificativa para a não criação de lotes exclusivos para as ME/EPP. Ao TCU, o órgão respondeu que o modelo proposto não comporta o benefício; porém, o Tribunal registrou que a própria Lei nº 123/2006 permite a exceção da aplicação quando a concessão do tratamento diferenciado não for vantajosa para a Administração. Lembrou, também, que não havia no ETP a justificativa do não parcelamento, uma vez que todos os lotes eram compostos por mais de um item, nos termos da Súmula nº 247[51] do TCU.

Outro ponto de destaque é quanto à ausência da justificativa para adoção de período de vigência[52] de 30 meses, sendo 28 deles de execução, justamente num projeto piloto e com uma série de exigências inovadoras (como o *software* de gerenciamento de gestão e fiscalização de contratos). A resposta do Ministério apontou para a média de vigência dos contratos analisados para justificar o número. Não considerando suficiente, o TCU suspendeu o processo até que o Ministério apresentasse justificativas, manifestações ou correções cabíveis em relação aos itens apontados.

Em nova resposta ao TCU, em 12.03.2021, o Ministério esclareceu tratar-se de uma remodelagem da contratação tradicional de terceirização, e que, se o critério de julgamento fosse por item (cargo) e o menor preço por item, não interessaria à Administração, pois haveria o esforço de contratação múltipla, que demandaria esforço de gerenciamento de diversos contratos e menor sinergia entre prestadores no mesmo local. Também argumentou que a menor diluição do objeto geraria menores custos para o fornecedor e melhores preços para a Administração (economia de escala), não se vislumbrando, assim, a motivação para

---

[51] Súmula nº 247 TCU: "É obrigatória a admissão da adjudicação por item e não por preço global, nos editais das licitações para a contratação de obras, serviços, compras e alienações, cujo objeto seja divisível, desde que não haja prejuízo para o conjunto ou complexo ou perda de economia de escala, tendo em vista o objetivo de propiciar a ampla participação de licitantes que, embora não dispondo de capacidade para a execução, fornecimento ou aquisição da totalidade do objeto, possam fazê-lo com relação a itens ou unidades autônomas, devendo as exigências de habilitação adequar-se a essa divisibilidade" (Disponível em: https://pesquisa.apps.tcu.gov.br/#/redireciona/acordao-completo/%22ACORDAO-COMPLETO-2466334%22. Acesso em: 15 jun. 2021.

[52] Não há um estudo que demonstre que o custo de se ter um contrato com duração de 12 (doze) meses e eventuais prorrogações seja maior do que a fixação de valores licitados por 30 (trinta) meses, ou ainda que a estipulação do prazo maior represente uma redução dos custos dos postos contratados.

alteração da composição dos lotes. Como a sessão de abertura já havia ocorrido, foram usados dados demonstrando uma redução de 24% (o estimado no ETP era de 10%) e que fatores, como o prazo de vigência superior a 12 meses, não prejudicaram a disputa.

Em relação às ME/EPP não beneficiadas, o Ministério apresentou uma série de informações para comprovar que não seria vantajosa a divisão em lotes inferiores a R$80.000,00 e, novamente, usou dados da licitação para comprovar a vantajosidade da decisão.

Por fim, em relação ao prazo de vigência, o Ministério argumentou que a diluição dos custos referentes ao *software* de gerenciamento ficaria prejudicada em um contrato de apenas 12 meses e o maior prazo traria mais segurança ao mercado fornecedor. Porém não foram encontrados, nos autos a que se teve acesso, informação ou números que demonstrassem que o preço sofreria alterações de amortização com prazos distintos e, nem mesmo, que o custo de quantidade maior de renovações contratuais (apenas 1 e não 4 que ocorreriam se a vigência fosse de 12 meses) fosse impactar na disputa.

Pelo caso exposto, percebe-se a importância dos estudos, principalmente quando se propõem a buscar novas soluções, contemplarem o máximo dos aspectos elencados na IN nº 40/2020, e agora pela Lei nº 14.133/2021, bem como o registro e a motivação de cada decisão tomada. Além disso, observam-se as oportunidades de inovação que o serviço de terceirização apresenta, como padronização dos cargos e a utilização de *software* para gerenciamento contratual, um sério gargalo nesse tipo de contratação e fonte de riscos para a Administração. E a decisão[53] do TCU de acompanhar os atos decorrentes do processo para observar boas práticas é uma estratégia válida para analisar o modelo, seus resultados, divulgando para seus jurisdicionados e, ao mesmo tempo, avaliando os riscos durante a execução contratual.

Também é um caso que merece destaque pela intensa análise de mercado que foi feita e as oportunidades encontradas de rever a forma de contração de prestação dos serviços pretendidos, incorporando tecnologias e buscando uma forma de terceirização que olha para o resultado do serviço e não a gestão da mão de obra e controle de insumos

---

[53] Entende-se que deve ser autuado por esta unidade técnica um processo de acompanhamento desse certame e dos atos futuros dele decorrentes, de maneira a viabilizar o controle concomitante que possibilite ao TCU confirmar os resultados obtidos e identificar eventuais boas práticas que mereçam replicação para a Administração, bem como as possíveis falhas no modelo, e que demandarão a reavaliação por parte do Ministério.

aplicados, como é o modelo tradicional e majoritariamente vigente nos órgãos e entidades públicos.

4.2 Renovação de contratos

A Nova Lei de Licitações dispõe sobre a elaboração do ETP de forma ampla, sendo omissa quanto às situações em que ele poderia ser dispensado ou facultado, dependendo de regulamentação específica. Atualmente, um regulamento vigente sobre o tema, a IN/SEGES nº 40/2020, estabelece a dispensa de sua elaboração quando se tratar de prorrogação de contratos de natureza contínua, ou renovação, no seu artigo 8º, inciso II, e, com base nesse dispositivo, trazemos algumas reflexões.

A primeira é que, como regra, tem-se que, em qualquer situação que não seja serviço contínuo, é necessária a elaboração de um ETP. A segunda é que a dispensa do ETP não distingue casos de dedicação exclusiva de mão de obra e não exclusiva. Aí, parece-nos que, em algumas situações, os estudos poderiam ser revisitados quando das prorrogações, sobretudo no contexto da nova lei, cujo limite de vigência é de 10 anos.[54] Mesmo para serviços continuados, novas soluções podem surgir durante uma década, como a contratação de *facilities*, que veremos a seguir. Quando não se trata de serviço com dedicação exclusiva uma análise criteriosa é recomendável. Por exemplo, num contrato de manutenção técnica, é necessário verificar se houve o registro de chamados técnicos durante o último período de contratação, se há riscos decorrentes de uma não renovação, quais tipos de problemas poderiam ser resolvidos e quais não poderiam ser resolvidos por contratações avulsas ou mesmo internamente pelos servidores, dentre outros pontos.

Por fim, cita-se a orientação do TCU exarada no Acórdão nº 1.508/2020[55] – Plenário, que orienta avaliações antes de prorrogações

---

[54] "Art. 107. Os contratos de serviços e fornecimentos contínuos poderão ser prorrogados sucessivamente, respeitada a vigência máxima decenal, desde que haja previsão em edital e que a autoridade competente ateste que as condições e os preços permanecem vantajosos para a Administração, permitida a negociação com o contratado ou a extinção contratual sem ônus para qualquer das partes."

[55] "9.1.1. a fim de que em contratações em vigor baseadas na prática UST e similares, no ato de eventual prorrogação, avaliem a economicidade dos contratos, com vistas a mitigar o risco inerente de sobrepreço e superfaturamento em contratações baseadas em UST e similares, considerando o cenário atual de incomparabilidade de preços de UST, de heterogeneidade de metodologias baseadas em UST, de assimetria de informação entre a Administração e o mercado e a fim de decidir pela viabilidade ou não da prorrogação sob as seguintes condições: 9.1.1.1. realizando a análise crítica da composição do preço unitário da UST e do custo total da contratação, complementando-a com a análise de planilha de

de contratos baseados em UST. Essa regra pode ser pensada para qualquer contratação em que haja assimetria de informações entre a Administração e o mercado ou metodologias diversas.

4.3 Contratação de *facilities*

Olhando para as oportunidades de inovação, não poderia faltar abordagem sobre a contratação de *facilities*.[56] Esse tipo de contratação é muito difundido na iniciativa privada, e vem sendo introduzido na Administração Pública direta, autárquica e fundacional.

Na Administração Federal, por meio do artigo 7º da Lei nº 14.011/2020,[57] ficou autorizada a celebração de um único contrato para que o fornecedor gerencie todos os itens necessários para a manutenção de uma edificação, incluindo fornecimento de materiais, equipamentos e outros serviços. Até obras podem ser realizadas para adequações no imóvel. Inclusive quando se fala em outros serviços, vários daqueles terceirizados podem ocorrer através desse fornecedor, ou seja, uma quarteirização. Nas lições de Rafael Sérgio e Cristiana Fortini,[58] uma

---

composição e formação de preços dos serviços, submetendo as referidas análises à avaliação e à autorização da autoridade competente; 9.1.1.2. complementando a avaliação com estudos técnicos e financeiros sobre o impacto dos parâmetros utilizados; e 9.1.1.3. complementando a avaliação com a análise do fator-k;"

[56] Segundo Norma ABNT NBR ISO 14001:2020, *facilities* é "função organizacional que integra pessoas, espaços e processos dentro de um ambiente construído com o objetivo de melhorar a qualidade de vida das pessoas e a produtividade do negócio principal". Disponível em: http://www.abnt.org.br/noticias/6897-facility-management-uma-atividade-essencial-para-a-retomada-dos-negocios. Acesso em: 16 jun. 2021.

[57] "Art. 7º A administração pública poderá celebrar contrato de gestão para ocupação de imóveis públicos, nos termos da Lei nº 8.666, de 21 de junho de 1993. §1º O contrato de gestão para ocupação de imóveis públicos consiste na prestação, em um único contrato, de serviços de gerenciamento e manutenção de imóvel, incluído o fornecimento dos equipamentos, materiais e outros serviços necessários ao uso do imóvel pela administração pública, por escopo ou continuados. §2º O contrato de gestão para ocupação de imóveis públicos poderá: I - incluir a realização de obras para adequação do imóvel, inclusive a elaboração dos projetos básico e executivo; e II - ter prazo de duração de até 20 (vinte) anos, quando incluir investimentos iniciais relacionados à realização de obras e o fornecimento de bens. §3º (VETADO). §4º Na hipótese de que trata o §2º deste artigo, as obras e os bens disponibilizados serão de propriedade do contratante. §5º Ato do Poder Executivo poderá regulamentar o disposto neste artigo." (Disponível em: http://www.planalto.gov.br/ccivil_03/_ato2019-2022/2020/lei/L14011.htm#. Acesso em: 15 jun. 2021).

[58] A definição dessa espécie de contrato é posta no §1º do art. 7º da Lei nº 14.011/2020, que o aponta como um único contrato no qual são reunidos os diversos serviços necessários para o gerenciamento, uso e manutenção dos imóveis onde funcionam as repartições públicas. Ou seja, é o conhecido modelo de contrato de *facilities*. O "contrato de gestão para ocupação" é um contrato administrativo, nos termos do art. 54 e seguintes da Lei nº 8.666/1993, cujo objeto preponderante são serviços como os de limpeza, recepcionista, copeiragem, vigilância, brigadista, manutenção predial e outros. Disponível em: https://infrafm.com.

reunião de serviços num único contrato para gerenciamento, uso e manutenção de imóveis. Também nesse artigo é apontada a incorreção técnica do termo "contrato de gestão" para uma situação claramente de contrato administrativo.

Citamos algumas ponderações interessantes apresentadas em eventos em 2020. Segundo Christianna Stroppa e Ronny Charles, em *live*[59] sobre o tema, trata-se o contrato de *facilities* de uma contratação de uma gama de serviços (e não pessoas), incluído o gerenciamento de todos eles. Assim, há uma aglutinação de contratações em uma única, ao contrário da previsão da Súmula nº 247 do TCU, sendo esse um dos primeiros órgãos a realizar esse tipo de licitação.[60] Possibilitar efetivo uso de espaço público e economia seriam os motivadores desse modelo de contratação. Os contratos de dedicação exclusiva de mão de obra (DEMO) consomem muita energia da Administração em sua contratação e gestão, e não conseguem entregar resultados tão satisfatórios quanto um de *facilities* poderia. Esse modelo favoreceria um alinhamento de ME/EPP, além da reunião em consórcios para a prestação de serviços.

Cabe referenciar questionamento se o contrato de *facilities* é ou não de dedicação exclusiva, bem como as consequências trabalhistas e de responsabilidade subsidiária envolvidas.

Em *live* no 3º Congresso Pernambucano de Contratações Públicas,[61] Franklin Brasil falou sobre o uso das instalações e a entrega de serviços públicos e que isso deve ser pensado de forma estratégica.[62] Nesse caso, tem-se oportunidade de alcançar redução de custos, de imóveis ocupados ou alugados e de necessidade de vários serviços terceirizados sendo contratados e geridos simultaneamente. Ricardo Crepaldi, no mesmo evento, fala sobre o "guarda-chuvas" de *facilities*, sobre a diversidade de materiais e serviços que compõe esse conceito, saindo do conceito de mão de obra para o foco em resultado, sendo enfatizado o uso de normas regulamentadoras do assunto, em especial as da ABNT (família 41000).

---

br/Textos/1/21095/A-Lei-n-140112020-e-a-contratao-de-facilities-pela-administrao-pblica. Acesso em: 15 jun. 2021.

[59] Disponível em: https://www.instagram.com/p/CH_b68dp_jH/. Acesso em: 16 jun. 2021.

[60] Pregão Eletrônico nº 43/2020. Disponível em: https://portal.tcu.gov.br/data/files/22/91/BF/D1/721147109EB62737F18818A8/Edital%20PE%2043-2020%20e%20Anexos.zip. Acesso em: 16 jun. 2021.

[61] Disponível em: https://www.youtube.com/watch?v=al0a7g-IwQI. Acesso em: 16 jun. 2021.

[62] Sugerimos a leitura do Manual de ocupação e dimensionamento de ambientes. Disponível em: https://www.gov.br/economia/pt-br/assuntos/noticias/2020/setembro/ministerio-da-economia-publica-manual-de-ocupacao-e-dimensionamento-de-ambientes. Acesso em: 16 jun. 2021.

Fato é que a contratação de *facilities* é uma inovação para a Administração e das mais promissoras: quantos processos licitatórios, quantos contratos, quanto custo serão evitados. Maior eficiência, agilidade e economicidade. Esse é o próximo passo da terceirização.

Quando observamos as possibilidades de uso na iniciativa privada,[63] onde está mais maduro, é possível pensar num conjunto vasto de serviços além do fornecimento de mão de obra dedicada, mas também manutenção de todos os sistemas de engenharia, segurança, gestão de frota, de resíduos sólidos, otimização de estacionamento, dentre outros.

5 Conclusão

A terceirização é prática conhecida e recorrente na Administração Pública, sendo alternativa para desoneração do setor público em algumas atividades, quando da possibilidade de sua delegação a terceiros.

A escolha da solução que melhor atende à necessidade e resolve o problema público não é tarefa fácil. Já não era antes da Nova Lei de Licitações, Lei nº 14.133/2021, nem resta facilitada com seu advento. Isso porque demanda estudos, em grande medida, robustos e profundos, que detalhem os requisitos necessários, as soluções disponíveis no mercado, a forma de sua contratação, as providências necessárias para viabilização de uma boa execução do contrato, dentre outros requisitos. Somam-se a isso os diversos entendimentos de órgãos de controle, de órgãos do judiciário, de órgãos especializados, como aqueles da temática trabalhista, bem como a evolução e volatilidade do mercado e das próprias necessidades da Administração.

Com a Nova Lei, vários desses parâmetros são acomodados no instrumento denominado Estudo Técnico Preliminar, que não se trata de novidade, por já ter sido contemplado pela Lei nº 8.666/93, outras leis e regulamentos federais, mas que agora traz seus objetivos e elementos dispostos em uma norma de abrangência geral.

Nesse contexto, a oportunidade, e também desafio, não é só passar a ter de elaborar tal artefato, observadas, inclusive, as jurisprudências vigentes, mas trazer para a Administração a necessidade de entender de forma mais pormenorizada o contexto mutável no qual ela própria e seus

---

[63] Recomendamos leitura de experiências em *facilities* no *site* da ABRAFAC – Associação Brasileira de Facility Management, Property e Workplace. Disponível em: https://www.abrafac.org.br/biblioteca-aberta/. Acesso em: 15 jun. 2021.

beneficiários, os cidadãos, estão inseridos. Contexto esse que traz novos paradigmas como o trabalho remoto, que coloca em revisão modelos de contratação, em especial de terceirização, há muito estabelecidos, como manutenção predial, limpeza e conservação, vigilância, recepção, apoio administrativo, quando os servidores estão deixando de estar nos prédios públicos para trabalhar de outras localidades.

Outro ponto diz respeito ao dinamismo do próprio mercado e a emergência de soluções dantes não previstas, a incorporação de tecnologias, a aplicação de equipamentos muitas vezes autônomos, que sugerem a substituição da mão de obra humana e dedicada, mas que, não por isso, desnatura ou desconfigura o instituto da terceirização, ao contrário, o torna mais complexo, dado que o olhar e atenção passam a ser da produtividade e resultado do serviço.

Ambas as situações encontram, no ETP, o *locus* apropriado para reflexões, construções e definições, e que também é fértil para a discussão e implementação de inovações, como a contratação de *facilities* e de outros modelos que apontam para quarteirizações, que, trazem, além do ganho de qualidade, a eficiência e o menor custo. E mais que isso, trata-se de novos modelos que miram na simplificação de procedimentos, automação de rotinas, ganho de controle e transparência e, assim, na viabilização de uma Administração Pública que atua em atividades essenciais e fundamentais. Nesse sentido, tem-se uma janela de oportunidade de mudança de comportamento e posicionamento da Administração enquanto gestora e fiscal de contratos, deixando de ser uma analista de procedimentos burocráticos, a exemplo das verificações relacionadas à regularidade dos documentos de recursos humanos das empresas terceirizadas, para se portar enquanto uma fomentadora e implementadora de soluções aderentes ao seu tempo e necessidade.

O momento é de aprendizado, de destemor pelo uso do não tão novo artefato, mas, principalmente, de identificar as situações.

Referências

ABRAFAC – Associação Brasileira de Facility Management, Property e Workplace. Disponível em: https://www.abrafac.org.br/biblioteca-aberta/. Acesso em: 15 jun. 2021.

ASSOCIAÇÃO BRASILEIRA DE NOTAS TÉCNICAS – ABNT. Disponível em: http://www.abnt.org.br/noticias/6897-facility-management-uma-atividade-essencial-para-a-retomada-dos-negocios. Acesso em: 16 jun. 2021.

BRASIL. *Constituição da República Federativa de 05 de outubro de 1988*. Disponível em: http://www.planalto.gov.br/ccivil_03/constituicao/constituicao.htm. Acesso em: 12 jun. 2021.

BRASIL. Controladoria Geral da União. *Relatório de Avaliação* – Contratos de Terceirização. Disponível em: https://auditoria.cgu.gov.br/download/13680.pdf. Acesso em: 15 jun. 2021.

BRASIL. *Decreto nº 2.271*, de 7 de julho de 1997, que dispõe sobre a contratação de serviços pela Administração Pública Federal direta, autárquica e fundacional e dá outras providências. Disponível em: http://www.planalto.gov.br/ccivil_03/decreto/d2271.htm. Acesso em: 12 jun. 2021.

BRASIL. *Decreto nº 9.507*, de 21 de setembro de 2018, que dispõe sobre a execução indireta, mediante contratação, de serviços da administração pública federal direta, autárquica e fundacional e das empresas públicas e das sociedades de economia mista controladas pela União. Disponível em: http://www.planalto.gov.br/ccivil_03/_Ato2015-2018/2018/Decreto/D9507.htm. Acesso em: 13 jun. 2021.

BRASIL. *Lei Complementar nº 101*, de 4 de maio de 2000, que Estabelece normas de finanças públicas voltadas para a responsabilidade na gestão fiscal e dá outras providências. Disponível em: http://www.planalto.gov.br/ccivil_03/leis/lcp/lcp101.htm. Acesso em: 12 jun. 2021.

BRASIL. *Lei nº 12.462*, de 4 agosto de 2011, que institui o Regime Diferenciado de Contratações Públicas – RDC. Disponível em: http://www.planalto.gov.br/ccivil_03/_ato2011-2014/2011/lei/L12462compilado.htm. Acesso em: 12 jun. 2021.

BRASIL. *Lei nº 13.303*, de 30 de junho de 2016, que dispõe sobre o estatuto jurídico da empresa pública, da sociedade de economia mista e de suas subsidiárias, no âmbito da União, dos Estados, do Distrito Federal e dos Municípios. Disponível em: http://www.planalto.gov.br/ccivil_03/_ato2015-2018/2016/lei/l13303.htm. Acesso em: 12 jun. 2021.

BRASIL. *Lei nº 13.429*, de 31 de março de 2017. Altera dispositivos da Lei nº 6.019, de 3 de janeiro de 1974, que dispõe sobre o trabalho temporário nas empresas urbanas e dá outras providências; e dispõe sobre as relações de trabalho na empresa de prestação de serviços a terceiros. Disponível em: http://www.planalto.gov.br/ccivil_03/_ato2015-2018/2017/lei/l13429.htm. Acesso em: 12 jun. 2021.

BRASIL. *Lei nº 13.467*, de 31 de julho de 2017, que altera a Consolidação das Leis do Trabalho (CLT), aprovada pelo Decreto-Lei nº 5.452, de 1º de maio de 1943, e as Leis nº 6.019, de 3 de janeiro de 1974, 8.036, de 11 de maio de 1990, e 8.212, de 24 de julho de 1991, a fim de adequar a legislação às novas relações de trabalho. Disponível em: http://www.planalto.gov.br/ccivil_03/_ato2015-2018/2017/lei/l13467.htm. Acesso em: 12 jun. 2021.

BRASIL. *Lei nº 14.011*, de 10 de julho de 2020, que aprimora os procedimentos de gestão e alienação dos imóveis da União. Disponível em: http://www.planalto.gov.br/ccivil_03/_ato2019-2022/2020/lei/L14011.htm#. Acesso em: 15 jun. 2021.

BRASIL. *Lei nº 14.133*, de 1º de abril de 2021. Lei de Licitações e Contratos Administrativos. Disponível em: http://www.planalto.gov.br/ccivil_03/_ato2019-2022/2021/lei/L14133.htm. Acesso em: 12 jun. 2021.

BRASIL. *Lei nº 7.102*, de 20 de junho de 1983 que dispõe sobre segurança para estabelecimentos financeiros, estabelece normas para constituição e funcionamento das empresas particulares que exploram serviços de vigilância e de transporte de valores, e dá outras providências. Disponível em: http://www.planalto.gov.br/ccivil_03/leis/l7102.htm. Acesso em: 24 jun. 2021.

BRASIL. *Lei nº 8.666, de 21 de junho de 1993*, que regulamenta o art. 37, inciso XXI, da Constituição Federal, institui normas para licitações e contratos da Administração Pública e dá outras providências. Disponível em: http://www.planalto.gov.br/ccivil_03/leis/l8666cons.htm. Acesso em: 12 jun. 2021.

BRASIL. Ministério da Economia. *Instrução Normativa nº 1*, de 4 de abril de 2019, que dispõe sobre o processo de contratação de soluções de Tecnologia da Informação e Comunicação – TIC pelos órgãos e entidades integrantes do Sistema de Administração dos Recursos de Tecnologia da Informação – SISP do Poder Executivo Federal. Disponível em: https://www.in.gov.br/materia/-/asset_publisher/Kujrw0TZC2Mb/content/id/70267659/do1-2019-04-05-instrucao-normativa-n-1-de-4-de-abril-de-2019-70267535. Acesso em: 14 jun. 2021.

BRASIL. Ministério da Economia. *Instrução Normativa nº 40*, de 22 de maio de 2020, que dispõe sobre a elaboração dos Estudos Técnicos Preliminares – ETP – para a aquisição de bens e a contratação de serviços e obras, no âmbito da Administração Pública federal direta, autárquica e fundacional, e sobre o Sistema ETP digital. Disponível em: https://www.in.gov.br/en/web/dou/-/instrucao-normativa-n-40-de-22-de-maio-de-2020-258465807. Acesso em: 12 jun. 2021.

BRASIL. Ministério da Economia. *Pregão SRP nº 10/2020* – Apoio Administrativo. Ministério da Economia. 2020. Disponível em: https://www.gov.br/economia/pt-br/assuntos/gestao/central-de-compras/transparencia/editais/2020/pregao-no-10-2020-apoio-administrativo. Acesso em: 15 jun. 2021.

BRASIL. Ministério do Planejamento, Orçamento e Gestão. *Instrução normativa nº 02*, de 30 de abril de 2008 (revogada pela IN nº 5, de 26 de maio de 2017), que dispõe sobre regras e diretrizes para a contratação de serviços, continuados ou não. Disponível em: https://www.gov.br/compras/pt-br/acesso-a-informacao/legislacao/instrucoes-normativas-revogadas/instrucao-normativa-no-02-de-30-de-abril-de-2008-revogada-pela-in-no-5-de-26-de-maio-de-2017. Acesso em: 13 jun. 2021.

BRASIL. Ministério do Planejamento, Orçamento e Gestão. *Instrução Normativa nº 04*, de 11 de setembro de 2014, que dispõe sobre o processo de contratação de Soluções de Tecnologia da Informação pelos órgãos integrantes do Sistema de Administração de Recursos de Tecnologia da Informação e Informática (SISP) do Poder Executivo Federal. Disponível em: https://www.gov.br/governodigital/pt-br/legislacao/IN42014Completa.pdf. Acesso em: 24 jun. 2021.

BRASIL. Ministério do Planejamento, Orçamento e Gestão. *Instrução Normativa nº 5*, de 26 de maio de 2017, que dispõe sobre as regras e diretrizes do procedimento de contratação de serviços sob o regime de execução indireta no âmbito da Administração Pública federal direta, autárquica e fundacional. Disponível em: https://www.gov.br/compras/pt-br/acesso-a-informacao/legislacao/instrucoes-normativas/instrucao-normativa-no-5-de-26-de-maio-de-2017-atualizada. Acesso em: 13 jun. 2021.

BRASIL. Supremo Tribunal Federal. *Nota Técnica nº 1/2007 – SCI sobre Definição de limites para BDI nas contratações de serviço com locação de mão-de-obra*: 26,44% para o regime de incidência cumulativa de PIS e de COFINS e 34,69% para o regime de incidência não-cumulativa de PIS e de COFINS. Disponível em: http://www.stf.jus.br/arquivo/cms/sobreStfEstudoSci/anexo/BDI_03102008.pdf. Acesso em: 15 jun. 2021.

BRASIL. Tribunal de Contas da União. *Acórdão de Relação nº 2.488/2019*. Plenário. Relatora: Ana Arraes. Sessão de: 16.10.2019. Disponível em: https://pesquisa.apps.tcu.gov.br/#/redireciona/acordao-completo/%22ACORDAO-COMPLETO-2378675%22. Acesso em: 14 jun. 2021.

BRASIL. Tribunal de Contas da União. *Acórdão nº 1.262/2020*. Plenário. Relator: Augusto Nardes. Sessão de: 20.05.2020. Disponível em: https://pesquisa.apps.tcu.gov.br/#/redireciona/acordao-completo/%22ACORDAO-COMPLETO-2398001%22. Acesso em: 14 jun. 2021.

BRASIL. Tribunal de Contas da União. *Acórdão nº 1.508/2020*. Plenário. Relator: André de Carvalho. Sessão de: 10.06.2020. Disponível em: https://pesquisa.apps.tcu.gov.br/#/redireciona/acordao-completo/%22ACORDAO-COMPLETO-2410535%22. Acesso em: 12 jun. 2021.

BRASIL. Tribunal de Contas da União. *Acórdão nº 181/2021*. Plenário. Relator: Raimundo Carreiro. Sessão de: 03.02.2021. Disponível em: https://pesquisa.apps.tcu.gov.br/#/redireciona/acordao-completo/%22ACORDAO-COMPLETO-2455370%22. Acesso em: 15 jun. 2021.

BRASIL. Tribunal de Contas da União. *Acórdão nº 2.369/2011*. Plenário. Relator: Marcos Bemquerer. Sessão de: 31.08.2011. Disponível em: https://pesquisa.apps.tcu.gov.br/#/redireciona/acordao-completo/%22ACORDAO-COMPLETO-1199478%22. Acesso em: 15 jun. 2021.

BRASIL. Tribunal de Contas da União. *Acórdão nº 2.802/2013*. Plenário. Relator: Augusto Sherman. Sessão de: 16.10.2013. Disponível em: https://pesquisa.apps.tcu.gov.br/#/redireciona/acordao-completo/%22ACORDAO-COMPLETO-1292220%22. Acesso em: 14 jun. 2021.

BRASIL. Tribunal de Contas da União. *Acórdão nº 558/2021*. Plenário. Relator: Raimundo carreiro. Sessão de: 17.03.2021. Disponível em: https://pesquisa.apps.tcu.gov.br/#/redireciona/acordao-completo/%22ACORDAO-COMPLETO-2466334%22. Acesso em: 12 jun. 2021.

BRASIL. Tribunal de Contas da União. *Pregão Eletrônico nº 43/2020*. Disponível em: https://portal.tcu.gov.br/data/files/22/91/BF/D1/721147109EB62737F18818A8/Edital%20PE%2043-2020%20e%20Anexos.zip. Acesso em: 16 jun. 2021.

CAMARÃO, Tatiana. *Estudo Técnico Preliminar*: arquitetura, conteúdo, obrigatoriedade e a previsão no PL 1292/95. Observatório da Nova Lei de Licitações – ONLL. Disponível em: Disponível em: http://www.novaleilicitacao.com.br/2020/01/03/estudo-tecnico-preliminar-arquitetura-conteudo-obrigatoriedade-e-a-previsao-no-pl-1292-95/. Acesso em: 12 jun. 2021.

FALA.BR. *Plataforma Integrada de Ouvidoria e Acesso à Informação*. Disponível em: https://falabr.cgu.gov.br/publico/Manifestacao/SelecionarTipoManifestacao.aspx?ReturnUrl=%2f. Acesso em: 12 jun. 2021.

FATTOCS. Disponível em: https://www.fattocs.com/blog/o-que-a-analise-de-pontos-de-funcao-quais-seus-objetivos-e-referencias/ e https://www.fattocs.com/blog/como-medir-ust-unidade-de-servico-tecnico/. Acesso em: 12 jun. 2021.

InfraFM. A Lei nº 14.011/2020 e a contratação de facilities pela administração pública. Disponível em: https://infrafm.com.br/Textos/1/21095/A-Lei-n-140112020-e-a-contratao-de-facilities-pela-administrao-pblica. Acesso em: 15 jun. 2021.

JUSTEN FILHO, Marçal. *Comentários à Lei de Licitações e Contratações Administrativas*: Lei 14.133/2021. São Paulo: Thomson Reuters Brasil, 2021.

JUSTEN FILHO, Marçal. *Curso de Direito Administrativo*. 6. ed. rev. e atual. Belo Horizonte: Fórum, 2010.

LOPES, Fabrício. Artigo 18. In: SARAI, Leandro (Org.). *Tratado da Nova Lei de Licitações e Contratos*: Lei 141333/2021 Comentada por Advogados Públicos. São Paulo: JusPodivm, 2021.

LOPES, Virgínia Bracarense. A Nova Lei de Licitações: 5 mudanças trazidas pela norma aprovada. ANESP. Disponível em: http://anesp.org.br/todas-as-noticias/nova-lei-de-licitacoes. Acesso em: 12 jun. 2021.

MINAS GERAIS ADMINISTRAÇÃO DE SERVIÇOS S/A. Disponível em: https://www.mgs.srv.br/. Acesso em: 15 jun. 2021.

MINISTÉRIO da Economia centralizará a licitação de serviços de apoio administrativo, recepção e secretariado para órgãos e entidades localizados no Distrito Federal. Portal de Compras do Governo Federal. 2020. Disponível em: https://www.gov.br/compras/pt-br/acesso-a-informacao/noticias/irp-13-contratacao-de-servicos-de-apoio-administrativo-recepcao-e-secretariado. Acesso em: 15 jun. 2021.

MINISTÉRIO da Economia publica manual de ocupação e dimensionamento de ambientes Manual de ocupação e dimensionamento de ambientes. 2020. Disponível em https://www.gov.br/economia/pt-br/assuntos/noticias/2020/setembro/ministerio-da-economia-publica-manual-de-ocupacao-e-dimensionamento-de-ambientes. Acesso em: 16 jun. 2021.

PERNAMBUCO. 3º COPECON – Dia 10/12 (Manhã). Transmitido ao vivo em 10.12.2020. Publicado pelo canal Imprensa SAD PE. Disponível em: https://www.youtube.com/watch?v=al0a7g-IwQI. Acesso em: 16 jun. 2021.

SANTOS, Franklin Brasil. TCU: A necessária permissão para inovar (fundamentadamente) na terceirização. GESTGOV. Disponível em: https://gestgov.discourse.group/t/tcu-a-necessaria-permissao-para-inovar-fundamentadamente-na-terceirizacao/13847. Acesso em: 12 jun. 2021.

SCDP – Sistema de Concessão de Diárias e Passagens. Disponível em: https://www2.scdp.gov.br/novoscdp/home.xhtml. Acesso em: 12 jun. 2021.

SOARES, Andréa Heloisa da Silva. Como implantar a prioridade de compras a fornecedores locais e regionais? GVP Parcerias Governamentais. Disponível em: https://www.parceriasgovernamentais.com.br/como-implantar-a-prioridade-de-compras-a-fornecedores-locais-e-regionais/. Acesso em: 12 jun. 2021.

TORRES, Ronny Charles Lopes. DR LIVE com Professora Christianne Stroppa. Instagram: @ronnycharles. Transmitido ao vivo em 24.11.2020. Disponível em: https://www.instagram.com/p/CH_b68dp_jH/. Acesso em: 16 jun. 2021.

TORRES, Ronny Charles Lopes. *Leis das Licitações Públicas Comentadas*. 12. ed. rev. ampl. e atual. São Paulo: JusPodivm, 2021.

Informação bibliográfica deste texto, conforme a NBR 6023:2018 da Associação Brasileira de Normas Técnicas (ABNT):

SOARES, Andréa Heloisa da Silva; LOPES, Virgínia Bracarense. Estudo Técnico Preliminar na contratação de serviços terceirizados: um instrumento para uma atuação estratégica e inovadora. *In*: FORTINI, Cristiana; PAIM, Flaviana Vieira (Coord.). *Terceirização na Administração Pública*: boas práticas e atualização à luz da Nova Lei de Licitações. Belo Horizonte: Fórum, 2022. p. 125-157. ISBN 978-65-5518-288-0.

AS SEIS REGRAS DE OURO DA FISCALIZAÇÃO ADMINISTRATIVA DE CONTRATOS

FLAVIANA V. PAIM

Introdução

Todos nós que trabalhamos com contratos terceirizados temos plena consciência da necessidade de acompanhamento contratual, em especial, em se tratando de serviços continuados em regime de dedicação exclusiva de mão de obra. Historicamente convivemos há muitos anos com problemas de execução contratual neste tipo de contrato, por força de descumprimentos de obrigações trabalhistas pelas empresas contratadas, relativos principalmente a não pagamento de verbas trabalhistas e benefícios trabalhistas aos empregados alocados, bem como não pagamento ou pagamento fora dos prazos legais de FGTS e Previdência Social, que trazem prejuízos tanto aos cofres públicos como aos próprios trabalhadores.

Nesse sentido, não é de hoje que a Administração Pública, nas três esferas de governo, busca meios de minimizar esses problemas. As prerrogativas do poder público, nas chamadas cláusulas exorbitantes relacionadas no art. 58 da Lei nº 8.666/93, conferem à Administração Pública a prerrogativa de fiscalizar a execução contratual e o poder/dever de determinar regularizações e defeitos no sentido de aferir a concretude da satisfação do interesse público com o contrato. A pergunta que todos os fiscais se fazem é: qual a melhor maneira de operacionalizar essa fiscalização em face do próprio princípio da eficiência? Existem regras para isso? Qual o limite da fiscalização administrativa, para que esta seja ao mesmo tempo eficiente, mas que não transfira responsabilidades de fiscalização que devem ser exercidas por órgãos específicos a quem compete, por determinação legal, a proteção do trabalhador?

Há muitos anos, servidores tentam encontrar respostas para tais questionamentos, o que leva diversas Instituições a realizarem estudos com o objetivo de formular propostas para ao menos mitigar os problemas mais comuns ligados à gestão contratual. Tais preocupações levaram o Ministro Ubiratan Aguiar, quando presidente do TCU, a determinar à Administração do TCU que fossem realizados trabalhos conjuntos com outros órgãos da Administração Pública. Foi, então, formado um grupo de estudos, composto inicialmente por servidores do MP, da AGU e do TCU, passando a ser posteriormente integrado também por representantes do Ministério da Previdência Social, do Ministério da Fazenda, do Tribunal de Contas do Estado de São Paulo e do Ministério Público Federal, que discutiram aspectos relacionados aos procedimentos licitatórios, à gestão e ao encerramento desses contratos, cujas conclusões foram trazidas para o "famoso" Acórdão do TCU nº 1.214 de maio de 2013.[1]

Temos ainda inúmeros manuais de fiscalização e gestão de contratos e normativos, que objetivam trazer um norte sobre "como deve ser" realizada a fiscalização administrativa desses contratos. E por fim, e não menos importante, temos, em âmbito federal, a inspiradora Instrução Normativa nº 5, de 26 de maio de 2017, da Secretaria de Gestão do Ministério do Planejamento,[2] que de uma forma bastante assertiva traz orientações para a fiscalização contratual.

Assim sendo, inspirada por todas essas orientações, bem como pela nova Lei de Licitações – Lei nº 14.133, de 1º de abril de 2021 –, que de forma expressa e bem mais enfática que a própria Lei nº 8.666/93 traz, em diversos dispositivos legais, alternativas para evitar descumprimentos de natureza trabalhista e administrativa, também inspirada nos esforços coletivos de trazer maior segurança à Administração Pública, em especial procedimentos já testados e utilizados em âmbito federal, é que arrolamos as seis regras de ouro que a seguir serão abordadas.

---

[1] Disponível em: https://www.lexml.gov.br/urn/urn:lex:br:tribunal.contas.uniao;plenario:acordao:2013-05-22;1214. Acesso em: 19 jun. 2021.

[2] Disponível em: https://www.in.gov.br/materia/asset_publisher/Kujrw0TZC2Mb/content/id/20239255/do1-2017-05-26-instrucao-normativa-n-5-de-26-de-maio-de-2017-20237783. Acesso em: 19 jun. 2021.

Muito mais que um gatilho mental, essas seis regras, denominadas como de ouro, são realmente indispensáveis, pois resumem de forma objetiva parâmetros que, ao serem introduzidos nos procedimentos de fiscalização, trazem a segurança e a eficiência que se busca com ela. Além do mais, nessas seis regras, estão 15 anos de estudos e observação de melhores práticas implementadas referentes à fiscalização administrativa de contratos junto a inúmeras instituições e empresas públicas no país.

Regra nº 1: as atividades de gestão e fiscalização devem ser realizadas de forma preventiva, rotineira e sistemática

O art. 67 da Lei nº 8.666/93[3] impõe o poder-dever de acompanhar e fiscalizar os contratos, mas não traz expressamente as ações que lhe são pertinentes, as quais integram a seara da discricionariedade administrativa. É notório que, em razão da supremacia do interesse público, não pode a Administração assumir posição passiva e aguardar que o contratado cumpra todas as suas obrigações contratuais.

Todos os contratos demandam o devido acompanhamento de cunho preventivo. Sem exceção. A falta de acompanhamento da execução dos contratos administrativos pode caracterizar ato de improbidade administrativa, passível de responsabilização. Desta forma, é indispensável, para a própria segurança dos agentes envolvidos na execução, que haja um modelo definido de atuação, principalmente no que diz respeito à fiscalização administrativa, que permite perfeitamente uma sistematização.

Nesse sentido, a IN nº 5/2017 Seges/MP traz no parágrafo 3º do art. 40 a seguinte determinação:

> Art. 40 [...]
> §3º As atividades de gestão e fiscalização da execução contratual devem ser realizadas de forma preventiva, rotineira e sistemática, podendo ser exercidas por servidores, equipe de fiscalização ou único servidor, desde que, no exercício dessas atribuições, fique assegurada a distinção dessas atividades e, em razão do volume de trabalho, não comprometa o desempenho de todas as ações relacionadas à Gestão do Contrato.

---

[3] Disponível em: http://www.planalto.gov.br/ccivil_03/leis/l8666cons.htm. Acesso em: 19 jun. 2021.

O dispositivo em questão traz uma questão importantíssima para todas as instituições: a necessidade de elas organizarem em norma interna a sua gestão e fiscalização, como há muito tempo vem orientando o Tribunal de Contas da União,[4] de tal forma que a fiscalização esteja sistematizada internamente e com rotinas bem definidas conforme a natureza do contrato e o objeto contratual.

A gestão contratual e a fiscalização propriamente dita devem sempre pautar-se pelos princípios da eficiência e eficácia, além dos demais princípios regedores da atuação administrativa, de forma a se assegurar que a execução do contrato ocorra com qualidade, nos termos contratuais e em respeito à legislação vigente.

Em termos práticos podemos afirmar que o acompanhamento contratual realmente eficiente e ideal é aquele que foca esforços naquilo que realmente oferece riscos para o Contratante, sendo realizado da forma menos onerosa possível para o erário, compatível com o conhecimento e disponibilidade destes e valendo-se de critérios estatísticos e focados em atos que tenham impactos significativos sobre o contrato e não em erros esporádicos para pagamento de algum benefício.

Para tanto, é indispensável que haja racionalidade na solicitação de documentos, sendo os documentos solicitados para a finalidade de analisá-los, através de cruzamento de informações, de modo que tais análises melhorem a qualidade do acompanhamento contratual como um todo, detectando possíveis falhas que possam ser corrigidas a tempo, demonstrando conduta proativa e protetiva tanto quanto aos interesses do contratante, como aos interesses dos trabalhadores alocados. Procedimentos administrativos claros e simples com burocracia reduzida, de forma que a gestão e a fiscalização de contratos não se transformem em mais uma carga de problemas é o ideal a se buscar.

Desta forma, é plenamente possível utilizar técnicas de amostragem para fiscalização, tendo em vista o volume de trabalho e o objetivo do acompanhamento. A própria IN nº 5/2017 Seges/MP[5] orienta a adoção da fiscalização por amostragem pela Administração, quanto ao cumprimento das obrigações trabalhistas e sociais decorrente de mão

---

[4] Acórdão nº 5.192/17-TCU/1ª Câmara: "1.7.1. dar ciência ao Instituto Federal de Educação, Ciência e Tecnologia do Rio Grande do Sul – IFRS sobre possíveis falhas na fiscalização dos contratos com prestadoras de serviço, com maior risco de demandas trabalhistas com responsabilidade subsidiária do Instituto e de prejuízos econômicos advindos de condenações judiciais, [...], com vistas à adoção de providências internas que previnam a ocorrência de casos semelhantes, de forma a aperfeiçoar a instrução de suas defesas em reclamações trabalhistas para afastar a culpa in vigilando;"

[5] ANEXO VIII-B, item 10.1. "b", 10.3. "c" e 10.5.

de obra com dedicação exclusiva para análise de diversos documentos trabalhistas, entre os quais extratos de INSS e FGTS dos empregados alocados, folha de pagamento, contracheques, comprovantes de entrega de benefícios trabalhistas, entre outros.

Regra nº 2: ter um plano de acompanhamento baseado em riscos que permita saber o que deve ser solicitado em cada caso

Um dos grandes gargalos da fiscalização em quase todas as instituições públicas do país é a quantidade de servidores capacitados e disponíveis para o acompanhamento contratual. Em muitos casos, os fiscais designados desenvolvem outras atividades além da fiscalização contratual, ficando a fiscalização em segundo plano.

Embora seja recomendado o sistema de monitoramento colaborativo,[6] nos moldes previstos no art. 40 da IN nº 5/17 Seges/MP,[7] na

---

[6] O art. 117 da Lei nº 14.133/21 faz referência expressa a possibilidade de haver designação de mais de um fiscal de contratos:
"A nova Lei de Licitações- Lei 14.133/21 traz no bojo do art 117 a possibilidade da execução contratual ser compartilhada por mais de um fiscal, em verdadeiro sistema colaborativo de acompanhamento contratual
Art. 117. A execução do contrato deverá ser acompanhada e fiscalizada por 1 (um) ou mais fiscais do contrato, representantes da Administração especialmente designados conforme requisitos estabelecidos no art. 7º desta Lei, ou pelos respectivos substitutos, permitida a contratação de terceiros para assisti-los e subsidiá-los com informações pertinentes a essa atribuição."

[7] "Art. 40. O conjunto de atividades de que trata o artigo anterior compete ao gestor da execução dos contratos, auxiliado pela fiscalização técnica, administrativa, setorial e pelo público usuário, conforme o caso, de acordo com as seguintes disposições:
I – Gestão da Execução do Contrato: é a coordenação das atividades relacionadas à fiscalização técnica, administrativa, setorial e pelo público usuário, bem como dos atos preparatórios à instrução processual e ao encaminhamento da documentação pertinente ao setor de contratos para formalização dos procedimentos quanto aos aspectos que envolvam a prorrogação, alteração, reequilíbrio, pagamento, eventual aplicação de sanções, extinção dos contratos, dentre outros;
II – Fiscalização Técnica: é o acompanhamento com o objetivo de avaliar a execução do objeto nos moldes contratados e, se for o caso, aferir se a quantidade, qualidade, tempo e modo da prestação dos serviços estão compatíveis com os indicadores de níveis mínimos de desempenho estipulados no ato convocatório, para efeito de pagamento conforme o resultado, podendo ser auxiliada pela fiscalização de que trata o inciso V deste artigo;
III – Fiscalização Administrativa: é o acompanhamento dos aspectos administrativos da execução dos serviços nos contratos com regime de dedicação exclusiva de mão de obra quanto às obrigações previdenciárias, fiscais e trabalhistas, bem como quanto às providências tempestivas nos casos de inadimplemento;
IV – Fiscalização Setorial: é o acompanhamento da execução do contrato nos aspectos técnicos ou administrativos quando a prestação dos serviços ocorrer concomitantemente em setores distintos ou em unidades desconcentradas de um mesmo órgão ou entidade; e

qual há divisão de responsabilidades e de atribuições entre gestor de contrato, fiscal técnico, fiscal administrativo, fiscal setorial e público usuário, essa divisão nem sempre é possível na prática, por vários fatores, entre os quais pelo fato de que faltam servidores para fazê-lo funcionar na forma como seria o ideal. A solução, então, pode estar em otimizar a mão de obra envolvida.

Se os recursos humanos para a fiscalização de contratos sabidamente são escassos, estes precisam ser bem aproveitados, capacitando-os e orientando-os para a elaboração de um plano de acompanhamento contratual baseado em riscos, que consiste em mapear todos os contratos firmados pela Instituição, conforme probabilidade de descumprimentos e impacto e assim focar maiores esforços no acompanhamento de contratos que apresentam maiores riscos, seja pela importância do objeto, valores envolvidos ou simplesmente pelo histórico de ocorrências anterior.

Não se está a dizer com isso que haja contratos que não necessitem ser acompanhados. Ao contrário. Todos necessitam de acompanhamento proativo da Administração contratante, mas não há necessidade de acompanhar todos da mesma forma. Podemos tranquilamente ter um plano de acompanhamento baseado em riscos para otimizar esforços.

Quando falamos em fiscalização contratual, temos 5 áreas para o acompanhamento a serem levadas em consideração no estabelecimento de rotinas e divisão de atribuições em um plano de acompanhamento. São elas:

1. Objeto: é o objeto do contrato propriamente dito. Área de acompanhamento que compete à fiscalização técnica, que tem por objetivo verificar se a empresa contratada realmente entregou o que se comprometeu. Pode ser utilizado IMR-Instrumento de Medição de Resultado ou outra forma de aferição da entrega.

2. Condições de habilitação: trata-se do acompanhamento das condições de habilitação estabelecidos no Edital e que devem ser mantidos durante toda a execução. São as certidões de regularidade propriamente ditas e podem variar conforme objeto contratual.

V – Fiscalização pelo Público Usuário: é o acompanhamento da execução contratual por pesquisa de satisfação junto ao usuário, com o objetivo de aferir os resultados da prestação dos serviços, os recursos materiais e os procedimentos utilizados pela contratada, quando for o caso, ou outro fator determinante para a avaliação dos aspectos qualitativos do objeto."

3. Pagamento de Previdência Social e FGTS: com relação ao recolhimento Previdenciário e FGTS, no qual há inclusive possibilidade de responsabilidade solidária do contratante dos serviços em regime de dedicação exclusiva de mão de obra, seu acompanhamento dá-se via GFIP, documento que consolida as informações de vínculo empregatício e remunerações geradas pelo sistema SEFIP.[8]

4. Obrigações Trabalhistas: nesse grupo, podemos considerar todas as obrigações trabalhistas previstas em CLT ou instrumento coletivo de negociação, tais como Convenções, Acordos ou Dissídios Coletivos de Trabalho e consolidadas em documentos como folha de pagamento, recibos de salários, comprovantes de pagamento de benefícios como vale-transporte e vale-alimentação, registros de ponto, entre outros.

5. Segurança e saúde do trabalhador: este grupo de acompanhamento obrigatório, expresso inclusive na Lei nº 13.429/2017,[9] diz respeito a todas as questões de segurança do trabalho, tais como acompanhamento dos Atestados de Saúde Ocupacionais (ASOs), pagamento de insalubridade ou periculosidade, exigência de Laudos de segurança do trabalho e normas regulamentares de segurança.

Nem todos os contratos demandam o acompanhamento de todas as 5 áreas relacionadas. Aliás, nem seria razoável assim pensarmos. É aí que entra a necessidade de elaboração de um plano de acompanhamento contratual baseado em riscos, no qual se avalie a pertinência de solicitar documentos relativos a cada uma das 5 áreas de verificação conforme matriz de riscos elaborada.

Nessa linha, quanto aos itens 1 e 2, objeto e condições de habilitação, respectivamente, sempre devem ser acompanhados em todos os contratos firmados. Nas demais áreas, irá depender da matriz de riscos

---

[8] O Sistema Empresa de Recolhimento do FGTS e Informações à Previdência Social (SEFIP) é um aplicativo desenvolvido pela Caixa para o empregador. Disponível gratuitamente, a ferramenta torna o processo de recolhimento regular do FGTS mais ágil e seguro. Atualmente encontra-se na versão 8.4 do sistema. Informação constante em: https://www.caixa.gov.br/empresa/fgts-empresas/SEFIP-GRF/Paginas/default.aspx. Acesso em: 29 jun. 2021.

[9] "Art. 5º-A: Contratante é a pessoa física ou jurídica que celebra contrato com empresa de prestação de serviços determinados e específicos.
§3º É responsabilidade da contratante garantir as condições de segurança, higiene e salubridade dos trabalhadores, quando o trabalho for realizado em suas dependências ou local previamente convencionado em contrato."

elaborada e da natureza contratual, sendo certo que contratos em regime de dedicação de mão de obra demandam o acompanhamento das 5 áreas acima identificadas, pelo fato de serem contratos que oferecem alto risco de descumprimento e alto impacto caso o mesmo aconteça.

Com relação à fiscalização do objeto (item 1), importante destacar que o Termo de Referência ou Projeto Básico deverá estabelecer a unidade de medida adequada para o tipo de serviço a ser contratado, de forma que permita a mensuração dos resultados para o pagamento da contratada, evitando a remuneração dos serviços em horas ou postos de trabalho, nos termos estabelecidos no Anexo V, item 2.6, d1 da IN nº 5/17 Seges/MP. Ao fiscal cabe seguir estritamente o que for previsto como modelo de gestão do contrato e os critérios de medição e pagamento pactuados, bem como aplicar o IMR-Instrumento de Medição de Resultados nos exatos termos em que pactuado, podendo apresentar sugestão de melhoria ou adequações para aprimoramento do processo, mas nunca deixar de aplicá-lo por sua conta.

Regra nº 3: valer-se de *checklists* completos e bem elaborados

A Lei nº 8.666/93 em seu artigo 67, §1º, determina que o representante da Administração anotará em registro próprio todas as ocorrências relacionadas com a execução do contrato, determinando o que for necessário à regularização das faltas ou defeitos observados.

Já determinou o TCU no Acórdão nº 797/2009-Plenário:

> O registro da fiscalização, na forma prescrita em lei, não é ato discricionário. É elemento essencial que autoriza as ações subseqüentes [...]. É controle fundamental que a administração exerce sobre o contratado. Propiciará aos gestores informações sobre o cumprimento do cronograma das obras e a conformidade da quantidade e qualidade contratadas e executadas. E, nesses termos, manifesta-se toda a doutrina e jurisprudência.

Assim, todos os fatos, ocorrências ou expedientes relevantes relativos à execução contratual demandam registro próprio, com vistas a solicitação de cumprimento contratual e se necessário para instrução processual para aplicação de penalidades. Mas não é só. É necessário que a rotina de fiscalização executada fique registrada e preferencialmente seja padronizada na Instituição. A padronização é importante e pode ser alcançada mais facilmente com o uso de *checklists*.

Os *checklists* de procedimentos organizam a rotina, trazem segurança aos agentes envolvidos, além da padronização do procedimento, especialmente no que tange à fiscalização administrativa, retirando boa parte da subjetividade inerente à fiscalização.

Nesse sentido, a acertadíssima orientação trazida no art. 50 da IN nº 5/2017 Seges/MP dispõe que o recebimento dos serviços deverá ser precedido de elaboração de termo circunstanciado pelo fiscal, em consonância com suas atribuições, tanto para recebimento provisório quanto para recebimento definitivo, o qual deverá conter o registro, a análise e a conclusão acerca das ocorrências na execução do contrato, reforça a importância de se ter registro do que foi efetivamente acompanhado.

Ao utilizar *checklists*, que tragam não só a relação de documentos que devem ser verificados, mas também o que deve ser verificado em cada um deles, estaremos unindo praticidade à almejada eficiência no acompanhamento contratual.

O próprio Termo Circunstanciado a ser utilizado para o recebimento do objeto pode perfeitamente ser no formato de *checklist*, pois o mesmo nada mais é que o registro de atividades já realizadas oportunamente ao longo do mês.

Ao final deste livro, temos um capítulo específico com modelos e formulários úteis, onde se encontram dois *checklist* bastante interessantes para a fiscalização administrativa dos contratos que podem perfeitamente ser adaptados à realidade da instituição e utilizados imediatamente.

Regra nº 4: não basta solicitar documentos. É preciso verificá-los

Uma das grandes dificuldades práticas que os fiscais de contrato enfrentam é não saber exatamente o que deve ser conferido em cada documento solicitado.

Em verdade, apenas solicitar documentos trabalhistas como meio de comprovar a regularidade do cumprimento das obrigações trabalhistas dos empregados alocados aos contratos não é o suficiente. É preciso analisar o seu conteúdo, verificar se todos os empregados que foram alocados na execução contratual realmente constam nos documentos apresentados e cruzar as informações apresentadas.

Por certo, quais os documentos que devem ser apresentados e o que se verificar em cada um deles dependerá muito do objeto contratual e como boa prática as rotinas de conferência podem estar em *checklists* e/ou ainda constarem em Manuais de Gestão e Fiscalização institucionais. De qualquer forma, podemos afirmar, no que tange aos aspectos trabalhistas e previdenciários de contratos em regime de dedicação exclusiva de mão de obra, que algumas conferências são obrigatórias, dentre elas as seguintes:

- verificar o quantitativo de trabalhadores contratados e sua respectiva lotação e atribuições, que devem estar de acordo com o contrato celebrado, verificando ainda o efetivo cumprimento da jornada de trabalho, o que poderá ser comprovado por meio da apresentação de controle de frequência ou cópias das folhas de ponto da Contratada;
- verificar, por meio da análise da folha de pagamento da empresa contratada, os valores dos salários pagos e respectivos adicionais e itens que compõem a remuneração, que devem estar de acordo com a planilha de custos e formação de preços do contrato e discriminados em contracheque assinado pelos empregados;
- verificar o adequado pagamento dos salários, dentro do prazo legal estabelecido por lei, sendo que o valor líquido do contracheque deve coincidir com o valor depositado na conta salário do empregado, cujo comprovante deve ser entregue pela empresa;
- verificar o correto pagamento do vale-transporte e auxílio alimentação/refeição quando cabíveis, através da solicitação de comprovante de fornecimento;
- a efetiva quitação do 13º salário, que deverá ocorrer até o dia 20 de dezembro de cada ano, conforme legislação vigente, verificada através da solicitação do contracheque do empregado, da folha de pagamento e da GFIP competência 13;
- a concessão de férias e o pagamento do respectivo terço constitucional, para o qual é recomendável exigir da contratada um Planejamento de férias, ao final do prazo de 1 (um) ano de contrato, quando então, como regra, os empregados selecionados para prestarem serviços completam seu período aquisitivo;
- conferência no início do contrato e sempre que houver admissões, por amostragem caso pertinente, das anotações nas carteiras de Trabalho e Previdência Social (CTPS) dos empregados, de forma a se verificar sua concordância com o informado pela

empresa, com o que foi efetivamente contratado e as disposições legais vigentes (legislação trabalhista e acordos, convenções e dissídios coletivos de trabalho);
- conferência, ao final do contrato e sempre que houver demissões, das rescisões de contrato de trabalho, verificando datas de admissão e saída e confrontando com dados da planilha resumo do contrato, além de verificar minimamente se a rescisão quita os principais direitos trabalhistas incidentes na relação e devidos em razão da causa da rescisão do contrato de trabalho;
- solicitação do comprovante do ASO-Atestado de Saúde Ocupacional, com os respectivos exames médicos admissionais, periódicos e demissionais, conforme previsto em Laudos de Segurança do Trabalho, em especial o PCMSO (Programa de Controle Médico e Saúde Ocupacional) e o PPRA (Programa de Prevenção de Riscos Ambientais);
- para comprovação dos aspectos previdenciários, deverão ser solicitados os seguintes arquivos SEFIP e conferido neles se todos os empregados alocados realmente constam nas informações, bem como bases de cálculos e se não há fraudes ou erros grosseiros passíveis de serem evitadas com análise simplificada nas informações constantes no cabeçalho de cada um dos arquivos:
- relação dos Trabalhadores constantes do Arquivo SEFIP (RE);
- relação dos Trabalhadores constantes do Arquivo SEFIP (RE)-Resumo do Fechamento/Tomador do serviço/Obra;
- resumo das informações à Previdência Social constantes no Arquivo SEFIP-Tomador de Serviço/Obra;
- relação dos Trabalhadores constantes no Arquivo SEFIP Resumo do Fechamento – Empresa/FGTS;
- relação dos Trabalhadores/obra (RET);
- comprovante de Declaração das Contribuições a recolher à Previdência Social e a outras Entidades e Fundos por FPAS;
- protocolo de Envio do Conectividade Social (GFIP);
- guia de recolhimento do FGTS (GRF) com autenticação bancária ou comprovante de pagamento via internet, que deverá ser coincidente com valores contidos nas informações da GFIP;
- guia de Recolhimento do INSS (GPS) ou Documento de Arrecadação Federal (DARF) quando emitido pelo sistema

DCTFWEB, com autenticação bancária ou comprovante de pagamento via internet.

Regra nº 5: manter bom relacionamento com a contratada e seu preposto estabelecendo rotina de reuniões periódicas

A terceirização de serviços sempre pressupôs parceria entre os contratantes. A Administração precisa tanto (ou até mais) da contratada, como esta precisa daquela. Portanto, esta relação deve ser vista como uma relação que levará o tomador de serviços a alcançar objetivos traçados em um planejamento estratégico e o contratado a alcançar o lucro almejado com sua proposta, além de seus objetivos de crescimento particulares.

Para estabelecimento do bom relacionamento com a contratada, duas situações são indispensáveis: a escolha do preposto e o estabelecimento de rotinas periódicas de reuniões para alinhamento e manutenção de expectativas.

Do mesmo modo que a Lei estabelece que a execução do contrato deverá ser acompanhada e fiscalizada por um representante (ou mais) da Administração especialmente designado para tanto, também estabelece que a contratada tenha um representante – o *preposto* – que é a pessoa de contato a quem a Administração irá se reportar, quando necessário.[10] Este preposto deve ser aceito pela Administração, o que se pressupõe deva haver indicação formal, conforme tem sido a orientação do TCU:

> ACÓRDÃO TCU Nº 265/2010 – PLENÁRIO:
> Exigir formalmente das empresas contratadas a designação de preposto a ser mantido no local dos serviços, para representá-las durante a execução do contrato de prestação de serviços com cessão de mão de obra.

A formalidade a que se refere o Acórdão em questão pode ser alcançada através de documento que deverá ser apresentado à contratada, denominado de carta de preposto,[11] documento no qual caberá à contratada preencher indicando por escrito um representante

---

[10] A previsão encontra-se expressa no art. 68 da Lei nº 8.666/93 e no art. 118 da Lei nº 14.133/21: O contratado deverá manter preposto, aceito pela Administração, no local da obra ou serviço, para representá-lo durante a execução.

[11] Ao final do livro consta modelo de carta de preposto que poderá ser utilizado como padrão.

que será o preposto, podendo ser sócio da empresa, supervisor, gerente ou até mesmo um empregado alocado ao contrato, cuja responsabilidade e atribuições são indicados no documento apresentado e que, se não for questionado pela Administração, entender-se-á como aceito por esta.

O preposto, aceito pela Administração, deve estar no local da obra ou do serviço não gerando custo excedente para a Administração contratante, como regra, pois está inserido no custo da taxa de Administração. Todavia, como pode acontecer de o contrato ser realizado em vários locais ao mesmo tempo, caso a Administração entenda necessário haver um preposto em cada local de execução e não apenas um por contrato, é possível que o mesmo possa gerar custo, caso não seja atribuído tal encargo para um empregado já alocado ao contrato.[12]

Importante mencionar ainda que, para otimizar o contato entre fiscais e gestores de contratos e prepostos, pode ser previsto contratualmente o uso de meios eletrônicos e aplicativos, que agilizam a comunicação, geram registro das conversas, nem sempre geram custos e muitas vezes até podem dispensar a presença física no local de execução, sendo uma excelente solução para os contratos cuja execução é realizada em vários locais ao mesmo tempo.

Nesse sentido ainda, importante que a Administração contratante se valha do expediente das reuniões periódicas, previsto expressamente no art. 45, §§1º e 2º IN nº 5/17 SEGES MP.[13]

As reuniões periódicas com a contratada, antes mesmo da publicação da IN nº 5/17, já eram consideradas uma boa prática e têm o objetivo de esclarecer dúvidas e assentar entendimentos por ambas as partes contratantes, de modo que tanto a execução do contrato, propriamente dito, quanto a sua fiscalização possam ser realizados da

---

[12] Importante referir que ao atribuir o encargo de preposto a um empregado alocado ao contrato é necessário observância da legislação trabalhista, pois ou este deve ter sido contratado para função de encarregado, gerente ou supervisor, cujas atribuições sejam compatíveis com as responsabilidades do preposto ou o empregado deverá receber adicional de função pelo encargo agregado a outras funções para as quais o mesmo foi contratado.

[13] "Art. 45. Após a assinatura do contrato, sempre que a natureza da prestação dos serviços exigir, o órgão ou entidade deverá promover reunião inicial para apresentação do plano de fiscalização, que conterá informações acerca das obrigações contratuais, dos mecanismos de fiscalização, das estratégias para execução do objeto, do plano complementar de execução da contratada, quando houver, do método de aferição dos resultados e das sanções aplicáveis, dentre outros.
§1º Os assuntos tratados na reunião inicial devem ser registrados em ata e, preferencialmente, estarem presentes o gestor, o fiscal ou equipe responsável pela fiscalização do contrato, o preposto da empresa, e, se for o caso, o servidor ou a equipe de Planejamento da Contratação.
§2º O órgão ou entidade contratante deverá realizar reuniões periódicas com o preposto, de modo a garantir a qualidade da execução e os resultados previstos para a prestação dos serviços."

melhor maneira possível. Portanto, o objetivo maior é a apresentação do plano de fiscalização.

O plano de fiscalização, segundo redação do próprio art. 45 acima referido, deverá conter "informações acerca das obrigações contratuais, dos mecanismos de fiscalização, das estratégias para execução do objeto, do plano complementar de execução da contratada, quando houver, do método de aferição dos resultados e das sanções aplicáveis, dentre outros".

Faz-se ainda mais indispensável quando há previsão expressa de uso do procedimento de pagamento em conta depósito vinculada ou pagamento pelo fato gerador, que são procedimentos que demandarão maior participação da contratada, que deverá ser orientada quanto a seus direitos e deveres.

Vale lembrar ainda que, ao longo da execução contratual, é boa prática a realização de reuniões periódicas não somente entre os agentes da fiscalização e o preposto, mas também entre os próprios agentes da fiscalização. É fundamental que a equipe de fiscalização[14] tenha conhecimento do que ocorre no contrato de maneira geral, não apenas em relação às atribuições individuais de cada qual, e que o gestor, responsável pelo conjunto das atividades, estabeleça um contato próximo com seus fiscais, ficando em posição que lhe permita controlar, coordenar e supervisionar os diversos aspectos do acompanhamento e fiscalização.

Regra nº 6: entender a planilha de custos e formação de preços do contrato e os documentos que a embasam

A elaboração das planilhas de custos e formação de preços dos serviços contínuos, em especial daqueles que serão prestados em regime de dedicação exclusiva de mão de obra, é sempre uma etapa bastante complexa a ser realizada na fase de planejamento da contratação. Muito embora tal incumbência não seja atribuída aos fiscais de contratos, é de suma importância que os mesmos compreendam o seu processo de construção e a metodologia utilizada. Isso porque a planilha de custos será um dos documentos de análise e de cruzamento de informações obrigatórios com os documentos trabalhistas e previdenciários que serão solicitados ao contratado.

Uma boa parte da planilha é destinada a apresentar o detalhamento do custo da mão de obra envolvida, dividido em módulos e

---

[14] Em especial quando há divisão de atribuições e responsabilidades entre os agentes de fiscalização.

submódulos que expressam a composição dos custos da remuneração, o custo de férias com terço constitucional e 13º salário, os encargos previdenciários e de FGTS, os benefícios mensais e diários, tais como vale-transporte e auxílio refeição/alimentação, os custos de reposição da mão de obra em casos de substituições e custos rescisórios. Itens de custos que na fase da execução deverão ser acompanhados pela fiscalização trabalhista. A maioria destes custos da mão de obra são definidos com base nas Convenções ou Acordos Coletivos da categoria econômica vinculada ao objeto contratual e apresentados pelos licitantes na fase de apresentação das propostas. Posteriormente, após a assinatura contratual, a planilha detalhada apresentada, bem como a Convenção ou Acordo Coletivo que a embasa, passam a ser documentos vinculativos e consequente objeto de acompanhamento.

Assim quaisquer incoerências entre os custos apresentados nas propostas, em especial os relativos à mão de obra e os efetivamente incorridos devem ser apontados pelos fiscais de contratos no seu relatório circunstanciado e apresentado ao gestor de contratos para que este tome as providências cabíveis conforme previsão contratual.

Nesse sentido é a linha defendida no Acórdão do TCU nº 117 de 2014, o qual refere que o instituto jurídico ao qual os contratantes estão sujeitos não permite que a Administração ao perceber que a planilha contenha *erros que a levem a pagar valores superiores aos custos necessários à realização ou itens desnecessários*, devem ser revisados unilateralmente pela Administração, pois valores pagos a maior podem ser considerados como dano ao erário.

Assim sendo, itens pagos sem a devida utilização, tais como vale-transporte e auxílio alimentação/refeição, devem ser pagos seguindo regras contratuais de faturamento dos serviços demandados e executados (utilizando-se medição), na linha preconizada na própria IN nº 5/2017 Seges no art. 63, §2º.[15]

---

[15] "Art. 63. A contratada deverá arcar com o ônus decorrente de eventual equívoco no dimensionamento dos quantitativos de sua proposta, devendo complementá-los caso o previsto inicialmente em sua proposta não seja satisfatório para o atendimento ao objeto da licitação, exceto quando ocorrer algum dos eventos arrolados nos incisos do §1º do art. 57 da Lei nº 8.666, de 1993.
§1º O disposto no caput deve ser observado ainda para os custos variáveis decorrentes de fatores futuros e incertos, tais como os valores providos com o quantitativo de vale-transporte.
§2º Caso o eventual equívoco no dimensionamento dos quantitativos se revele superior às necessidades da contratante, a Administração deverá efetuar o pagamento seguindo estritamente as regras contratuais de faturamento dos serviços demandados e executados, concomitantemente com a realização, se necessário e cabível, de adequação contratual do quantitativo necessário, com base na alínea "b" do inciso I do art. 65 da Lei nº 8.666, de 1993."

Os custos de RAT (Risco de Acidente do Trabalho) e FAP (Fator Acidentário de Prevenção), considerados encargos tributários expressamente mencionados nas GFIPs e, portanto, passíveis de verificação, também devem ser confrontados com a planilha da proposta.

Outras orientações e direitos trabalhistas previstos em Convenção ou Acordo coletivo da categoria, não necessariamente incluídos como custo nas planilhas, também devem ser conhecidos e respeitados pelos fiscais de contratos. É o caso, por exemplo, de pagamento de adicionais por tempo de serviços como triênios e quinquênios, ou, ainda, estabilidades negociadas, como aquelas relativas a períodos que antecedem aposentadoria de empregados que já possuem longo tempo de vínculo de emprego.

Enfim, estes são apenas alguns exemplos de apontamentos e cuidados que devem ser obrigatoriamente acompanhados por intermédio de cruzamento de informações, podendo haver outras conforme objeto contratual contratado.

Conclusão

Muito embora o acompanhamento contratual seja muito peculiar ao tipo de objeto contratado, bem como às orientações específicas legais e Institucionais, tenho verificado na prática do dia a dia que a observância e a implementação dessas seis regras tem levado as Instituições a um nível bastante elevado de fiscalização contratual, resguardando agentes e as Instituições de responsabilização frente à temida Súmula nº 331 do TST, bem como resguardando de apontamentos dos órgãos de controle.

Para encerrar, sempre que falo de boas práticas e *modus operandi* desejáveis, lembro de uma frase dita pelo nosso saudoso ídolo do automobilismo que alegrava nossas manhãs de domingo nos anos 1990, Ayrton Senna, que assim eternizou: "No que diz respeito ao desempenho, ao compromisso, ao esforço, à dedicação, não existe meio-termo. Ou você faz uma coisa bem feita ou não faz."

Referências

BRASIL. *Lei nº 13.429*, de 31 de março de 2017. Altera dispositivos da Lei nº 6.019, de 3 de janeiro de 1974, que dispõe sobre o trabalho temporário nas empresas urbanas e dá outras providências; e dispõe sobre as relações de trabalho na empresa de prestação de serviços a terceiros. Disponível em: http://www.planalto.gov.br/ccivil_03/_ato2015-2018/2017/lei/l13429.htm. Acesso em: 19 jun. 2021.

BRASIL. *Lei nº 14.133*, de 01 de abril de 2021. Lei de Licitações e Contratos Administrativos. Disponível em: http://www.planalto.gov.br/ccivil_03/_ato2019-2022/2021/lei/L14133.htm. Acesso em: 19 jun. 2021.

BRASIL. *Lei nº 8.666*, de 21 de junho de 1993 que regulamenta o art. 37, inciso XXI, da Constituição Federal, institui normas para licitações e contratos da Administração Pública e dá outras providências. Disponível em: http://www.planalto.gov.br/ccivil_03/leis/l8666cons.htm. Acesso em: 19 jun. 2021.

BRASIL. Ministério do Planejamento, Orçamento e Gestão. *Instrução Normativa nº 02*, de 30 de abril de 2008 (revogada pela IN nº 5, de 26 de maio de 2017) que dispõe sobre regras e diretrizes para a contratação de serviços, continuados ou não. Disponível em: https://www.gov.br/compras/pt-br/acesso-a-informacao/legislacao/instrucoes-normativas-revogadas/instrucao-normativa-no-02-de-30-de-abril-de-2008-revogada-pela-in-no-5-de-26-de-maio-de-2017. Acesso em: 19 jun. 2021.

BRASIL. Ministério do Planejamento, Orçamento e Gestão. *Instrução Normativa nº 5*, de 26 de maio de 2017, que dispõe sobre as regras e diretrizes do procedimento de contratação de serviços sob o regime de execução indireta no âmbito da Administração Pública federal direta, autárquica e fundacional. Disponível em: https://www.gov.br/compras/pt-br/acesso-a-informacao/legislacao/instrucoes-normativas/instrucao-normativa-no-5-de-26-de-maio-de-2017-atualizada. Acesso em: 19 jun. 2021.

PAIM, Flaviana; PERCIO, Gabriela. *Instrução Normativa 05/17-MPDG–Comentários a artigos e anexos*. Modelos Estruturais para Estudos Preliminares. Porto Alegre: Ingep Ed., 2017.

PÉRCIO, Gabriela Verona. *Contratos administrativos*: manual para gestores e fiscais. Curitiba: Juruá, 2015.

Informação bibliográfica deste texto, conforme a NBR 6023:2018 da Associação Brasileira de Normas Técnicas (ABNT):

PAIM, Flaviana V. As seis regras de ouro da fiscalização administrativa de contratos. *In*: FORTINI, Cristiana; PAIM, Flaviana Vieira (Coord.). *Terceirização na Administração Pública*: boas práticas e atualização à luz da Nova Lei de Licitações. Belo Horizonte: Fórum, 2022. p. 159-175. ISBN 978-65-5518-288-0.

CRITÉRIOS DE MEDIÇÃO NOS SERVIÇOS TERCEIRIZADOS: DO "HOMEM-HORA" ÀS METODOLOGIAS ÁGEIS

THIAGO ZAGATTO

Introdução

Neste artigo demonstramos o que e quais são os critérios de medição mais comuns aplicáveis nas contratações de serviços terceirizados. Revelamos os prós e contras de cada uma das unidades de medida, propondo uma análise individualizada e baseada em riscos.

A definição de tais critérios é uma das principais dificuldades enfrentadas na modelagem da gestão dos contratos. Soluções complexas, que envolvem várias subcategorias de serviços, divididos em etapas, muitas vezes não possuem uma unidade de medida que possa ser imediatamente avistada, e requer composições.

Construir critérios razoáveis, que alinhem a eficiência, a prevenção ao superfaturamento, a qualidade na prestação dos serviços, a facilidade na fiscalização do contrato e o interesse do mercado é o desafio que se impõe e para cujo enfrentamento pretendemos contribuir neste breve artigo.

1 O que é um bom critério de medição para serviços?

Não existe um critério melhor, aplicável irrestritamente a todo e qualquer tipo de contratação, sendo fundamental considerar ao menos duas variáveis: a) objeto contratado; e b) modelo de execução do contrato.

Com relação ao objeto, podemos prever, a exemplo, sem grandes dificuldades, que o critério de medição para um contrato de fornecimento de água mineral em garrafas plásticas será diferente do aplicado a uma contratação de serviços de advocacia. No primeiro caso, parece óbvio que se partirá da unidade "garrafa de água mineral". De tal forma que serão pagas apenas as garrafas efetivamente entregues, desde que o produto atenda a características técnicas e padrões definidos no termo de referência da contratação.

Por outro lado, o critério de medição de um contrato de serviços de advocacia pode não ser tão simples, resumindo-se a pagar por unidade de petição elaborada, independentemente da complexidade envolvida. Não que tal critério seja equivocado, porém na grande maior parte das situações ele seria insuficiente, careceria de precisão. Dependeria de verificar se as aludidas petições são padronizáveis em termos de esforços dispendidos na produção de cada uma delas.

Diante da impossibilidade de padronizá-las, o critério deixaria de ser adequado, no mínimo careceria de aprimoramentos, que poderiam ocorrer mediante a subdivisão das petições em categorias, dependentes das naturezas dos processos, quantidade de responsáveis envolvidos, quantidade de páginas, entre outros.

Assim também seria interessante verificar a existência de outros tipos de serviços advocatícios envolvidos, como contestações, apelações, recursos etc.

Ainda nesse exemplo, dependendo da complexidade dos trabalhos, do tempo dispendido em cada um deles, e da consequente necessidade de medir os serviços em etapas, esse poderia ser outro critério – ao invés de medir por petição concluída, poder-se-ia medir por fases ou etapas entregues e avaliadas. É o que se faz, por exemplo, nas empreitadas por preço global de obras e serviços de engenharia.

Nesse último parágrafo, é possível observar que o objeto repercute no modelo de execução do contrato, e este certamente no critério de medição. Veja-se, a complexidade dos serviços advocatícios envolvidos fez necessária a divisão em etapas e, portanto, indicou um modelo de execução contratual diferente do que seria a entrega de uma petição já concluída. Por consequência, as medições deverão observar as prestações parciais.

Imaginemos outra hipótese, os contratos de desenvolvimento de *software*, bastante comuns em todas as instituições. É natural que nesses tipos de contratação o modelo de execução do contrato envolva uma prestação contínua de serviços na confecção, testes, correções e aprimoramentos dos *softwares*. Por isso não é factível que o critério de medição seja limitado ao pagamento por *software* concluído. A uma porque tal critério não guardaria consonância com o maior ou menor esforço envolvido em cada *software*, com os custos em termos de "homem-hora" para a elaboração de cada um deles, de modo que cairia em desuso e seria substituído pela problemática prática da química, em que se paga um serviço no lugar do outro por ausência de correspondência exata no orçamento da contratação.

Nesse sentido, a medição de tais serviços iria requerer, eventualmente, uma ponderação, incluindo parcelas fixas pagas mensalmente, juntamente com outros critérios de entrega, os quais mantivessem o interesse para ambas as partes na consecução dos serviços, considerassem os riscos e responsabilidades pelos atrasos, as modificações ulteriores, os incrementos etc.

Reitera-se, portanto, que o modelo de execução dos contratos interfere diretamente na definição do critério de medição.

2 Critério "homem-hora" ou "por posto"

A medição por "homem-hora" ou "por posto" é bastante controvertida. Representa um valor fixo pago pela disponibilização de profissionais por determinadas horas ou postos, independentemente do atingimento de um objetivo concreto. Tem como ponto negativo o fato de não estimular a eficiência. O simples pagamento pelo esforço dispendido – horas ou postos – retira da empresa o interesse de aumentar a sua eficiência.

Mais grave do que isso, tais critérios fornecem um desincentivo ao resultado. Tendo em vista que são pagos valores fixos periodicamente pelos esforços dispendidos, não existe o estímulo econômico para a conclusão dos serviços. E caso, ao final, a entrega não atenda à necessidade prevista pela Administração, restará apenas a alternativa sancionatória, cuja efetividade é sabidamente baixa.

Por essa razão, o Tribunal de Contas da União já se manifestou diversas vezes pela necessidade de reservar tais critérios aos casos em que realmente forem imprescindíveis.

SÚMULA TCU Nº 269
Nas contratações para a prestação de serviços de tecnologia da informação, a remuneração deve estar vinculada a resultados ou ao atendimento de níveis de serviço, admitindo-se o pagamento por hora trabalhada ou por posto de serviço somente quando as características do objeto não

o permitirem, hipótese em que a excepcionalidade deve estar prévia e adequadamente justificada nos respectivos processos administrativos.

A mesma condição foi incluída na Instrução Normativa MP nº 5/2017, como diretriz para elaboração do projeto básico ou termo de referência.[1]

Não obstante, a aplicação da regra requer ponderação. Muitos serviços precisam ser medidos por postos ou por "homem-hora". São exemplos os contratos de serviços de portaria, vigilância, recepcionistas, copeiragem, apoio administrativo, telefonista. Em todos eles, é mais indicado que o critério seja por posto ou por homem-hora, pois é difícil individualizar as atividades realizadas por cada um dos profissionais alocados ao contrato, de modo a medir individualmente a entrega e pagá-la em sua exata correspondência.

Seria como tentar pagar os serviços de recepcionistas pelo número de atendimentos realizados, a portaria pelo número de pessoas que entraram e saíram da edificação, o apoio administrativo pelo número de análises realizadas. Ou seja, são opções inviáveis.

O pagamento em valores fixos mostra-se completamente aderente à realidade desses serviços, de modo que inexistem ganhos em tentar inventar alguma métrica mirabolante. Isso forneceria nada mais que um conforto espiritual, sem qualquer efetividade e eficácia, tornando o custo do controle desproporcionalmente maior. Nada impede que sejam definidos indicadores de qualidade na prestação dos serviços, de modo a garantir níveis mínimos a serem atingidos.

Em outras palavras, pagar valores fixos pelos serviços de recepcionistas, sem ter unidade de medida atrelada a objeto específico, não significa abrir mão de controles qualitativos. Paga-se o fixo desde que atendidos os padrões de qualidade esperados. Para isso, pode ser utilizado, por exemplo, o Instrumento de Medição de Resultado (IMR),[2] ferramenta disponível aos administradores públicos para promover

---

[1] Regra contida no item 2.6 do Anexo V da IN nº 5/2017: "d) Definir a forma de aferição/medição do serviço para efeito de pagamento com base no resultado, conforme as seguintes diretrizes, no que couber: d.1. estabelecer a unidade de medida adequada para o tipo de serviço a ser contratado, de forma que permita a mensuração dos resultados para o pagamento da contratada e elimine a possibilidade de remunerar as empresas com base na quantidade de horas de serviço ou por postos de trabalho [...]".

[2] Instrumento de Medição de Resultado (IMR): mecanismo que define, em bases compreensíveis, tangíveis, objetivamente observáveis e comprováveis, os níveis esperados de qualidade da prestação do serviço e respectivas adequações de pagamento, previsto no Anexo V-B da Instrução Normativa MP nº 5/2017.

uma espécie de remuneração variável das empresas, a depender dos resultados atingidos.

3 Pagamento por resultado objetivamente aferível

Superados os casos em que o pagamento "por postos" ou "homens-hora" revela-se como o critério mais eficiente, na outra extremidade tem-se a regra, a medição com base em unidade de medida aferível. São critérios comuns os seguintes:

Quadro 1 – Serviços x unidade de medida

Serviço	Unidade de medida comum
Limpeza	Metro quadrado de área limpa
Jardinagem	Metro quadrado de área de corte de grama
Projeto de desenvolvimento de *software*	Ponto de função e unidade de serviço técnico (UST)
Transporte	Quilômetro rodado
Manutenção predial corretiva	Intervenção realizada, ex.: disjuntor trocado, janela consertada, piso trocado etc.
Manutenção de ar-condicionado	Intervenção realizada, ex.: carregamento do gás, reparo na condensadora, limpeza, correção de vazamentos nos drenos etc.

Fonte: elaborado pelo autor.

Mesmo nesses casos não se deve acreditar na panaceia de que a unidade de medida relacionada a um resultado será sempre a melhor estratégia e conduzirá à opção mais eficiente. Para ilustrar a situação, imaginemos os serviços de limpeza. Não há dúvidas de que o critério de pagamento por metro quadrado de área limpa mostra-se mais adequado do que o simples pagamento por posto. A vantagem, já noticiada antes, é óbvia, estimular a eficiência da empresa, torná-la mais produtiva, otimizar os recursos materiais e de mão de obra, tema sobre o qual já escrevemos, aliás.[3]

Não se pode, por outro lado, esquecer de dois fatores: a) a complexidade e a diversidade dos tipos de limpeza a serem realizados; e b) as externalidades negativas do aludido estímulo à eficiência.

---

[3] ZAGATTO, Thiago Anderson. Inovação nos serviços de limpeza na administração pública – idealismo ou necessidade?. *Revista do TCU*, n. 133, p. 88-95, 2015.

Quanto ao primeiro aspecto, é extremamente diferente fiscalizar um contrato de limpeza com áreas e serviços padronizáveis, como limpeza de pisos, esquadrias, paredes, forros, em ambientes como escritórios, banheiros, auditórios, entre outros. Nesses casos, é possível estabelecer produtividades de referência para a limpeza de cada um dos ambientes, fator que conjugado à frequência das atividades fornecerá o esforço necessário e o correspondente custo por metro quadrado de área limpa.

Entretanto há contratos que envolvem a limpeza de mobiliário específico, com técnica diferenciada, ou ainda em áreas peculiares, como museus, laboratórios. E muitas vezes tais especificidades estão misturadas e compreendidas em único contrato, que contempla, além delas, serviços comuns de limpeza. De modo que algum nível de hibridismo nos critérios de medição seria necessário, pagando-se serviços especiais de acordo com as horas ou postos alocados em tais atividades e o restante dos serviços por metro quadrado.

É o que se faz também em contratos de manutenção predial que envolvem as intervenções preventivas e corretivas. Sobretudo nas preventivas, em que há um cronograma preestabelecido de atividades a serem realizadas, fixas, contínuas e muito pulverizadas, pode se mostrar interessante ao gestor pagar por postos fixos e concentrar os esforços de fiscalização nos resultados atingidos, controlando-os qualitativamente. Outras intervenções corretivas, individualmente mais relevantes, podem ser pagas pontualmente, por chamado atendido, de acordo com a entrega efetivamente realizada. Novamente, o hibridismo na medição pode ser a saída.

Quanto ao segundo aspecto, é necessário considerar os riscos envolvidos no estímulo à eficiência. A respectiva resposta do mercado será reduzir os custos de produção. O que poderá ocorrer mediante a aplicação de materiais em menor quantidade ou em qualidade inferior, remunerações mais baixas aos funcionários e consecutivo aumento da rotatividade, contratação de funcionários com qualificações aquém das necessárias etc.

Com o exposto não se pretende o recuo no critério de medição pelo receio de má conduta da empresa, mas apenas reconhecer a sua reação, para ponderar sobre custos e benefícios e, eventualmente, avaliar alternativas mais proporcionais no conjunto.

A lembrar, nesse aspecto, que as contratações públicas são ordinariamente fruto de licitação, e que, nos dias atuais, o pregão tem sido a preferência absoluta. A modalidade é caracterizada por uma fase de lances, com intensa disputa entre as licitantes. Nesse jogo, não são raros os casos em que as empresas fornecem lances e propostas muito ousadas, que não conseguem cobrir os custos incorridos na prestação dos respectivos serviços. Como consequência, a empresa buscará incessantemente a redução dos custos na prestação dos serviços.

Tal fator aliado a um critério de medição focado exclusivamente na unidade de medida do serviço poderá conduzir à redução na quantidade e na qualidade nos materiais, mão de obra e equipamentos aplicados. O que demandará grandes esforços e desgaste da fiscalização do contrato.

Nesse sentido, a depender dos riscos envolvidos na contratação, pode ser interessante combinar critérios de medição que vigiem não apenas o resultado objetivamente aferível, mas também, em alguma medida, garanta os meios utilizados pela empresa.

O equilíbrio é a melhor resposta. É enganoso o argumento de que é sempre melhor controlar apenas os fins atingidos, abrindo mão dos meios. Estrategicamente, a depender dos riscos envolvidos na contratação, é necessário que o órgão contratante imponha os meios a serem utilizados e fiscalize o atendimento dessas condições. De modo que, nessas circunstâncias, não haveria impropriedade na definição de um controle de meio como critério de medição.

Assim como exporei na seção seguinte, uma das contratações que vem demonstrando a necessidade de combinar critérios de medição é a da área de fabricação de *softwares*. Um desses critérios é o que se chama de "metodologias ágeis", adotadas em vários contratos recentes relativos à construção de *softwares*, nos quais, sinteticamente, exige-se a manutenção de postos de trabalho com profissionais que atendam a determinadas características (seniores, especializados etc.) e avaliam-se os resultados atingidos.

4 Metodologias ágeis

As contratações de fabricação de *software* foram primeiramente medidas com base "homens-hora", critério muito criticado pelas razões já expostas. Em seguida passou-se a utilizar massivamente a unidade "ponto de função".

A vantagem no uso do ponto de função está na delimitação dos esforços envolvidos em cada serviço solicitado, e o pagamento baseado na entrega. Em vez de pagar um valor fixo pela simples disponibilização de programadores, no padrão do ponto de função estabelece-se qual será a entrega e paga-se pelo respectivo pacote de custos envolvidos.

Entretanto tal modelo também revela as suas limitações. A primeira e mais clara é o seu persistente anacronismo diante da intensidade de alterações na forma de concepção, construção e aprimoramento dos *softwares*. O conjunto de esforços considerados na formação de um ponto de função precisa ser recorrentemente revisitado.

Além disso, não se pode desprezar a resposta fornecida pelo mercado. Muitos fornecedores contam com a baixa complexidade da maior parte dos *softwares* desenvolvidos e, no momento da licitação, reduzem excessivamente o valor unitário do ponto de função. Em consequência, tais empresas não conseguem entregar sistemas mais complexos, que exigem profissionais experientes e treinados.

Tal constatação revela a já mencionada necessidade de equilibrar os critérios. E é fundamental considerar que não obstante a fiscalização do contrato tenha o dever de garantir a qualidade nos serviços prestados, a realidade se impõe – profissionais inexperientes e de baixa qualificação não conseguirão concluir os objetos a contento, e restarão à Administração os limitados mecanismos sancionatórios.

Alguns dos riscos envolvidos no modelo exclusivamente concentrado nos postos de função são: não retenção de bons profissionais, devido ao baixo salário praticado; alta rotatividade; baixa taxa de alocação de profissionais; e alocação de profissionais com salários mais baixos e menos produtivos.

No modelo das metodologias ágeis, as demandas de desenvolvimento e manutenção de *software* são alocadas em ordens de serviços específicas para cada situação, nas quais os requisitos como a complexidade, a duração, a quantidade e a qualificação técnica mínima de desenvolvedores estarão sob controle do contratante.

Para garantir a qualidade dos profissionais alocados, no modelo das metodologias ágeis é comum serem fixadas as remunerações mínimas a serem pagas aos funcionários. Condição esta questionável do ponto de vista de invasão da empresa na sua liberdade de estabelecer os direitos de seus funcionários segundo os seus próprios critérios.

Por essa razão, a fixação de salários por parte da Administração é tida como alternativa residual pela Instrução Normativa MP nº 5/2017 e pelo TCU.[4] Assim, analogamente, diante da necessidade e dos riscos envolvidos, a questão da fixação dos salários dos profissionais não seria um obstáculo intransponível.

---

[4] A exemplo, citem-se os Acórdãos nºs 2.101/2020, 2.963/2019 e 1.097/2019, todos do Plenário do TCU.

Quanto à forma de aferição dos resultados, as metodologias ágeis propõem uma mensuração multidimensional (produtividade-qualidade-efetividade) em detrimento da avaliação singular feita por ponto de função.

Não obstante, um ponto considerado essencial nesse modelo é a aferição de níveis de serviços. À medida que se desloca parte grande do controle para os meios utilizados pelas empresas (definição da equipe mínima e respectiva qualificação, e, eventualmente, a própria remuneração, duração do projeto, entre outros), a Administração não pode perder de vista o resultado pretendido e avaliá-lo criteriosamente. Deve-se ter em mente a certa medida entre a instituição de controles que ajudam a induzir o resultado pretendido, sem se tornar um coexecutor e corresponsável pela execução dos serviços, que são, a rigor, responsabilidade da empresa.

De todo modo, as metodologias ágeis surgem como uma alternativa. Mais do que isso, reiteram a necessidade de que os mesmos critérios de medição não podem ser fixados de maneira simplista e irrestrita a todos os tipos de serviços. Como observado, em alguns casos, o critério por posto será o mais adequado e eficaz; em outras situações unidades de medida específicas, como metro quadrado para limpeza, serão alternativas mais eficientes. Em contratações de fabricação de *softwares* mais simples, os pontos de função mostrar-se-ão razoáveis.

5 A identificação de superfaturamento a partir do critério de medição

Dois fatos caracterizadores de superfaturamento na execução de um contrato são a) medição e pagamento por fornecimentos/serviços não prestados; e b) medição e pagamento por fornecimentos/serviços de qualidade inferior à contratada.

Certamente existem outras formas de superfaturamento, mas aqui nos concentraremos nessas duas. Pois bem, a partir de um critério de medição definido, qualquer pagamento realizado em quantidades acima das efetivamente realizadas configurará superfaturamento.

Tabela 1 – Superfaturamento por medição em quantidades superiores às executadas

Serviço	Unidade de medida	Quantidade medida e paga	Quantidade efetivamente executada	Superfaturamento (em quantitativo)
Limpeza	m^2	1.000	500	500
Transporte	km	500	400	100
Software	Ponto de função	10	8	2
Vigilância	Posto	20	18	2
Recepcionista	Posto	15	13	2

Fonte: elaborado pelo autor.

Além das situações acima, o superfaturamento poderia decorrer da prestação/fornecimento em qualidades inferiores às especificidades. A exemplo, uso de materiais de limpeza de segunda categoria, transporte com veículo de padrão inferior, recepcionista com experiência inferior à requisitada e sem a formação exigida.

O critério de medição fornece diretrizes para as chamadas "glosas" contratuais, comumente e muitas vezes indevidamente praticadas em contratos administrativos, que objetivam evitar o superfaturamento.

Assim, a partir do critério de medição e das especificações técnicas mínimas dos produtos/serviços, será possível delimitar os limites para as glosas e, consequentemente, quais delas são excessivas.

Deste pressuposto, caso seja medido um serviço em qualidade ou quantidade inferior à contratada, ou caso a empresa deixe de usar um insumo obrigatório, ou use um de qualidade inferior, a Administração terá o direito de efetuar a glosa.

Contudo, isso não dá o direito de exigir a correspondência entre os custos efetivos da empresa e sua proposta apresentada na licitação. A composição de custos da empresa é formada por diversas rubricas, estas baseadas em estimativas, previsões, que podem não se concretizar. Assim, a mera existência de uma rubrica no orçamento da empresa sem o correspondente custo no fluxo da execução contratual não deve dar azo a glosas e não gera superfaturamento.

Como dito acima, o superfaturamento se confirmará a partir da detecção de serviços em quantidade ou qualidade inferior à pretendida, e não do fato de a empresa ter um custo menor na prestação dos serviços em relação ao proposto na licitação.

A propósito, a Lei nº 14.133/2021, art. 48, IV, reitera a inadmissão de critérios de medição que simbolizem o mero reembolso dos salários pagos pelas empresas.

6 A irrelevância do critério de medição para a configuração da dedicação exclusiva de mão de obra

Por fim, e em rápido arremate, deve-se registrar que o critério de medição dos serviços não é relevante para a configuração ou não da dedicação de mão de obra exclusiva.

Segundo o art. 17 da Instrução Normativa MP nº 5/2017, a dedicação exclusiva de mão de obra ocorrerá quando o funcionário da empresa contratada permanecer constantemente dentro da instituição contratante ou em local designado por esta; e não for compartilhado em outras contratações.[5]

Note-se, assim, que independentemente da unidade de medição dos serviços, se forem preenchidos os requisitos acima, a dedicação exclusiva de mão de obra estará configurada, e, com ela, advirá o conjunto de obrigações relativas à verificação da regularidade trabalhista dos funcionários da contratada.

Nesse sentido, por mais que o critério de medição seja orientado a resultados ou unidades objetivamente aferíveis, se o funcionário da empresa permanecer de maneira ininterrupta dentro do órgão/entidade contratante, não há dúvidas de que a dedicação exclusiva de mão de obra restará configurada.

Trata-se do pressuposto da realidade, orientador da justiça laboral. Diante da necessidade de afastar tal característica é necessário rever o modelo de execução do objeto, eliminando a presença constante do mesmo funcionário da empresa na instituição contratante.

---

[5] "Art. 17. Os serviços com regime de dedicação exclusiva demão de obra são aqueles em que o modelo de execução contratual exija, dentre outros requisitos, que:
I – os empregados da contratada fiquem à disposição nas dependências da contratante para a prestação dos serviços;
II – a contratada não compartilhe os recursos humanos e materiais disponíveis de uma contratação para execução simultânea de outros contratos; e
III – a contratada possibilite a fiscalização pela contratante quanto à distribuição, controle e supervisão dos recursos humanos alocados aos seus contratos.
Parágrafo único. Os serviços de que trata o *caput* poderão ser prestados fora das dependências do órgão ou entidade, desde que não seja nas dependências da contratada e presentes os requisitos dos incisos II e III."

7 Considerações finais

A definição do critério de medição deve ser construída segundo o caso concreto, diante das peculiaridades dos serviços contratados, e requer uma análise multidimensional. O fetiche por uma unidade de medida que simbolize uma entrega objetivamente aferível não atende aos enormes desafios colocados aos gestores, na maior parte das vezes por não fazer sentido aos objetos contratados, ou não representarem a proposta mais eficiente.

Nesse sentido, cabe ao gestor buscar a melhor resposta, atentando, por outro lado, para que isso não represente mero comodismo e retorno ao modelo "homem-hora" ou "por posto" para não ter o desconforto de medir os serviços efetivamente prestados.

Informação bibliográfica deste texto, conforme a NBR 6023:2018 da Associação Brasileira de Normas Técnicas (ABNT):

ZAGATTO, Thiago. Critérios de medição nos serviços terceirizados: do "homem-hora" às metodologias ágeis. *In*: FORTINI, Cristiana; PAIM, Flaviana Vieira (Coord.). *Terceirização na Administração Pública*: boas práticas e atualização à luz da Nova Lei de Licitações. Belo Horizonte: Fórum, 2022. p. 177-188. ISBN 978-65-5518-288-0.

FISCALIZAÇÃO DE CONTRATOS CENTRALIZADOS: A EXPERIÊNCIA DA CENTRAL DE COMPRAS

ISABELA GOMES GEBRIM,
LUÍS GUILHERME IZYCKI

1 Introdução

Em um contexto em que o desafio maior da Administração Pública é entregar mais serviços à sociedade, em menor tempo e com maior qualidade, porém, contando com estruturas de trabalho cada vez mais enxutas, com maior restrição orçamentária e uma cobrança maior da sociedade para que os órgãos tenham maior eficiência, eficácia e efetividade em suas atividades, é que surgem oportunidades para que novos arranjos, sobretudo na temática de contratações públicas, sejam desenhados.

Conforme Cavalcante (2017), as compras públicas atualmente têm papel relevante no estímulo à inovação, tendo em vista que os serviços públicos são, ao mesmo tempo, consumidores e usuários de iniciativas inovadoras. De acordo com aquele autor, o processo de aquisição foi considerado por mais da metade das organizações que prestam serviços públicos como contributivo para desenvolvimento de soluções de serviço inovadoras.

Recente relatório publicado pela Organização para a Cooperação Econômica e Desenvolvimento – OCDE (2021) traz dados relevantes sobre o papel estratégico que as compras públicas desempenham na economia e na qualidade dos serviços que são prestados à sociedade. De acordo com o relatório, em 2020, o governo federal gastou cerca de R$35,5 bilhões somente em aquisição de bens, serviços e obras. A título de comparação e para evidenciar o vulto envolvido com essa temática, em 2017, o volume de contratações públicas representou cerca de 13,5% dos gastos totais do governo brasileiro e aproximadamente 6,5% do PIB do Brasil (OCDE, 2021).

As compras públicas têm papel relevante não apenas ao poder público, mas a toda a sociedade. No entanto, por vezes, o custo transacional de uma compra é desprezado em detrimento do custo da aquisição de fato. A depender do objeto e da complexidade, o custo de transação pode trazer grande repercussão em termos de custos e esforço administrativo por parte da Administração Pública, gerando ineficiência.

É preciso destacar que, entre os custos transacionais, um que pode implicar em alto custo administrativo é relacionado à fiscalização contratual. Considerando o advento da nova lei de licitações, em que um processo licitatório poderá gerar um contrato administrativo com duração de até 10 anos, conforme hipóteses previstas na Lei, um custo elevado de um processo de fiscalização contratual onerará duramente a Administração Pública.

Diante disso, faz-se necessário um olhar cauteloso e preciso em relação aos processos de fiscalização contratuais, com um viés de melhoria contínua, buscando eficácia e eficiência para a Administração Pública.

2 A Central de Compras: atuação na fiscalização de contratos no Centro de Serviços Compartilhados do Governo Federal

Tendo em vista a relevância das compras públicas, é que foi criada, em 2014, a Central de Compras do Governo Federal (CENTRAL). Referida Unidade é atualmente subordinada à Secretaria de Gestão da Secretaria Especial de Desburocratização, Gestão e Governo Digital do Ministério da Economia e tem como missão precípua realizar procedimentos de aquisição e contratação de bens e serviços de uso comum pelos órgãos da administração pública federal direta, autárquica e fundacional.

Entende-se por bens e serviços de uso comum aqueles voltados às atividades-meio dos órgãos, ou seja, que dão suporte à consecução das atividades finalísticas e que são necessidades comuns aos órgãos, tais como: contratação de serviços de limpeza, apoio, transporte, material de expediente, vigilância, entre outros.

Referidas atividades têm caráter transacional e são realizadas por todos os órgãos e entidades da Administração Pública Federal (APF) que acabam por atuar isoladamente, e, como consequência dessa atuação, tem-se que os processos de licitação, fiscalização, gestão e pagamento são replicados em cada uma dessas estruturas. A replicação de esforços na cadeia logística da APF acarreta falta de padronização, perda de economia de escala, maior número de servidores dedicados àquelas atividades, falta de informação gerencial e disponível de fácil acesso e maior custo ao erário.

A atuação independente dos órgãos, as várias formas de gestão e a falta de comunicação entre eles para o compartilhamento de boas práticas, bem como a ausência de informações a respeito da própria demanda levava ao desperdício ou à não otimização dos serviços contratados, o que causava um ainda maior dispêndio público.

Dada essa conjuntura é que, em 2016, a CENTRAL passa a atuar como Centro de Serviços Compartilhados (CSC), sendo prestadora direta de serviços aos órgãos, realizando a gestão e fiscalização dos contratos e a operação dos serviços, promovendo a integração dos processos de trabalho hoje difusos e reproduzidos nos órgãos e reduzindo custos da cadeia de suprimentos de serviços administrativos de uso em comum, com ganhos de escala, qualidade e eficiência, além da desoneração das áreas-meio dos órgãos e otimização das estruturas administrativas.

No tocante ao surgimento de Centros de Serviços Compartilhados na gestão pública, não se sabe o momento exato em que foi iniciado. Porém, como desde a década de 1990 a iniciativa privada já fazia uso desse arranjo, houve, com a própria evolução da administração pública, espaço favorável à incorporação desse modelo, com grande foco na redução de custos entre os departamentos e na satisfação do cliente, desonerando as unidades de atividades administrativas rotineiras, permitindo, assim, concentrar esforços nas atividades que tenham maior impacto na consecução da missão dos órgãos (FERREIRA; BRESCIANI; MAZZALI, 2010).

A atuação da CENTRAL na gestão e fiscalização de contratos centralizados está prevista no Decreto nº 9.745, de 8 de abril de 2019, que estabelece como competências daquela Unidade, entre outras, desenvolver, propor e implementar modelos, mecanismos, processos e procedimentos para aquisição, contratação, alienação e gestão centralizadas de bens e serviços de uso em comum pelos órgãos e pelas entidades do Governo Federal e firmar e gerenciar as atas de registros de preços e os contratos decorrentes dos procedimentos que a Unidade realizar.

Convém salientar que não são todos os objetos licitados pela CENTRAL que são fiscalizados e geridos centralizadamente. Os estudos e estratégias propostos indicarão a forma de centralização que será adotada em cada um dos serviços que serão licitados. Nesse ponto, verifica-se a flexibilidade com que a Unidade atua, podendo, conforme Santos (2019), ter objetos cujo modo de operação seja amplo, em que a centralização é realizada até o momento de seleção do fornecedor, ou ultracentralizado, que abrange a centralização desde o planejamento das compras até a gestão do contrato, exemplo dos serviços prestados por meio do Centro de Serviços Compartilhados. O melhor modo a ser adotado depende da realidade e nível de maturidade de cada órgão e dos benefícios que se espera com a centralização a ser adotada.

Pois bem, nessa linha de raciocínio, a metodologia de trabalho utilizada pela Central de Compras no desenvolvimento de projetos é extremamente relevante. Ao se iniciar um projeto, é instituída uma equipe para realizar as fases iniciais de planejamento da contratação, antes mesmo de ser elaborado o Estudo Técnico Preliminar previsto no artigo 6º, inciso IX, da Lei nº 8.666/93 e na Instrução Normativa SEGES nº 5/2017.

Referida equipe é composta de servidores que atuam nas mais diversas fases do processo de contratação ou, caso não seja possível a participação em todos os momentos, esses servidores são demandados para construírem colaborativamente os documentos que culminarão na licitação. Assim, há a atuação de membros da equipe de licitação, que atuarão analisando previamente os artefatos que estão sendo produzidos e a aderência desses às normas vigentes. Há participação também dos servidores que compõem a equipe de fiscalização e gestão de contratos e do núcleo orçamentário e financeiro.

A depender do projeto, servidores que atuam em outros órgãos e entidades também são convidados a compor a equipe ou contribuir na construção dos documentos. Esse arranjo permite que riscos com a futura fiscalização de gestão de contratos sejam mitigados e que necessidades de ferramentas, alocação de pessoas, reorganização de prioridades sejam vistas antecipadamente.

Tendo em vista que a atuação da Central de Compras atualmente por meio do CSC é de prestar serviços comuns aos outros órgãos e entidades, toda a construção da lógica de fiscalização dos contratos centralizados segue os ditames da Instrução Normativa SEGES nº 5/2017.

Dentro da estrutura da CENTRAL, existem duas Coordenações-Gerais que compõem o CSC. Na Coordenação-Geral de Serviços Compartilhados estão lotados os servidores que atuam nos núcleos de relacionamento com os clientes, gestão de projetos, análise de dados e informação e fiscalização de contratos. Já na Coordenação-Geral de Gestão de Atas e Contratos há uma Coordenação responsável por gerir as Atas de Registro de Preços, um núcleo orçamentário e financeiro e uma unidade de gestão de contratos. A equipe de fiscalização de contratos é composta de 5 servidores e a de gestão de contratos por 5 servidores.

Na atuação da equipe de fiscalização na fase de planejamento da contratação são verificados e construídos os instrumentos de controle que permitirão a mensuração dos resultados alcançados em relação ao contratado, com a verificação dos prazos de execução e da qualidade demandada; da adequação dos serviços prestados à rotina de execução estabelecida; do cumprimento das demais obrigações decorrentes do contrato; e da satisfação do público usuário. Referida equipe atuará, quando da assinatura do contrato, em sua fiscalização, o que contribui imensamente para o sucesso dessa atividade.

Porém, para que seja viável realizar a fiscalização de contratos que atendam a todos os órgãos da Administração Pública Federal direta, nos dias atuais, é preciso que haja uma rede de fiscalização *in loco* nos órgãos beneficiários do serviço, por meio da atuação de servidores ou unidades que realizarão a fiscalização setorial e também pelo público usuário.

Nesse contexto, a estrutura desenhada para fiscalizar os contratos é composta de: fiscais técnicos operacionais, lotados na Central de Compras, e responsáveis por, entre outras atividades, aferir a quantidade, qualidade, tempo e modo da prestação do serviço, acompanhar e atestar provisoriamente a execução do contrato, verificando possíveis falhas ou faltas nas obrigações assumidas, e realizar interlocução junto às empresas contratadas; fiscais setoriais, que são denominados gestores setoriais para fins normativos pela CENTRAL, que atuam atestando se o serviço foi, de fato, prestado em seu órgão ou unidade, por meio de solução tecnológica; e os usuários do serviço ou representantes de unidades, que são os responsáveis pela confirmação ou contestação do serviço.

3 Fiscalização de contratos centralizados na prática

A precisão na tomada de decisões em um processo de fiscalização de contratos administrativos, com segurança jurídica entre as partes e de forma justa, passa pelo uso intensivo de dados e informações objetivas, acompanhadas pela definição de parâmetros numéricos pela Administração Pública. Ao propor uma fiscalização contratual sustentada pela análise de evidências com base em dados e informações, o gestor público garante clareza e possibilidade de automatização de processos.

A adequada avaliação e análise de dados deve ser realizada com o uso de ferramentas adequadas e capacidade técnica da equipe de fiscalização. Dada a baixa complexidade dos bancos de dados gerados pelos serviços contratados pela Administração Pública, o uso de ferramentas para análise de informações pode se resumir a programas de edição de planilhas até mesmo o uso de painéis de *business intelligence*. Importante destacar que o uso de ferramentas não deve ser um fim nele mesmo. Não é a adoção de *softwares* potentes, simples e de fácil usabilidade que gera uma análise adequada de dados para a produção de informações à fiscalização contratual, mas sim uma equipe orientada ao uso de dados e informações, com parâmetros razoáveis e bem estabelecidos que leva ao uso de dados direcionados ao sucesso da fiscalização contratual.

A equipe de fiscalização deve ser formada, ao menos em parte, por profissionais com capacidade técnica de análise de dados e *soft skills* relacionadas a objetividade, raciocínio lógico apurado e pragmatismo.

O primeiro passo para uma fiscalização orientada a dados reside na existência de dados. Para isso o serviço a ser contratado deve gerar informações qualificadas. A qualificação da informação é possível com a geração de todas as informações relevantes sendo registradas em um sistema, por meio da digitalização do serviço contratado. O nível de digitalização atual do mercado faz com que a criação de sistemas seja possível a ponto de que prestadores de serviço, mesmo aqueles que não possuam capacidade técnica para desenvolvimento de sistema, atuem com uma solução tecnológica. Obviamente que o uso de tecnologia beneficia não apenas a fiscalização, mas o objetivo final de toda a existência de qualquer contratação feita pelo poder público: garantir a realização de políticas públicas. Em outras palavras está se falando sobre usabilidade ao usuário final do serviço contratado.

Uma solução digital de ponta a ponta garante que não haja o desafio da digitalização de dados e informações por meio de um esforço humano na transcrição de dados de um ambiente analógico para digital, o que gera custos e taxas de erros elevadas.

Ao se tratar de banco de dados digitalizados, segurança e inviolabilidade são premissas obrigatórias na guarda e produção de dados e informações. A segurança com a informação não se mostra apenas como algo que garanta processos adequados e eficientes, mas garante toda a segurança e a própria validade de todos os processos e inviabilizando o processo de fiscalização contratual.

Como forma de evitar inseguranças eventuais relacionadas a informação, a garantia de acesso a *logs* de alteração em informações no sistema para eventualmente a realização de processo de auditorias para avaliação quanto a alterações de forma inesperada e sem permissão por parte do fornecedor. A inviolabilidade da informação deve ser absoluta, com exceção a casos extremos em que um registro incorreto pode corromper toda avaliação feita no sistema.

As informações geradas pela equipe de fiscalização, com uso das ferramentas adequadas, precisam ser acompanhadas pela definição de parâmetros apropriados, claros e formais para avaliação do serviço e tomada de decisões. Sem uma análise adequada sobre a qualidade é impossível informar se uma prestação está adequada ou deficiente. Uma das ferramentas indispensáveis para avaliação da qualidade é o Índice de Medição de Resultado (IMR). O processo de fiscalização começa com uma contratação adequada, com IMRs racionais, razoáveis e que realmente possam permitir a avaliação da qualidade do serviço. Importante destacar que o objetivo do IMR não é a simples punição, mas a busca de uma melhoria contínua para adequação com qualidade desejada pela administração pública.

A noção de que a transparência não acaba com a atuação da equipe de gestão e fiscalização contratual é necessária. O Estado brasileiro vem dando passos contundentes a caminho da transparência por meio da Lei de Acesso à Informação e outros normativos que trazem transparência ao cidadão. A garantia de acesso à informação permite um mecanismo poderoso que é o controle social. Entre os diversos avanços que a transparência da informação governamental oferece a uma sociedade, o acesso a dados e informações sobre contratações permite a análise sobre pagamento e qualidade das contratações da Administração Pública e eventuais falhas podem ser apontadas e sanadas. A existência de ferramentas de controle, seja interno ou externo, deve ser encarada como um auxílio nas atividades desenvolvidas pelo servidor público. Por mais duro que possa ser ter o próprio trabalho sendo avaliado ou auditado por alguma entidade pública ou da sociedade civil, isso é positivo à Administração Pública, pois garante um melhor funcionamento da máquina pública. Para isso, deve-se entender como prioridade a transparência, com uso de transparência ativa da forma mais ampla possível.

Como parte da transparência que gera o controle social adequado, a organização de informações é essencial. Apesar de serem ferramentas adequadas para divulgação de informação, arquivos em formato aberto não garantem uma análise qualificada. Para análises precisas, a organização e a facilidade para aplicação de filtros são necessárias e, para isso, o uso de painéis de *business intelligence*, como exemplo os painéis do Governo Federal criados pelo Ministério da Economia, como o Painel de Custeio e o Painel de Compras, é o que há de mais adequado para, inclusive, quem não possui experiência em análise de dados.

A fiscalização como um todo é um processo que inicia com o uso do serviço, passa pela geração de informações e encerra com atividades de avaliação da qualidade para fins de fiscalização contratual. Esse fluxo é um processo que deve ser mapeado de forma integral para garantia de governança sobre as atividades para buscar a padronização de processos, permite a revisão e melhoria contínua de processos e criação de indicadores para acompanhamento do processo. Conforme Apostila de Análise e Melhora de Processos da Escola Nacional de Administração Pública – ENAP (2016), o mapeamento dos processos importantes é fundamental, pois não é possível melhorar o que não se conhece.

A documentação de mapeamento de processos deve ser feita em ambientes compartilháveis e organizada, com a participação no levantamento e posterior acesso permitido a toda a equipe que atua na fiscalização contratual.

A fiscalização contratual se trata de um processo com periodicidade bem definida que demanda artefatos que podem ser padronizados, bem como documentos formais e processos administrativos decorrentes da fiscalização. A criação de modelos de artefatos, documentos e processos administrativos traz um ganho notável em termos de simplificação de atividades, além de permitir a governança eficiente e eficaz sobre a fiscalização, possibilitando a continuidade dos processos ao tornar explícito o conhecimento sobre a forma como a fiscalização é realizada.

Para um mapeamento adequado é preciso o levantamento integral de atividades relacionadas a fiscalização e qual o responsável de cada atividade. Inicialmente deve-se mapear processos conforme eles são executados, mesmo que haja claro déficit de eficiência e eficácia.

Finalizado o mapeamento processual, caso seja notado que é impossível a discriminação do responsável por atividades específicas no processo de fiscalização, o gestor do processo de fiscalização deve esclarecer e definir quais são os responsáveis.

Se o mapeamento foi bem-sucedido e após definição de forma clara das atividades de todos os atores no processo, deve-se estabelecer instrumentos de medição, claros e objetivos, para o processo, a destacar critérios de duração do processo como um todo ou para atividades específicas, quantidade de erros ocorridos, custo do processo ou horas-homem demandadas no processo. Ao medir é possível concluir se a fiscalização possui qualidade, apesar de que definir o limite do que é qualidade pode ser algo subjetivo, no entanto, mesmo assim a medição é razoável.

Considerando critérios de qualidade criados, o monitoramento deve tornar-se parte da rotina da equipe de fiscalização, em especial do gestor da equipe que atua como curador do processo. O monitoramento torna-se inócuo caso não traga uma revisão ou alteração de processos e atividades, criação de artefatos ou uso de ferramentas adequadas que busquem o aumento da qualidade, considerando os mesmos critérios já estabelecidos.

Aqui é preciso ficar claro ao gestor público que a busca por melhoria contínua deve ser assumida como algo essencial, mesmo em processos que sejam funcionais. A excelência em um processo de fiscalização é alcançada após revisão constante de processos e eventualmente adoção de novas ferramentas.

O processo de fiscalização é um produto de um Termo de Referência elaborado pela área demandante. O Termo de Referência, por sua vez, tem como objetivo a contratação de um objeto direcionado a alguma atividade da Administração Pública e todo o serviço contratado tem um usuário final que é atendido pela contratação. A fiscalização contratual precisa ter clareza que a atividade de fiscalização existe para garantir a entrega do serviço ao usuário com a qualidade desejada e projetada na licitação. A fiscalização contratual não é um fim em si mesma. Para garantir a entrega adequada ao usuário final, deve-se garantir a participação da equipe de fiscalização subsidiando a equipe de planejamento da contratação, com voz ativa sobre a forma de fiscalização, em especial no que tange aos critérios de qualidade concretizados no Índice de Medição de Resultado do serviço a ser prestado.

Na sequência, passaremos a apresentar como é realizada a fiscalização dos contratos para prestação dos serviços do TáxiGov e Almoxarifado Virtual, e como estão sendo desenhados os processos de fiscalização dos contratos que envolvem a compra direta de passagens e a prestação do serviço de limpeza e conservação.

4 Exemplos de contratos fiscalizados pela Central de Compras

4.1 TáxiGov

A Central de Compras possui um contrato único de transporte administrativo de servidores públicos em atividades administrativas para utilização de todos os órgãos públicos federais no Distrito Federal. Com uma equipe composta de 5 servidores públicos fiscais de contrato e suporte de outros 2 analistas de dados localização é feito mensalmente e tem a duração de aproximadamente 5 dias úteis.

O processo é 100% mapeado, com parâmetros de eficiência definidos, e alvo constante de melhorias e reavaliações por parte da equipe. Em caso de falta de qualidade no processo há uma apuração interna da equipe buscando encontrar falhas no processo ou nas ferramentas utilizadas.

O papel dos órgãos parceiros nesse serviço é estabelecido por meio de um Termo de Adesão, que é assinado tanto pelo órgão quanto pela Central de Compras. No Termo são estabelecidas regras de relacionamento entre as entidades e a Central de Compras com destaque para a obrigatoriedade de ateste ou conteste do serviço até o quinto dia útil do mês subsequente à utilização do serviço pelo gestor do serviço no órgão como também a descentralização orçamentária e financeira, que deve ser feita pela entidade previamente à utilização do serviço, criando-se assim uma espécie de conta corrente, em que o órgão tem disponível para uso o orçamento que foi descentralizado, reduzindo à medida que o serviço é utilizado. Entidades que não realizem a descentralização antecipadamente ficam bloqueadas no sistema do fornecedor e os usuários impedidos de utilizar os serviços.

O ateste ou conteste do serviço tem papel fundamental para a fiscalização contratual. Além de garantir que a entidade detentora do orçamento a ser utilizado no pagamento autoriza o uso do recurso, o ateste ou conteste tem a função de distribuir o esforço de análise quanto à adequação do serviço.

A avaliação do serviço pelas entidades tem foco na experiência do usuário com o uso do serviço. Assim, garante-se que eventuais registros incorretos de corridas realizadas, problemas operacionais no uso do serviço ou algum outro problema em que um relatório eventualmente tem dificuldade em encontrar, será conhecido.

De forma a dar celeridade no processo de fiscalização contratual, é realizada análise de informações relacionadas ao longo do mês. São avaliações quanto a registros corretos do serviço por meio de aplicação de parâmetros de análise definidos e constantemente melhorados de forma a encontrar o menor número de falsos positivos quanto a possíveis erros de registro. Ao final do mês é feita uma nova avaliação sobre todas as corridas de forma a ter certeza de que não há nenhum erro de registro no sistema e também a avaliação da qualidade da prestação por meio de aplicação dos IMRs.

A análise objetiva da equipe de fiscalização é realizada utilizando a ferramenta de *business intelligence* QlikSense, com aplicação de parâmetros claros e bem definidos. O resultado final da análise pela equipe de fiscalização gera subsídios para a criação do Termo Circunstanciado de Recebimento Provisório (TCRP), documento padronizado criado pela Central de Compras, que indica o valor exato que será pago, conforme o resultado do serviço, e encerra o processo mensal de fiscalização contratual.

O processo mensal de fiscalização é finalizado em até 5 dias úteis após o encerramento dos atestes ou contestes dos órgãos, passível de prorrogação no caso de eventualidades como alterações na base de dados do fornecedor.

Dada a complexidade da fiscalização de modelos de transporte existentes na Administração Pública previamente ao TáxiGov, envolvendo fiscalização de mão de obra de condutores e, em partes, gestão da frota sobre veículos terceirizados, o TáxiGov trouxe expressiva simplificação de custos administrativos no processo de fiscalização contratual de transporte.

Com base em avaliações feitas pela Central de Compras sobre os processos de fiscalização pré e pós-implantação do TáxiGov, foi possível transformar o volume de atividades envolvendo os processos em homens-hora (HH). Esses custos apontam que o atual processo de fiscalização, incluindo o esforço de avaliação do serviço e de ateste ou conteste pelos gestores do serviço nos órgãos usuários, é em HH de 1.312,50, o que representa a atuação integral de 7,45 servidores.

Comparando com os modelos anteriores, em que há grande tendência de replicação de processos de fiscalização entre os órgãos usuários do serviço e falta de eficiência nos processos, concluiu-se que houve uma redução mensal de 423.949,90 HH nos processos, o que representa uma diminuição de atuação de 38,5 servidores.

4.2 Almoxarifado Virtual Nacional

A aquisição de materiais de expediente na administração pública se caracteriza por uma grande quantidade de processos de aquisição somada a itens com baixo valor agregado. Levantamentos da Central de Compras apontam que cada órgão público federal no Distrito Federal realizava em média mais de 4 processos de aquisição de material expediente por ano. O esforço administrativo empregado nesses tipos de aquisição e a replicação de processos justificou a criação do Almoxarifado Virtual Nacional, serviço de aquisição de material de expediente da central de compras para toda a administração pública.

Nesse serviço, foi aplicada a lógica de CSC para toda a administração pública federal direta no Brasil inteiro, com um único contrato firmado pela Central de Compras com os fornecedores do serviço. O serviço está em fase de implantação e ainda em 2021 estará implantado em toda a administração pública federal direta no Brasil.

A fiscalização contratual foi pensada e mapeada previamente ao início do serviço e, mesmo antes do encerramento da completa implantação, a revisão dos processos está em andamento, buscando sempre a melhoria contínua com base em critérios de qualidade para fiscalização pactuados pelo gestor da equipe de fiscalização.

O Almoxarifado Virtual foi inspirado na experiência bem-sucedida do TáxiGov em relação ao relacionamento entre a Central de Compras e os órgãos usuários do serviço, formalizando todas as regras por meio de um Termo de Adesão. Assim como no TáxiGov, referido Termo é assinado tanto pelo órgão quanto pela Central de Compras. As regras de relacionamento também são parecidas, inclusive quanto ao ateste ou conteste pelos gestores do serviço no órgão e também pela relação orçamentária em que há necessidade de uma descentralização prévia por parte do órgão.

O ateste ou conteste do serviço é realizado no sistema dos fornecedores pelos gestores do serviço no órgão até o quinto dia útil do mês subsequente à prestação do serviço e tem como finalidade a confirmação de que as entregas de itens de material foram realizadas com a quantidade e qualidade necessária. Apenas com essa confirmação torna-se possível qualquer análise sobre a qualidade do serviço pela equipe de fiscalização, uma vez que o recebimento de itens adquiridos é realizado *in loco* por algum servidor ou colaborador do órgão usuário do serviço.

A análise da qualidade do serviço é feita sobre a confirmação da qualidade e quantidade desejada dos itens e sobre o prazo de entrega. Todas as informações são geradas pelo sistema do fornecedor e analisadas com o auxílio do Power BI, ferramenta de *business intelligence*. Sendo completa a análise inicial, que é estritamente objetiva, é elaborado o Termo Circunstanciado de Recebimento Provisório (TCRP), documento padrão nos mesmos moldes do TáxiGov, e que indica o faturamento do serviço, encerrando o processo mensal de fiscalização contratual.

Um processo de fiscalização com qualidade foi definido com a finalização ocorrendo em até 5 dias úteis após o encerramento dos atestes ou contestes dos órgãos. Como o serviço encontra-se em fase de implantação, eventuais atrasos serão observados e objetos de avaliação, podendo resultar em mudanças nos artefatos e nos processos.

A avaliação quanto à qualidade ao longo do uso do material de consumo é feita pelos usuários do serviço, que fornecem *feedback* à Central de Compras, que avaliará a razoabilidade da substituição do material por um outro de melhor qualidade.

O Almoxarifado Virtual Nacional teve como principal objetivo ao ser criado a centralização e consequente redução de processos de aquisição de materiais de expediente, otimizando outros processos como inclusão de novos itens para aquisição. Apesar de não ser o objetivo primário do serviço, houve uma expressiva redução no esforço administrativo do processo de fiscalização do serviço em comparação com os modelos anteriores.

É preciso destacar que os modelos anteriores se caracterizavam pela mera aquisição de materiais de consumo, que, por si só, traz a dimensão da diferença observada entre processos de fiscalização contratual nos modelos pré-Almoxarifado Virtual Nacional.

Parte dos processos de fiscalização não foram alterados com o advento do Almoxarifado Virtual Nacional, a destacar as atividades de recebimento e conferência da quantidade e qualidade dos bens. Para as demais etapas do processo, o mapeamento, a revisão e otimização do fluxo trarão resultados esperados, assim que for finalizada toda a implantação do Almoxarifado Virtual Nacional, na ordem de 133.326,70 horas-homem ao mês, o que representa uma diminuição de 12,1 servidores atuando com dedicação exclusiva ao processo. Ao olhar apenas para o Almoxarifado Virtual Nacional, estima-se que o esforço administrativo total do processo de fiscalização será de 54.516,50 horas-homem, assim que o serviço estiver completamente implantado, o que pode ser interpretado como 4,9 servidores com dedicação integral ao processo.

5 Futuros contratos

A Central de Compras encontra-se atualmente em fase final de contratação e disponibilização dos serviços de compra direta de passagens aéreas e do serviço de limpeza para os edifícios do Ministério da Economia localizados no Distrito Federal. Tendo em vista que as licitações ou credenciamentos já foram realizados, porém os serviços ainda não estão implantados, pretende-se expor a metodologia de trabalho que será utilizada na fiscalização dos futuros contratos.

5.1 Compra direta de passagens aéreas

Trata-se de serviço a ser disponibilizado aos órgãos e entidades da Administração Pública Federal para aquisição de bilhetes para voos regulares domésticos diretamente das companhias aéreas credenciadas, por meio do Sistema de Concessão de Diárias e Passagens (SCDP).

De modo a prestar diretamente o serviço por meio do CSC, além da automatização do processo de compras por meio de um buscador que integra o SCDP aos sistemas das companhias aéreas, foi necessário centralizar todo o processo de fiscalização e gestão dos contratos, além de ter mecanismos para controlar o saldo orçamentário e financeiro que será descentralizado pelos órgãos e entidades à Central de Compras.

O fluxo do processo de fiscalização desenhado inicia-se em cada órgão usuário, que, ao identificar uma necessidade de viagem para seu servidor ou colaborador, fará a inserção da Proposta de Concessão de Diárias e Passagens no SCDP e permitirá que as passagens sejam emitidas diretamente no Sistema, por meio de servidores designados para realizar tal atividade em cada um dos órgãos. Além dos serviços de cotação, reserva e emissão de passagens, referidos servidores farão ainda as atividades de remarcação e cancelamento dos bilhetes, se for o caso. O acompanhamento das solicitações de crédito dos bilhetes não utilizados também é realizado nas unidades pelos administradores de reembolso. Todo esse processo de solicitação de passagens está previsto na Instrução Normativa SEGES nº 3, de 11 de fevereiro de 2015.

Para custear o serviço, os órgãos farão previsão e descentralização à CENTRAL dos recursos orçamentários e financeiros previamente à utilização do serviço. É responsabilidade da Central de Compras, por meio do núcleo orçamentário e financeiro, fazer a gestão dos saldos para posterior pagamento às empresas contratadas.

Após emitidas as passagens, será realizado, de forma automatizada, processo de conciliação eletrônica, que consiste em comparar os relatórios que serão enviados pelas empresas contendo todas as transações de compra de bilhetes com os relatórios constantes do SCDP, de modo a verificar se há divergências nos valores que serão faturados. Havendo divergência, os órgãos atuarão por meio dos seus administradores de reembolso, até que as pendências sejam sanadas, exercendo o papel de fiscais setoriais do serviço. Registra-se aqui a importância da utilização de ferramentas de automatização de parte do processo de fiscalização. Ora, se fosse necessário realizar a conferência de todos os bilhetes emitidos e confrontá-los com os relatórios enviados por cada companhia aérea e ainda monitorar os possíveis reembolsos de valores de bilhetes, por meio de planilhas em Excel, a fiscalização poderia estar comprometida ou demandaria mais tempo e pessoas para realizá-la.

Todo esse processo será registrado dentro do sistema e previamente à emissão do Termo Circunstanciado de Recebimento Provisório pelos fiscais técnicos operacionais lotados na CENTRAL. Após verificação da conformidade dos serviços prestados, os fiscais encaminharão aos gestores dos contratos o TCRP contendo, além dos registros quanto às ocorrências na execução do objeto, o valor que deverá ser pago às empresas contratadas, considerando os Índices de Medição de Resultado previstos.

Os gestores dos contratos analisarão toda a documentação apresentada, emitirão o Termo Circunstanciado de Recebimento Definitivo e solicitarão às contratadas a emissão das Notas Fiscais para fins de pagamento dos serviços prestados.

O monitoramento do serviço será feito pela equipe de fiscalização por meio de indicadores de desempenho que permitam aferir, ao longo da execução contratual, se os órgãos usuários estão tendo suas necessidades atendidas na qualidade e no prazo estabelecidos.

5.2 Contratação de serviço de limpeza

Em 2020 foi iniciado processo de licitação, pela CENTRAL, visando à contratação de empresa para prestação de serviço de limpeza das edificações do Ministério da Economia no Distrito Federal, compreendendo disponibilização de solução tecnológica para gestão, controle e fiscalização contratual, por meio de aplicação *web* e aplicativo *mobile*. O serviço será prestado em 23 edifícios do Ministério, que totalizam mais de 400 mil metros quadrados de área a ser limpa.

A estratégia elaborada para o projeto foi de adotar mecanismos que permitam a melhoria da qualidade dos serviços prestados, tendo como foco contratação por resultado e incorporação de tecnologia para apoiar a gestão e fiscalização do contrato que serão realizadas centralizadamente. Foram definidos indicadores de desempenho para verificar o desempenho e a satisfação dos usuários, mudança essa relevante do ponto de vista da Administração Pública que terá como foco a qualidade do serviço e não somente a verificação se os postos de trabalho estão preenchidos pela empresa contratada.

Como consequência deste novo foco e para que a fiscalização do serviço possa ser realizada, foi necessário criar e mapear os processos que darão suporte a essa atividade e definir os papéis e atuações de cada ator e área responsáveis pela entrega final ao usuário. Importante salientar que será o primeiro contrato de serviço com regime de dedicação exclusiva de mão de obra a ser fiscalizado pela Central de Compras, razão pela qual a contratação abrangeu somente os prédios do Ministério da Economia localizados em Brasília e permitirá que a estratégia adotada seja analisada e monitorada e haja expansão do modelo para outros órgãos e em outras localidades, em um segundo momento.

Pois bem, os desafios a serem enfrentados eram como realizar a fiscalização do contrato de modo centralizado com a estrutura de pessoal atualmente existente na unidade de logística do Ministério, trazer o usuário do serviço para o centro da contratação e minimizar o risco da responsabilidade subsidiária da Administração nesse tipo de contratação.

Quando dos estudos realizados para contratação do serviço, foram identificadas algumas desvantagens referentes ao modelo atual de gestão e fiscalização de contratos com dedicação exclusiva de mão de obra, quais sejam: custo elevado do processo de gestão e fiscalização dos contratos; falta de *expertise* dos fiscais acerca do objeto contratado; sobrecarga de trabalho, já que os servidores, em regra, atuam fiscalizando vários contratos ao mesmo tempo e de objetos diferentes; e complexidade da legislação trabalhista e tributária.

Desse modo, uma das inovações do projeto é a utilização de solução tecnológica que será disponibilizada pela empresa contratada e permitirá que a gestão, o controle e a fiscalização dos contratos sejam realizados de modo mais automatizado, uma vez que contemplará o registro dos dados e informações operacionais e do cumprimento das obrigações trabalhistas, inclusive as relacionadas ao recolhimento das contribuições sociais.

A despeito de a solução tecnológica ser de extrema relevância, para que seja possível a fiscalização *in loco* das atividades desempenhadas pela empresa contratada e a verificação do cumprimento das obrigações previdenciárias, fiscais e trabalhistas por parte da empresa que prestará o serviço de limpeza, foi realizada licitação com o objetivo de contratar serviço especializado de apoio à gestão e fiscalização técnica e administrativa do contrato principal de limpeza. Referida contratação encontra amparo no artigo 67 da Lei nº 8.666/93,[1] que prevê a possibilidade de a Administração utilizar terceiros para assistir e subsidiar os fiscais em suas atividades.

Apesar de não afastar a responsabilidade da Administração na fiscalização do contrato, conforme jurisprudência do Tribunal de Contas da União,[2] a atuação de uma empresa supervisora será de suma importância, tendo em vista que a Central de Compras não possui estrutura de fiscalização compatível para verificar a prestação do serviço em mais de 20 prédios, com foco na qualidade, e atuar na análise dos documentos relativos à fiscalização administrativa.

Assim, conforme as estratégias adotadas, o processo de fiscalização será iniciado com a disponibilização, pela empresa executora dos serviços de limpeza, de solução tecnológica para registro das atividades previstas no Plano Operacional elaborado quando da apresentação da proposta de preços na licitação, para coleta de informações prestadas pelos usuários e para permitir a atividade de fiscalização pela empresa contratada para apoiar a gestão e fiscalização dos serviços, denominada supervisora. No órgão usuário estarão lotados os fiscais ou gestores setoriais que auxiliarão os fiscais técnicos da CENTRAL nas ações que forem necessárias à execução do objeto. Atividades relativas a definição de horários, áreas sensíveis, atualização de cadastros de usuários e alteração de espaços físicos serão realizadas pelo fiscal setorial.

Caberá ao fiscal técnico verificar o cumprimento das obrigações assumidas pela empresa contratada e apurar o resultado dos indicadores de desempenho, qualidade do resultado e de satisfação dos usuários, conforme Índice de Medição de Resultados estabelecido no Termo de Referência. Compete também a ele emitir Termo Circunstanciado de Recebimento Provisório, com base nas informações registradas pela empresa supervisora do serviço na solução tecnológica, e enviar ao fiscal administrativo, servidor da Central de Compras, para fins de realizar a verificação dos aspectos administrativos da execução contratual. A fiscalização administrativa também será apoiada pela empresa supervisora contratada.

Verificado o cumprimento dos aspectos técnicos e administrativos, será emitido, pelo gestor do contrato, Termo Circunstanciado de

---

[1] "Art. 67. A execução do contrato deverá ser acompanhada e fiscalizada por um representante da Administração especialmente designado, permitida a contratação de terceiros para assisti-lo e subsidiá-lo de informações pertinentes a essa atribuição."

[2] Acórdão nº 1.930/2006-Plenário, Acórdão nº 606/2009-Plenário, Acórdão nº 1.919/2012-Plenário, Acórdão nº 958/2018-Plenário e Acórdão nº 5.562/2019-1ª Câmara.

Recebimento Definitivo para fins de emissão da Nota Fiscal ou Fatura e pagamento à empresa contratada.

Do mesmo modo, compete à equipe de fiscalização monitorar e comunicar ao gestor do contrato qualquer irregularidade ou descumprimento de obrigações contratuais e sugerir abertura de processo administrativo de apuração de responsabilidade, se for o caso.

6 Conclusão

Por todo o exposto, pode-se verificar os inúmeros desafios que a temática compras públicas impõe à Administração Pública, quer seja nas esferas federal, municipal ou estadual. A realização de todas as etapas de um processo de contratação, desde a elaboração do Estudo Técnico Preliminar, identificação da necessidade, análise de mercado e definição da estratégia, passando pela fase da licitação propriamente dita, culminando na fiscalização e gestão de contratos e na fase final de liquidação da despesa, por unidades com estruturas diferentes e peculiaridades faz com que novos arranjos sejam pensados, que processos sejam redesenhados ou mapeados e que novas formas de organização de equipes de trabalho surjam.

E é nesse contexto que a experiência da Central de Compras na fiscalização dos contratos centralizados firmados para prestação de serviços por meio do seu Centro de Serviços Compartilhados pode contribuir para que os órgãos tenham maior eficiência, eficácia e efetividade em suas atividades. Os problemas são similares na Administração e podem ser resumidos em: alta rotatividade de pessoal nas áreas-meio dos órgãos; falta de conhecimento ou experiência com a temática de contratações públicas; inúmeros normativos e jurisprudências estabelecendo regras ou orientações sobre várias fases do processo de compras; e falta de ferramentas adequadas e que permitam realizar atividades que agreguem de fato valor e com menor tempo e maior qualidade.

A fiscalização de contratos é a etapa que concretiza a efetiva prestação do serviço ao usuário. Não adianta termos processos robustos, extremamente bem desenhados, pensados e elaborados por equipes de especialistas no negócio, a licitação ter sido exitosa, não ter havido embargos judiciais ou questionamentos por parte dos órgãos de controle, se a fiscalização do contrato falhar. Ora, a finalidade de uma contratação é o atendimento da necessidade dos seus clientes, representados pelo próprio órgão, servidores ou sociedade. É a finalidade que tem que ser perseguida, e não o caminho para se chegar a ela.

Por isso, há inúmeros benefícios em a equipe de fiscalização e gestão de contratos atuar desde o início do planejamento da contratação, construindo os artefatos conjuntamente com a equipe demandante. Em muitas organizações, a equipe responsável por planejar a licitação não é a mesma que realizará a fiscalização do contrato ou, mesmo que seja da mesma unidade, há uma nítida separação de papéis, o que acarreta assimetria de informação e dificuldades, por vezes intransponíveis, na execução dos contratos.

Atuar em redes e de modo colaborativo com demais órgãos e usuários é uma possível solução para a carência de pessoal existente hoje na Administração Pública. Os exemplos da Central de Compras comprovam o êxito desse arranjo, mesmo para contratos que não sejam centralizados.

De forma absoluta, independentemente da realidade das entidades públicas, a automatização de processos é de extrema relevância para apoiar a atividade de fiscalização administrativa dos contratos. Para isso, é indispensável o uso de evidências com base em dados e informações, que, somado a parâmetros definidos e uso de ferramentas para análises de dados e automatização de processos, reduz os riscos, erros envolvidos, esforço administrativo e tempo para toda a fiscalização de contratos.

Referências

BRASIL. *Decreto nº 9.745*, de 8 de abril de 2019. Aprova a Estrutura Regimental e o Quadro Demonstrativo dos Cargos em Comissão e das Funções de Confiança do Ministério da Economia, remaneja cargos em comissão e funções de confiança, transforma cargos em comissão e funções de confiança e substitui cargos em comissão do Grupo-Direção e Assessoramento Superiores – DAS por Funções Comissionadas do Poder Executivo – FCPE. Disponível em: http://www.planalto.gov.br/ccivil_03/_ato2019-2022/2019/decreto/D9745.htm. Acesso em: 27 jun. 2021.

BRASIL. *Instrução Normativa nº 3*, de 11 de fevereiro de 2015. Dispõe sobre diretrizes e procedimentos para aquisição de passagens aéreas pela Administração Pública Federal direta, autárquica e fundacional. Disponível em: https://www.gov.br/compras/pt-br/acesso-a-informacao/legislacao/instrucoes-normativas/instrucao-normativa-no-3-de-11-de-fevereiro-de-2015. Acesso em: 29 jun. 2021.

BRASIL. *Instrução Normativa nº 5*, de 26 de maio de 2017. Dispõe sobre as regras e diretrizes do procedimento de contratação de serviços sob o regime de execução indireta no âmbito da Administração Pública federal direta, autárquica e fundacional. Disponível em: https://www.gov.br/compras/pt-br/acesso-a-informacao/legislacao/instrucoes-normativas/instrucao-normativa-no-5-de-26-de-maio-de-2017-atualizada. Acesso em: 27 jun. 2021.

CAVALCANTE, Pedro (Org.). *Inovação no setor público*: teoria, tendências e casos no Brasil. Brasília: Enap; Ipea, 2017.

ENAP. *Apostila de Análise e Melhoria de Processos*. Disponível em https://repositorio.enap. gov.br/bitstream/1/2457/1/Apostila%20An%c3%a1lise%20e%20Melhoria%20de%20 Processos%20-%202016.pdf. Acesso em: 29 jun. 2021.

FERREIRA, Cicero; BRESCIANI, Luiz Paulo; MAZZALI, Leonel. Centros de Serviços Compartilhados: da experiência britânica às perspectivas de inovação na Gestão Pública Brasileira. *Revista do Serviço Público*, Brasília, v. 61, n. 4, p. 60-74, out./dez. 2010. Disponível em: https://revista.enap.gov.br/index.php/RSP/issue/view/9/8. Acesso em: 29 jun. 2021.

OCDE. Organização para a Cooperação Econômica e Desenvolvimento. *Fighting Bid Rigging in Brazil*: A Review of Federal Public Procurement. 2021. Disponível em: https://www.oecd. org/competition/fighting-bid-rigging-in-brazil-a-review-of-federal-publicprocurement. htm. Acesso em: 27 jun. 2021.

SANTOS, Felippe Vilaça Loureiro. *Centralização de compras públicas*: a experiência da Empresa Brasileira de Serviços Hospitalares (EBSERH). Dissertação (Mestrado) – Programa de Mestrado em Governança e Desenvolvimento, Escola Nacional de Administração Pública, 2019. Disponível em: https://repositorio.enap.gov.br/handle/1/4747. Acesso em: 27 jun. 2021.

Informação bibliográfica deste texto, conforme a NBR 6023:2018 da Associação Brasileira de Normas Técnicas (ABNT):

GEBRIM, Isabela Gomes; IZYCKI, Luís Guilherme. Fiscalização de contratos centralizados: a experiência da Central de Compras. *In*: FORTINI, Cristiana; PAIM, Flaviana Vieira (Coord.). *Terceirização na Administração Pública*: boas práticas e atualização à luz da Nova Lei de Licitações. Belo Horizonte: Fórum, 2022. p. 189-208. ISBN 978-65-5518-288-0.

A TERCEIRIZAÇÃO DE SERVIÇOS E O CONTRATO DE *FACILITIES* DA LEI Nº 14.011/2020

CHRISTIANNE DE CARVALHO STROPPA,
GABRIELA VERONA PÉRCIO

1 Introdução

A gestão e conservação dos bens públicos é dever indelegável da Administração Pública, que pode, em tese, cumpri-lo mediante execução direta das competentes tarefas ou mediante o trespasse das mesmas a terceiros.

No âmbito da Administração Pública federal, a partir do vetusto Decreto-lei nº 200/1967, que prevê, em seu art. 10, a ampla descentralização da execução de atividades da Administração Pública Federal inclusive por meio de contratos, a terceirização de tais serviços foi se transformando na realidade da maioria, senão da totalidade das organizações públicas. Os objetivos, contidos no §7º do referido dispositivo, são desincumbir servidores públicos de tarefas executivas relacionadas a planejamento, coordenação, supervisão e controle e impedir o crescimento desmesurado da máquina administrativa, com a transferência à iniciativa privada especializada do desempenho dos encargos da execução.

Com o passar do tempo, as mudanças na atuação da Administração Pública para o desempenho de seus misteres passaram a exigir novos modelos de contratação e parceria com o setor privado.[1] Atualmente, é evidente não ser mais mais possível enquadrar todas as relações jurídicas que a Administração Pública formaliza dentro de um único padrão de contratação.[2]

Aliás, como já afirmado por Floriano de Azevedo Marques Neto,[3] "[...] há inegável aumento na complexidade das relações contratuais de que participa o Poder Público. A busca por soluções de financiamento das utilidades públicas [...] leva a uma busca de arranjos contratuais criativos e inovadores, o que pressiona por novas formas de relacionamento contratual". Complementa, ainda, o referido autor que "[...] o regime jurídico único dos contratos administrativos jamais conseguirá abarcar todas as modalidades de ajustes obrigacionais que podem interessar à Administração".[4]

Nesse contexto, surgiu para a Administração Pública a possibilidade de contratar por meio da modelagem denominada *facilities*, ou seja, concentrar em um único contrato os serviços relacionados a infraestrutura de funcionamento dos edifícios públicos que, até então, eram objeto de contratos individuais com empresas privadas, por meio da terceirização convencional, demandando sua gestão por parte de servidores públicos. Em decisão paradigmática, o Tribunal de Contas da União entendeu pela sua licitude, desde que observados, na licitação, os respectivos princípios orientadores e que restem demonstrados, nas justificativas construídas na etapa preparatória do certame, os benefícios potenciais, destacando vantagens econômicas e ganhos de escala.[5]

---

[1] No ano de 2011, Carlos Pinto Coelho Motta já alertava sobre o incremento dos mecanismos de cooperação entre o público e o privado, justificador do empenho na construção de soluções jurídicas variadas aplicáveis à formalização de *parcerias* com a iniciativa privada. MOTTA, Carlos Pinto Coelho. *Eficácia nas concessões, permissões e parcerias*. 2. ed. Belo Horizonte: Del Rey, 2011. p. 7-8.

[2] De tal insuficiência, aliás, decorreu a existência das seguintes espécies de relações jurídicas com legislação própria: (i) concessão e permissão de serviços públicos e obras públicas (Lei nº 8.987/1995); (ii) concessão administrativa e concessão patrocinada (Lei nº 11.079/2004); (iii) contrato de gestão (Lei Federal nº 9.637/1998); (iv) termo de parceria (Lei nº 9.790/1999); entre outras.

[3] MARQUES NETO, Floriano de Azevedo. Do contrato administrativo à administração contratual. Contratos com o Poder Público. *Revista do Advogado*, São Paulo, ano XXIX, n. 107, p. 74-82, dez. 2009.

[4] MARQUES NETO, Floriano de Azevedo. *Do contrato administrativo à administração contratual*. p. 74-82.

[5] Ementa da Decisão nº 929/17-TCU/Plenário:
"1. A contratação de serviços de conservação e manutenção de infraestrutura predial, com a inclusão de serviços variados, na modelagem conhecida como contratação de *facilities*, não configura, por si só, afronta à lei de licitações.

Em 2020, a Lei nº 14.011 normatizou a contratação da gestão para ocupação de imóveis públicos, descrevendo o contrato de gestão para ocupação de imóveis públicos como "a prestação, em um único contrato, de serviços de gerenciamento e manutenção de imóvel, incluído o fornecimento dos equipamentos, materiais e outros serviços necessários ao uso do imóvel pela administração pública, por escopo ou continuados", prevendo, ainda, a possibilidade de inclusão de obras de adequação, com elaboração dos respectivos projetos básico e executivo.

2 A terceirização de serviços pela Administração Pública e a necessidade de um novo modelo

Conforme já apontado, a terceirização na Administração Pública tem origem no Decreto-Lei nº 200/1967, em especial no §7º do seu art. 10, que incentiva a Administração Pública a desobrigar-se da realização material de atividades executivas, recorrendo, sempre que possível, à execução indireta, mediante contrato, precedido, em regra, de licitação pública.

Como espécie do gênero privatização, por meio da terceirização a Administração Pública pode, então, contratar serviços já oferecidos pela iniciativa privada especializada, que se enquadrarem como "serviços instrumentais à consecução de suas finalidades".[6]

A terceirização de serviços – também chamada de *outsourcing*, horizontalização, subcontratação – é um instituto inerente às relações

---

2. Somente é permitida a licitação na modelagem de contratação de *facilities* quando as condições do certame assegurarem o atendimento aos princípios da legalidade, da impessoalidade, da moralidade, da igualdade, da publicidade, da probidade administrativa, da vinculação ao instrumento convocatório, do julgamento objetivo, da motivação, da eficiência e da competitividade.

3. A motivação da contratação de *facilities* deve ser previamente formalizada e expressar, de forma clara e inequívoca, os benefícios potenciais advindos dessa modelagem, com destaque para a quantificação das vantagens econômicas e financeiras e dos ganhos advindos da economia de escala."

6 Fernando Borges Mânica exemplifica: "É o caso, por exemplo, de uma empresa privada que presta serviços de limpeza em uma escola pública ou faz exames de raio-x para a secretaria de saúde. As atividades em questão são de titularidade privada (serviços de limpeza) e de titularidade mista (serviço de raio-x), mesmo que sua prestação ocorra em benefício da estrutura estatal. Não há em tais casos, portanto, o trespasse da execução de uma atividade a um agente privado, pois a esfera de atuação é originariamente ocupada pela iniciativa privada, tal qual prevê o parágrafo 7º do artigo 10 do Decreto-lei 200/67 e o recente Decreto Federal 9.507/2018" (MÂNICA, Fernando Borges. Sete formas possíveis de privatização no Brasil (e como podem ser implementadas). *Revista Consultor Jurídico*. Disponível em: https://www.conjur.com.br/2019-fev-24/fernando-manica-sete-formas-possiveis-privatizacao-brasil. Acesso em: 17 Jun 2021).

de trabalho, nascido no seio do Estado neoliberal, a partir do chamado modelo toyotista, cuja filosofia é a subcontratação de empresas para desempenharem tarefas instrumentais ao produto final da empresa contratante. Nesse modelo, a empresa principal é enxuta, concentrando apenas as atividades essenciais ao alcance do seu objetivo, transferindo para empresas menores, subcontratadas, a execução das atividades consideradas necessárias, mas acessórias.[7] No Brasil, a Lei que trata do tema é a nº 6.019/1974, que sofreu alterações significativas em 2017, por meio da Lei nº 13.429/2017, passando a dispor sobre as relações de trabalho na empresa de prestação de serviços a terceiros.

De acordo com a referida Lei, na terceirização forma-se uma relação triangular entre a prestadora dos serviços, a tomadora dos serviços e o trabalhador, indicada no art. 4º-A da referida Lei, estabelecendo-se vínculos distintos, da seguinte forma:

a) a empresa prestadora dos serviços possui vínculo direto com a tomadora e com o trabalhador;

b) a empresa tomadora dos serviços possui vínculo direto apenas com a empresa prestadora dos serviços, sem vínculo com o trabalhador;

c) o trabalhador possui vínculo direto apenas com a empresa prestadora dos serviços, sem vínculo com a tomadora dos serviços.

Assim, quando o tomador dos serviços é órgão ou entidade da Administração Pública, a contratação estabelece uma relação de negócio que consiste no trespasse da execução de uma determinada atividade a uma empresa privada especializada, que fica responsável por contratar, remunerar e dirigir o trabalho realizado por seus trabalhadores. À contratante Administração Pública remanesce o encargo de fiscalizar a execução, no exercício de prerrogativa assegurada pela posição de supremacia do interesse público sobre o privado, inerente ao regime jurídico administrativo brasileiro.[8]

Tais contratos são considerados de serviços continuados e podem ser celebrados por períodos mais longos,[9] em razão de sua

---

[7] LEITE, Giselle. *A terceirização no Brasil*. Disponível em: https://jus.com.br/artigos/38364/a-terceirizacao-no-brasil. Acesso em: 26 jun. 2021.

[8] Na Lei nº 8.666/1993, tal prerrogativa encontra-se no art. 54, inc. III; na Lei nº 14.133/2021, no art. 104, inc. III.

[9] Art. 57, inc. II, da Lei nº 8.666/1993, e arts. 106 e 107 da Lei nº 14.133/2021.

necessidade permanente ou prolongada para a manutenção da atividade administrativa.[10] Nesses ajustes, são duas as variáveis que demandam controle por parte da Administração Pública contratante:

a) a qualidade da execução, que incide diretamente nos resultados do contrato e na sua eficácia para atender o interesse público e, efetivamente, alcançar os objetivos da terceirização;

b) a relação firmada entre a empresa e seus funcionários, em decorrência do risco de responsabilização trabalhista da Administração Pública, na modalidade subsidiária, em caso de condenação judicial.

As dificuldades existem e são notórias, em ambos os aspectos. O monitoramento da qualidade da execução por meio de instrumento de medição de resultados (IMR), que permite o pagamento conforme o que for efetivamente entregue pela empresa contratada, demanda expertise técnica na sua elaboração para que não apenas produza os efeitos pretendidos, como também não prejudique o seu alcance por meio de equívocos em sua construção. Cabe reconhecer que atribuir tal encargo a servidores públicos sem a necessária qualificação atribui relevante fragilidade ao sistema, colocando em risco sua utilidade.

No tocante à fiscalização, pelo órgão ou entidade contratante, do cumprimento das obrigações trabalhistas pela empresa contratada, desde a edição da Súmula nº 331 do Tribunal Superior do Trabalho é objeto de fortes preocupações, levando à edição de normas operacionais que buscam blindar, tanto quanto possível, a Administração Pública das respectivas condenações. Não obstante, traduzem um encargo complexo, decorrente da assimetria informacional, gerando um enorme custo de transação[11] que, ao fim e ao cabo, nem sempre oferece a segurança pretendida.

---

[10] Lei nº 14.133/2021, art. 6º, inc. XV: "serviços e fornecimentos contínuos: serviços contratados e compras realizadas pela Administração Pública para a manutenção da atividade administrativa, decorrentes de necessidades permanentes ou prolongadas".

[11] "Todo contrato possui um custo. Esse custo pode variar conforme a necessidade de maior ou menor fiscalização do contrato. Por exemplo, pode-se contratar empregados para o desempenho de atividades de vigilância em determinado prédio (integração vertical), ou se terceirizar a uma empresa de vigilância o mesmo serviço (contratação via mercado). O que pode ser decisivo para qual forma contratar, a depender da situação, é o custo com qu esse pode obter a informação de que o vigilante está vigiando o prédio. Se o custo de se obter essa informação form maior quando a contratação for via mercado, torna-se mais eficiente integrar verticalmente o serviço. Entretanto, em regra o que se verifica é o contrário. No mesmo exemplo, suponha-se que para o serviço de vigilância ser executado com êxito necessite de 10 (dez) vigilantes. O custo de fiscalizar esses vigilantes é maior que cobrar a

Neste contexto, surgiu a alternativa da quarteirização das atividades de gestão dos diversos contratos para a execução, via terceirização, dos serviços celebrados pela Administração Pública. Dito de outro modo, a quarteirização envolve contratar empresa especializada no gerenciamento dos serviços prestados por terceiros a um dado órgão ou entidade.[12] Entretanto, no tocante ao risco trabalhista envolvido, o modelo é insuficiente, tendo, o Tribunal Superior do Trabalho entendido que a Administração contratante é responsável pelo inadimplemento dos encargos trabalhistas referentes aos empregados da empresa quarteirizada nos exatos termos da Súmula nº 331/TST.[13]

Sob tais enfoques – o controle dos resultados e dos riscos trabalhistas – a contratação de *facilities* nos termos da Lei nº 14.011/2020, utilizada nas hipóteses em que possua cabimento, possibilita avanços e configura um novo modelo de contratação, superando o conceito convencional de terceirização de serviços.

3 O contrato de *facilities* previsto na Lei nº 14.011/2020

Resultado de um modelo gestado no âmbito da ENAP (Escola Nacional de Administração Pública)[14] e da Secretaria de Gestão do Ministério da Economia,[15] com o objetivo de aumentar a eficiência da gestão

---

execução dos serviços de uma empresa de vigilância" (SANTOS, Diogo Palau Flores dos. *Terceirização de Serviços pela Administração Pública*: estudos da responsabilidade subsidiária. São Paulo: Saraiva, 2010, p. 42).

[12] Segundo ensinam Jessé Torres Pereira Junior e Marinês Restelatto Dotti, a "A 'quarteirização' é estágio seguinte ao da terceirização, constituindo-se na contratação, pela Administração, de um terceiro privado, especializado em gerenciar pessoas físicas ou jurídicas, os 'quarteirizados', que o terceiro contratará para a execução de determinados serviços ou o fornecimento de certos bens necessários ao serviço público. Em síntese: a função da empresa gerenciadora é administrar a execução do objeto cuja execução contratará a outrem." (PEREIRA JUNIOR, Jessé Torres; DOTTI, Marinês Restelatto. Manutenção da frota e fornecimento de combustíveis por rede credenciada, gerida por empresa contratada: prenúncio da "quarteirização" na gestão pública? *Revista do TCU*, n. 116, p. 79-100, 2009).

[13] Recurso de Revista RR nº 203500-57.2006.5.18.0001, pub. *DJ*, 07 out. 2011.

[14] Vários eventos foram realizados para discutir o tema, dentre os quais destaca-se: *Contratação de facilities*: experiências e aprendizados. Disponível em: http://repositorio.enap.gov.br/handle/1/5208. Acesso em: 27 jun. 2021.

[15] Importante notar que o primeiro certame lançado pela Central de Compras, o Pregão nº 10/2020, foi originalmente suspenso pelo Tribunal de Contas da União, como consta do Acórdão nº 181/2021 – Plenário. A continuidade do processo decorreu da aceitação das informações apresentadas pela SELOG e aceitas pelo Relator, Ministro Raimundo Carreiro, no Acórdão nº 558/2021 – Plenário. Pretende-se a contratação de pessoa jurídica para a prestação de serviços prediais em gestão integrada – *facilities*, a ser executada no Bloco B da Esplanada dos Ministérios – edifício sob a responsabilidade do Ministério do Meio Ambiente (MMA), em Brasília, no Distrito Federal, compreendendo a alocação dos empregados necessários,

de contratos dos órgãos do Poder Executivo Federal na Esplanada dos Ministérios, em Brasília (DF), reduzir custos e facilitar a vida dos gestores públicos, o contrato de *facilities* foi originalmente previsto na Medida Provisória nº 915/2019, atualmente convertida na Lei nº 14.011/2020, como uma possibilidade de centralização, em um único contrato, da prestação de serviços de gerenciamento e manutenção do imóvel.

A ideia é permitir que a administração pública contrate uma empresa que seja responsável por gerenciar esses serviços, que incluem o fornecimento de equipamentos, materiais e outros serviços necessários ao uso do imóvel pela administração pública. Considerando a extensão dos objetos a serem contratados, é possível identificar o contrato de *facilities full*, no qual se incluem todos os serviços ou o contrato de *facility management*, onde se inclui gestão desses serviços por parte da contratada.[16]

A prática, já vivenciada pelo SEBRAE (Serviço de Apoio às Micro e Pequenas Empresas),[17] pela CEF (Caixa Econômica Federal)[18] e pela SABESP (Companhia de Saneamento Básico do Estado de São Paulo)[19] e por inúmeras empresas do setor privado, levou à indagação sobre se as demais instituições públicas também poderiam desfrutar de suas vantagens decorrentes do *facilities*.[20] A propósito do tema, Lara Brainer Oliveira indica serem oito as principais vantagens da gestão de *facilities*:[21]

---

o fornecimento e a utilização de insumos adequados e suficientes para a execução do serviço, a elaboração de planos de operação e manutenção, e a disponibilização de solução tecnológica, para apoiar a gestão, controle e fiscalização contratual, por meio de aplicação *web* e aplicativo *mobile*, conforme especificado no Termo de Referência (TR) e seus anexos (Disponível em: https://www.gov.br/economia/pt-br/acesso-a-informacao/participacao-social/audiencias-publicas/2021/audiencia-publica-n-1-2021-central-de-cunpras-projeto-facilities-status-aberta-objeto-contratacao-de-pessoa-juridica-para-a-prestacao-de-servicos-prediais-em-gestao-integrada-facilities-a-ser-executada-no-bloco-b-da-esplanada-dos-ministerios-edificio-sob. Acesso em: 26 jun. 2021).

[16] OLIVEIRA, Rafael Sérgio de. Mais algumas notas sobre a contratação de *facilities* nos termos da Lei nº 14.011/2020. *Portal L&C*. Disponível em: http://www.licitacaoecontrato.com.br/artigo/mais-algumas-notas-sobre-contratacao-facilities-termos-lei-n140112020-14102020.html. Acesso em: 27 jun. 2021.

[17] TCU. Acórdão nº 10.264/2018 – 2ª Câmara. Relatora Ministra Ana Arraes.

[18] TCU. Acórdão nº 929/2017 – Plenário. Relator Ministro José Múcio Monteiro.

[19] Disponível em: http://consad.org.br/wp-content/uploads/2016/06/Painel-43-03.pdf. Acesso em: 27 jun. 2021.

[20] O modelo de *facilities management* vem se desenvolvendo ao redor do mundo desde a década de 1960, mas, no setor público brasileiro, a experiência ainda é recente. "Este é o grande desafio do governo federal: fazer uma gestão diferenciada dos espaços públicos, saindo do modelo contratual para gestão por resultados", destacou Lara Brainer, diretora da Central de Compras do Ministério da Economia (ME). Disponível em: https://www.enap.gov.br/pt/acontece/noticias/gestao-integrada-de-contratos-para-predios-publicos-e-tema-de-webinar. Acesso em: 27 jun. 2021.

1) maior eficácia dos processos (foco no resultado), pois oferece garantia de que o serviço será prestado de acordo com determinados padrões de qualidade, por meio do estabelecimento de um SLA (*Service Level Agreement*) estratégico, com definição de parâmetros para atuação e avaliação das tarefas executadas;
2) foco na atividade principal dos órgãos, pois mesmo que o servidor público supervisione o serviço prestado pela equipe especializada, esse não será seu foco principal;
3) otimização de recursos, cuja redução pode ultrapassar 20% (vinte por cento) de economia em relação à realização dos mesmos serviços pelo pessoal interno, diante da possibilidade de ajustes para alcance de um nível de qualidade possível dentro de custos adequados;
4) custo de infraestrutura de fixo para variável;
5) aumento da vida útil das instalações, decorrente da aplicação de procedimentos apropriados de conservação, aliados a uma detecção precoce de problemas e a um trabalho de manutenção preventiva;
6) soluções diversas em um único contrato, simplificando o trabalho da equipe de gestão com a integração de diversos serviços – limpeza, cuidado de áreas verdes, recepção, copeiragem, manutenção (predial, elétrica, hidráulica, dos sistemas de ar-condicionado), desinsetização ou desratização.
7) foco na satisfação do usuário, pois um ambiente limpo e bem cuidado influencia a percepção do usuário, aumentando a satisfação do cidadão que busca os serviços oferecidos naquele espaço;
8) embasamento técnico para gestão operacional, pois gerando decisões mais acertadas e aumentando a qualidade dos serviços.

A fiscalização técnica por meio de Índice de Medição de Resultados (IMR) é uma vantagem a ser acrescida, já que possibilita: a utilização

---

[21] A ISO – *Internacional Organization for Standardization* (Organização Internacional de Normalização) define *Facilities Management* (FM) como a "função organizacional que integra pessoas, propriedade e processo dentro do ambiente construído com objetivo de melhorar a qualidade de vida das pessoas e a produtividade do negócio principal". Disponível em: https://www.abrafac.org.br/blog/as-11-competencias-essenciais-de-facility-management-da-ifma/. Acesso em: 27 jun. 2021.

de ferramentas tecnológicas; a análise dos resultados – qualidade; a fiscalização compartilhada com os usuários; a sinergia entre os atores (contratada *x* contratante *x* usuários) e o redimensionamento de valores em decorrência das medições.

É neste contexto que deve ser compreendido o art. 7º da Lei nº 14.011/2020, que inovou o ordenamento jurídico criando o contrato de gestão para ocupação de imóveis públicos.

4 Regime jurídico do contrato de *facilities*

De acordo com o art. 7º da Lei nº 14.011/2020, formam o regime jurídico do contrato de *facilities* ou contrato de (serviço de) gestão para ocupação de imóveis públicos os seguintes elementos:[22]

a) é uma modalidade de contrato administrativo típico;
b) o fundamento para contratação está na Lei nº 8.666/1993;[23]
c) pode ser utilizado pelos demais entes federativos;
d) possibilita a efetiva ocupação dos imóveis públicos;
e) pode ser utilizado mesmo quando a administração pública locar imóvel privado;
f) consiste na prestação, em um único contrato, de um rol de serviços;
g) possibilita a inclusão de obras;

---

[22] "Art. 7º A administração pública poderá celebrar contrato de gestão para ocupação de imóveis públicos, nos termos da Lei nº 8.666, de 21 de junho de 1993.
§1º O contrato de gestão para ocupação de imóveis públicos consiste na prestação, em um único contrato, de serviços de gerenciamento e manutenção de imóvel, incluído o fornecimento dos equipamentos, materiais e outros serviços necessários ao uso do imóvel pela administração pública, por escopo ou continuados.
§2º O contrato de gestão para ocupação de imóveis públicos poderá:
I – incluir a realização de obras para adequação do imóvel, inclusive a elaboração dos projetos básico e executivo; e
II – ter prazo de duração de até 20 (vinte) anos, quando incluir investimentos iniciais relacionados à realização de obras e o fornecimento de bens.
§3º (VETADO).
§4º Na hipótese de que trata o §2º deste artigo, as obras e os bens disponibilizados serão de propriedade do contratante.
§5º Ato do Poder Executivo poderá regulamentar o disposto neste artigo."

[23] A propósito da aplicação da Lei nº 14.011/2020 após a revogação da Lei nº 8.666/1993, assim estabelece o art. 189 da Lei nº 14.133/2021: "Art. 189. Aplica-se esta Lei às hipóteses previstas na legislação que façam referência expressa à *Lei nº 8.666, de 21 de junho de 1993*, à *Lei nº 10.520, de 17 de julho de 2002*, e aos *arts. 1º a 47-A da Lei nº 12.462, de 4 de agosto de 2011*."

h) pode ter prazo de duração de até 20 (vinte) anos.

Para a exata compreensão, passaremos a tecer algumas breves considerações sobre cada um deles.

a) Modalidade de contrato administrativo típico

Inicialmente, verifica-se que não se confunde com a figura do "contrato de gestão" formalizado com as organizações sociais[24] e com as agências executivas,[25] tendo, tampouco, como justificativa o denominado "contrato público de desempenho."[26]

Como contrato administrativo típico, caracteriza-se pela presença de cláusulas exorbitantes, o que implica um regime jurídico próprio, predominantemente de direito público, nos termos do art. 54 da Lei nº 8.666/1993.

Como "contrato de gestão para ocupação", tem como objeto preponderante serviços como os de limpeza, recepcionista, copeiragem, vigilância, brigadista, manutenção predial e outros.[27]

A contratação dos serviços pode ser por escopo[28] ou continuados.[29] Isso porque, durante a vigência do contrato, que pela sua essência

---

[24] Nos termos do art. 5º da Lei nº 9.637/1998.

[25] Nos termos do art. 51, inciso II, da Lei nº 9.648/1998.

[26] Previsto no §8º do art. 37 da Constituição Federal e na Lei nº 13.935/2019.

[27] FORTINI, Cristiana; OLIVEIRA, Rafael Sérgio de. Os novos procedimentos de gestão e alienação dos imóveis públicos. *Revista Consultor Jurídico*. Disponível em: https://www.conjur.com.br/2020-jul-02/interesse-publico-novos-procedimentos-gestao-alienacao-imoveis-publicos. Acesso em: 27 jun. 2021.

[28] Aquele cujo prazo de execução somente se extingue quando o contratado entrega para a estatal o objeto contratado. Daí que o tempo não importa o encerramento das obrigações do contratado. O tempo apenas caracteriza ou não a mora do contratado. [...], até que ele execute e até que a estatal, depois de executado, pague o que é devido, o contrato segue vigente (NIEBUHR, Joel de Menezes; NIEBUHR, Pedro de Menezes. *Licitações e contratos das estatais*. Belo Horizonte: Fórum, 2018. p. 273).

[29] Também denominado de contrato por prazo certo, é aquele em que a obrigação principal do contratado é extinta em razão de termo preestabelecido. Melhor explicando, é aquele cujo prazo de execução extingue-se em data preestabelecida, independentemente do que fora ou não realizado pelo contratado. Os contratos de prestação de serviços contínuos, como vigilância, limpeza etc., são contratos por prazo certo (NIEBUHR, Joel de Menezes; NIEBUHR, Pedro de Menezes. *Licitações e contratos das estatais*. Belo Horizonte: Fórum, 2018. p. 273). É oportuna a crítica formulada por Rafael Sérgio de Oliveira, no sentido de que o contrato de gestão de *facilities* não é compatível com a modelagem de contratos "por escopo", porquanto o objeto central de um contrato de gestão de *facilities* compreende atividades que são tipicamente de execução continuada. Nesse sentido, em verdade, serão incluídos no contrato de gestão para ocupação de imóvel serviços que tradicionalmente são contratados por escopo, mas será mantida a lógica de um contrato de natureza continuada (OLIVEIRA, Rafael Sérgio de. Mais algumas notas sobre a contratação de *facilities* nos termos da Lei nº 14.011/2020. *Portal L&C*. Disponível em: http://www.licitacaoecontrato.com.br/

pressupõe um serviço de natureza continuada, pode ocorrer a contratação de serviços por escopo.

b) O fundamento para contratar está na Lei nº 8.666/1993

A expressa referência à Lei nº 8.666/1993, por certo, deve ter decorrido da possibilidade de inclusão da execução de obras na contratação de *facilities*.

Ocorre que o Tribunal de Contas da União já afirmou ser irregular a contratação de serviços de *facilities* por meio de modalidade de licitação que não seja o pregão, na forma eletrônica.[30] Para o TCU, a adoção de outra modalidade que não seja o pregão eletrônico[31] pode caracterizar ato de gestão antieconômico, sujeitando os responsáveis às sanções previstas no art. 58 da Lei nº 8.443/1992. Determinou, ainda, o uso obrigatório do pregão eletrônico para a contratação dos serviços de engenharia comuns, aí incluídos os eventuais serviços comuns de *facilities*, em sintonia, por exemplo, com a regulamentação procedida pelo Decreto Federal nº 10.024/2019.

Também como decorrência de decisão proferida pelo TCU,[32] decorrem os seguintes aspectos:[33]

- dada a complexidade da contratação, é preciso que se admita que as interessadas se organizem em consórcios, com previsão de regras claras no edital;
- adequação dos critérios de habilitação técnica com a Súmula nº 263 do TCU, que exige que a qualificação técnica incida sobre parcelas de maior relevância e de valor significativo; e
- necessidade de comprovar o elastecimento do prazo de vigência inicial.

c) Recepção do contrato de *facilities* pela Lei nº 14.133/2021

Destaca-se o contido no art. 190, §4º, da Lei nº 14.133/21, indicando que o contrato relativo a imóvel do patrimônio da União ou de suas

---

artigo/mais-algumas-notas-sobre-contratacao-facilities-termos-lei-n140112020-14102020.html. Acesso em: 27 jun. 2021).

[30] TCU. Acórdão nº 1.534/2020 – TC/Plenário, relator ministro-substituto André de Carvalho.

[31] Oportuno lembrar que, até o momento, não houve contratação de *facilities* com inclusão da execução de obras.

[32] Acórdão nº 929/2017 – Plenário, relator Min. José Múcio Monteiro.

[33] Aspectos destacados por Rafael Sérgio de Oliveira em palestra sobre gestão da ocupação realizada na edição *on-line* do INFRA FM Centro-Oeste. Disponível em: https://www.youtube.com/watch?v=5GvpNAs0kRE. Acesso em: 27 jun. 2021.

autarquias e fundações continuará regido pela legislação pertinente, aplicando-se a nova Lei apenas subsidiariamente.

Sobre as modalidades que poderão ser utilizadas, tanto o convite quanto a tomada de preços foram eliminadas, ficando mantidas as modalidades concorrência, pregão, concurso e leilão, tendo sido acrescido o diálogo competitivo.

Tendo em vista que o procedimento das modalidades concorrência[34] e pregão,[35] por expressa previsão do art. 29, segue o rito procedimental comum do art. 17, ou seja, a fase de habilitação sucede as de apresentação de propostas e lances e de julgamento, minimizam a questão atinente à adoção da modalidade concorrência, quando a contração de *facilities* incluir a realização de obras, como apontado pelo TCU.

Ainda quanto às modalidades, o diálogo competitivo[36] parece ser ferramenta frutífera para a contratação de *facilities*. Essa modalidade se diferencia das demais porque possui etapa voltada para a construção dialógica, entre as empresas concorrentes e a Administração, do objeto da contratação. Deve ser usada nos casos em que a solução para a necessidade pública se apresenta complexa do ponto de vista técnico, jurídico ou financeiro. Sendo assim, o Poder Público recorre ao mercado para, por meio de diálogos, selecionar uma ou mais soluções e, em seguida, eleger o licitante que irá ser contratado para sua execução.

O contrato de *facilities*, sobretudo na forma do contrato de gestão para ocupação nos termos do art. 7º da Lei nº 14.011/2020, tem como pressuposto o reconhecimento de que o mercado possui condições de auxiliar a Administração na concepção do objeto da contratação. Trata-se de um ato de deferência do Poder Público para com as empresas concorrentes, na medida em que o Estado aceita que não é dotado de competência para, sozinho, definir a solução para a sua necessidade. Assim, busca no mercado opções de projetos para desenhar os serviços de *facilities* de que precisa. Nesse prumo, a utilização da modalidade de diálogo competitivo pode ser muito bem-vinda.

---

[34] Lei nº 14.133/21, art. 6º, XXXVIII: "modalidade de licitação para contratação de bens e serviços especiais e de obras e serviços comuns e especiais de engenharia, cujo critério de julgamento poderá ser: (a) menor preço; (b) melhor técnica ou conteúdo artístico; (c) técnica e preço; (d) maior retorno econômico; (e) maior desconto".

[35] Lei nº 14.133/21, art. 6º, XLI: "modalidade de licitação obrigatória para aquisição de bens e serviços comuns, cujo critério de julgamento poderá ser o menor preço ou o maior desconto."

[36] Mais sobre o diálogo competitivo pode ser estudado em OLIVEIRA, Rafael Sérgio de. *O diálogo competitivo brasileiro*. Belo Horizonte: Fórum, 2021.

Por oportuno, nota-se que o regime de contratação fornecimento e prestação de serviço associado, indicado no inciso XXXIV, do art. 6º da Lei nº 14.133/2021, que se caracteriza, além do fornecimento do objeto, pela responsabilização do contratado por sua operação, manutenção ou ambas, por tempo determinado, não é adequado para a contratação de *facilities*, que se caracteriza pelo oferecimento de serviços por uma empresa contratada, a qual também pode ficar incumbida do fornecimento de bens e da execução de obras. Ou seja, na contratação de *facilities*, o serviço é o principal, sendo, o fornecimento e a obra, o acidental. No caso do fornecimento do inciso XXXIV do art. 6º da Nova Lei de Licitações, como se observa, ocorre o inverso: o fornecimento é o principal, sendo possível associar a ele serviços.

d) Pode ser utilizado pelos demais entes federativos

Por se tratar de norma geral, a Lei nº 14.011/2020, no tocante ao tema da contratação de *facilities*, é de observância obrigatória por todos os entes e órgãos da administração direta e indireta, podendo, inclusive, ser observada pelas empresas estatais.[37]

e) Possibilita a efetiva ocupação dos imóveis públicos

É de todos sabido que a Administração Pública tem um histórico de imóveis públicos vazios, abandonados e subutilizados, em geral, por questões orçamentárias. Porquanto, "ante a falta de recursos orçamentários para reformar os imóveis de sua propriedade, a Administração Pública opta por abandonar tais prédios e passar a funcionar em imóveis locados. Com isso, a solução para o imóvel de propriedade do Estado acaba sendo a alienação".[38]

O que se pretende com a gestão de *facilities* é possibilitar que a administração pública contrate alguém que, além de propiciar que

---

[37] Nessa linha: "O fato é que, considerando o teor do seu *caput* e dos seus parágrafos, o dispositivo em comento é uma verdadeira 'norma geral', no sentido do art. 22, XXVII, da Constituição, motivo pelo qual é dotado de caráter nacional e aplicável às esferas federal, estadual, distrital e municipal. Notemos que a norma trata de reunião de serviços, bens e até de obras em um único contrato, assim como também de vigência contratual (art. 7º, §2º, II), aspectos sensíveis ao sistema de contratação pública brasileiro como um todo e, por isso, típicos de lei nacional" (FORTINI, Cristiana; OLIVEIRA, Rafael Sérgio de. Os novos procedimentos de gestão e alienação dos imóveis públicos. *Revista Consultor Jurídico*. Disponível em: https://www.conjur.com.br/2020-jul-02/interesse-publico-novos-procedimentos-gestao-alienacao-imoveis-publicos. Acesso em: 27 jun. 2021).

[38] FORTINI, Cristiana; OLIVEIRA, Rafael Sérgio de. Os novos procedimentos de gestão e alienação dos imóveis públicos. *Revista Consultor Jurídico*. Disponível em: https://www.conjur.com.br/2020-jul-02/interesse-publico-novos-procedimentos-gestao-alienacao-imoveis-publicos. Acesso em: 27 jun. 2021.

o imóvel esteja em condições de pleno uso, também cuide de sua manutenção, colocando-se como opção à transferência patrimonial.

f) Pode ser utilizado mesmo quando a Administração Pública loca imóvel privado

Segundo Cristiana Fortini e Rafael Oliveira, a ideia de que o modelo de contratação de *facilities* não seria aplicável aos imóveis ocupados pela administração pública na qualidade de locatária

> [...] não se coaduna com os potenciais ganhos de eficiência trazidos pelo instituto para a Administração Pública, que por diversas vezes atua se valendo de imóveis privados. Não há razão para vedar a contratação de gestão da ocupação nos termos do §1º do art. 7º da Lei nº 14.011/20 nas ocasiões em que a Administração Pública funciona em imóvel locado. Os ganhos trazidos pelo modelo nesses casos serão os mesmos oferecidos no caso de funcionamento em imóvel público.
> [...] o ideal seria que o caput do art. 7º não tivesse restringido o conceito do instituto aos imóveis públicos. Porém, ainda assim, não encontramos óbices à sua interpretação mais ampla, abarcando também os casos em que a Administração funcione em prédios locados. Nesse aspecto, cabe registrar que mesmo antes da Lei 14.011/20 o TCU já admitia a contratação nos moldes de facilities, sem a restringir a imóveis públicos.[39]

g) Consiste na prestação, em um único contrato, de um rol de serviços

Em interessante e oportuna análise, Daniel Ribas Beatriz indica que o termo *facilities* "está relacionado aos serviços de infraestrutura como limpeza, segurança e manutenção e a tudo que pode facilitar os processos do dia a dia de uma organização (pública ou privada), sem, contudo, estar ligado à atividade fim dela. A boa aceitação pela Administração Pública se dá por diversos motivos, podendo destacar que a contratação integrada de serviços, bens e até obras, no formato *facilities*, propicia a existência de sinergia entre os diversos serviços prestados em um mesmo ambiente e facilita eventual identificação de responsabilidades por serviços realizados de forma equivocada".[40]

---

[39] FORTINI, Cristiana; OLIVEIRA, Rafael Sérgio de. Os novos procedimentos de gestão e alienação dos imóveis públicos. *Revista Consultor Jurídico*. Disponível em: https://www.conjur.com.br/2020-jul-02/interesse-publico-novos-procedimentos-gestao-alienacao-imoveis-publicos. Acesso em: 27 jun. 2021.

[40] BEATRIZ, Daniel Ribas. *A contratação de serviços de facilities deve ser realizada por meio de pregão eletrônico*. Disponível em: https://www.vgplaw.com.br/a-contratacao-de-servicos-de-facilities-deve-ser-realizada-por-meio-de-pregao-eletronico/. Acesso em: 27 jun. 2021.

Mesmo que a reunião em um único contrato seja controversa no ordenamento jurídico pátrio em razão da regra do parcelamento do objeto,[41] a norma acabou por consolidar entendimento já exarado pelo TCU, sobre o tema da unificação de serviços de *facilities*, no sentido de que a contratação não configura afronta à Lei de Licitações, devendo apenas ser observadas algumas regras.

O Tribunal de Contas da União já vinha entendendo que a reunião de diversos serviços é admitida quando demonstrado que o parcelamento do objeto mediante a divisão da contratação em itens resulta em comprovada perda de eficiência, prejuízo técnico à administração e potencial comprometimento da satisfatória e integral execução contratual.[42] Portanto, há que se considerar o parcelamento sempre à luz da situação concreta do mercado. Ou seja, não há mandamento de parcelamento (loteamento) em abstrato, sendo possível afirmar que a) nos mercados em que não há segmentação da atuação das empresas, é possível reunir diversos serviços em um só contrato; e b) ainda assim, é preciso admitir mecanismos como a competição por consórcio e a subcontratação futura, isso como uma maneira de potencializar a concorrência.

Importante lembrar que, ao lado da prestação dos serviços de gerenciamento e manutenção de imóvel, o contrato de gestão de *facilities* possibilita a inclusão no seu escopo de equipamentos, materiais e obras, bem como a prestação de outros serviços necessários ao uso do imóvel pela administração pública.

h) Possibilita a inclusão de obras

O que não se pode aceitar, conforme alertam Cristiana Fortini e Rafael Sérgio de Oliveira, "para o caso dos imóveis locados é a hipótese do §2º do mesmo art. 7º, que admite a inclusão de obras no objeto do contrato. Isso porque, a princípio, seria irrazoável o Poder Público pagar por obras a serem realizadas em imóveis particulares".[43]

Por sua vez, quando for possível a inclusão da execução de obras, afora compreender a elaboração dos projetos básico e executivo (contratação superintegrada), serão elas de propriedade da Administração

---

[41] Art. 23, §1º, da Lei nº 8.666/1993, e art. 40, §§2º e 3º, da Lei nº 14.133/2021.
[42] Acórdão nº 1.214/2013 – Plenário, relator Min. Aroldo Cedraz.
[43] FORTINI, Cristiana; OLIVEIRA, Rafael Sérgio de. Os novos procedimentos de gestão e alienação dos imóveis públicos. *Revista Consultor Jurídico*. Disponível em: https://www.conjur.com.br/2020-jul-02/interesse-publico-novos-procedimentos-gestao-alienacao-imoveis-publicos. Acesso em: 27 jun. 2021.

Pública contratante. Igual raciocínio é utilizado para os bens fornecidos pelo contratado.

h) Pode ter prazo de duração de até 20 (vinte anos)

Nos termos do §2º do art. 7º da Lei nº 14.011/2020, quando a contratação de *facilities* incluir investimentos referentes à realização de obras e ao fornecimento de bens, poderá ter prazo de duração de até 20 (vinte) anos, o que permitirá sua diluição nas parcelas mensais a serem pagas.

5 Conclusão

A modelagem de contratação explanada neste trabalho apresenta um grande potencial de melhoramento na gestão pública brasileira. Uma evolução em face do instituto da terceirização, também conhecida como gestão de *facilities* (na modelagem *facilities full* ou *facilities management*), pemite que a Administração Pública contrate uma empresa que seja responsável por gerenciar serviços, incluindo o fornecimento de equipamentos e materiais necessários ao uso do imóvel, bem como a realização de obras para sua adequação.

Nesse ponto, ganha destaque o fato de a própria concepção do serviço ser projetada pela contratada, de modo customizado para as necessidades da Administração contratante. Conta-se, aqui, com a união do *know-how* da contratada especializada e o conhecimento da Administração acerca das suas necessidades.

O novo modelo possibilita que os imóveis públicos atinjam plenamente sua função social, pois muitos voltarão a ser afetados a uma finalidade pública. A possibilidade de incluir obras no bojo desses contratos tem um grande potencial para resgatar a utilidade de imóveis que precisam de reformas para serem postos em funcionamento.

Referências

ALMEIDA, Fernando Dias Menezes de. *Contrato administrativo*. São Paulo: Quartier Latin, 2012.

BANDEIRA DE MELLO, Celso Antônio. *Curso de direito administrativo*. 34. ed. rev. e atual. Até a Emenda Constitucional 99, de 14.12.2017. São Paulo: Malheiros, 2019.

BEATRIZ, Daniel Ribas. *A contratação de serviços de facilities deve ser realizada por meio de pregão eletrônico*. Disponível em: https://www.vgplaw.com.br/a-contratacao-de-servicos-de-facilities-deve-ser-realizada-por-meio-de-pregao-eletronico/.

BONATTO, Hamilton; OLIVEIRA, Rafael Sérgio de. A Admissão do Projetista na Execução do Contrato e a Nova Lei de Licitações. *Portal L&C*. Disponível em: http://www.licitacaoecontrato.com.br/artigo/a-admissao-projetista-execucao-contrato-nova-lei-licitacoes-26012021.html.

CARVALHO FILHO, José dos Santos. Manual de direito administrativo. 33. ed. São Paulo: Atlas, 2019.

FERNANDES, Jorge Ulisses Jacoby. *Terceirização*: legislação, doutrina e jurisprudência. Belo Horizonte: Fórum, 2017.

FORTINI, Cristiana; OLIVEIRA, Rafael Sérgio de. Os novos procedimentos de gestão e alienação dos imóveis públicos. *Revista Consultor Jurídico*. Disponível em: https://www.conjur.com.br/2020-jul-02/interesse-publico-novos-procedimentos-gestao-alienacao-imoveis-publicos.

MARQUES NETO, Floriano de Azevedo. Do contrato administrativo à administração contratual. Contratos com o Poder Público. *Revista do Advogado*, São Paulo, ano XXIX, n. 107, dez. 2009.

MAZZA, Alexandre. *Manual de direito administrativo*. 10. ed. São Paulo: Saraiva Educação, 2020.

MOTTA, Carlos Pinto Coelho. *Eficácia nas concessões, permissões e parcerias*. 2. ed. Belo Horizonte: Del Rey, 2011.

NIEBUHR, Joel de Menezes; NIEBUHR, Pedro de Menezes. *Licitações e contratos das estatais*. Belo Horizonte: Fórum, 2018.

NOBREGA, Marcos; OLIVEIRA, Rafael Sérgio de. O projeto da nova lei de licitação, o "fetiche da mediocridade" e o empecilho ao *best value for money*. *Portal L&C*. Disponível em: http://www.licitacaoecontrato.com.br/artigo/o-projeto-nova-lei-licitacao-fetiche-mediocridade-empecilho-best-value-money-08012021.html.

OLIVEIRA, Gustavo Justino de. Convênio é acordo, mas não é contrato: contributo de Hely Lopes Meirelles para a evolução dos acordos administrativos no Brasil. *In*: WALD, Arnold; JUSTEN FILHO, Marçal; PEREIRA, Cesar Augusto Guimarães (Org.). *O direito administrativo na atualidade*: estudos em homenagem ao centenário de Hely Lopes Meirelles. São Paulo: Malheiros, 2017. p. 516-527.

OLIVEIRA, Rafael Sérgio de. Mais algumas notas sobre a contratação de *facilities* nos termos da Lei nº 14.011/2020. *Portal L&C*. Disponível em: http://www.licitacaoecontrato.com.br/artigo/mais-algumas-notas-sobre-contratacao-facilities-termos-lei-n140112020-14102020.html.

OLIVEIRA, Rafael Sérgio de. O diálogo competitivo brasileiro. Belo Horizonte: Fórum, 2021.

OLIVEIRA, Rafael Sérgio de. O diálogo competitivo do projeto de lei de licitação e contrato brasileiro. *Portal L&C*. Disponível em: http://www.licitacaoecontrato.com.br/exibeArtigo.html?assunto=oDialogoCompetitivoProjetoLeiLicitacaoEContratoBrasileiro.

PEDRA, Anderson; OLIVEIRA, Rafael Sérgio de; AMORIM, Victor. O Projeto da Nova Lei de Licitações e a Espada de Dâmocles: sanção *versus* veto e uma tentativa de contribuição ao PL nº 4.253/2020. *Portal L&C*. Disponível em: www.licitacaoecontrato.com.br.

PEREIRA JUNIOR, Jessé Torres. As Modalidades de Licitação no Projeto de Nova Lei de Licitações, Aprovado pela Câmara dos Deputados. *Revista SÍNTESE Licitações, Contratos e Convênios*, São Paulo, v. 10, n. 55, fev./mar. 2020.

PEREIRA JUNIOR, Jessé Torres; DOTTI, Marinês Restelatto. Manutenção da frota e fornecimento de combustíveis por rede credenciada, gerida por empresa contratada: prenúncio da "quarteirização" na gestão pública? *Revista do TCU*, n. 116, 2009.

SACRAMENTO, Julia Thiebaut. A quarteirização na Administração Pública: conceito, características e vantagens. https://www.conteudojuridico.com.br/consulta/Artigos/47307/a-quarteirizacao-na-administracao-publica-conceito-caracteristicas-e-vantagens.

SANTOS, Diogo Palau Flores dos. *Terceirização de Serviços pela Administração Pública*: estudos da responsabilidade subsidiária. São Paulo: Saraiva, 2010.

Informação bibliográfica deste texto, conforme a NBR 6023:2018 da Associação Brasileira de Normas Técnicas (ABNT):

STROPPA, Christianne de Carvalho; PÉRCIO, Gabriela Verona. A terceirização de serviços e o contrato de *facilities* da Lei nº 14.011/2020. In: FORTINI, Cristiana; PAIM, Flaviana Vieira (Coord.). *Terceirização na Administração Pública*: boas práticas e atualização à luz da Nova Lei de Licitações. Belo Horizonte: Fórum, 2022. p. 209-226. ISBN 978-65-5518-288-0.

TERCEIRIZAÇÃO MUNICIPAL EM FACE DA LEI DE RESPONSABILIDADE FISCAL

MARIA SYLVIA ZANELLA DI PIETRO

1 A terceirização como forma de burla ao limite de despesa com pessoal

O tema da *Terceirização municipal em face da Lei de Responsabilidade Fiscal* não é simples. Embora se refira à terceirização *municipal*, não existe diferença entre terceirização no âmbito federal, no estadual ou no municipal. Terceirização é terceirização nas três esferas de governo. Infelizmente aqui no Brasil, quando se legisla, legisla-se pensando no Governo Federal, na União, e muitas vezes não sendo lembradas as peculiaridades dos Estados e muito menos dos Municípios.

A Lei de Responsabilidade Fiscal (Lei Complementar nº 101, de 04.05.2000) contém uma norma no art. 18, §1º, a respeito da terceirização. É um dispositivo que vem no capítulo dos limites de despesa com pessoal.

Esse dispositivo estabelece que "os valores dos contratos de terceirização de mão de obra, que se referem à substituição de servidores e empregados públicos serão contabilizados como outras despesas com pessoal". Talvez seja a primeira lei, pelo menos no que se refere à Administração Pública, que usa a palavra terceirização, embora não se trate de instituto novo. Sempre se fez terceirização aqui no direito brasileiro, só que não se utilizava essa terminologia.

O que acontece é que a terceirização foi muito utilizada como forma de burlar duas normas da Constituição Federal: (i) uma, a referente à exigência de concurso público para investidura de todas as categorias de servidores, já que se começou a utilizar a terceirização como forma de contratar pessoal sem submetê-los a concurso público; (ii) outra que impõe limites à despesa com pessoal, já que, com a Emenda Constitucional nº 19/98, foram previstas sanções para o descumprimento desse limite.

Com a previsão dessas sanções, começou-se a utilizar a terceirização como forma de burlar o limite de despesa com pessoal. Sendo vedada a contratação e a nomeação de servidor quando a despesa ultrapassar o limite de despesa com pessoal, passou-se a terceirizar, mediante a contratação de empresa fornecedora de mão de obra. Assim sendo, os gastos caem em outro item do orçamento, fugindo, portanto, ao limite da despesa com pessoal.

E foi exatamente para contornar essa burla que a Lei de Responsabilidade Fiscal inseriu o referido dispositivo, dizendo que a terceirização de mão de obra, que tenha por objetivo substituir o servidor público, é considerada como despesa com pessoal e entra, portanto, no limite imposto pela Constituição.

O referido dispositivo da Lei de Responsabilidade Fiscal tem uma redação de difícil compreensão e deu margem a controvérsias; a primeira dificuldade já está em afirmar o que é terceirização; a segunda consiste em definir o que se quis dizer com substituição de pessoal. O objetivo deste artigo é tirar algumas conclusões.

2 A terceirização na empresa privada e na Administração Pública

A terceirização começou a ser usada inicialmente pelas empresas privadas para contratação de serviços de terceiros para o desenvolvimento de *atividades-meio*. Basicamente ou fundamentalmente a terceirização levaria a empresa a concentrar-se na sua atividade-fim, deixando as atividades acessórias, complementares, para serem executadas por outras empresas contratadas para esse fim; é o caso, por exemplo, das atividades de vigilância, limpeza, auditoria, contabilidade.

Para a empresa tomadora do serviço, existem várias vantagens nessa prática, pois, pelo menos teoricamente, a empresa contratada é mais especializada naquelas atividades, pois ela só faz vigilância, só faz limpeza, só faz auditoria. Sendo assim, a empresa tomadora desses serviços teria toda sua estrutura e todo o seu pessoal voltado mais especificamente para a atividade-fim.

Porém, o grande objetivo, talvez o maior de todos, da terceirização seria a diminuição dos encargos sociais. Já que esse pessoal terceirizado não tem vínculo de emprego com a tomadora do serviço, a mesma não terá de pagar previdência social, não terá despesas com o PIS, com o PASEP e com os outros encargos sociais que hoje existem em grande quantidade. Alega-se também que a redução dos gastos com esses encargos provoca uma redução no preço dos serviços da empresa.

No âmbito da Administração Pública, a terceirização pode assumir as mais diferentes modalidades: pode adquirir a forma de *empreitada*, seja empreitada de obra, seja empreitada de serviço, como assume, com frequência, a forma de fornecimento de mão de obra. Por exemplo, uma empresa vai realizar uma obra e, em vez de fazê-lo diretamente, com seus próprios empregados, prefere contratar uma outra empresa para executá-la. A empreitada de serviços não tem por objeto a prestação de um serviço contínuo, a ser prestado como se fosse por um empregado da empresa tomadora. Ela visa um serviço, um resultado – por exemplo, a empresa quer que seja feita uma auditoria ou uma pesquisa, com um resultado específico. Para a empreitada não há óbice jurídico nenhum, nem para a empresa privada nem para a Administração Pública. O grande problema existe quando a terceirização assume a forma de fornecimento de mão de obra.

Tanto na empresa privada quanto na Administração Pública, a terceirização sob forma de fornecimento de mão de obra ocorre quando o tomador de serviço contrata uma empresa para que esta forneça pessoal para trabalhar dentro da empresa tomadora. No caso da Administração Pública, seriam pessoas que viriam trabalhar para ela, embora sem vínculo empregatício.

No âmbito da Administração Pública a terceirização sob a forma de empreitada é um contrato muito antigo, sempre existiu, pois a lei sempre permitiu a execução de obras e a prestação de serviços por meio de empresas contratadas para esse fim. Isto já era previsto no art. 10 do Decreto-Lei nº 200, de 1967. Nele já era prevista a possibilidade de a Administração desobrigar-se da execução de tarefas executivas mediante as atividades relacionadas com transporte, conservação, operação de elevadores, limpeza e outras assemelhadas. A possibilidade continuou sendo prevista no Decreto-Lei nº 2.300, está prevista na Lei nº 8.666/93 e na Lei nº 14.133, de 1º.4.2021 (nova lei de licitações e contratos).

O art. 10 da Lei nº 8.666, de 21.06.1992 (Lei de licitações e contratos administrativos), estabelece textualmente que as obras e os serviços podem ser executados direta ou indiretamente pela Administração. Vale dizer que a própria lei prevê a execução direta ou a execução indireta, equivalendo, esta última, à terceirização. Além disso, a lei define *serviço*, no art. 6º, inciso II, como "toda atividade destinada a obter determinada utilidade de interesse para a administração, tais como demolição, conserto, instalação, montagem, operação, conservação, reparação, adaptação, manutenção, transporte" etc. Também o art. 13 fala nos serviços técnicos profissionais especializados, que podem ser contratados com inexigibilidade de licitação, com profissional notoriamente especializado, abrangendo estudos técnicos, planejamento, projetos básicos, pareceres, perícias, avaliações, assessorias etc. São, portanto, duas espécies de serviços que a própria Lei de Licitações permite sejam objeto de contratação; correspondem ao contrato chamado de prestação de serviço ou de locação de serviço, que é válido, porque tem fundamento em lei.

Na Lei nº 14.133/21, o artigo 6º, inciso XI, define serviço como "atividade ou conjunto de atividades destinadas a obter determinada utilidade, intelectual ou material, de interesse da Administração". Nos incisos XIII a XVIII e no inciso XXI do mesmo dispositivo, a Lei define várias modalidades de serviços: serviços comuns, serviços especiais, serviços e fornecimentos contínuos, serviços contínuos com regime de dedicação exclusiva de mão de obra, serviços não contínuos ou contratados por escopo, serviços técnicos especializados de natureza predominantemente intelectual e serviços de engenharia. Todas essas modalidades podem ser objeto de contratos de prestação de serviços, tal como definidos pelo artigo 6º, inciso XI.

Na realidade, existe fundamento na própria Constituição para esse tipo de locação de serviços, pois o art. 37, inciso XXI, estabelece que as *obras, serviços*, compras e alienações serão contratados mediante processo de licitação.

3 A terceirização como forma de fornecimento de mão de obra

A dificuldade está, no entanto, naqueles contratos que, embora denominados de locação de serviços, têm por objeto o *fornecimento de mão de obra*. O objetivo ou a vantagem seria realmente que esse pessoal contratado por meio de uma empresa não tivesse vínculo de emprego com a Administração Pública, liberando-a de arcar com os encargos sociais pertinentes, já que o vínculo dessas pessoas é com a empresa fornecedora da mão de obra.

O uso desse tipo de contrato vem sendo feito em grande escala, desde longa data, no próprio Governo Federal, como também nos Estados e Municípios. Mas não há dúvida de que esses contratos burlam as normas relativas aos servidores públicos e burlam também o limite da despesa com pessoal.

Esse tipo de terceirização favorece o apadrinhamento político, porque é utilizado para oferecer postos de trabalho na empresa contratada para fornecer mão de obra à Administração Pública.

Embora se trate de contratação que obedece às regras e princípios do direito administrativo, a terceirização acaba, muitas vezes, por implicar burla aos direitos sociais do trabalhador da empresa prestadora do serviço, o que coloca a Administração Pública sob a égide do direito do trabalho. Daí a necessidade de sujeitar-se às decisões normativas da Justiça do Trabalho.

Com base em jurisprudência consolidada pelo Tribunal Superior do Trabalho, a terceirização tinha ficado limitada à contratação de *atividade-meio*, o que foi alterado pela Lei nº 13.429, de 03.03.2017, que modificou dispositivos da Lei nº 6.019, de 03.01.1974, sobre trabalho temporário (regulamentada pelo Decreto nº 10.060, de 14.10.2019). Com efeito, a Justiça do Trabalho (e, em consequência, o Ministério do Trabalho) somente aceitavam como válida a terceirização que tivesse por objeto a atividade-meio da empresa. A consequência do descumprimento era o reconhecimento da existência de vínculo empregatício entre o tomador do serviço e o trabalhador, o que não ocorre em relação à Administração Pública, embora a mesma possa responder subsidiariamente pelos encargos sociais da empresa contratada, conforme se demonstrará.

Na Justiça do Trabalho, o assunto foi inicialmente objeto do Enunciado nº 256, de 22.09.1986, do TST (hoje Súmula nº 256), em cujos termos "salvo os casos de trabalho temporário e de serviços de vigilância previstos nas Leis nº 6.019, de 3/1/74, e nº 7.102, de 26/6/83, é ilegal a contratação de trabalhadores por empresa interposta, formando-se o vínculo empregatício diretamente com o tomador de serviços".

O grande objetivo era o de evitar a burla aos direitos sociais do trabalhador. Esse tipo de contrato é visto como uma espécie de *merchandage*, em que o objeto é o próprio trabalho humano. Daí o repúdio da Justiça do Trabalho, que só aceitava a terceirização para atender a necessidades transitórias do tomador de serviços.

No entanto, aos poucos foi havendo um abrandamento na interpretação da Súmula, passando-se a distinguir a terceirização lícita da ilícita, esta última correspondendo ao fornecimento de mão de obra. E chegou-se à Súmula nº 331, de 17.12.1993, do TST, a qual consagrou o seguinte entendimento:

> I – A contratação de trabalhadores por empresa interposta é ilegal, formando-se o vínculo diretamente com o tomador dos serviços, salvo no caso de trabalho temporário (Lei nº 6.019, de 3/3/74).
> II – A contratação de trabalhador, através de empresa interposta, não gera vínculo de emprego com o órgão da Administração Pública Direta, Indireta ou Fundacional (art. 37, inciso II, da Constituição da República).
> III – Não forma vínculo de emprego com o tomador a contratação de serviços de vigilância (Lei nº 7.102, de 20/6/83), de conservação e limpeza, bem como a de serviços especializados ligados à atividade-meio do tomador, desde que inexistente a pessoalidade e a subordinação.
> IV – O inadimplemento das obrigações trabalhistas, por parte do empregador, implica a responsabilidade subsidiária do tomador dos serviços quanto àquelas obrigações, inclusive quanto aos órgãos da administração direta, das autarquias, das fundações públicas, das empresas públicas e das sociedades de economia mista, desde que hajam participado da relação processual e constem também do título executivo judicial (art. 71 da Lei nº 8.666/93).

O que é importante chamar a atenção quanto a essa Súmula é, em primeiro lugar, para o fato de que ela só trata da terceirização sob a forma de fornecimento de mão de obra, não se aplicando para a locação de serviços permitida pela Lei nº 8.666; a Súmula está querendo coibir o fornecimento de mão de obra como burla aos direitos do trabalhador, não interferindo, por exemplo, com a empreitada de obra e de locação de serviços disciplinados pela Lei nº 8.666, que continuam válidas. A hipótese de terceirização que essa Súmula considera válida é a do trabalho temporário; nos demais casos, salvo essa hipótese, o contrato é nulo e forma vínculo com o tomador de serviços.

Mas a Súmula apresenta duas exceções em que não se forma vínculo com o tomador de serviços: (i) a primeira exceção ocorre quando o contratante é a Administração Pública, hipótese em que a contratação é nula e o vínculo não se forma com o tomador de serviço; essa exceção ficou confortável para a Administração Pública, mas deixou o empregado na rua da amargura, pois o vínculo não se forma com a Administração Pública e ela não tem que pagar encargo nenhum; (ii) quando se tratar de contrato de vigilância, conservação e limpeza, bem como de serviços especializados ligados à atividade-meio do tomador, desde que inexistente a pessoalidade e a subordinação direta; nesse caso, a contratação é lícita, pois não se trata de fornecimento de mão de obra.

A responsabilidade também estava prevista na Súmula, sendo da empresa fornecedora, mas o tomador de serviço responde subsidiariamente; e a Súmula abrange também a Administração Pública direta ou indireta no que diz respeito à responsabilidade.

Como se verifica, a Súmula insistia em que a terceirização somente se fizesse para *atividade-meio*; a contrario sensu, se fosse atividade-fim, haveria o reconhecimento do vínculo (desde que a contratada não fosse a Administração Pública).

Nessa parte, a Súmula foi tacitamente alterada pela Lei nº 13.429, de 31.03.2017, que veio dispor sobre "as relações de trabalho na empresa de prestação de serviços a terceiros". Ela alterou dispositivos da Lei nº 6.019/74 (que dispõe sobre trabalho temporário), que passou a estabelecer, no artigo 9º, §3º, que "o contrato de trabalho temporário pode versar sobre o desenvolvimento de atividades-meio e atividades-fim a serem executadas na empresa tomadora de serviços". A Lei nº 13.429/17 ainda veio estabelecer normas de proteção das relações de trabalho, especialmente as que são a seguir mencionadas:

a) o artigo 5º-A, §3º, prevê a responsabilidade da empresa tomadora do serviço pelas condições de segurança, higiene e salubridade dos trabalhadores, quando o trabalho for realizado em suas dependências ou local previamente convencionado em contrato;

b) o artigo 5º-A, §5º, atribui à contratante a responsabilidade subsidiária pelas obrigações trabalhistas referentes ao período em que ocorrer a prestação de serviços, e pelo recolhimento das contribuições previdenciárias; esse dispositivo é repetido, em termos idênticos, no artigo 10, §7º;

c) o artigo 9º, §2º, obriga o contratante a estender ao trabalhador da empresa de trabalho temporário o mesmo atendimento médico, ambulatorial e de refeição destinado aos seus empregados, existente nas dependências da contratante, ou local por ela designado;

d) o artigo 12 assegura ao trabalhador temporário os seguintes direitos: remuneração equivalente à percebida pelos empregados da mesma categoria da empresa tomadora ou cliente calculados à base horária, garantida, em qualquer hipótese, a percepção do salário mínimo regional; jornada de oito horas, remuneradas as horas extraordinárias não excedentes a duas, com acréscimo de 20%; férias proporcionais; repouso semanal remunerado; adicional por trabalho noturno; indenização por dispensa sem justa causa ou término normal do contrato, correspondente a 1/12 do pagamento recebido; seguro contra acidente do trabalho; proteção previdenciária nos termos da Lei Orgânica da Previdência Social;

e) o artigo 16 determina que, em caso de falência da empresa de trabalho temporário, a empresa tomadora ou cliente é solidariamente responsável pelo recolhimento das contribuições previdenciárias, no tocante ao tempo em que o trabalhador esteve sob suas ordens, assim como em referência ao mesmo período, pela remuneração e indenização previstas na Lei.

Com a entrada em vigor da Lei nº 13.429/17, a Súmula nº 331, do TST, perde grande parte de seus efeitos, em relação às empresas privadas, até porque ela absorveu, em parte, algumas regras que já constavam da Súmula. O item I estabelecia que, em caso de contratação ilegal de trabalhadores por empresa interposta, forma-se o vínculo com o tomador dos serviços, "salvo em caso de trabalho temporário". Essa imposição de formação de vínculo no caso de trabalho temporário repete-se no artigo 4º-A, §2º, da Lei nº 6.019/74. A responsabilidade subsidiária do tomador de serviço em caso de inadimplemento das obrigações trabalhistas era prevista no item IV da Súmula e repete-se no artigo 5º-A, §5º, e no artigo 10, §7º, da Lei.

Quanto à terceirização no âmbito da Administração Pública, é importante realçar que a Lei nº 6.019/74, com as alterações introduzidas pela Lei nº 13.429/17 (e regulamentada pelo Decreto nº 10.060, de 14.10.2019), não tem aplicação (salvo no caso das empresas estatais), continuando a aplicar-se a Súmula nº 331, do TST, na parte em que cuida especificamente da Administração Pública.

Isto porque o servidor público está submetido a regime constitucional diverso daquele a que se submetem os trabalhadores do setor privado. A única hipótese em que se poderia enquadrar a contratação temporária, sem concurso, seria aquela prevista no artigo 37, IX, da Constituição, que prevê a "contratação por tempo determinado para atender a necessidade temporária de excepcional interesse público". Cada ente federativo tem competência própria para especificar as hipóteses em que é possível a contratação temporária. Na esfera federal, a contratação de servidor temporário está disciplinada pela Lei nº 8.745, de 09.12.1993 (com alterações posteriores). Apenas para as empresas públicas, sociedades de economia mista e suas subsidiárias não tem aplicação a Lei nº 8.745/93, conforme decorre de seu artigo 1º. Além disso, essas empresas, quando desempenhem atividade econômica de produção ou comercialização de bens ou de prestação de serviços, estão sujeitas ao regime jurídico próprio das empresas privadas, inclusive quanto aos direitos e obrigações civis, comerciais, trabalhistas e tributários, conforme estabelece o artigo 173, §1º, inciso II, da Constituição. Em consequência, a Lei nº 6.019/74, com alterações posteriores, aplica-se a tais entidades.

Com relação às demais entidades da Administração Indireta, não se pode cogitar de revogação tácita da Lei nº 8.745/93 pela Lei nº 6.019/74, com a redação dada pela Lei nº 13.429/17, não só porque o regime de contratação temporária do servidor público tem fundamento constitucional, como também diante da norma do artigo 2º, §2º, da Lei de Introdução ao Código Civil (atualmente denominada de Lei de Introdução às Normas do Direito Brasileiro), pelo qual "a lei nova, que estabeleça disposições gerais ou especiais a par das já existentes, não revoga nem modifica a lei anterior".

Ainda com relação à terceirização no âmbito da Administração Pública, cabe lembrar que tem sido objeto de discussão a existência de conflito entre o item IV da Súmula nº 331, do TST, e o art. 71, §1º, da Lei nº 8.666/93, que assim estabelece:

> Art. 71. O contratado é responsável pelos encargos trabalhistas, previdenciários, fiscais e comerciais resultantes da execução do contrato.
> §1º A inadimplência do contratado com referência aos encargos trabalhistas, fiscais e comerciais não transfere à Administração Pública a responsabilidade por seu pagamento, nem poderá onerar o objetivo do contrato ou restringir a regularização e o uso das obras e edificações, inclusive perante o Registro de Imóveis.

O meu entendimento sempre foi o de que o conflito, na realidade, não existe, tendo em vista que a Súmula se refere ao fornecimento de mão de obra, enquanto o artigo 71, §1º, da Lei nº 8.666 só pode estar abrangendo os contratos regidos por essa lei, entre os quais não se insere o de fornecimento de mão de obra. Nem poderia a Súmula sobrepor-se ao disposto em lei, a menos que esta fosse considerada inconstitucional por interpretação judicial. No entanto, o conflito surgiu em decorrência da forma pela qual a Justiça do Trabalho vinha aplicando o item IV da Súmula, estendendo-o a praticamente todos os tipos de contratos administrativos. Daí o conflito: enquanto o dispositivo legal afasta a transferência, para a Administração Pública, da responsabilidade pelo pagamento dos encargos trabalhistas, fiscais e comerciais, o item IV da Súmula prevê a responsabilização da Administração Pública (direta e indireta), em caso de inadimplemento das obrigações trabalhistas por parte do empregador, desde que a mesma haja participado da relação processual e constem também do título executivo judicial.

Em razão disso, foi proposta ação perante o STF, pelo Governador do Distrito Federal, objetivando a declaração de constitucionalidade do artigo 71, §1º, da Lei nº 8.666/93 (ADC nº 16-DF, Rel. Ministro Cezar Peluso, DJe, 09 set. 2011). A decisão, por maioria de votos, em sessão plenária do dia 24.11.2010, foi no sentido de que é constitucional o referido dispositivo legal. No entanto, o acórdão não afastou a possibilidade de ser examinado pelo TST, em cada caso concreto, se a inadimplência do contratado teve como causa principal a falha ou a falta de fiscalização pelo órgão público contratante.

À vista desse entendimento do STF, o TST alterou a Súmula nº 331, em seu item IV, e acrescentou os itens V e VI, nos seguintes termos:

> IV – O inadimplemento das obrigações trabalhistas, por parte do empregador, implica a responsabilidade subsidiária do tomador de serviços quanto àquelas obrigações, desde que haja participado da relação processual e conste também do título executivo judicial.
> V – Os entes integrantes da administração pública direta e indireta respondem subsidiariamente, nas mesmas condições do item IV, caso evidenciada a sua conduta culposa no cumprimento das obrigações da Lei nº 8.666/93, especialmente na fiscalização do cumprimento das obrigações contratuais e legais da prestadora de serviço como empregadora. A aludida responsabilidade não decorre de mero inadimplemento das obrigações trabalhistas assumidas pela empresa contratada.
> VI – A responsabilidade subsidiária do tomador de serviços abrange todas as verbas decorrentes da condenação referentes ao período da prestação laboral.

Posteriormente, em reclamações dirigidas ao STF, em razão do descumprimento do acórdão proferido na ADC nº 16-DF, os Ministros, em decisões monocráticas, têm cassado acórdãos proferidos pelo TST e determinado que outros sejam proferidos. Foi o que ocorreu nos autos do AIRR-130940-64.2007.5.02.0022, ajuizado pelo Estado de São Paulo contra decisão proferida pela 4ª Turma do TST. Citando outros precedentes, a Ministra Cármen Lúcia julgou procedente a reclamação para cassar a decisão proferida pela 4ª Turma do TST e determinar que outra decisão fosse proferida como de direito (decisão de 15.09.2011).

O fato é que, diante da decisão do STF, incorporada no item V da Súmula nº 331, do TST, a Administração Pública deve tomar algumas cautelas:

a) colocar nos instrumentos convocatórios e nos contratos cláusula em que fique clara a aplicação da norma do artigo 71 da Lei nº 8.666/93;

b) inserir nos instrumentos convocatórios de licitação e nos contratos cláusula prevendo a aplicação de penalidade pelo descumprimento da norma do artigo 71 da Lei nº 8.666/93, sem prejuízo da rescisão do contrato com fundamento no artigo 78, I e II, da mesma lei;

c) na atividade de fiscalização do cumprimento do contrato, verificar se a contratada está cumprindo as obrigações trabalhistas, previdenciárias, fiscais e comerciais resultantes da execução do contrato; em caso de inadimplemento, aplicar as penalidades cabíveis;

d) exigir a atualização, a cada 180 dias, da Certidão Negativa de Débito Trabalhista (CNDT) referida na Lei nº 12.440, de 07.07.2011.

Sem a adoção dessas cautelas, a Administração Pública, acionada perante a Justiça do Trabalho, poderá ser responsabilizada subsidiariamente pelas obrigações trabalhistas. Se, tomadas essas cautelas, ainda assim o TST decretar a responsabilidade subsidiária da Administração Pública com fundamento na Súmula nº 331, cabe reclamação administrativa ao STF.

Na esfera da União, o Decreto nº 9.507, de 21.09.2018 (que dispõe sobre a execução indireta, mediante contratação, de serviços da administração pública federal direta, indireta e fundacional e das empresas públicas e das sociedades de economia mista controladas pela União), exige a inclusão, nos contratos de terceirização de serviços, de cláusulas que acautelam os interesses do poder público, como declaração de responsabilidade exclusiva da contratante sobre a quitação dos encargos trabalhistas e sociais decorrentes do contrato; indicação de preposto da contratada para representá-la na execução do contrato; pagamento mensal pela contratante após a comprovação do pagamento das obrigações sociais da contratada; possibilidade de rescisão do contrato por ato unilateral e escrito do contratante e aplicação das penalidades cabíveis na hipótese de não pagamento dos salários e das verbas trabalhistas, e pelo não recolhimento das contribuições sociais, previdenciárias e para com o FGTS; exigência de garantia de cumprimento das referidas obrigações (art. 8º).

Em resumo, pela decisão do STF declarando a constitucionalidade do artigo 71, §1º, da Lei nº 8.666/93, e pelos termos do item V da Súmula nº 331, do TST, a regra é a de que a Administração Pública não responde subsidiariamente pelas obrigações trabalhistas, em caso de inadimplemento pelo contratado, a menos que tenha havido omissão ou falha na fiscalização da execução do contrato.

4 Distinção entre contrato de prestação de serviços e contrato de fornecimento de mão de obra

Ainda com relação à Súmula nº 331, do TST, cabe ressaltar que a referência à inexistência da pessoalidade e subordinação (contida no item III) é importante para distinguir a terceirização lícita (sob a forma de prestação de serviço) da ilícita (sob a forma de fornecimento de mão de obra). Se estiverem presentes os dois requisitos (pessoalidade e subordinação), surge o vínculo de emprego, por estar caracterizada a contratação de trabalhador por meio de interposta pessoa. O artigo 7º do referido Decreto nº 9.507/18 veda a inclusão de disposições, nos instrumentos convocatórios, que permitam a "caracterização do objeto como fornecimento de mão de obra" (inciso II) e a "pessoalidade e a subordinação direta dos empregados da contratada aos gestores da contratante" (inciso IV). Embora o Decreto seja de aplicação apenas à União, na realidade, trata-se de tipo de vedação que, mesmo sem a previsão constante do artigo 7º do Decreto federal, caracteriza ilicitude por parte da Administração Pública.

Dora Maria de Oliveira Ramos, em trabalho sobre Terceirização na administração pública (2001, p. 66), depois de observar que a doutrina trabalhista distingue diferentes tipos de subordinação (técnica, hierárquica, econômica, jurídica e social), acrescenta: "A subordinação *pode ser entendida como consequência do poder concedido ao empregador de, organizando e controlando os fatores de produção, dirigir a realização dos trabalhos, inclusive exercendo poder disciplinar*. O empregado, ao depender juridicamente do empregador, subordina-se contratualmente ao seu poder de comando, submetendo-se às suas ordens. A subordinação necessária para configurar o vínculo de emprego na terceirização não é a meramente técnica, até porque, como ensina Sergio Pinto Martins, nem sempre há subordina*ção técnica entre empregado e empregador, como acontece, por vezes, com altos empregados ou empregados especializados. É necessário, pois, que o tomador dirija os serviços direta*mente, dando ordens aos empregados da contratante e submetendo-os ao seu poder disciplinar, para que se caracterize o requisito da subordinação".

Com relação à pessoalidade, observa a autora que "o contrato de trabalho, firmável apenas com pessoa física, pressupõe a realização da atividade por sujeito certo e determinado, assumindo o ajuste caráter intuitu personae. Na terceirização lícita, que não representa mera intermediação de mão de obra, ao tomador do serviço é irrelevante a identidade do agente que desempenha a atividade, dado que o fim do ajuste se limita à obtenção do resultado material pactuado".

Assim, se o tomador do serviço escolhe o trabalhador, dá ordens diretas a ele e não à empresa contratada, exerce sobre ele o poder disciplinar, aplicando-lhe penalidades, se a empresa contratada se substitui, mas os trabalhadores continuam, o que ocorre é fornecimento de mão de obra, porque estão presentes a pessoalidade e a subordinação direta.

O que a Administração Pública pode fazer, licitamente, é celebrar contratos de empreitada, seja para realização de obra pública (conforme definida no artigo 6º, I, da Lei nº 8.666), seja para prestação de serviço (tal como conceituado nos artigos 6º, II, e 13 da mesma lei). Nesses tipos de contrato, a empresa é que é contratada e o vínculo contratual se forma com ela e não com seus empregados.

O que a Administração não pode fazer é contratar trabalhador com intermediação de empresa de prestação de serviços a terceiros, porque nesse caso o contrato assume a forma de fornecimento de mão de obra, com burla à exigência de concurso público.

O trabalhador, conforme ressaltado, não pode ser considerado servidor público; ele se enquadra na figura conhecida como "funcionário de fato", porque não investido licitamente em cargo, emprego ou função. Em consequência, ele não pode praticar atos administrativos e, se os praticar, tais atos são inválidos, não podendo produzir efeitos jurídicos. Nem mesmo se enquadra no artigo 37, IX, da Constituição, que prevê a hipótese de contratação temporária, porque esse dispositivo permite seja contratado o servidor, pessoa física, e não a empresa. Além disso, as leis que disciplinam esse dispositivo constitucional exigem processo seletivo para a contratação de pessoal temporário, salvo em situações de emergência (nesse sentido, v. artigo 3º da Lei nº 8.745, de 09.12.1993, sobre contratação de servidor temporário na esfera federal; no Estado de São Paulo, existe decisão nesse sentido do Tribunal de

Contas, proferida no Processo TCA-15248/026/04, publicada no Diário Oficial do Estado, 17 jun. 2004).

O Decreto nº 9.507, de 21.09.2018 (que substitui e revoga o Decreto nº 2.271, de 07.07.1997), no artigo 2º, atribui ao Ministro de Estado do Planejamento, Desenvolvimento e Gestão a competência para estabelecer os serviços que serão preferencialmente objeto de execução indireta. No artigo 3º, determina que "não poderão ser objeto de execução indireta na administração pública federal direta, autárquica e fundacional, os serviços: I – que envolvam a tomada de decisão ou posicionamento institucional nas áreas de planejamento, coordenação, supervisão e controle; II – que sejam considerados estratégicos para o órgão ou a entidade, cuja terceirização possa colocar em risco o controle de processos e de conhecimentos e tecnologias; III – que estejam relacionados ao poder de polícia, de regulação, de outorga de serviços públicos e de aplicação de sanção; IV – que sejam inerentes às categorias funcionais abrangidas pelo plano de cargos do órgão ou entidade, exceto disposição legal em contrário ou quando se tratar de cargo extinto, total ou parcialmente, no âmbito do quadro geral de pessoal".

Mesmo nesses casos, a contratação não tem por objeto o fornecimento de mão de obra, mas a prestação de serviço pela empresa contratada. É o que consta expressamente do artigo 7º, inciso II, do Decreto nº 9.507/18, quando veda a inclusão de disposições nos instrumentos convocatórios de licitação que permitam "a caracterização do objeto como fornecimento de mão de obra".

Eu diria que há grande dificuldade em distinguir contrato de locação de serviços de contrato de fornecimento de mão de obra, porque as diferenças são muito tênues. Por exemplo, quando se pensa em um contrato de vigilância, a Lei nº 8.666 o permite, como locação de serviços; quando é que ele passaria a ser considerado fornecimento de mão de obra e, portanto, ilícito? Quando estejam presentes as características da relação de emprego, que são *subordinação* e *pessoalidade*. É preciso muito cuidado, porque na locação de serviços o Poder Público contrata uma empresa para prestar uma determinada atividade, sendo indiferente, para a Administração Pública, quem são as pessoas físicas que vão prestar o trabalho. A empresa é que vai prestar o serviço, não interessando se é o João, o Benedito, o José, a Maria. Isto é irrelevante, pois se o Poder Público disser "eu quero o empregado João", está caracterizada a pessoalidade e, portanto, haverá o contrato de fornecimento de mão de obra. Ao contratar uma empresa é necessário que todas as negociações sejam feitas diretamente com ela e não com seus empregados. Se o empregado praticar uma irregularidade, a Administração Pública não vai puni-lo, não vai transferi-lo, não vai dispensá-lo; ela tem que punir a empresa, tem que notificar a empresa contratada para que ela corrija a irregularidade.

Existem alguns indícios, que têm sido levados em consideração na Justiça do Trabalho, da existência de uma relação de emprego que pode levar a caracterizar o contrato como fornecimento de mão de obra.

O primeiro indício é a indicação, pelo poder público, das pessoas físicas que ele quer que prestem o serviço. Quando a Administração Pública solicita a uma empresa o fornecimento de mão de obra e deixa claro que quer os empregados João, Benedito, Maria, na realidade a Administração está interessada na pessoa física. Ela quer determinadas pessoas e não qualquer uma. Esse é o indício mais forte de todos.

Segundo, quando muda a empresa, às vezes, o contrato já se extinguiu, a Administração celebra outro, com empresa diversa, mas as pessoas que continuam prestando o serviço são as mesmas. É muito comum isso acontecer.

Outro indício se verifica quando a empresa usa os equipamentos da própria Administração Pública, o computador, o material de limpeza etc. Quer dizer, o empregado terceirizado está trabalhando em órgão ou entidade pública, sob as ordens de autoridades administrativas, usando os equipamentos da Administração Pública. Ou ainda quando essas pessoas físicas recebem ordem da própria autoridade administrativa: "olha, hoje você vai fazer isso, amanhã você vai fazer aquilo, hoje você trabalha aqui ou você trabalha ali"; tudo isso caracteriza *subordinação*.

Não pode haver entendimento direto entre a Administração Pública e o empregado. O entendimento é sempre com a empresa. A Administração não pode também dispensar o empregado, transferi-lo para outro local, porque isso também é indício de subordinação. O que se deve evitar é a pessoalidade e a subordinação. Se houver essas características, o contrato vai ser considerado como fornecimento de mão de obra e, portanto, nulo.

5 Interpretação do artigo 18, §1º, da Lei de Responsabilidade Fiscal

Na Lei de Responsabilidade Fiscal (Lei Complementar nº 101, de 04.05.2000), o artigo 18, §1º, determina que "os valores dos contratos de terceirização de mão de obra que se referem à substituição de servidores e empregados públicos serão contabilizados como 'outras despesas de pessoal'".

O dispositivo merece críticas porque praticamente está admitindo a possibilidade de contratos de terceirização de mão de obra. Para afastar esse entendimento, a norma deve ser interpretada no sentido de que, mesmo sendo ilegal, se for celebrado esse tipo de contrato, a despesa a ele correspondente será considerada como despesa de pessoal para os fins do limite estabelecido pelo artigo 169 da Constituição.

Note-se que o art. 18, §1º, da Lei de Responsabilidade Fiscal fala especificamente na terceirização para fornecimento de mão de obra que venha a substituir o servidor público. Houve alguns autores que quiseram dar uma interpretação bastante restritiva a esse dispositivo, dizendo que todos os contratos de locação de serviços estariam alcançados pela norma; desse modo, se foi celebrado contrato de locação de serviço, estaria nos limites da despesa com pessoal. No entanto, não é esse o entendimento correto da norma. A locação de serviços, aquela verdadeira locação de serviços disciplinada pela Lei nº 8.666 e pela Lei nº 14.133, não constitui despesa com pessoal e, portanto, está fora do limite. Esta é a principal observação: o que vai constituir limite é o fornecimento de mão de obra, contratado sob a roupagem de contrato de prestação de serviços ou empreitada de serviços. Aliás, o dispositivo da Lei de Responsabilidade Fiscal erra ao fazer referência à *terceirização para fornecimento de mão de obra*, porque, se o contrato é ilegal, a lei não deveria fazer referência a ele.

Para tentar corrigir a falha, saiu uma lei federal, que só se aplica na esfera federal, mas que, sendo de caráter interpretativo, pode servir de orientação para Estados e Municípios. É a Lei nº 9.995, de 25 de junho de 2000 (Lei de Diretrizes Orçamentárias da União), que estabeleceu praticamente uma interpretação do art. 18, §1º, da Lei de Responsabilidade Fiscal, dizendo o seguinte: "O disposto no §1º do art. 18 da Lei de Responsabilidade Fiscal aplica-se exclusivamente para fins de cálculo do limite da despesa total com pessoal independentemente da validade do contrato". O objetivo do legislador foi deixar claro que o dispositivo não está dizendo que o fornecimento de mão de obra é legal, mas apenas que, seja legal ou ilegal, ele entra no limite da despesa com pessoal. Embora se trate de lei vigente para o ano de 2000, a interpretação nela contida serve de parâmetro para definição do significado da norma contida no artigo 18, §1º, da Lei de Responsabilidade Fiscal.

A Lei nº 9.995 diz também que "não se considera como substituição de servidores e empregados públicos, para efeito do *caput*, os contratos de terceirização relativos a execução indireta de atividades que, simultaneamente: primeiro, sejam acessórias, instrumentais ou complementares aos assuntos que constituem área de competência legal do órgão ou entidade". É quase que dizer que tem de ser atividade-meio para não ser considerado substituição de pessoal; "segundo, não sejam inerentes a categorias funcionais abrangidas por plano de cargos do quadro de pessoal do órgão ou entidade, salvo expressa disposição legal em contrário, ou quando se tratar de cargo ou categoria extinto, total ou parcialmente". Se faltar um desses requisitos, por exemplo, se for contratação para atividade-fim ou se o cargo não estiver extinto, ocorre substituição de pessoal.

Se for comparado o Enunciado nº 331 do TST com essa Lei Federal, pode-se concluir que ambos só admitem a terceirização para *atividade-meio*, no âmbito da Administração Pública. A atividade-fim está excluída. Não é possível, por exemplo, terceirizar para contratar um professor, para contratar um médico, porque isso seria atividade-fim.

O que entra mesmo no limite é o fornecimento de mão de obra, não interessando aqui nem saber se o contrato é válido ou não; mesmo que seja válido, se foi o contrato celebrado para substituir servidores, a despesa vai entrar no cálculo do limite da despesa com pessoal e também não vai livrar a autoridade de responder por ato de improbidade.

Finalizando, cabe ressaltar que a expressão *substituição de servidores e empregados* foi posta na Lei de Responsabilidade Fiscal exatamente para evitar a burla que estava havendo, ao contratar-se empregados por interposta pessoa. Penso que foi isso especificamente que a lei quis impedir, apesar de a redação da lei dar a impressão de um alcance maior. Em resumo, o contrato de fornecimento de mão de obra é sempre ilegal na Administração Pública. Se for firmado, entrará no limite de despesa com pessoal.

Informação bibliográfica deste texto, conforme a NBR 6023:2018 da Associação Brasileira de Normas Técnicas (ABNT):

DI PIETRO, Maria Sylvia Zanella. Terceirização municipal em face da Lei de Responsabilidade Fiscal. *In*: FORTINI, Cristiana; PAIM, Flaviana Vieira (Coord.). *Terceirização na Administração Pública*: boas práticas e atualização à luz da Nova Lei de Licitações. Belo Horizonte: Fórum, 2022. p. 227-243. ISBN 978-65-5518-288-0.

AS TERCEIRIZAÇÕES E AS CONTRATAÇÕES TEMPORÁRIAS REALIZADAS PELA ADMINISTRAÇÃO PÚBLICA – DISTINÇÕES ENTRE AS DUAS FIGURAS E O IMPACTO NA LRF

CRISTIANA FORTINI,
FLÁVIA CRISTINA MENDONÇA FARIA

1 Introdução

O discurso neoliberal repudia o Estado intervencionista, argumentando a imperiosidade da realização de privatizações e a celebração de parcerias da Administração Pública com particulares, aduzindo a impotência do Estado de arcar com investimentos imprescindíveis para melhorar a prestação do serviço público.

Contudo, em períodos de crise financeira mundial, clama-se, cada vez mais, pela intervenção do Estado, inclusive na economia. Independentemente do caráter cíclico da intervenção estatal, urge defender que Estado não pode se furtar de seus misteres, pelo que o seu aparato deve ser ajustado ao atendimento dos anseios da população, sem que deva existir repúdio, *a priori*, à colaboração privada. A permeabilidade do tecido estatal às demandas sociais e à influência das entidades privadas é decorrência lógica do Estado Democrático de Direito.

Nesse contexto, assume importância a terceirização, instrumento que, bem utilizado, permite ao Estado afastar-se da execução de atividades-meio, para melhor desempenhar suas funções típicas, consideradas atividades-fim.

Não se está a defender o uso indiscriminado ou a advogar a necessidade de redução do aparato estatal. Nem seria possível juridicamente argumentar que o Estado pode se supor confortável e totalmente desonerado quando apoiado pela iniciativa privada. O texto constitucional não desonera o Estado; não lhe atribui perfil liberal. Não obstante, a Constituição de 1988 autoriza a colaboração privada, se e quando ela puder contribuir para o alcance do interesse público.

Além da terceirização de algumas atividades, a Administração Pública pode, sem que exista qualquer relação com a ideia de parceria acima aludida, realizar a contratação temporária por excepcional interesse público prevista no inciso IX do art. 37 da Constituição da República, institutos distintos, mas usualmente confundidos, o que justifica a abordagem no presente trabalho.

Os temas terceirização e contratação temporária por excepcional interesse público merecem enfoque, ainda sob o prisma da Lei de Responsabilidade Fiscal, que abordou o assunto em seu art. 18, com o intuito de delimitar os gastos com pessoal e evitar qualquer burla à exigência de realização de concurso público (art. 37, II, da Constituição da República).

Importa analisar os eventuais impactos da terceirização na Administração Pública após a Reforma Trabalhista, perpassando pelas decisões proferidas pelo Supremo Tribunal Federal (STF), nos autos da ADPF nº 324 e do Recurso Extraordinário nº 958.252.

2 A terceirização na iniciativa privada após a Reforma Trabalhista e as decisões do STF

O fenômeno da terceirização teve sua origem na iniciativa privada, com repercussões diretas no Direito do Trabalho e costuma ser definido como processo de gestão empresarial que consiste na transferência para terceiros de serviços ou atividades que, originalmente, seriam executados dentro da própria empresa.

Até a Reforma Trabalhista e os julgamentos, pelo STF, da ADPF nº 324 e do Recurso Extraordinário nº 958.252, a jurisprudência consolidada pelo TST considerava ilícita a terceirização sobre a atividade principal (atividade-fim) da empresa contratante (Súmula nº 331, III, do TST).

Chamados a comentar a terceirização, os juristas não hesitavam em apontar que tal modelagem contratual não poderia alcançar atividades-fim, indicando que apenas atividades-meio poderiam ser repassadas a empresas privadas por meio do instituto.

Para Sérgio Pinto Martins, "atividade-meio pode ser entendida como atividade desempenhada pela empresa (e pela Administração), que não coincide com seus fins principais. São exemplos de terceirização na atividade-meio: a limpeza, a vigilância, etc.".[1]

Com o advento da Reforma Trabalhista, aprovada pela Lei nº 13.467, de 13.07.2017, a terceirização passou a ser definida pelo art. 4º-A da Lei nº 6.019, de 03.01.1974, considerando-se "prestação de serviços a terceiros a transferência feita pela contratante da execução de quaisquer de suas atividades, inclusive sua atividade principal, à pessoa jurídica de direito privado prestadora de serviços que possua capacidade econômica compatível com a sua execução".

Os §§1º e 2º do art. 4º-A foram incluídos pela Lei nº 13.429, de 31.03.2017, dispondo, respectivamente, que "a empresa prestadora de serviços contrata, remunera e dirige o trabalho realizado por seus trabalhadores, ou subcontrata outras empresas para realização desses serviços" e que "não se configura vínculo empregatício entre os trabalhadores, ou sócios das empresas prestadoras de serviços, qualquer que seja o seu ramo, e a empresa contratante".

A despeito da Reforma Trabalhista, que definiu a terceirização e passou a admitir expressamente a terceirização de atividades-meio e fim, não houve revogação expressa da Súmula nº 331 do TST, mantendo-se até então vigente a sua redação, conforme a Resolução nº 174/2011 (*DEJT* divulgado em 27, 30 e 31.05.2011).

Contudo, antes mesmo da Reforma Trabalhista, havia sido pautado o julgamento da arguição de descumprimento de preceito fundamental (ADPF nº 324) proposta pela Associação Brasileira do Agronegócio (ABAG), que, entre outras alegações, sustentou que as decisões da Justiça do Trabalho, fazendo referência à aplicação da Súmula nº 331 do TST, permitiam entendimentos casuísticos, imprecisos e erráticos em relação às hipóteses de cabimento da terceirização.

Ao rejeitar as preliminares suscitadas, foi afastada a ocorrência de perda superveniente do objeto em decorrência das promulgações das Leis nºs 13.429/2017 e 13.467/2017, já que a Súmula nº 331 do TST não foi revogada, mesmo após serem promulgadas as referidas leis. Constou, ainda, do voto do Ministro Relator Roberto Barroso a aprovação de enunciados pela Associação Nacional dos Magistrados da Justiça do Trabalho (ANAMATRA) recomendando a não aplicação das novas normas, sob o fundamento de serem inconstitucionais.

---

[1] MARTINS. *A terceirização e o direito do trabalho*, p. 13.

O STF, por maioria e nos termos do voto do Relator, julgou procedente a ADPF nº 324, em acórdão assim ementado:[2]

> DIREITO DO TRABALHO. ARGUIÇÃO DE DESCUMPRIMENTO DE PRECEITO FUNDAMENTAL. TERCEIRIZAÇÃO DE ATIVIDADE-FIM E DE ATIVIDADE-MEIO. CONSTITUCIONALIDADE.
> 1. A Constituição não impõe a adoção de um modelo de produção específico, não impede o desenvolvimento de estratégias empresariais flexíveis, tampouco veda a terceirização. Todavia, a jurisprudência trabalhista sobre o tema tem sido oscilante e não estabelece critérios e condições claras e objetivas, que permitam sua adoção com segurança. O direito do trabalho e o sistema sindical precisam se adequar às transformações no mercado de trabalho e na sociedade.
> 2. A terceirização das atividades-meio ou das atividades-fim de uma empresa tem amparo nos princípios constitucionais da livre iniciativa e da livre concorrência, que asseguram aos agentes econômicos a liberdade de formular estratégias negociais indutoras de maior eficiência econômica e competitividade.
> 3. A terceirização não enseja, por si só, precarização do trabalho, violação da dignidade do trabalhador ou desrespeito a direitos previdenciários. É o exercício abusivo da sua contratação que pode produzir tais violações.
> 4. Para evitar tal exercício abusivo, os princípios que amparam a constitucionalidade da terceirização devem ser compatibilizados com as normas constitucionais de tutela do trabalhador, cabendo à contratante: i) verificar a idoneidade e a capacidade econômica da terceirizada; e ii) responder subsidiariamente pelo descumprimento das normas trabalhistas, bem como por obrigações previdenciárias (art. 31 da Lei 8.212/1993).
> 5. A responsabilização subsidiária da tomadora dos serviços pressupõe a sua participação no processo judicial, bem como a sua inclusão no título executivo judicial.
> 6. Mesmo com a superveniência da Lei 13.467/2017, persiste o objeto da ação, entre outras razões porque, a despeito dela, não foi revogada ou alterada a Súmula 331 do TST, que consolidava o conjunto de decisões da Justiça do Trabalho sobre a matéria, a indicar que o tema continua a demandar a manifestação do Supremo Tribunal Federal a respeito dos aspectos constitucionais da terceirização. Além disso, a aprovação da lei ocorreu após o pedido de inclusão do feito em pauta.
> 7. Firmo a seguinte tese: *"1. É lícita a terceirização de toda e qualquer atividade, meio ou fim, não se configurando relação de emprego entre a contratante e o empregado da contratada. 2. Na terceirização, compete à contratante: i)*

---

[2] Data de publicação *DJE*, 06 set. 2019 – Ata nº 127/2019 – *DJE* nº 194, divulgado em 05 set. 2019.

verificar a idoneidade e a capacidade econômica da terceirizada; e ii) responder subsidiariamente pelo descumprimento das normas trabalhistas, bem como por obrigações previdenciárias, na forma do art. 31 da Lei 8.212/1993".

8. ADPF julgada procedente para assentar a licitude da terceirização de atividade-fim ou meio. Restou explicitado pela maioria que a decisão não afeta automaticamente decisões transitadas em julgado. (Grifos nossos)

Em seu voto, o Ministro Relator Roberto Barroso destacou que a redução do custo da mão de obra não é a finalidade mais importante ou única da terceirização, listando outras 4 (quatro) finalidades, quais sejam, o aumento da qualidade, a ampliação da capacidade para atender ao aumento temporário de demandas, a possibilidade de acesso à mão de obra qualificada e tecnologia não dominada pela empresa e o desenvolvimento de atividades que demandam conhecimento especializado e capacidade de atração de profissionais de ponta.

Ainda em seu voto, o Ministro Relator explicitou que o tomador de serviços tem o dever de se certificar da idoneidade e capacidade econômica da empresa terceirizada para cumprir todas as obrigações trabalhistas e previdenciárias, bem como deve exercer seu dever de fiscalização, já que assume a responsabilidade subsidiária, conforme trecho do voto a seguir transcrito:

> 87. De fato, a responsabilidade subsidiária do tomador de serviços, na terceirização, constitui corolário mínimo dos direitos assegurados pela Constituição aos trabalhadores e da vedação a que a exploração da atividade econômica ocorra às custas da dignidade do trabalhador. Tais exigências podem ser inferidas do artigo 7º da Constituição, que constitucionalizou um conjunto amplíssimo de normas trabalhistas e assegurou o direito de acesso dos trabalhadores à previdência social, bem como a medidas de saúde, segurança do trabalho e prevenção de acidentes. Celebrar contratos de terceirização, a baixo custo, com empresas terceirizadas, não fiscalizá-las, apropriar-se de parte das vantagens econômicas auferidas com a violação de tais normas e pretender eximir-se de qualquer consequência decorrente de tal estado de coisas é ilegítimo. Quem terceiriza aufere as vantagens e, portanto, também deve assumir os ricos da terceirização, que não podem ser suportados apenas pelos empregados e pelo Poder Público, em sua vertente de previdência e assistência social.

Conjuntamente ao julgamento da ADPF nº 324, foi julgado o Recurso Extraordinário nº 958.252, com repercussão geral, de relatoria do Ministro Luiz Fux, que reconheceu a constitucionalidade da terceirização de atividade-fim, registrando ser "a divisão entre atividade-fim e atividade-meio imprecisa, artificial e incompatível com a economia moderna". Assim, como resultado desse julgamento, fixou-se a tese de que "é lícita a terceirização ou qualquer outra forma de divisão do trabalho entre pessoas jurídicas distintas, independentemente do objeto social das empresas envolvidas, mantida a responsabilidade subsidiária da empresa contratante" (Tema nº 725 de Repercussão Geral do STF).

Dessa maneira, foram julgados inconstitucionais os incisos I, III, IV e VI da Súmula nº 331 do TST,[3] continuando vigentes os incisos II e V.

Nota-se que as decisões proferidas pelo STF nos autos da ADPF nº 324 e do Recurso Extraordinário nº 958.252 não se debruçaram expressamente sobre as peculiaridades da Administração pública, não sendo possível concluir, apoiando-se em tais julgamentos, pela regularidade da contratação de atividade-fim no âmbito da Administração Pública,[4] que será tratada no próximo tópico.

3 A terceirização realizada pela Administração Pública

A terceirização, assim como ocorre na iniciativa privada, libera a Administração Pública da realização de certas atividades, permitindo a concentração de esforços em segmentos considerados mais relevantes.

---

[3] I – A contratação de trabalhadores por empresa interposta é ilegal, formando-se o vínculo diretamente com o tomador dos serviços, salvo no caso de trabalho temporário (Lei nº 6.019, de 3/1/1974);
II – A contratação irregular de trabalhador, mediante empresa interposta, não gera vínculo de emprego com os órgãos da administração pública direta, indireta ou fundacional (art. 37, II, da CF/1988);
III – Não forma vínculo de emprego com o tomador a contratação de serviços de vigilância (Lei nº 7.102, de 20/6/1983) e de conservação e limpeza, bem como a de serviços especializados ligados à atividade-meio do tomador, desde que inexistente a pessoalidade e a subordinação direta;
IV – O inadimplemento das obrigações trabalhistas, por parte do empregador, implica a responsabilidade subsidiária do tomador de serviços quanto àquelas obrigações, desde que haja participado da relação processual e conste também do título executivo judicial;
V – Os entes integrantes da Administração pública direta e indireta respondem subsidiariamente, nas mesmas condições do item IV, caso evidenciada a sua conduta culposa no cumprimento das obrigações da Lei nº 8.666/93, especialmente na fiscalização do cumprimento das obrigações contratuais e legais da prestadora de serviço como empregadora. A aludida responsabilidade não decorre de mero inadimplemento das obrigações trabalhistas assumidas pela empresa regularmente contratada;
VI – A responsabilidade subsidiária do tomador de serviços abrange todas as verbas decorrentes da condenação.

[4] FORTINI. O Decreto Federal 9.507/18 e a terceirização na administração pública: primeiras impressões. *Revista Consultor Jurídico*.

A terceirização ampara-se na ideia de eficiência, permitindo, ainda que, em tese, a redução de custos.[5]

A definição de terceirização constante do art. 4º-A da Lei nº 6.019/1974, com a redação da Lei nº 13.467/2017 (Reforma Trabalhista), tratada anteriormente, é aplicável à Administração Pública.

Registra-se que a terceirização pelos órgãos e entidades da Administração Pública há tempo vem sendo objeto de regulamentação, diante do incremento da sua celebração, a partir da "importação" da experiência vivenciada na esfera privada, inclusive mediante a incorporação da dicotomia de atividades-meio e atividades-fim que prevalecia até então na Justiça do Trabalho.

Obviamente, para além de reflexões possíveis tanto na órbita privada/empresarial, quanto no cenário público, em especial porque há críticas ao instituto e não só ao seu espaço de utilização, a celebração de contratos de terceirização pela Administração Pública demanda, em alguma medida, um olhar diferenciado, fruto do "toque de Midas" decorrente da base principiológica a que se sujeita a atividade administrativa.[6]

O Decreto-Lei nº 200/67 a ela já se referia, ainda que não nominalmente, prevendo a execução indireta das atividades-meio no âmbito da Administração Pública:

> Art. 10. A execução das atividades da administração federal deverá ser amplamente descentralizada: [...]
> §7º Para melhor desincumbir-se das tarefas de planejamento, coordenação, supervisão e controle, e com o objetivo de impedir o crescimento desmesurado da máquina administrativa, *a administração procurará desobrigar-se da realização material de tarefas executivas, recorrendo, sempre que possível, à execução indireta, mediante contrato, desde que exista, na área, iniciativa privada suficientemente desenvolvida e capacitada a desempenhar os encargos da execução.* (Grifos nossos)

---

[5] A redução de custos não é resultado certo da terceirização. Há situações em que a terceirização acarreta aumento de custos.

[6] Este artigo, como de resto todos os demais deste livro, não se volta a debates mais ideológicos sobre a terceirização. Todavia, para fim de registro, vez que tal temática atrai também esse tipo de abordagem, parece-nos interessante recordar que a terceirização propicia discussões sobre a proteção do trabalhador e a desoneração do empregador. Discursos no sentido do risco embutido na terceirização, que poderia fragilizar as conquistas históricas do trabalhador, enfraquecendo sindicatos são, não raras vezes, relevados. Nesse sentido, Daniela Muradas Reis afirma: "Além disso, os maiores registros de vínculos precários e a maior rotatividade nas atividades submetidas ao processo de subcontratação e de terceirização não permitem aos trabalhadores a prerrogativa de efetivamente pertencerem a uma estrutura sindical e gozarem de suas prerrogativas sindicais" (Terceirização e sindicatos: desafios e perspectivas. *ALAL – Asociación Latinoamericana de Abogados Laboralistas*).

O tratamento dispensado ao assunto pelo Decreto-Lei nº 200/67 é um marco histórico (e jurídico) importante. O Decreto-Lei foi editado, como produto de estudos desenvolvidos acerca de projetos anteriores e de novas ponderações no âmbito da Comissão Especial de Estudos da Reforma Administrativa (COMESTRA), com vistas a redesenhar a administração, com o escopo de obter ganhos de produtividade. Mesmo que a Constituição, então vigente, não a consagrasse com a dimensão como hoje o faz a Constituição de 1988, a busca por atuação mais eficiente moveu a reforma.

Com isso quer se dizer que não se trata de artigo isolado, mas antes associado ao espírito de aprimoramento da Administração Pública.

Posteriormente, a terceirização foi objeto de diversas regras, a ela se referindo indiretamente a Lei nº 8.666/93 em diversos dispositivos, com destaque para os artigos 6º, VIII; 57, II; e ainda o 71.

O Decreto Federal nº 2.271, de 07.07.1997, antes de ser revogado pelo Decreto Federal nº 9.507, de 21.09.2018, também exemplificava as atividades que seriam passíveis de terceirização pela Administração Pública, mas alcançava tão somente a Administração Pública federal direta, autárquica e fundacional.[7]

Após os julgamentos da ADPF nº 324 e do Recurso Extraordinário nº 958.252, foi editado o Decreto Federal nº 9.507/2018 remetendo, em seu art. 2º, a competência ao Ministro de Estado da Economia para estabelecer "os serviços que serão preferencialmente objeto de execução indireta mediante contratação".

Registra-se que o Decreto Federal nº 9.507/2018 fez a distinção de terceirização na Administração Pública federal direta, autárquica e fundacional (art. 3º) e nas empresas públicas e sociedades de economia mista controladas pela União (art. 4º):

Administração Pública federal direta, autárquica e fundacional

---

[7] Art. 1º No âmbito da Administração Pública federal direta, autárquica e fundacional poderão ser objeto de execução indireta as atividades materiais acessórias, instrumentais ou complementares aos assuntos que constituem área de competência legal do órgão ou entidade.
§1º As atividades de conservação, limpeza, segurança, vigilância, transportes, informática, copeiragem, recepção, reprografia, telecomunicações e manutenção de prédios, equipamentos e instalações serão, de preferência, objeto de execução indireta.
§2º Não poderão ser objeto de execução indireta as atividades inerentes às categorias funcionais abrangidas pelo plano de cargos do órgão ou entidade, salvo expressa disposição legal em contrário ou quando se tratar de cargo extinto, total ou parcialmente, no âmbito do quadro geral de pessoal.

Art. 3º Não serão objeto de execução indireta na administração pública federal direta, autárquica e fundacional, os serviços:
I – que envolvam a tomada de decisão ou posicionamento institucional nas áreas de planejamento, coordenação, supervisão e controle;
II – que sejam considerados estratégicos para o órgão ou a entidade, cuja terceirização possa colocar em risco o controle de processos e de conhecimentos e tecnologias;
III – que estejam relacionados ao poder de polícia, de regulação, de outorga de serviços públicos e de aplicação de sanção; e
IV – que sejam inerentes às categorias funcionais abrangidas pelo plano de cargos do órgão ou da entidade, exceto disposição legal em contrário ou quando se tratar de cargo extinto, total ou parcialmente, no âmbito do quadro geral de pessoal.
§1º Os serviços auxiliares, instrumentais ou acessórios de que tratam os incisos do caput poderão ser executados de forma indireta, vedada a transferência de responsabilidade para a realização de atos administrativos ou a tomada de decisão para o contratado.
~~§2º Os serviços auxiliares, instrumentais ou acessórios de fiscalização e consentimento relacionados ao exercício do poder de polícia não serão objeto de execução indireta.~~ (Revogado pelo Decreto nº 10.183, de 2019)

Empresas públicas e sociedades de economia mista controladas pela União
Art. 4º Nas empresas públicas e nas sociedades de economia mista controladas pela União, não serão objeto de execução indireta os serviços que demandem a utilização, pela contratada, de profissionais com atribuições inerentes às dos cargos integrantes de seus Planos de Cargos e Salários, exceto se contrariar os princípios administrativos da eficiência, da economicidade e da razoabilidade, tais como na ocorrência de, ao menos, uma das seguintes hipóteses:
I – caráter temporário do serviço;
II – incremento temporário do volume de serviços;
III – atualização de tecnologia ou especialização de serviço, quando for mais atual e segura, que reduzem o custo ou for menos prejudicial ao meio ambiente; ou
IV – impossibilidade de competir no mercado concorrencial em que se insere.
§1º As situações de exceção a que se referem os incisos I e II do caput poderão estar relacionadas às especificidades da localidade ou à necessidade de maior abrangência territorial.
§2º Os empregados da contratada com atribuições semelhantes ou não com as atribuições da contratante atuarão somente no desenvolvimento dos serviços contratados.

§3º Não se aplica a vedação do caput quando se tratar de cargo extinto ou em processo de extinção.

§4º O Conselho de Administração ou órgão equivalente das empresas públicas e das sociedades de economia mista controladas pela União estabelecerá o conjunto de atividades que serão passíveis de execução indireta, mediante contratação de serviços.

Merece atenção a discricionariedade atribuída ao Ministro de Estado da Economia de estabelecer as hipóteses de terceirização, já que as regras atuais não enumeram as atividades que poderão ser objetos de contratos, tal como fazia o art. 1º do Decreto nº 2.271/97.

Contudo, o art. 3º do Decreto Federal nº 9.507/2017 repete o que já dispõe o art. 9º da Instrução Normativa nº 5, de 26.05.2017, ao elencar as atividades que não estão sujeitas à terceirização.

Nota-se, especialmente no art. 4º, evidente influência do entendimento do STF favorável à terceirização de atividades-fim na iniciativa privada, contrariando a regra do concurso público (art. 37, II, da Constituição da República), ao ampliar as hipóteses de atividades que poderão ser terceirizadas nas estatais e subsidiárias federais, quando comparadas com órgãos e entidades da Administração Pública direta, autárquica e fundacional. É que, embora repita a proibição de execução indireta dos "serviços que demandem a utilização, pela contratada, de profissionais com atribuições inerentes às dos cargos integrantes de seus Planos de Cargos e Salários", traz ressalvas objetivando, principalmente, garantir competitividade no mercado (inciso IV).

O TCU, em sessão realizada em 30.06.2021, proferiu o Acórdão nº 1.534, nos autos do processo TC nº 021.874/2020-4, em sede de Auditoria Operacional Integrada realizada na Companhia Docas do Rio de Janeiro (CDRJ), tendo como objetivo examinar o Plano de Reestruturação Financeira (PRF), identificar riscos à realização das receitas previstas. O referido Acórdão expediu recomendações e determinações a fim de sanar deficiência na manutenção e nos investimentos de infraestrutura dos portos, sendo que, no item 9.3 da sua parte dispositiva, determinou-se, "com fundamento no art. 250, inciso II, do RI/TCU, ao Ministério de Infraestrutura (Minfra) que informe ao Tribunal acerca da conclusão dos estudos referentes à organização dos serviços da Guarda Portuária". Tal determinação parte de achado de auditoria que, ao analisar o Plano de Reestruturação Financeira (2018), constatou que a estatal tem um custo elevado para manter a Guarda Portuária própria (empregados públicos), prejudicando a concorrência no mercado. A unidade de auditoria aponta que o art. 4º do Decreto Federal nº 9.507/2018 permite que o Conselho de Administração ou órgão equivalente das estatais possa estabelecer o "conjunto de atividades que serão passíveis de execução indireta, mediante contração de serviços", conforme trecho a seguir reproduzido:

> Assim, o CA teria permissão de identificar execução indireta os serviços que demandem a utilização, pela contratada, de profissionais com atribuições inerentes às dos cargos integrantes de seus Planos de Cargos e Salários, desde que atendam, ao menos, uma das hipóteses contidas nos incisos I-IV da norma supracitada.

Vale observar que as Portarias SEP 121/2009 e 350/2014 ainda se encontram em vigor (https://www.gov.br/infraestrutura/pt-br/assuntos/transporte-aquaviario/portarias/portarias-normativas-201411237, acesso em 21/11/2020).

Ou seja, os julgados do TCU e a decisão judicial acima mencionada fazem uso em suas fundamentações de normativos infralegais, sendo, por ora, temerário afirmar que exista vedação constitucional ou legal à terceirização da atividade de guarda portuária. Ademais, ao menos em tese, poderia ser possível terceirizar algumas atribuições de guarda portuária (controle de acesso, por exemplo), ao passo que outras poderiam ser vedadas por exigir atribuições típicas de estado (combate ao tráfico nos portos, por exemplo), o que já permitiria à autoridade portuária contar com um efetivo menor de guardas.

Assim, em que pese a existência atual de decisões judiciais e do Tribunal coibindo a terceirização da guarda portuária, o que poderia invalidar a Resolução Antaq 7.940, considerando a importância e complexidade da matéria propõe-se recomendar ao Minfra que realize estudos técnicos e jurídicos avaliando a possibilidade de terceirização, mesmo que parcial, das atividades de guarda portuária por meio de modificação de dispositivos infralegais.

A determinação seria dirigida ao Minfra, por ser o órgão setorial a quem cabe planejar, supervisionar e coordenar as demais instâncias. Frise-se que *não se trata de imposição para que haja a terceirização dessas atividades, mas apenas estudo que busquem lançar luz à essa questão, o que pode mitigar a existência de entendimentos divergentes sobre o tema, fonte de insegurança jurídica*. (Grifos nossos)

De toda sorte, a terceirização na Administração Pública há de observar algumas condições, sob pena de burla ao art. 37, II, da Constituição da República e à Lei de Responsabilidade Fiscal:

a) o vínculo existente deverá ser entre a Administração Pública (tomadora do serviço) e a empresa contratada (fornecedora de mão de obra);[8]

b) não poderá existir subordinação e pessoalidade (relação de emprego) entre o empregado da contratada e a Administração Pública, condição que nem sempre é possível, dado que, em determinadas situações, não há outra forma de atender ao interesse público salvo admitindo que ordens sejam dadas diretamente ao trabalhador. É o que ocorre quando a terceirização envolve a atividade de secretariado. A atuação do preposto como "ponte" entre o chefe e o trabalhador se revelaria absolutamente distanciada da noção de eficiência;

c) os materiais e os equipamentos necessários para a execução das atividades terceirizadas deverão ser, em regra, custeados pela fornecedora de mão de obra, facilitando a vida da Administração, que não precisará se preocupar com a contratação apartada;

d) é imprescindível, como regra, que não existam cargos correspondentes às atribuições da mão de obra a ser contratada. Há inúmeras manifestações do TCU nesse sentido.[9]

Deve ser registrado que o uso indiscriminado da terceirização, a alcançar as atividades-fim, esbarra na regra constitucional que impõe a obrigatoriedade de realização de concurso público (art. 37, II, da Constituição da República).

Nem sempre é fácil concluir sobre a natureza da atividade. O TCU, no AC nº 0963-14/10-P, deixou de responsabilizar os gestores da Caixa Econômica Federal, entendendo que eram razoáveis a dúvida e o entendimento adotado, embora o Tribunal reconhecesse como finalísticas as atividades objeto da terceirização. Trabalhos constantes deste livro apontarão possibilidades e limites para o manuseio das licitações.

---

[8] Nos autos da ação declaratória de constitucionalidade do art. 71, §1º, da Lei nº 8.666/93 (ADC nº 16), o STF reconheceu a sua constitucionalidade, reforçando a tese de que o vínculo será entre a tomadora do serviço e a fornecedora de mão de obra. Esse assunto será abordado no tópico 2.1 deste artigo.

[9] Cite-se o Acórdão TCU nº 019.784/2011-2, Plenário (Sessão de 29.02.2012), no sentido de ser "ilegal a utilização de mão-de-obra terceirizada para a execução de atividades-fim do órgão/entidade uma vez que contraria a regra do concurso público, consagrada no art. 37, II, da Constituição Federal", impondo-se a decretação de nulidade do processo licitatório, nos termos do art. 49 da Lei nº 8.666/93.

4 Contratação temporária por excepcional interesse público

O inciso IX do art. 37 da Constituição da República dispõe que "a lei estabelecerá os casos de contratação por tempo determinado para atender à necessidade temporária de excepcional interesse público".

Apura-se que a licitude da contratação temporária está condicionada ao preenchimento dos seguintes requisitos constitucionais:

a) previsão legal dos casos;[10]
b) contratação por tempo determinado;[11]
c) atender necessidade temporária;
d) presença de excepcional interesse público.

A celebração de contrato temporário pela Administração Pública tem o objetivo de atender demandas temporárias de excepcional interesse público, que podem surgir em face de um incremento sazonal da demanda ou de situações outras que indiquem a necessidade de transitoriamente contar com a colaboração dos chamados "servidores temporários".

Em observância à autonomia dos entes da federação, caberá a cada qual editar lei que cuidará de estabelecer os casos de contratação temporária.

O ente político interessado em se valer do instituto deverá editar lei específica para realizar as contratações temporárias, discriminando as situações incomuns ou urgentes que a autorizam e o prazo de duração, sem perder de vista a excepcionalidade da medida e a impossibilidade de que os pactos se prolonguem por lapso temporal desmesurado. Vale dizer: a regra constitucional traz condições que não podem, por óbvio, ser

---

[10] Sobre a necessidade de previsão legal dos casos, comungamos do entendimento do Professor Florivaldo Dutra de Araújo, para quem, a despeito de decisões proferidas pelo STF (ADI nº 2.125-7, por exemplo), o legislador não é capaz de expor, em lei, todos os casos que poderão, no futuro, demandar a contratação temporária, pelo que seriam suficientes previsões a partir de conceitos abertos (Cf. ARAÚJO. Regime constitucional da contratação temporária de servidores públicos. In: FORTINI (Coord.). *Servidor público*: estudos em homenagem ao Professor Pedro Paulo de Almeida Dutra, p. 122).

[11] A Constituição não fixa os prazos, remetendo às leis de cada esfera de governo a missão de fazê-lo. O risco de estabelecer-se prazo extenso em dissenso à temporariedade do vínculo não seria mesmo suficiente para regramentos fechados, já na Constituição, descompassados das demandas que em dada circunstância, local e atividade reclamariam. Porém, tal "delegação" aos legisladores nem sempre é absorvida com o respeito ao núcleo do dispositivo, pelo que casos de contratos longos existem.

desprezadas pelo legislador ordinário. A lei ordinária somente pode se amoldar ao texto constitucional à medida que arrola situações invulgares e consigna prazos não extensos para a relação jurídica contratual.

O contratado temporariamente celebra contrato diretamente com o poder público e passa a exercer função pública, sem ocupar cargo ou emprego público. A atividade a ser exercida não é necessariamente despida de importância. Ao revés, o contratado temporário poderá desempenhar atividades de inquestionável destaque, atividade-fim, como ocorre no caso de contratos na seara da saúde e da educação, para suprir a carência repentina de médicos e professores, por exemplo.[12]

A lei pode estabelecer contratações temporárias para satisfazer demandas a serem enfrentadas, sem que esteja presente a urgência da situação, elemento que, de resto, não aparece na regra constitucional que disciplina a matéria. É o que ocorre no caso de recenseadores, cuja presença não se faz imperiosa repentinamente, mas resulta de um planejamento realizado ao longo de anos. Vale dizer, nem sempre a situação a ser enfrentada traz consigo a marca da urgência, embora em boa parte dos casos as leis fixem casos de contratação temporária para hipóteses que reclamam solução rápida. Assim, mesmo que a regra do concurso público não o reclame para o exercício das funções públicas, exigindo-o apenas para provimento de cargos e empregos públicos (excetuados os comissionados e alguns vitalícios), parece consentâneo com os princípios da impessoalidade e da moralidade que o procedimento seja realizado ausente a urgência.[13]

Porém, na maior parte dos casos, emprega-se a contratação temporária com o fito de solucionar ou minimizar problema repentinamente surgido. A contratação temporária é largamente utilizada no campo da saúde pública, para viabilizar o aumento do número de médicos, enfermeiros e agentes de saúde, diante de quadros de epidemia que reclamam transitoriamente a presença de um corpo mais robusto de "servidores públicos" (em sentido amplo). Cogitar do aumento de servidores públicos estatutários e de empregados públicos, quando se sabe temporário o problema, não se justifica, seja por razões de ordem econômico-financeira, seja porque demandaria a edição de leis (no que concerne aos cargos públicos).

---

[12] A discussão sobre a possibilidade ou não de se celebrar contrato temporário que envolva atividade permanente também existe, como se verá ao longo do artigo.
[13] O STF e boa parte da doutrina entendem desnecessário e, por vezes, impossível conciliar o concurso público e a contratação temporária.

Importa observar que, na situação acima narrada, não importa se a atividade a ser desempenhada é permanente ou temporária. Basta que a demanda a ser suprida caracterize-se pela sua transitoriedade. É o que ocorre com a contratação temporária destinada a suprir o afastamento de servidora pública efetiva em licença-maternidade ou para atender a um programa governamental, conforme entendimento do Tribunal de Contas de Minas Gerais:

> 2. É regular a contratação de servidores para atendimento a programa governamental considerado por lei municipal de excepcional interesse público, consoante previsto no inciso IX do art. 37 da Constituição da República e com o parecer emitido por este Tribunal na resposta à Consulta n. 657.277.
> 3. É de observância obrigatória a realização de concurso público para as admissões relativas às atividades-fim da Administração Pública, conforme preceitua o art. 37, II, da Constituição da República, de modo a oportunizar a participação de todos os interessados e a seleção dos profissionais mais capacitados, em benefício da Administração e em respeito aos princípios da impessoalidade e da moralidade.
> (TCE-MG – Processo nº 687914 – 1ª Câmara – Relator: Conselheiro Durval Ângelo – Data da sessão: 02.03.2021 – Data da publicação: 14.04.2021)

Contudo, não basta existir lei dispondo sobre situações que não se enquadram às excepcionalidades exigidas para contratação temporária, conforme entendimento consolidado pelo Supremo Tribunal Federal ao dar provimento ao Recurso Extraordinário para o fim de julgar procedente a ação e declarar a inconstitucionalidade de lei municipal:

> **Recurso extraordinário. Repercussão geral reconhecida. Ação direta de inconstitucionalidade de lei municipal em face de trecho da Constituição do Estado de Minas Gerais que repete texto da Constituição Federal. Recurso processado pela Corte Suprema, que dele conheceu. Contratação temporária por tempo determinado para atendimento a necessidade temporária de excepcional interesse público. Previsão em lei municipal de atividades ordinárias e regulares. Definição dos conteúdos jurídicos do art. 37, incisos II e IX, da Constituição Federal. Descumprimento dos requisitos constitucionais. Recurso provido. Declarada a inconstitucionalidade da norma municipal. Modulação dos efeitos.**
> 1. O assunto corresponde ao Tema nº 612 da Gestão por Temas da Repercussão Geral do portal do STF na internet e trata, "à luz dos incisos II e IX do art. 37 da Constituição Federal, [d]a constitucionalidade de

lei municipal que dispõe sobre as hipóteses de contratação temporária de servidores públicos".
2. Prevalência da regra da obrigatoriedade do concurso público (art. 37, inciso II, CF). As regras que restringem o cumprimento desse dispositivo estão previstas na Constituição Federal e devem ser interpretadas restritivamente.
3. O conteúdo jurídico do art. 37, inciso IX, da Constituição Federal pode ser resumido, ratificando-se, dessa forma, o entendimento da Corte Suprema de que, para que se considere válida a contratação temporária, é preciso que: a) os casos excepcionais estejam previstos em lei; b) o prazo de contratação seja predeterminado; c) a necessidade seja temporária; d) o interesse público seja excepcional; e) a necessidade de contratação seja indispensável, sendo vedada a contratação para os serviços ordinários permanentes do Estado, e que devam estar sob o espectro das contingências normais da Administração.
4. É inconstitucional a lei municipal em comento, eis que a norma não respeitou a Constituição Federal. A imposição constitucional da obrigatoriedade do concurso público é peremptória e tem como objetivo resguardar o cumprimento de princípios constitucionais, dentre eles, os da impessoalidade, da igualdade e da eficiência. Deve-se, como em outras hipóteses de reconhecimento da existência do vício da inconstitucionalidade, proceder à correção da norma, a fim de atender ao que dispõe a Constituição Federal.
5. Há que se garantir a instituição do que os franceses denominam de **la culture de gestion**, a cultura de gestão (terminologia atualmente ampliada para 'cultura de gestão estratégica') que consiste na interiorização de um vetor do progresso, com uma apreensão clara do que é normal, ordinário, e na concepção de que os atos de administração devem ter a pretensão de ampliar as potencialidades administrativas, visando à eficácia e à transformação positiva.
6. Dá-se provimento ao recurso extraordinário para o fim de julgar procedente a ação e declarar a inconstitucionalidade do art. 192, inciso III, da Lei nº 509/1999 do Município de Bertópolis/MG, aplicando-se à espécie o efeito **ex nunc**, a fim de garantir o cumprimento do princípio da segurança jurídica e o atendimento do excepcional interesse social. (STF – RE nº 658026 – Tribunal Pleno – Relator: Ministro DIAS TOFFOLI – Julgamento: 09.04.2014 – Publicação: 31.10.2014)

A partir do julgamento do RE nº 658026, com repercussão geral, foi fixada a seguinte tese (Tema nº 612):

CONSTITUCIONALIDADE DE LEI MUNICIPAL QUE DISPÕE SOBRE AS HIPÓTESES DE CONTRATAÇÃO TEMPORÁRIA SERVIDORES PÚBLICOS.

Leading Case: RE 658026 – Recurso Extraordinário em que se discute, à luz dos incisos II e IX do art. 37 da Constituição Federal, a constitucionalidade de lei municipal que dispõe sobre as hipóteses de contratação temporária de servidores públicos.
Tese: Nos termos do art. 37, IX, da Constituição Federal, para que se considere válida a contratação temporária de servidores públicos, é preciso que: a) os casos excepcionais estejam previstos em lei; b) o prazo de contratação seja predeterminado; c) a necessidade seja temporária; d) o interesse público seja excepcional; e) a contratação seja indispensável, sendo vedada para os serviços ordinários permanentes do Estado que estejam sob o espectro das contingências normais da Administração.

5 Distinção entre terceirização e contratação temporária

A contratação temporária é distinta da terceirização. Na contratação temporária por excepcional interesse público, a Administração Pública estabelece vínculo direto com o contratado, o que não ocorre na terceirização. Nesse último caso, o liame jurídico se opera entre o Poder Público e a empresa e essa, por sua vez, mantém vínculo com o trabalhador. Evidente que a ausência de vínculo direto não desonera totalmente o órgão ou entidade estatal. O STF enfatizou o dever de a Administração exercer fiscalização não apenas com vistas a checar a atuação adequada da empresa quanto ao escopo da contratação, mas também atuando a fim de evitar desatendimento dos direitos assegurados aos trabalhadores.

Ademais, a terceirização na Administração Pública encontra limites concernentes à natureza da atividade a ser entregue ao trabalhador (apenas atividade-meio), limites não comungados pela contratação temporária. Já advogamos que não encontramos resistência no texto constitucional para que se contratem, via art. 37, IX, médicos, professores e outros agentes a quem se acomete o exercício de atividades permanentes que, em última análise, poderão ser consideradas, ao menos parte delas, finalísticas. Obviamente que nem toda atividade finalística poderá, sem imensa discussão, ser alocada para esse tipo de servidor, dada a transitoriedade da sua presença. Contratação temporária de fiscais pode, pela essência da atividade, ser repudiada. Mas a contratação temporária de médicos e de professores não deve ser objetada, se, apesar de definitiva e finalística a atividade, houver, por exemplo, incremento pontual da demanda ou outro fato capaz de retratar a temporariedade da demanda. Isso sem falar em casos de entes federados ou entidades descentralizadas que venham a ser criados, pelo que, de início, não se conhece a quantidade exata da mão de obra necessária, sendo temerário criar cargos e realizar concurso.[14]

Também há de ser observado que os direitos e deveres dos servidores temporários serão, segundo posição consolidada pelo STF, previstos no regime jurídico-administrativo e não na legislação trabalhista:

> RECURSO EXTRAORDINÁRIO. REPERCUSSÃO GERAL. CONSTITUCIONAL. ADMINISTRATIVO. SERVIDOR PÚBLICO. CONTRATAÇÃO TEMPORÁRIA. DIREITO A DÉCIMO TERCEIRO SALÁRIO E FÉRIAS REMUNERADAS, ACRESCIDAS DO TERÇO CONSTITUCIONAL.
> 1. A contratação de servidores públicos por tempo determinado, para atender a necessidade temporária de excepcional interesse público, prevista no art. 37, IX, da Constituição, submete-se ao regime jurídico-administrativo, e não à Consolidação das Leis do Trabalho. 2. O direito a décimo terceiro salário e a férias remuneradas, acrescidas do terço constitucional, não decorre automaticamente da contratação temporária, demandando previsão legal ou contratual expressa a respeito.
> 3. No caso concreto, o vínculo do servidor temporário perdurou de 10 de dezembro de 2003 a 23 de março de 2009.
> 4. Trata-se de notório desvirtuamento da finalidade da contratação temporária, que tem por consequência o reconhecimento do direito ao 13º salário e às férias remuneradas, acrescidas do terço.
> 5. Recurso extraordinário a que se nega provimento. *Tese de repercussão geral: "Servidores temporários não fazem jus a décimo terceiro salário e férias remuneradas acrescidas do terço constitucional, salvo (I) expressa previsão legal e/ou contratual em sentido contrário, ou (II) comprovado desvirtuamento da contratação temporária pela Administração Pública, em razão de sucessivas e reiteradas renovações e/ou prorrogações".* (Grifos nossos)
> (STF – RE nº 1066677 – Tribunal Pleno – Relator: Ministro Marco Aurélio – Relator do acórdão: Ministro Alexandre de Moraes – Julgamento: 22.05.2020 – Publicação: 01.07.2020)

---

[14] O §1º do art. 46 da Lei Orgânica do Município de Belo Horizonte veda a contratação temporária para as funções de magistério: "Art. 46. A lei estabelecerá os casos de contratação por tempo determinado, para atender a necessidade temporária de excepcional interesse público. §1º O disposto no artigo não se aplica a funções de magistério. §2º É vedado o desvio de função de pessoa contratada na forma autorizada no artigo, bem como sua recontratação, sob pena de nulidade do contrato e responsabilização administrativa e civil da autoridade contratante".
Entendemos que o §1º do art. 46 da LOM carece de fundamento de validade. Materialmente, porque não respeita o princípio da tripartição dos poderes, já que pretende determinar o comportamento administrativo do Executivo por meio de Lei Orgânica. Formalmente, porque viola a reserva de iniciativa deferida ao Poder Executivo em matéria de organização e administração.

Sobre a distinção entre terceirização e contratação temporária por excepcional interesse público, assevera Luciano Ferraz:

> Frise-se, por oportuno, que a terceirização não se confunde com a contratação temporária por excepcional interesse público a que alude o art. 37, IX, da Constituição. Nessa hipótese o poder público contrata, nos termos da lei (que deve ser editada por cada uma das esferas), diretamente (inexiste a interposta pessoa) os servidores de que necessita, os quais exercerão, transitoriamente, função pública (não se trata de cargo ou emprego), submetidos às ordenanças do contratante.[15]

Feitas tais considerações, passa-se a analisar as repercussões das despesas com terceirização de mão de obra e contratação temporária por excepcional interesse público após o advento da Lei de Responsabilidade Fiscal.

6 As despesas com terceirização de atividades-meio e contratação temporária na Administração Pública

O art. 169 da Constituição da República[16] faz referência à despesa com pessoal ativo e inativo e pensionista dos entes federados, exigindo a observância de limite estabelecido em Lei Complementar. Do exame do *caput* e de seus parágrafos, vê-se que a Constituição se preocupa em conter o avanço dos gastos com pessoal, prevendo mecanismos que visem evitar o ultrapassar e que permitam, caso já ultrapassado, ao limite retornar.

---

[15] FERRAZ. A Lei de Responsabilidade Fiscal e terceirização de mão-de-obra no serviço público. *Fórum Administrativo – FA*, p. 132-133.

[16] Art. 169. A despesa com pessoal ativo e inativo e pensionistas da União, dos Estados, do Distrito Federal e dos Municípios não pode exceder os limites estabelecidos em lei complementar. (Redação dada pela Emenda Constitucional nº 109, de 2021)
§3º Para o cumprimento dos limites estabelecidos com base neste artigo, durante o prazo fixado na lei complementar referida no caput, a União, os Estados, o Distrito Federal e os Municípios adotarão as seguintes providências: (Incluído pela Emenda Constitucional nº 19, de 1998)
I – redução em pelo menos vinte por cento das despesas com cargos em comissão e funções de confiança; (Incluído pela Emenda Constitucional nº 19, de 1998)
II – exoneração dos servidores não estáveis. (Incluído pela Emenda Constitucional nº 19, de 1998) (Vide Emenda Constitucional nº 19, de 1998)
§4º Se as medidas adotadas com base no parágrafo anterior não forem suficientes para assegurar o cumprimento da determinação da lei complementar referida neste artigo, o servidor estável poderá perder o cargo, desde que ato normativo motivado de cada um dos Poderes especifique a atividade funcional, o órgão ou unidade administrativa objeto da redução de pessoal. (Incluído pela Emenda Constitucional nº 19, de 1998)

O citado dispositivo impulsiona a LC nº 101/2001, a quem coube fixar as referências máximas de despesas com pessoal.

É curioso que o art. 169 volte-se aos gastos com servidores, contemplando servidores estatutários de cargos comissionados e efetivos e, claro, sob pena de criar-se uma situação absurda, afeta outros tipos de "servidores" empregada a expressão em sentido amplo, de forma a englobar empregados públicos e servidores temporários.

Não fosse assim, caso necessário reduzir gastos e já adotada a medida prevista no art. 169, §3º, I, ou seja, já reduzido o número de cargos em comissão e funções de confiança, a conduta subsequente, qual seja, de exonerar servidores não estáveis (inciso II do mesmo parágrafo) passaria longe dos empregados públicos e dos servidores temporários. Em situação limite, e diante da insuficiência da última conduta, seriam exonerados servidores estáveis, com apoio no §4º do mesmo art. 169, permanecendo intocáveis os terceirizados porque não teriam se "encaixado" em nenhuma das regras, em especial porque não são "servidores públicos".

Realidade jurídica que admitisse gastos ilimitados com terceirização e não oferecesse resistência à sua utilização, permitindo que houvesse a "substituição" e/ou a "reposição" de servidores por "terceirizados" implicaria negar valia à regra do art. 169 da Constituição da República.

A Lei de Responsabilidade Fiscal, LC nº 101/01, além de fixar e detalhar os limites de gastos no seu art. 20, a respeito da terceirização, prevê:[17]

> Art. 18. Para os efeitos desta Lei Complementar, entende-se como despesa total com pessoal: o somatório dos gastos do ente da Federação com os ativos, os inativos e os pensionistas, relativos a mandatos eletivos, cargos, funções ou empregos, civis, militares e de membros de Poder, com quaisquer espécies remuneratórias, tais como vencimentos e vantagens, fixas e variáveis, subsídios, proventos de aposentadoria, reformas e pensões, inclusive adicionais, gratificações, horas extras e vantagens pessoais de qualquer natureza, bem como encargos sociais e contribuições recolhidas pelo ente às entidades de previdência.
> §1º Os valores dos contratos de terceirização de mão-de-obra que se referem à substituição de servidores e empregados públicos serão contabilizados como "outras despesas de pessoal".

---

[17] Ver também o art. 72 da LRF.

Em que pese a impropriedade de a lei ter admitido a existência prática de terceirização ilícita,[18] a regra trazida pelo §1º do art. 18 da LRF é louvável, vez que, como visto, na terceirização de mão de obra para substituição de servidores e empregados, os efeitos, para fins do art. 169 da Constituição da República, devem ser idênticos, impondo-se a contabilização como "outras despesas de pessoal".

Sobre o tema, já se posicionou o Tribunal de Contas do Estado de Minas Gerais:

> RECURSO ORDINÁRIO. PRESTAÇÃO DE CONTAS MUNICIPAL. CÂMARA DE VEREADORES. DESPESA COM PESSOAL. FOLHA DE PAGAMENTO. LIMITE CONSTITUCIONAL. EXECUÇÃO INDIRETA DE SERVIÇOS PÚBLICOS. TERCEIRIZAÇÃO DE SERVIÇOS DE CONSULTORIA. DESPESA NÃO INTEGRA GASTOS COM PESSOAL. REGULARIDADE DAS CONTAS. PROVIMENTO.
> 1. A execução indireta de serviços públicos é uma alternativa para as atividades que não compreendam parcela do poder estatal, com destaque para as funções para as quais há vedação, notadamente as inerentes às categorias funcionais abrangidas pelo plano de cargos do órgão ou da entidade, exceto disposição legal em contrário ou quando se tratar de cargo extinto total ou parcialmente.
> 2. Restando reconhecida a licitude na execução indireta dos serviços de consultoria contratados e, ainda, a ausência de elementos mínimos suficientes para indicar que a contratação substituiu servidor ou empregado público, tem-se que o custo correspondente ao serviço de consultoria deve ser classificado no grupo de natureza de despesa 3 – Outras Despesas Correntes, no elemento de despesa 35 – Serviços de Consultoria, sem integrar o cômputo de gastos com pessoal.
> 3. Dá-se provimento ao recurso ordinário para excluir dos gastos com pessoal a despesa referente à contratação de assessoria jurídica e contábil e, consequentemente, julgar regulares as contas prestadas pelo chefe do Poder Legislativo, com fulcro no art. 48, I, da Lei Orgânica do Tribunal e no art. 250, I, do Regimento Interno. (TCE/MG nº 1024351 – Recurso Ordinário – Relator: Conselheiro Durval Ângelo – Data da sessão: 12.08.2020 – Data da publicação: 21.10.2020)

---

[18] Maria Sylvia Zanella Di Pietro critica os termos em que foi redigido o §1º do art. 18 da LRF registrando que "a redação foi extremamente infeliz e exige interpretação consentânea com outras disposições do ordenamento jurídico, em especial da Constituição" (Arts. 18 a 28. *In*: MARTINS; NASCIMENTO (Org.). *Comentários à Lei de Responsabilidade Fiscal*, p. 137).

Já a terceirização de mão de obra no serviço público, que não configure substituição de servidor ou empregado público, deverá ser enquadrada nos "gastos com serviços de terceiros e encargos".

Para a elaboração da Lei de Diretrizes Orçamentárias do ano de 2021, a União utilizou, para fins de enquadramento ou não da despesa com pessoal, a ocorrência ou não substituição de servidores e empregados públicos.[19] O art. 116 da Lei nº 14.116, de 31.12.2020, que "dispõe sobre as diretrizes para a elaboração e execução da Lei Orçamentária da União de 2021 e dá outras providências", determina que:

> Art. 116. Para apuração da *despesa com pessoal prevista no art. 18 da Lei Complementar nº 101, de 2000 – Lei de Responsabilidade Fiscal, deverão ser incluídas, quando caracterizarem substituição de servidores e empregados públicos,* aquelas relativas à:
> I – *contratação de pessoal por tempo determinado para atender à necessidade temporária de excepcional interesse público,* nos termos do disposto na Lei nº 8.745, de 9 de dezembro de 1993;
> II – *contratação de terceirização de mão de obra e serviços de terceiros, quando se enquadrar na hipótese do art. 18 da Lei Complementar nº 101, de 2000 – Lei de Responsabilidade Fiscal.*
> §1º Caracterizam-se como substituição de servidores e empregados aquelas contratações para atividades que:
> I – envolvam a tomada de decisão ou posicionamento institucional nas áreas de planejamento, coordenação, supervisão e controle; ou
> II – que sejam consideradas estratégicas ou sejam inerentes às competências institucionais finalísticas atribuídas legalmente ao órgão ou entidade contratante.
> §2º As despesas relativas à contratação de pessoal por tempo determinado quando caracterizarem substituição de servidores e empregados públicos,

---

[19] Na edição anterior, registramos que a União seguia a mesma linha ao interpretar o §1º do art. 18 da LRF, nos termos do art. 86 da Lei nº 12.919, de 24.12.2013, que "dispõe sobre as diretrizes para a elaboração e execução da Lei Orçamentária da União de 2014":
Art. 86. Para fins de apuração da despesa com pessoal, prevista no art. 18 da Lei de Responsabilidade Fiscal, deverão ser incluídas as despesas relativas à contratação de pessoal por tempo determinado para atender a necessidade temporária de excepcional interesse público, nos termos da Lei nº 8.745, de 1993, bem como as despesas com serviços de terceiros quando caracterizarem substituição de servidores e empregados públicos, observado o disposto no §3º deste artigo.
§1º As despesas relativas à contratação de pessoal por tempo determinado a que se refere o *caput*, quando caracterizarem substituição de servidores e empregados públicos, deverão ser classificadas no GND 1, salvo disposição em contrário constante de legislação vigente.
§2º O disposto no §1º do art. 18 da Lei de Responsabilidade Fiscal aplica-se exclusivamente para fins de cálculo do limite da despesa total com pessoal, não se constituindo em despesas classificáveis no GND 1.

na forma do §1º, deverão ser classificadas no GND "1 – Pessoal e Encargos Sociais", elemento de despesa "04 – Contratações Temporárias".

§3º As despesas de contratação de pessoal por tempo determinado não abrangidas no §2º serão classificadas no GND "3 – Outras Despesas Correntes", elemento de despesa "04 – Contratações Temporárias".

§4º As despesas de contratação de terceirização de mão de obra e serviços de terceiros, nos termos do §1º do art. 18 da Lei Complementar nº 101, de 2000 – Lei de Responsabilidade Fiscal, serão classificadas no GND "3 – Outras Despesas Correntes", elemento de despesa "34 – Outras Despesas de Pessoal decorrentes de Contratos de Terceirização". (Grifos nossos)

Mais uma vez, chama a atenção a admissão de terceirização ilícita no §1º do art. 116, da Lei nº 14.116/2020 nesse ponto seguindo a linha do art. 18, §1º, da LRF. Contudo, destoam e configuram afronta à LRF e ao art. 169 da Constituição da República os §§3º e 4º do art. 116 da Lei nº 14.116/2020 ao enquadrarem como "outras despesas correntes" as despesas de contratação de pessoal por tempo determinado, que não caracterizem substituição de servidores e empregados públicos, e as despesas de contratação de terceirização de mão de obra e serviços de terceiros, nos termos do §1º do art. 18 da LRF. Assim, as despesas previstas nos §§3º e 4º do art. 116 da Lei nº 14.116/2020 deveriam, obrigatoriamente, ser classificadas no GND "1 – Pessoal e Encargos Sociais".

É que todas as despesas com contratações temporárias deverão ser classificadas como "despesas com pessoal" e somente as despesas com terceirização lícita de mão de obra, que não se enquadrem nas hipóteses de substituições de servidores e empregados públicos, não serão computadas para fins de cálculo do limite de gastos com pessoal, sendo classificadas como "outros serviços e encargos".

Convém ressaltar, mais uma vez, que a intenção do legislador, ao editar o §1º do art. 18 da LRF, é desestimular a terceirização ilícita, isto é, aquela realizada com o objetivo de burlar a exigência de concurso público para provimento de cargos e os limites constitucionais e infraconstitucionais de gastos com pessoal.

Já os gastos efetivados com contratados temporariamente por excepcional interesse público poderão à luz do art. 4º, inciso II, do Decreto Federal nº 10.728/20 ser enquadrados como outras despesas correntes. Mas tal possibilidade não nos parece possível, inclusive quando se caracterizar a substituição de servidores, na linha do que preconiza o art. 116, *caput* e inciso I, da Lei nº 14.116, de 31.12.2020.

7 Conclusão

A Reforma Trabalhista e os julgamentos do STF da ADPF nº 324 e do Recurso Extraordinário nº 958.252 modificaram a jurisprudência consolidada pelo TST (Súmula nº 331, III), que considerava ilícita a terceirização sobre a atividade-fim das empresas, mas não abordaram as peculiaridades do regime jurídico-administrativo que que veda a terceirização de atividade-fim na Administração Pública.

Assim, a Administração Pública pode terceirizar suas atividades-meio, tais como serviços de limpeza, vigilância, segurança e transportes. Não se admite a terceirização de atividades típicas do Estado (atividades-fim).

O Decreto Federal nº 9.507/2018, ainda que tenha a pretensão de estender as hipóteses de terceirização, como reflexo da Reforma Trabalhista e dos referidos julgamentos do STF, encontra óbice na Constituição da República.

Com o claro intuito de coibir a terceirização de mão de obra para substituir servidores e empregados públicos, fugindo dos limites impostos e da exigência constitucional de realização de concurso público, o §1º do art. 18 da LRF trouxe a exigência de incluir tais despesas como sendo gastos com pessoal.

Já os contratos de prestação de serviços terceirizados ou de fornecimento de mão de obra, que não substituam os servidores ou empregados públicos, não serão computados como despesas com pessoal, mas sim como "outros serviços e encargos".

Nessa hipótese, impõe-se não constar dos quadros de servidores os cargos públicos que se pretende terceirizar e, ainda, que não exista relação de subordinação e de pessoalidade entre a Administração pública e a mão de obra fornecida.

Quanto à contratação temporária para atender excepcional interesse público, que não se confunde com a terceirização, sobretudo porque direto o vínculo que se forma com o trabalhador, que passa a integrar a categoria de servidores públicos (empregada em sentido mais amplo) pode ser realizada, nos termos do art. 37, IX, da Constituição da República, sempre que presentes os requisitos autorizadores, quais sejam, lei autorizadora, temporariedade e excepcional interesse público. Trata-se de contrato não destinado a substituir a mão de obra reclamada com constância, mas de resolver problema surgido em grande parte das vezes pelo incremento episódico da demanda.

A contratação temporária, diversamente da terceirização, é possível para o desempenho de algumas atividades-fim, desde que a necessidade seja transitória. O gasto realizado com os servidores temporários será computado como despesa de pessoal, independentemente de ter se rompido ou não com as balizas constitucionais que regem a matéria. Ou seja, quer tenha sido celebrado contrato temporário com todo o respeito pelas condições constitucionais, quer se tenha vulgarizado seu uso, o gasto será computado sem variações, no que concerne à LRF.

Referências

ARAÚJO, Florivaldo Dutra de. Regime constitucional da contratação temporária de servidores públicos. In: FORTINI, Cristiana (Coord.). *Servidor público*: estudos em homenagem ao Professor Pedro Paulo de Almeida Dutra. 2. ed. Belo Horizonte: Fórum, 2014.

BRUNO, Reinaldo Moreira. *Lei de Responsabilidade Fiscal e orçamento público municipal*. 3. ed. Curitiba: Juruá, 2008.

CARVALHO FILHO, José dos Santos. *Manual de direito administrativo*. 20. ed. Rio de Janeiro: Lumen Juris, 2008.

CASTRO, José Nilo de. *Responsabilidade fiscal nos municípios*. Belo Horizonte: Del Rey, 2001.

DI PIETRO, Maria Sylvia Zanella. Arts. 18 a 28. In: MARTINS, Ives Gandra da Silva; NASCIMENTO, Carlos Valder do (Org.). *Comentários à Lei de Responsabilidade Fiscal*. São Paulo: Saraiva, 2001.

FERRAZ, Luciano. A Lei de Responsabilidade Fiscal e terceirização de mão-de-obra no serviço público. *Fórum Administrativo – FA*, Belo Horizonte, ano 1, n. 2, p. 130-140, abr. 2001.

FERRAZ, Luciano. A terceirização na Administração Pública depois das decisões do STF. ConJur, 31/12/2019. Disponível em https://www.conjur.com.br/2019-jan-31/interesse-publico-terceirizacao-administracao-publica-depois-decisoes-stf. Acesso em: 03 jul. 2021.

FORTINI, Cristiana. O Decreto Federal 9.507/18 e a terceirização na Administração: primeiras impressões. ConJur, 27/9/2018. Disponível em https://www.conjur.com.br/2018-set-27/interesse-publico-decreto-federal-950718-terceirizacao-administracao-publica. Acesso em: 03 jul. 2021.

JACOBY FERNANDES, Jorge Ulisses. A terceirização no serviço público. *L&C – Revista de Licitações e Contratos*, v. 3, p. 12-15, jan. 2000.

JACOBY FERNANDES, Jorge Ulisses. Administração pública: terceirização: atividades-meio. *Fórum Administrativo – FA*, v. 8, n. 83, jan. 2008.

JACOBY FERNANDES, Jorge Ulisses. Lei de Responsabilidade Fiscal: terceirização de mão-de-obra: contabilização. *Fórum Administrativo – FA*, Belo Horizonte, ano 5, n. 59, p. 677, jan. 2006.

MARTINS, Ives Gandra da Silva; NASCIMENTO, Carlos Valder do (Org.). *Comentários à Lei de Responsabilidade Fiscal*. 4. ed. São Paulo: Saraiva, 2009.

MARTINS, Sérgio Pinto. *A terceirização e o direito do trabalho*. 4. ed. São Paulo: Atlas, 2000.

REIS, Daniela Muradas. Terceirização e sindicatos: desafios e perspectivas. *ALAL – Asociación Latinoamericana de Abogados Laboralistas*, 19 mar. 2014. Disponível em: http://www.alal.com.br/materia.asp?cod_noticia=6124. Acesso em: 19 set. 2014.

Informação bibliográfica deste texto, conforme a NBR 6023:2018 da Associação Brasileira de Normas Técnicas (ABNT):

FORTINI, Cristiana; FARIA, Flávia Cristina Mendonça. As terceirizações e as contratações temporárias realizadas pela Administração Pública – Distinções entre as duas figuras e o impacto na LRF. *In*: FORTINI, Cristiana; PAIM, Flaviana Vieira (Coord.). *Terceirização na Administração Pública*: boas práticas e atualização à luz da Nova Lei de Licitações. Belo Horizonte: Fórum, 2022. p. 245-270. ISBN 978-65-5518-288-0.

DA APLICAÇÃO DA INSTRUÇÃO NORMATIVA IN/SEGES/MPDG Nº 05/2017 ÀS EMPRESAS ESTATAIS FEDERAIS COMO BOA PRÁTICA DE GOVERNANÇA

**RENILA LACERDA BRAGAGNOLI,
VIRGINIA KIRCHMEYER VIEIRA**

Introdução

O presente artigo tem como objetivo analisar a aplicabilidade da Instrução Normativa nº 05/2017, da, à época, Secretaria de Gestão do Ministério do Planejamento, Desenvolvimento e Gestão, às empresas estatais federais como reflexo do princípio da boa administração, traduzindo-se em boa prática de governança corporativa.

Da Instrução Normativa IN/SEGES/MPDG nº 05/2017

A Instrução Normativa nº 05/2017[1] busca prover o sistema de contratação e fiscalização dos contratos de prestações de serviços com instrumentos objetivamente padronizáveis e com capacidade de afastar pagamento, via subsidiariedade, de verbas trabalhistas, sendo expressa ao destinar-se às contratações de serviços sob o regime de execução indireta realizadas pela Administração Pública federal direta,

---

[1] Disponível em: https://www.comprasgovernamentais.gov.br/index.php/legislacao/instrucoes-normativas/760-instrucao-normativa-n-05-de-25-de-maio-de-2017.

autárquica e fundacional, nos termos do seu art. 1º,[2] sem qualquer menção às empresas estatais.

Como cediço, a IN nº 05/2017 revogou a IN nº 02/2008, que disciplinava a contratação de serviços, continuados ou não, por órgãos ou entidades integrantes do Sistema de Serviços Gerais (SISG), regulado pelo Decreto nº 1.094/1994:

> Art. 1º [...]
> § 1º Integram o SISG os órgãos e unidades da Administração Federal direta, autárquica e fundacional, incumbidos especificamente da execução das atividades de que trata este artigo.

Destarte, a IN nº 02/2008 não era compulsória às estatais federais, porém, sempre foi utilizada com fundamento no Decreto nº 2.271/97,[3] que, regulando a contratação de serviços pela Administração Pública Federal direta, autárquica e fundacional, previa:

> Art. 9º As contratações visando à prestação de serviços, efetuadas por empresas públicas, sociedades de economia mista e demais empresas controladas direta ou indiretamente pela União, serão disciplinadas por resoluções do Conselho de Coordenação das Empresas Estatais – CCE.[4]

Ante à ausência de regulamentação deste art. 9º, o Plenário do Tribunal de Contas da União, por meio do Acórdão nº 1.215/2009,[5] recomendou a utilização do modelo de contratação editado pela SLTI/MPOG[6] mediante a IN nº 02/2008 às empresas públicas e sociedades de economia mista, ao argumento de que é fundamentado em preceitos constitucionais que devem ser observados por toda a Administração Pública, iniciando-se a aplicação das instruções normativas às empresas públicas e sociedades de economia mista.

---

[2] Art. 1º As contratações de serviços para a realização de tarefas executivas sob o regime de execução indireta, por órgãos ou entidades da Administração Pública federal direta, autárquica e fundacional, observarão, no que couber: [...].

[3] Disponível em: http://www.planalto.gov.br/ccivil_03/decreto/d2271.htm.

[4] Atual Secretaria de Coordenação e Governança das Empresas Estatais (SEST).

[5] Disponível em: https://contas.tcu.gov.br/pesquisaJurisprudencia/#/detalhamento/11/%252a/NUMACORDAO%253A1215%2520ANOACORDAO%253A2009/DTRELEVANCIA%2520desc%252C%2520NUMACORDAOINT%2520desc/false/1/false.

[6] Secretaria de Logística e Tecnologia da Informação do Ministério do Planejamento, Orçamento e Gestão.

Ainda em razão da inércia em editar as resoluções referidas no Decreto, o Plenário do TCU exarou o Acórdão nº 1.521/2016[7] reforçando o entendimento que, segundo a jurisprudência do próprio Tribunal, "em razão da ausência de normas que regulamentem o art. 9º do Decreto 2.271/1997, são aproveitadas às empresas estatais, por analogia, as disposições ali contidas, dirigidas à Administração Direta, Autárquica e Fundacional".

Pacificou-se, então, no âmbito do TCU, que todas as regulamentações do Decreto nº 2.271/1997 destinadas à Administração direta, autárquica e fundacional, estender-se-iam às empresas estatais federais, atraindo as instruções normativas emanadas pelo Ministério do Planejamento, Desenvolvimento e Gestão às referidas empresas com participação acionária majoritária da União.

Foi por ocasião deste último Acórdão que o Ministério do Planejamento, Desenvolvimento e Gestão editou a Portaria nº 409/2016,[8] dispondo sobre as garantias contratuais ao trabalhador na execução indireta de serviços e os limites à terceirização de atividades, no âmbito da Administração Pública federal direta, autárquica e fundacional e das empresas estatais federais controladas pela União, denotando que a cautela nas contratações envolvendo prestação indireta de serviços passava a integrar a agenda governamental.

Por seu turno, a edição da IN nº 05/2017 foi decorrência das recomendações propostas nos Acórdãos nº 2.328/2015[9] e nº 2.622/2015,[10] ambos do Plenário do TCU, que buscaram aperfeiçoar a governança e a gestão das contratações realizadas pela Administração Pública Federal, e dos quais participaram a Comissão Interministerial de Governança Corporativa e de Administração de Participações Societárias da União, tendo a CGPAR recebido recomendação expressa, no Acórdão nº 2.622/2015, para que avaliasse as orientações contidas no julgado, adotando as medidas necessárias à implementação na sua esfera de

---

[7] Disponível em: https://contas.tcu.gov.br/etcu/ObterDocumentoSisdoc?seAbrirDocNo Browser=true&codArqCatalogado=11347829&codPapelTramitavel=55836179.
[8] Disponível em: https://www.comprasgovernamentais.gov.br/index.php/legislacao/ portarias/561-portaria-n-409-de-21-de-dezembro-de-2016.
[9] Disponível em: https://contas.tcu.gov.br/pesquisaJurisprudencia/#/detalhamento/11/% 252a/NUMACORDAO%253A2328%2520ANOACORDAO%253A2015/DTRELEVANCIA %2520desc%252C%2520NUMACORDAOINT%2520desc/false/1/false.
[10] Disponível em: https://contas.tcu.gov.br/pesquisaJurisprudencia/#/detalhamento/11/% 252a/NUMACORDAO%253A2622%2520ANOACORDAO%253A2015/DTRELEVANCIA %2520desc%252C%2520NUMACORDAOINT%2520desc/false/1/false.

atuação, incentivando a regularização do art. 9º do Decreto nº 2.271/97, o que, no entanto, nunca ocorreu.

Estas orientações da Corte de Contas refletiram a intenção de inaugurar um novo paradigma de planejamento e contratação para toda a Administração Pública Federal, o que é admitido pelo Governo Federal no Portal Compras Governamentais,[11] afirmando que o Acórdão nº 2.622/2015 especificamente

> Propôs várias medidas visando ao aperfeiçoamento da governança e da gestão das contratações realizadas pela Administração Pública Federal, merecendo destaque a constatação quanto à existência de disfunções existentes na atual metodologia para contratação de serviços, em especial dos que envolvem a contratação de serviços sob o regime de dedicação exclusiva.

Considerando que a Portaria nº 409/16 já alcançava as empresas estatais federais, ao não dispor expressamente sobre o assunto na Instrução Normativa nº 05/17, o Governo Federal perdeu a oportunidade de normatizar o que já admitia no Portal susorreferido que

> A nova IN também objetivou adequar-se às disposições dessa Portaria que regulamenta o art. 9º do Decreto nº 2.271, 1997, em atenção aos Acórdãos nºs 243/2002, 2.132/2010, 2.303/2012 e 1.521/2016 – TCU – Plenário, bem como procedimentalizar e sistematizar, de maneira geral, matérias que foram objeto de alterações jurisprudenciais e doutrinárias, indo ao encontro do que dispõe a Súmula 331 do TST, ou seja, implementa regras garantidoras do cumprimento da legislação trabalhista e mitigadoras de inadimplência por parte da prestadora de serviços.

O *animus* governamental era, de fato, estender as disposições da IN nº 05/2017 às estatais federais, regulando, assim, o art. 9º do Decreto nº 2.271, precipuamente como forma de proteger o erário de condenações subsidiárias ao pagamento de verbas trabalhistas, mas, por alguma impropriedade, estas entidades não foram abrangidas pelo texto do normativo.

Não é despiciendo acrescentar a edição do Decreto nº 9.507/2018,[12] que revogou expressamente o Decreto nº 2.271/97. Infere-se que o regramento abrange as estatais controladas pela União, impondo-lhes

---

[11] Disponível em: https://www.comprasgovernamentais.gov.br/index.php/in-servico-faq#P1.
[12] Disponível em: http://www.planalto.gov.br/ccivil_03/_Ato2015-2018/2018/Decreto/D9507.htm.

o mesmo regime de contratação de serviços mediante execução indireta da Administração direta, autárquica e fundacional, com exigências visando garantir o cumprimento de obrigações trabalhistas por parte das empresas contratadas.[13]

Destarte, ainda que o Decreto usado como referência pela jurisprudência do Tribunal de Contas da União tenha sido revogado e as respectivas decisões tenham sido anteriores à edição da Lei nº 13.303/16, o entendimento foi mantido posteriormente.

Assim, o novo Decreto estendeu às estatais federais, doravante não mais por analogia, mas por expressa previsão, os mesmos parâmetros de contratação da Administração direta, autárquica e fundacional.

O Ministério do Planejamento, Orçamento e Gestão manifestou-se expressamente que, "dessa maneira (com a edição do Decreto), os procedimentos serão unificados em todo o serviço público federal",[14] o que atrai, como corolário, a adoção da Instrução Normativa IN/SEGES/MPDG nº 05/2017 às entidades aqui tratadas, por ser um relevante instrumento de governança para a contratação de mão de obra.

Das disposições da Lei nº 13.303/2016

A Lei nº 13.303/2016,[15] Lei de Responsabilidade das Estatais ou Lei das Estatais, ao regulamentar o §1º do art. 173 da Constituição da República,[16] dispondo sobre o estatuto jurídico da empresa pública, da sociedade de economia mista e de suas subsidiárias que explorem atividade econômica de produção ou comercialização de bens ou de

---

[13] Art. 8º Os contratos de que trata este decreto conterão cláusulas que: I – exijam da contratada declaração de responsabilidade exclusiva sobre a quitação dos encargos trabalhistas e sociais decorrentes do contrato; – estabeleçam que o pagamento mensal pela contratante ocorrerá após a comprovação do pagamento das obrigações trabalhistas, previdenciárias e para com o Fundo de Garantia do Tempo de Serviço – FGTS pela contratada relativas aos empregados que tenham participado da execução dos serviços contratados; IV – estabeleçam a possibilidade de rescisão do contrato por ato unilateral e escrito do contratante e a aplicação das penalidades cabíveis, na hipótese de não pagamento dos salários e das verbas trabalhistas, e pelo não recolhimento das contribuições sociais, previdenciárias e para com o FGTS; VII – prevejam a verificação pela contratante, do cumprimento das obrigações trabalhistas, previdenciárias e para com o FGTS, em relação aos empregados da contratada que participarem da execução dos serviços contratados, em especial, quanto: [...].

[14] Disponível em: http://www.planejamento.gov.br/noticias/ultimas-noticias/decreto-uniformiza-procedimentos-na-contratacao-de-terceirizados-no-executivo-federal.

[15] Disponível em: http://www.planalto.gov.br/ccivil_03/_ato2015-2018/2016/lei/l13303.htm.

[16] Art. 173. [...] § 1º A lei estabelecerá o estatuto jurídico da empresa pública, da sociedade de economia mista e de suas subsidiárias que explorem atividade econômica de produção ou comercialização de bens ou de prestação de serviços, dispondo sobre: [...].

prestação de serviços, trouxe inovações em dois pilares: governança corporativa e licitações e contratos.

As novas regras, por um lado, fortaleceram as ideias de boa prática de governança corporativa e integridade na gestão administrativa; por outro, definiram diretrizes a serem observadas, como forma de renovação e aprimoramento no modelo de gestão das empresas estatais.

Vale aqui salientar que, segundo o IBGC,[17] a "Governança Corporativa é o sistema pelo qual as empresas e demais organizações são dirigidas, monitoradas e incentivadas, envolvendo os relacionamentos entre sócios, conselho de administração, diretoria, órgãos de fiscalização e controle e demais partes interessadas".

E, ainda, que "as boas práticas de Governança Corporativa convertem princípios básicos em recomendações objetivas, alinhando interesses com a finalidade de preservar e otimizar o valor econômico de longo prazo da organização, facilitando seu acesso a recursos e contribuindo para a qualidade da gestão da organização, sua longevidade e o bem comum".

A Lei nº 13.303/16 dispõe, outrossim, sobre padronização do procedimento licitatório e contratual[18] e ausência de responsabilidade das estatais pelos encargos trabalhistas,[19] preceitos igualmente trazidos pela IN nº 05/2017.

Como já esclarecido pela doutrina,[20] "a padronização é, sem embargo, um elemento em prol do princípio da eficiência", sendo inegável reconhecer que gera redução de custos, otimização de treinamento, integração e compartilhamento de trabalho,[21] motivo pelo qual as estatais devem se empenhar à produção de um regulamento interno de

---

[17] Instituto Brasileiro de Governança Corporativa – IBGC. O que é governança corporativa. Princípios que geram valor de longo prazo. Disponível em: https://www.ibgc.org.br/conhecimento/governanca-corporativa. Acesso em: 15 out. 2020.

[18] Art. 32. Nas licitações e contratos de que trata esta Lei serão observadas as seguintes diretrizes: I – padronização do objeto da contratação, dos instrumentos convocatórios e das minutas de contratos [...].

[19] Art. 77. O contratado é responsável pelos encargos trabalhistas, fiscais e comerciais resultantes da execução do contrato. §1º A inadimplência do contratado quanto aos encargos trabalhistas, fiscais e comerciais não transfere à empresa pública ou à sociedade de economia mista a responsabilidade por seu pagamento, nem poderá onerar o objeto do contrato ou restringir a regularização e o uso das obras e edificações, inclusive perante o Registro de Imóveis.

[20] BRAGAGNOLI, Renila Lacerda. *Lei nº 13.303/2016*: reflexões pontuais sobre a lei das estatais [livro eletrônico]. Curitiba: JML, 2019. Disponível em: https://editora.jmlgrupo.com.br/. Acesso em: 24 maio 2021.

[21] NIEBUHR, Joel de Menezes; NIEBURH, Pedro de Menezes. *Licitações e Contratos das Estatais*. Belo Horizonte: Fórum, 2018. p. 121.

licitações e contratos harmonizado com seu nicho de atuação, atendidas referidas diretrizes da Lei das Estatais.

Nos termos do dito pelos professores Joel Menezes Niebuhr e Pedro de Menezes Niebuhr,[22] as instruções normativas não se aplicam às empresas estatais porque elas próprias declaram expressamente que não se aplicam ou porque foram elaboradas com base na Lei nº 8.666/93 e na Lei nº 10.520/2020. No entanto, é possível que,

> Em razão de decisões das próprias estatais, por vontade própria e não por imposição, quererem aplicar tais normativas. Se quiserem e naquilo que não contradisser às normas da Lei nº 13.303/16, é legítimo aplicá-las. Deve-se, se for o caso, prever tal possibilidade expressamente no regulamento de licitações e contratos previsto no art. 40 da Lei nº 13.303/16 ou noutro normativo interno das próprias estatais.

Dessa maneira, tendo em vista que a Instrução Normativa nº 05/2017 é bem elaborada e positivamente baseada no planejamento da contratação pública de terceirização de mão de obra, pode servir de importante elemento para a governança das licitações e contratos das empresas públicas e sociedades de economia mista controladas pela União, desde que não contrariem as disposições da Lei nº 13.303/2016, bem como haja expressa previsão nos normativos internos das referidas empresas.

Vale aqui destacar que, na hipótese de a Lei das Estatais ser omissa em algum aspecto da relação contratual entre as empresas públicas ou sociedades de economia mistas e terceiros, a Lei nº 8.666/93 – mesmo antes de ser revogada pela Lei nº 14.133/2021 –, não mais poderia ser utilizada subsidiariamente, conforme definido na I Jornada de Direito Administrativo do Conselho de Justiça Federal, em ago./2020.[23]

Assim, as estatais federais, em um movimento de autorregulação, podem utilizar-se das especificações da IN nº 05/2017 para sustentarem e melhor desenharem suas contratações de serviços sob o regime de execução indireta.

---

[22] *Op. cit.*, p. 43.
[23] O Enunciado 17, aprovado na I Jornada de Direito Administrativo do Conselho de Justiça Federal, nos dias 03 a 07 de agosto de 2020, esclarece: "Os contratos celebrados pelas empresas estatais, regidos pela Lei n. 13.303/16, não possuem aplicação subsidiária da Lei n. 8.666/93. Em casos de lacuna contratual, aplicam-se as disposições daquela Lei e as regras e os princípios de direito privado."

Do princípio da boa administração

Um relevante princípio que atualmente ganha robustez é o da boa administração, o que implica, necessariamente, a presença real daqueles que compõem a cidadania, "evitando que as fórmulas fechadas que procedem das ideologias deste jaez excluam de sua consideração determinados setores sociais"[24] e, como conclama o qualificado professor Juarez de Freitas, é urgente "libertar a avaliação do preconceito de que as políticas públicas seriam essencialmente programas de governo", haja vista que, em consonância com o Estado Democrático de Direito, "como nunca, a legitimidade reivindica o hábil e tempestivo cumprimento de obrigações enfeixadas no direito fundamental à boa administração pública".[25]

Em estreito raciocínio com a boa administração, destaca-se que um dos elementos que a integra é o planejamento, o qual, conforme delimita Fonte,[26]

> Situa-se num âmbito próprio, diferenciado das leis (normas gerais) e dos atos administrativos (concretos), exatamente porque, ao lado das regras, também consagram princípios e diretrizes. Sua natureza é híbrida, e ele possui singular importância em matérias de políticas públicas, pois, conforme pontuado, permite transparência e racionalização no âmbito da atividade administrativa, reduzindo, ainda, o espaço de discricionariedade do administrador.

É nesse elemento que a integração da normatividade já produzida e que possa ser aproveitada dentro da ordem lógica trazida pela Lei das Estatais, pautada, inclusive, no planejamento como atue, conjuntamente com a Administração, de maneira racional, excluindo-se o elemento aleatório da ação estatal.[27]

Sob essa perspectiva, o Direito Administrativo ganha relevo no Estado Democrático, sendo, nas palavras de Rodriguez-Araña,[28] "um

---

[24] RODRÍGUEZ-ARAÑA MUÑOZ, Jaime. *Direito fundamental à boa Administração Pública*. Tradução de Daniel Wunder Hachem. Belo Horizonte: Fórum, 2012. p. 37.

[25] FREITAS, Juarez. Políticas públicas, avaliação de impactos e o direito fundamental à boa administração. Disponível em: http://dx.doi.org/10.5007/2177-7055.2015v36n70p115,2015. Acesso em: 15 maio 2021.

[26] FONTE, Felipe de Melo. *Políticas públicas e direitos fundamentais*. 2. ed. São Paulo: Saraiva, 2015. p. 84.

[27] *Op. cit.*, p. 82.

[28] RODRÍGUEZ-ARAÑA MUÑOZ, Jaime. *Direito fundamental à boa Administração Pública*. Tradução de Daniel Wunder Hachem. Belo Horizonte: Fórum, 2012. p. 133.

Direito do poder público para a liberdade solidária" e, nesse sentido, "o conteúdo das políticas públicas não pode ser estipulado exclusivamente por governantes ou legisladores, com a coadjuvância opaca e subalterna dos outros atores constitucionais",[29] de maneira que, independentemente da previsão expressa para que as estatais se utilizem dos normativos federais editados para orientar a Administração direta, autárquica e fundacional, a necessidade atual de integração entre os agentes e a absorção das práticas que já comprovaram resultar em governança nas contratações é medida razoável que pode ser implementada pelas empresas públicas e sociedades de economia mista.

Nessa esteira, a utilização da IN nº 05/2017, pelas estatais, demonstra-se como relevante instrumento de integração e engajamento, pois, como já bem esclarecido por Freitas,[30] "não se coaduna com decisionismos subalternos, que redundam em obras inúteis e superfaturadas, desregulações temerárias, ilusionismos contábeis, dispensas licitatórias inapropriadas e subsídios divorciados das finalidades republicanas. Dito de outro modo, o segredo é bem priorizar", e o melhor e mais democrático meio de bem priorizar é regulamentar, no âmbito interno de cada empresa estatal, a utilização das normas de governança da Administração Direta.

Conclusão

A par do que foi explanado, conclui-se que a Instrução Normativa IN/SEGES/MPDG nº 05/2017 deve ser observada pelas empresas estatais federais em suas contratações para prestação de serviço mediante execução indireta, com respaldo na jurisprudência consolidada do Tribunal de Contas da União, por refletir uma agenda governamental comprometida com a mitigação de condenações subsidiárias ao pagamento de encargos trabalhistas pela Administração Pública, em prol de uma gestão pública mais eficiente e menos onerosa, pautada em critérios objetivamente padronizados e em boas práticas de governança.

De mais a mais, a Lei nº 13.303/2016, ao dispor sobre as exigências de transparência, governança corporativa, planejamento e padronização

---

[29] FREITAS, Juarez. As políticas públicas e o direito fundamental à Boa Administração. Disponível em http://www.repositorio.ufc.br/bitstream/riufc/21688/1/2015_art_jfreitas.pdf, 2015. Acesso em: 15 maio 2021.

[30] FREITAS, Juarez. Políticas públicas, avaliação de impactos e o direito fundamental à boa administração. Disponível em: http://dx.doi.org/10.5007/2177-7055.2015v36n70p115. Acesso em: 15 maio 2021.

como formas de ampliar a regularidade nas contratações realizadas pelas empresas estatais, reforça a interpretação defendida, ampliando o alcance da Instrução Normativa às empresas estatais federais, legitimando-as para fruir da normatização sob estudo.

A IN nº 05/2017 tem serventia ampliada para as estatais federais, reconhecido como valoroso instrumento de mitigação de desvios, manutenção e ampliação da segurança no ambiente contratual.

Sobretudo neste momento em que se repensa o papel do Estado, em que se busca maior eficiência, transparência, solidez e lisura nas relações, ferramentas que possibilitem essas ações são sempre benvindas.

É como o desfecho do diálogo de Marco Polo e Kublai Khan nas Cidades Invisíveis de Ítalo Calvino: "[...] tentar saber reconhecer quem e o que, no meio do inferno, não é inferno, e preservá-lo, e abrir espaço."[31]

Referências

BRAGAGNOLI, Renila Lacerda. *Lei nº 13.303/2016*: reflexões pontuais sobre a lei das estatais [livro eletrônico]. Curitiba: JML, 2019. Disponível em: https://editora.jmlgrupo.com.br/.

CALVINO, Ítalo. *As cidades invisíveis*. 16. ed. São Paulo: Companhia das Letras, 2001.

DI PIETRO, Maria Silvia Zanella. *Direito administrativo*. 29. ed. rev. atual. e ampl. Rio de Janeiro: Forense, 2016.

FONTE, Felipe de Melo. *Políticas públicas e direitos fundamentais*. 2. ed. São Paulo: Saraiva, 2015.

FORTINI, Cristiana; SHERMAM, Ariane. Governança pública e combate à corrupção: novas perspectivas para o controle da Administração Pública brasileira. *Interesse Público – IP*, Belo Horizonte, ano 19, n. 102, p. 27-44, mar./abr. 2017.

FREITAS, Juarez. As políticas públicas e o direito fundamental à boa administração. Disponível em: http://www.repositorio.ufc.br/bitstream/riufc/21688/1/2015_art_jfreitas.pdf, 2015.

FREITAS, Juarez. Políticas públicas, avaliação de impactos e o direito fundamental à boa administração. Disponível em: http://dx.doi.org/10.5007/2177-7055.2015v36n70p115,2015.

INSTITUTO Brasileiro de Governança Corporativa – IBGC. *O que é governança corporativa*. Princípios que geram valor de longo prazo. Disponível em: https://www.ibgc.org.br/conhecimento/governanca-corporativa. Acesso em: 25 jun. 2021.

JUSTEN FILHO, Marçal. *Estatuto jurídico das empresas estatais*: Lei 13.303/2016. São Paulo: Ed. Revista dos Tribunais, 2016.

NIEBUHR, Joel de Menezes; NIEBURH, Pedro de Menezes. *Licitações e contratos das estatais*. Belo Horizonte: Fórum, 2018.

---

[31] CALVINO, Ítalo. *As cidades invisíveis*. 16. ed. São Paulo: Companhia das Letras, 2001. p. 150.

RODRÍGUEZ-ARAÑA MUÑOZ, Jaime. *Direito fundamental à boa administração pública*. Tradução de Daniel Wunder Hachem. Belo Horizonte: Fórum, 2012.

Informação bibliográfica deste texto, conforme a NBR 6023:2018 da Associação Brasileira de Normas Técnicas (ABNT):

BRAGAGNOLI, Renila Lacerda; VIEIRA, Virginia Kirchmeyer. Da aplicação da Instrução Normativa IN/SEGES/MPDG nº 05/2017 às empresas estatais federais como boa prática de governança *In*: FORTINI, Cristiana; PAIM, Flaviana Vieira (Coord.). *Terceirização na Administração Pública*: boas práticas e atualização à luz da Nova Lei de Licitações. Belo Horizonte: Fórum, 2022. p. 271-281. ISBN 978-65-5518-288-0.

LEI GERAL DE PROTEÇÃO DE DADOS NOS CONTRATOS DE TERCEIRIZAÇÃO

GREYCIELLE AMARAL,
MARIA FERNANDA PIRES CARVALHO PEREIRA,
CAROLINA F. DOLABELA CHAGAS

1 Introdução

Há muito se discute a abrangência da execução indireta (terceirização) na Administração Pública, em razão da necessidade de equilibrar a autorização expressa no Decreto-Lei nº 200/67[1] e a regra da Constituição de 1988 que exige a realização de concurso público para o exercício de cargo ou emprego.[2] Debates calorosos sobre a possibilidade ou não da terceirização da atividade-fim foram travados ao longo dos anos.

Neste caminho, trafegou o Decreto Federal nº 2.271/97 (que regulamentou o artigo 10, parágrafo 7º do DL nº 200/67), direcionando as *atividades* de conservação, limpeza, segurança, vigilância, transportes, informática, copeiragem, recepção, reprografia, telecomunicações e

---

[1] Art. 10. A execução das atividades da Administração Federal deverá ser amplamente descentralizada.

[2] Art. 37
II – a investidura em cargo ou emprego público depende de aprovação prévia em concurso público de provas ou de provas e títulos, de acordo com a natureza e a complexidade do cargo ou emprego, na forma prevista em lei, ressalvadas as nomeações para cargo em comissão declarado em lei de livre nomeação e exoneração;

manutenção de prédios, equipamentos e instalações para a execução indireta.[3]

Após décadas de discussão, em 30.08.2018, o STJ julgou a tese de repercussão geral aprovada no Recurso Extraordinário (RE) nº 95.825 e na Arguição de Descumprimento de Preceito Fundamental (ADPF) nº 324, entendendo como "lícita a terceirização ou qualquer outra forma de divisão do trabalho entre pessoas jurídicas distintas, independentemente do objeto social das empresas envolvidas, mantida a responsabilidade subsidiária da empresa contratante" – Tema nº 725. Expurgados ficaram, assim, os entendimentos de que não seria possível a terceirização da atividade-fim.

Isso sem desconsiderar que a chamada Reforma Trabalhista, aprovada pela Lei nº 13.467/17, trouxe um conceito muito mais abrangente de terceirização, ao assim conceituá-la em seu artigo 4º-A: "*Considera-se prestação de serviços a terceiros a transferência feita pela contratante da execução de quaisquer de suas atividades, inclusive sua atividade principal,* à pessoa jurídica de direito privado prestadora de serviços que possua capacidade econômica compatível com a sua execução."

Referido tratamento em dispositivo de lei pôs uma "pá de cal" sobre os questionamentos ainda existentes, estendendo a terceirização também para a execução da atividade-fim. A nova Lei de Licitação – Lei nº 14.133/2021 – não vilipendiou o assunto e absolvendo o novo contexto de contratação pública de mão de obra posicionou-se de forma ativa e tratou de definir os parâmetros da prestação de serviços contínuos com regime de dedicação exclusiva de mão de obra pelo empregado de empresa privada em seu art. 6º, XVI.[4]

---

[3] Art. 1º No âmbito da Administração Pública Federal direta, autárquica e fundacional poderão ser objeto de execução indireta as atividades materiais acessórias, instrumentais ou complementares aos assuntos que constituem área de competência legal do órgão ou entidade.
§1º As atividades de conservação, limpeza, segurança, vigilância, transportes, informática, copeiragem, recepção, reprografia, telecomunicações e manutenção de prédios, equipamentos e instalações serão, de preferência, objeto de execução indireta.
§2º Não poderão ser objeto de execução indireta as atividades inerentes às categorias funcionais abrangidas pelo plano de cargos do órgão ou entidade, salvo expressa disposição legal em contrário ou quando se tratar de cargo extinto, total ou parcialmente, no âmbito do quadro geral de pessoal.

[4] Art. 6º Para os fins desta Lei, consideram-se:
XVI – serviços contínuos com regime de dedicação exclusiva de mão de obra: aqueles cujo modelo de execução contratual exige, entre outros requisitos, que:
a) os empregados do contratado fiquem à disposição nas dependências do contratante para a prestação dos serviços;
b) o contratado não compartilhe os recursos humanos e materiais disponíveis de uma contratação para execução simultânea de outros contratos;

Assim, após toda a acomodação legal decorrente de anos de discussão, o uso de mão de obra terceirizada no ambiente público tende a se ampliar.

Na utilização cada vez mais acentuada do instituto, outros aspectos devem ser analisados, a exemplo das implicações da Lei Geral de Proteção de Dados Pessoais sobre as relações travadas entre contratantes e contratados, especialmente em decorrência das responsabilidades envolvidas.

O presente artigo se propõe a trazer considerações sobre os impactos da LGPD nos contratos de terceirização de mão de obra exclusiva mantidos entre a administração pública e o setor privado, na medida em que a primeira, na qualidade de tomadora de serviços, trata dados pessoais visando conferir efetividade à prestação de serviços objeto do contrato de terceirização de mão de obra.

2 Incidência da LGPD sobre entes públicos e privados envolvidos nos contratos de terceirização de mão de obra exclusiva

Com o advento da Lei nº 13.709 de 14 de agosto de 2018, a denominada Lei Geral de Proteção de Dados Pessoais (LGPD), os atos comuns e automáticos de fornecer e receber dados pessoais ganharam uma nova dimensão, já que a referida legislação refinou a noção sobre a importância da transparência e segurança no tratamento dos dados pessoais das pessoas naturais.[5] A rigor, no dia a dia das relações contratuais não se atentava para a utilização responsável dos dados pessoais, seja como parte do objeto, seja como meio para a execução das atividades previstas no instrumento. A Lei de Proteção de Dados Pessoais – que entrou em vigor em 18 de setembro de 2020, mas com possibilidade de aplicação de sanções somente a partir de 1º de agosto de 2021 – nos obriga a revisitar essas práticas e condutas.

E esse cuidado com o tratamento de dados pessoais foi imposto tanto para a esfera privada quanto para a Administração Pública.[6] Se, por um lado, poder-se-ia pensar na dificuldade de a Administração Pública

---

c) o contratado possibilite a fiscalização pelo contratante quanto à distribuição, controle e supervisão dos recursos humanos alocados aos seus contratos;

[5] Os dados pessoais a que alude a LGPD restringem-se àqueles de pessoas naturais (art. 5º, I). Estão excluídos da lei os dados de pessoas jurídicas.

[6] Art. 1º Esta Lei dispõe sobre o tratamento de dados pessoais, inclusive nos meios digitais, por pessoa natural ou por pessoa jurídica de direito público ou privado.

ser regulada quanto ao tratamento de dados pessoais, considerando que "é inerente à atividade administrativa a gestão de uma série de bancos de dados",[7] por esse mesmo motivo não poderia deixar de ser alvo de preocupação, até mesmo em razão da assimetria de poder que marca a relação entre público e privado.

A necessidade de se incluir a Administração Pública nos auspícios da LGPD foi explicitada, com muita propriedade, por Fernando Antônio Tasso, quando identificou o tratamento de dados pessoais como um aspecto da execução das políticas, decorrente justamente "do reconhecimento de que a massificação das relações travadas entre o Estado e os cidadãos, marcada pela voracidade na coleta de dados, tratados de forma não padronizada, e, tampouco, transparente, redunda no risco de o Estado violar direitos e garantias fundamentais do titular" sendo que as normas de dirigismo previstas na LGPD "potencializa o caráter de transparência no tratamento de dados".[8]

Neste cenário, a LGPD foi expressa ao determinar em seu art. 23 a submissão da administração pública aos seus ditames e, ao identificar os entes públicos, fez referência ao art. 1º da Lei nº 12.527/2011, conhecida como Lei de Acesso à Informação, referência essa que tem o efeito de chamar a atenção para a irmandade existente entre as duas leis e não aparente antagonismo entre o acesso à informação e a proteção de dados pessoais. Sobre o tema, nos reportamos aos aspectos já abordados no artigo "LGPD X LAI: Sintonia ou Antagonismo?".[9]

Assim, estão sujeitos à LGPD: (i) os órgãos públicos integrantes da administração direta dos Poderes Executivo, Legislativo, incluindo as Cortes de Contas, e Judiciário e do Ministério Público; (ii) as autarquias, as fundações públicas, as empresas públicas, as sociedades de economia mista e demais entidades controladas direta ou indiretamente pela União, Estados, Distrito Federal e Municípios.[10]

Logo, no que tange ao plexo de incidência da LGPD sobre as pessoas envolvidas na relação de terceirização – empresas privadas e

---

[7] TASSO, Fernando Antonio. Do tratamento de dados pessoais pelo poder público. *In*: MALDONADO, Viviane Nóbrega; BLUM, Renato Opice (Coord.). *LGPD*: Lei Geral de Proteção de Dados comentada. 2. ed. rev. atual. e ampl. São Paulo: Thomson Reuters Brasil, 2019. p. 246.

[8] Idem anterior.

[9] FORTINI, Cristiana; AMARAL, Greycielle; CAVALCANTI, Caio Mário Lana. *In*: PIRONTI, Rodrigo (Coord.). *Lei Geral de Proteção de Dados no Setor Público*. Belo Horizonte. Fórum, 2021.

[10] Art. 1º da Lei nº 12.527/2011 (LAI) c/c art. 23 da Lei nº 13.709/2018 (LGPD).

entes públicos, não há dúvida que ambas se curvam aos seus ditames, cada qual com as suas previsões próprias.

3 Dados pessoais envolvidos na relação de mão de obra de dedicação exclusiva

Com a mais recente Lei de Licitações (Lei nº 14.133/21) veio a previsão sobre a prestação de serviços contínuos com regime de dedicação exclusiva de mão obra (art. 6º, XVI), que enumerou requisitos a serem observados, quais sejam: a) disponibilidade dos empregados do contratado à disposição nas dependências do contratante para a prestação dos serviços; b) não compartilhamento dos recursos humanos e materiais disponíveis de uma contratação com outra simultaneamente; c) garantia da fiscalização pelo contratante quanto à distribuição, controle e supervisão dos recursos humanos alocados aos seus contratos.

O permissivo legal trouxe, por outro lado, a obrigação de a contratada apresentar, quando solicitado pela Administração, comprovação do cumprimento das obrigações trabalhistas e com o Fundo de Garantia do Tempo de Serviço (FGTS) em relação aos empregados diretamente envolvidos na execução do contrato, com possibilidade de aplicação de multa em caso de descumprimento.

Para além da apresentação dos comprovantes de recolhimento do FGTS, a Lei nº 14.133/2021 relaciona uma série de documentos em seu art. 50, cujo acesso deve ser garantido à Administração Pública, valendo destacar:

(i) registro de ponto;
(ii) recibo de pagamento de salários, adicionais, horas extras, repouso semanal remunerado e décimo terceiro salário;
(iii) comprovante de depósito do FGTS;
(iv) recibo de concessão e pagamento de férias e do respectivo adicional;
(v) recibo de quitação de obrigações trabalhistas e previdenciárias dos empregados dispensados até a data da extinção do contrato;
(vi) recibo de pagamento de vale-transporte e vale-alimentação, na forma prevista em norma coletiva.

Ter acesso aos documentos acima mencionados significa tratar dados pessoais de pessoas naturais – empregados da empresa privada, o que atrai a aplicação da LGPD e a consequente análise sobre os seus aspectos.

4 Análise sobre os requisitos para o tratamento dos dados pessoais pela administração pública em casos de terceirização

A LGPD trouxe um encadeamento de princípios que deve nortear todo tratamento de dados, quais sejam: (i) finalidade; (ii) adequação; (iii) necessidade; (iv) livre acesso; (v) qualidade dos dados; (vi) transparência; (vii) segurança; (viii) prevenção; (ix) não discriminação; (x) responsabilização e prestação de contas.

Praticamente todos os princípios acima citados já são velhos conhecidos da Administração Pública. Ainda que inexistisse lei a impedir o tratamento de dados pessoais pelos órgãos e entidades do Estado sem explicitar a finalidade da coleta, os princípios vetores assim obrigariam, com destaque para a motivação, a razoabilidade e a proporcionalidade.[11]

Mas se reconhece que a LGPD escancara o dever de cautela, reforçando os princípios da finalidade, da adequação e da necessidade para o tratamento do dado pessoal, conforme prescreve o art. 23.[12]

Em verdade, desde a Lei de Proteção de Dados de Hesse (*Hessisches Datenschutzgesetz*) em 1970, de forma muito incipiente, o intuito já era o de evitar quaisquer excessos no uso de dados pessoais pelo Poder Público.[13] A discussão sobre a proteção de dados tem raiz na irresignação provocada pelo poder público quando foi editada a Lei do Censo na Alemanha e a população se deparou com uma gama de perguntas que estaria a expor injustificadamente a vida privada do cidadão sem qualquer fundamento que justificasse tal conduta.

Sendo assim, a partir da LGPD, só é possível tratar dado pessoal, seja pela pessoa jurídica de direito público ou privado, se tiver uma base legal nela consignada. O art. 7º dedica uma plêiade de bases legais para

---

[11] FORTINI, Cristiana; PAIM, Flaviana Vieira; RAINHO, Renata Costa. Os serviços contínuos na Nova Lei de Licitação. *Fórum de Contratação e Gestão Pública – FCGP*, Belo Horizonte, ano 20, n. 233, maio 2021.

[12] *Idem* anterior.

[13] Lei Geral de Proteção de Dados no setor público: transparência e fortalecimento do Estado Democrático de Direito. Disponível em: https://bdjur.stj.jus.br/jspui/bitstream/2011/142294/lei_geral_protecao_blum.pdf. Acesso em: 21 jun. 2021.

o tratamento de dados pessoais considerados "comuns"; no art. 11, por seu turno, foram destinadas bases legais para os "dados sensíveis"[14] e o Poder Público mereceu um capítulo especial, Capítulo IV, artigos 23 a 30, com orientações para o tratamento que realiza.

Neste contexto, destacamos desde já que o inciso III do art. 7º[15] prevê a autorização para o tratamento e uso compartilhado pela Administração Pública de dados necessários à execução de políticas públicas previstas em leis e regulamentos ou respaldadas em contratos, convênios ou instrumentos congêneres.

O art. 23 da LGPD, por sua vez, entrelaça o tratamento de dados pessoais ao atendimento de sua finalidade pública, na persecução do interesse público, com o objetivo de executar as competências legais ou cumprir as atribuições legais do serviço público.

Sobre a conjugação entre os dois artigos destinados ao tratamento de dados pessoais pela Administração Pública, prescreve Fernando Antonio Tasso:[16]

> É de se notar que há entes públicos que não executam políticas públicas, mas cumprem atribuições ou competências constitucional, como é o caso do Poder Judiciário, do Poder Legislativo, do Ministério Público e Defensoria Pública.
>
> Nesse contexto, a base legal para o tratamento de dados pelo poder público é particionada entre os dois dispositivos que formam um todo coeso e coerente, que vem confirmado pela previsão conjunta em outros dispositivos da lei, como nos artigos 26 e 33, inciso VII da LGPD.

Interessante destacar que o modelo contratual insculpido no art. 6º, XVI, da nova Lei de Licitações optou pelo tratamento da demanda

---

[14] Dado sensível: dado pessoal sobre origem racial ou étnica, convicção religiosa, opinião política, filiação a sindicato ou a organização de caráter religioso, filosófico ou político, dado referente à saúde ou à vida sexual, dado genético ou biométrico, quando vinculado a uma pessoa natural – art. 5º, II, da LGPD.

[15] Art. 7º O tratamento de dados pessoais somente poderá ser realizado nas seguintes hipóteses: III – pela administração pública, para o tratamento e uso compartilhado de dados necessários à execução de políticas públicas previstas em leis e regulamentos ou respaldadas em contratos, convênios ou instrumentos congêneres, observadas as disposições do Capítulo IV desta Lei;

[16] TASSO, Fernando Antonio. Do tratamento de dados pessoais pelo poder público. *In*: MALDONADO, Viviane Nóbrega; BLUM, Renato Opice (Coord.). *LGPD*: Lei Geral de Proteção de Dados comentada. 2. ed. rev. atual. e ampl. São Paulo: Thomson Reuters Brasil, 2019. p. 246.

administrativa atendida por meio da atuação de terceiros estranhos aos quadros da Administração contratante.[17]

Há de se constar que essa "colaboração da Administração Pública com participantes privados nunca foi relegada pela doutrina", sendo a alemã "uma das primeiras a tratar da articulação entre o Direito Administrativo e o Direito Privado, sem que tais entrelaçamentos adulterassem o núcleo 'público' dos interesses envolvidos", em que "a Administração se vale de particulares para o atingimento dos seus fins", como bem lembrado por Marcos Ehrhardt Junior e José Luiz de Moura Faleiros Junior ao apresentar reflexões sobre os impactos da LGPD para o Sistema S, Organizações Sociais e Oscips.

Neste cenário colaborativo entre público e privado também é possível enquadrar os contratos de prestação de serviços contínuos com regime de dedicação exclusiva de mão obra. A atividade estatal é exercida por terceiro, com a regra expressa de que, mesmo havendo trabalho pessoal, exclusivo e contínuo não há possibilidade de configurar qualquer vínculo entre trabalhador terceirizado e a entidade pública tomadora dos serviços. Esse exercício sem concurso público ou o trabalho pessoal sem o reconhecimento de vínculo sempre foram os pontos de desconforto dos opositores do modelo da terceirização.

Repita-se que a recente Lei de Licitações ousou manter o sistema de terceirização, até mesmo para a atividade-fim, na mesma esteira do que já reconhecido pelo STF, estancando discussões e tratando de regulamentar alguns aspectos, sendo um deles as responsabilidades das partes.

A análise sobre a regularidade do tratamento de dados pessoais nestas hipóteses passa pela definição inicial da sua finalidade, que, por sua vez, tem raiz na análise sobre as responsabilizações que envolvem os contratos de terceirização.

Para isso, importante trazer a lume a Súmula nº 331 do TST, cuja redação foi sofrendo alterações ao longo do tempo, como forma de ofertar soluções para as mais variadas situações surgidas, até então sem previsão expressa e específica:

> CONTRATO DE PRESTAÇÃO DE SERVIÇOS. LEGALIDADE *(nova redação do item IV e inseridos os itens V e VI à redação) – Res. 174/2011, DEJT divulgado em 27, 30 e 31.05.2011*

---

[17] FORTINI, Cristiana; PAIM, Flaviana Vieira; RAINHO, Renata Costa. Os serviços contínuos na Nova Lei de Licitação. *Fórum de Contratação e Gestão Pública – FCGP*, Belo Horizonte, ano 20, n. 233, maio 2021.

I – A contratação de trabalhadores por empresa interposta é ilegal, formando-se o vínculo diretamente com o tomador dos serviços, salvo no caso de trabalho temporário (Lei nº 6.019, de 03.01.1974).

II – A contratação irregular de trabalhador, mediante empresa interposta, não gera vínculo de emprego com os órgãos da Administração Pública direta, indireta ou fundacional (art. 37, II, da CF/1988).

III – Não forma vínculo de emprego com o tomador a contratação de serviços de vigilância (Lei nº 7.102, de 20.06.1983) e de conservação e limpeza, bem como a de serviços especializados ligados à atividade-meio do tomador, desde que inexistente a pessoalidade e a subordinação direta.

IV – O inadimplemento das obrigações trabalhistas, por parte do empregador, implica a responsabilidade subsidiária do tomador dos serviços quanto àquelas obrigações, desde que haja participado da relação processual e conste também do título executivo judicial.

V – Os entes integrantes da Administração Pública direta e indireta respondem subsidiariamente, nas mesmas condições do item IV, caso evidenciada a sua conduta culposa no cumprimento das obrigações da Lei n.º 8.666, de 21.06.1993, especialmente na fiscalização do cumprimento das obrigações contratuais e legais da prestadora de serviço como empregadora. A aludida responsabilidade não decorre de mero inadimplemento das obrigações trabalhistas assumidas pela empresa regularmente contratada.

VI – A responsabilidade subsidiária do tomador de serviços abrange todas as verbas decorrentes da condenação referentes ao período da prestação laboral.

O Tema nº 725 julgado pelo STF – Terceirização de serviços para a consecução da atividade-fim da empresa – reforçou o que já era estabelecido pelo Enunciado nº 331 do TST: a responsabilidade subsidiária da tomadora de serviços.

Com o advento da Lei nº 14.133/2021, as consequências e as responsabilidades envolvidas no contrato de terceirização restaram estabelecidas, sendo crucial a leitura do que dispôs o art. 121:

Art. 121. Somente o contratado será responsável pelos encargos trabalhistas, previdenciários, fiscais e comerciais resultantes da execução do contrato.
§1º A inadimplência do contratado em relação aos encargos trabalhistas, fiscais e comerciais não transferirá à Administração a responsabilidade pelo seu pagamento e não poderá onerar o objeto do contrato nem restringir a regularização e o uso das obras e das edificações, inclusive perante o registro de imóveis, ressalvada a hipótese prevista no §2º deste artigo.

§2º Exclusivamente nas contratações de serviços contínuos com regime de dedicação exclusiva de mão de obra, a Administração responderá solidariamente pelos encargos previdenciários e subsidiariamente pelos encargos trabalhistas se comprovada falha na fiscalização do cumprimento das obrigações do contratado.

Isso significar dizer que a "despeito da ausência de vínculo entre trabalhador e a entidade pública tomadora de serviço, cumpre a esta acompanhar e fiscalizar a atuação da empresa contratada, não apenas com vistas a checar se a métrica contratual está observada quanto à qualidade da execução, mas, ainda, ao efetivo respeito à legislação no que toca ao pagamento de verbas trabalhistas e rescisórias, como verdadeira obrigação acessória decorrente do contrato terceirizado".[18]

Conclui-se, assim, que verificar a conformidade dos pagamentos de responsabilidade das empresas contratadas referente às verbas trabalhistas e recolhimentos previdenciários dos empregados terceirizados é obrigação da Administração Pública. A falha nesta fiscalização tem consequência muito grave, a ponto de atrair a responsabilização da Administração Pública, transformando a responsabilidade subsidiária em solidária.

Logo, devem existir mecanismos rígidos de controle. A orientação expressada na mesma Lei nº 14.133/2021 centra-se basicamente na necessidade de inserir cláusulas contratuais e de examinar documentos que comprovem o pagamento das obrigações legais.

O papel da Administração Pública, nesta situação, é o de fiscalização do cumprimento de obrigações trabalhistas e previdenciárias da empresa contratada, ao que se conclui que há uma finalidade definida para o tratamento dos dados pessoais dos empregados da contratada e essa atenderia ao interesse público na medida em que, afastando a responsabilidade subsidiária e mesmo solidária, evita-se o gasto de dinheiro público, estando a cumprir a sua competência legal fiscalizatória.

A LGPD trouxe ainda um conceito para apontar obrigações e responsabilidades, criando a figura dos agentes de tratamento[19] e nela exsurgem o "controlador" e o "operador".[20] Algumas polêmicas

---

[18] FORTINI, Cristiana; PAIM, Flaviana Vieira; RAINHO, Renata Costa. Os serviços contínuos na Nova Lei de Licitação. *Fórum de Contratação e Gestão Pública – FCGP*, Belo Horizonte, ano 20, n. 233, maio 2021.
[19] Art. 5º, IX, da LGPD.
[20] Art. 5º, VI, VII, da LGPD.

surgiram na interpretação de tais conceitos, especialmente no bojo da Administração Pública que se arvorou em nomear servidores públicos dentro do mesmo órgão como controlador e operador ao mesmo tempo.

Com o fito de expungir dúvidas, a Autoridade Nacional de Proteção de Dados (ANPD), no uso das suas atribuições institucionais, editou o *Guia Orientativo para Definições dos Agentes de Tratamento de Dados Pessoais e do Encarregado*.[21] Muito embora a ANPD deixe claro no referido documento que se trata de meras orientações e diretrizes não vinculantes aos agentes de tratamento, é indiscutível se tratar de importante baliza para o setor e para o tema.

Fato é que a tarefa de identificar os agentes de tratamento na relação tem se mostrado extremamente espinhosa. O enquadramento deve levar em consideração os conceitos legais no bojo da atividade analisada. É a atividade envolvida quem define efetivamente a figura do controlador ou operador, superando até mesmo previsões contratuais que tenham a intenção de alterá-las. Neste sentido, posicionou-se a ANPD:[22]

> 16. A identificação do controlador deve partir do conceito legal e dos parâmetros auxiliares indicados neste Guia, sempre considerando o contexto fático e as circunstâncias relevantes do caso. O papel de controlador pode decorrer expressamente de obrigações estipuladas em instrumentos legais e regulamentares ou em contrato firmado entre as partes. Não obstante, a efetiva atividade desempenhada por uma organização pode se distanciar do que estabelecem as disposições jurídicas formais, razão pela qual é de suma importância avaliar se o suposto controlador é, de fato, o responsável pelas principais decisões relativas ao tratamento.

Quando a relação envolver o poder público, é de suma importância incorporar a orientação dada pela ANPD, pois leva em consideração a peculiaridade da existência de órgãos despersonalizados, em razão da figura da desconcentração administrativa, que poderia, à primeira vista, tumultuar a qualificação do "controlador" e "operador":

> 27. Assim, em conclusão: nas operações de tratamento de dados pessoais conduzidas por órgãos públicos despersonalizados a pessoa jurídica de

---

[21] Disponível em: https://www.gov.br/anpd/pt-br/assuntos/noticias/2021-05-27-guia-agentes-de-tratamento_final.pdf.
[22] *Idem* anterior.

direito público a que os órgãos sejam vinculados é a controladora dos dados pessoais e, portanto, responsável pelo cumprimento da LGPD.
28. Contudo, em razão do princípio da desconcentração administrativa, o órgão público despersonalizado desempenhará funções típicas de controlador de dados, de acordo com as obrigações estabelecidas na LGPD.
29. Essa conclusão refere-se apenas à Administração Pública direta, já que a administração indireta segue o regramento de pessoa jurídica estabelecido pela LGPD.

No contexto dos contratos de terceirização, é a contratada quem decide o tratamento dos dados dos seus empregados, a partir do que impõe a legislação trabalhista e previdenciária, incluindo convenções e acordos individuais e coletivos. É ela também quem realiza o tratamento diretamente, colhendo os dados dos seus funcionários e os mantendo em seu banco de dados, embora não seja esse o traço que marca a figura do controlador.

Disso deflui que a posição da Administração Pública, nestes casos, é de operadora, pois o seu papel é apenas fiscalizatório, recebendo documentos que contêm dados pessoais, de forma compartilhada, diretamente da contratada, com a finalidade exclusiva de verificar o cumprimento das obrigações inerentes à relação trabalhista travada com os seus empregados. A ela não compete decidir sobre os dados que a empresa contratada deve tratar acerca de seus empregados. As obrigações trabalhistas e previdenciárias, os documentos e os respectivos procedimentos já compõem um acervo legislativo. Competirá à administração apenas solicitar acesso aos documentos que comprovem a regularidade de pagamento.

Em razão do poder de decisão do controlador, a ele compete a indicação da base legal para o tratamento. As relações de trabalho são fortemente marcadas pela necessidade de cumprir obrigações legais, o que ensejaria a aplicação do art. 7º, II, da LGPD. E o compartilhamento dos dados com o Poder Público encontra-se motivado pelo dever de fiscalização que sobre ele recai.

Uma vez estabelecida a finalidade, o Poder Público encontra-se aprisionado a ela, não podendo utilizar os dados colhidos para outras situações, sem o devido enquadramento.

Um dos aspectos mais importante a ser observado nestes contratos de terceirização, à luz da LGPD, diz respeito à necessidade de se dar conhecimento aos titulares de dados envolvidos – empregados que prestarão serviços no ambiente público – acerca do compartilhamento de seus dados pessoais entre tomador e prestador de serviços. Essa é uma obrigação do controlador de dados, no caso, da empresa contratada (prestadora dos serviços).

Entretanto, com o fito de evitar qualquer discussão sobre responsabilizações, recomenda-se que constem nos editais de licitação para contratação de mão de obra exclusiva, entre outras exigências, as de (i) observância da LGPD pelo contratado e de (ii) comprovação de que deu ciência aos seus empregados acerca do compartilhamento de seus dados pessoais ao poder público tomador de serviços. É essencial que o empregado alocado para a prestação dos serviços tenha total ciência de que os seus dados serão acessados pelo tomador dos serviços.

Mesmo sabendo que ao controlador recai uma série de obrigações, não se olvida daquelas impostas às pessoas jurídicas de direito público, independente da sua posição enquanto agente de tratamento, especialmente no tange à obrigação de fornecer informações claras e atualizadas sobre a previsão legal, a finalidade, os procedimentos e as práticas utilizadas para a execução dessas atividades, em veículos de fácil acesso, preferencialmente em seus sítios eletrônicos, segundo dicção do art. 23. Isso decorre do dever de transparência já presente na LAI e reforçado na LGPD.

Cabe, por fim, voltar o espectro de análise para o rol de documentos indicados no art. 50 da Lei nº 14.133/2021, à luz dos princípios da necessidade[23] e da adequação.[24]

Definida a finalidade do tratamento, que é a fiscalização da regularidade do pagamento de toda a obrigação, não parece difícil vislumbrar os documentos que se mostram necessários para tanto. Uma breve análise sobre cada um dos documentos relacionados na nova Lei de Licitações nos permite concluir que eles não se mostram excessivos ou inadequados:

> I – registro de ponto: o art. 74 da CLT diz que o horário de trabalho será anotado em registro de empregados. Nele fica registrada, portanto, a jornada de trabalho do empregado, o que permite à administração pública examinar não só o cumprimento da jornada, bem como se eventuais horas extras estão sendo pagas; se atrasos e ausências estão sendo descontadas;

---

[23] Limitação do tratamento ao mínimo necessário para a realização de suas finalidades, com abrangência dos dados pertinentes, proporcionais e não excessivos em relação às finalidades do tratamento de dados – art. 6º, III, da LGPD.

[24] Compatibilidade do tratamento com as finalidades informadas ao titular, de acordo com o contexto do tratamento – art. 6º, II, da LGPD.

II – recibo de pagamento de salários, adicionais, horas extras, repouso semanal remunerado e décimo terceiro salário: trata-se de direitos básicos previstos na Constituição da República (art. 7º), bem como na CLT. Deve a Administração Pública certificar-se se as verbas estão sendo devidamente quitadas;
III – comprovante de depósito do FGTS: direito previsto na Lei nº 8.036/1990 e que deve ser mensalmente recolhido, sob pena de gerar passivo trabalhista, justificando o acesso aos comprovantes respectivos;
IV – recibo de concessão e pagamento de férias e do respectivo adicional: direito assegurado no art. 7º, XVII, da Constituição da República, bem como no art. 129 da CLT, e deve ser respeitado pelo empregador, sob pena de passivo trabalhista, atraindo o dever de acesso aos comprovantes respectivos;
V – recibo de quitação de obrigações trabalhistas e previdenciárias dos empregados dispensados até a data da extinção do contrato: o recibo de quitação previdenciária se mostra de suma importância, já que a responsabilidade neste caso, caso não haja fiscalização, é solidária. A extinção do contrato acarreta a necessidade do pagamento de outras verbas trabalhistas, tais como aviso prévio; multa de 40% sobre o FGTS, entre outras, justificando-se a apresentação de recibo de quitação até a data da extinção do contrato;
VI – recibo de pagamento de vale-transporte e vale-alimentação, na forma prevista em norma coletiva: o vale-transporte é benefício garantido pela Lei nº 7.418/1985. O vale-alimentação pode ser previsto em norma coletiva. Ambas as situações devem ser cumpridas e o não cumprimento pode acarretar responsabilidade da tomadora dos serviços.

Importa consignar que os documentos que se destinarem a comprovar a regularidade das verbas trabalhistas e previdenciárias devem se limitar ao próprio empregado ou empregados envolvidos na prestação dos serviços.

Não é incomum o envio de documentos contendo dados de outros funcionários da empresa contratada, mesmo que eles não estejam alocados na Administração Pública, tomadora dos serviços. Estes casos ensejam reprimenda. O que deve ser verificado, ainda, é sobre a existência de dados para além do necessário nos documentos enviados pela empresa contratada. Saber sobre a regularidade de pagamento não implica saber outros dados, como endereço e estado civil do empregado terceirizado. Mas saber se o empregado terceirizado tem filhos pode importar para verificar a regularidade de pagamento de salário família.

Para o cumprimento dos princípios da LGPD, deve ainda ser estabelecido o tempo de armazenamento e a forma de eliminação. Para efeito de responsabilidade subsidiária ou solidária, mesmo com o término do contrato com a empresa contratada há que se considerar, minimamente, o prazo prescricional das ações trabalhistas. Entretanto, deve ser perquirido se existem outras finalidades que demandam a conservação dos dados das pessoas que trabalharam de forma contínua e de forma exclusiva no ambiente público, pois, a depender da atividade desempenhada, podem ter outras repercussões de ordem até mesmo para efeito de história e acervo público. A definição pela eliminação de dados que envolvem atividades e interesses públicos não é tarefa fácil.

Não há dúvida, portanto, que os contratos de terceirização envolvem o tratamento de dados pessoais e isso está a exigir observância das disposições, conceitos e princípios trazidos pela LGPD, demonstrando o cuidado e a privacidade no tratamento do dado pessoal.

5 Lei de Acesso à Informação (LAI) x dados de trabalhadores de empresas terceirizadas

É de se pensar, ainda, se os dados desses trabalhadores, que, embora não mantenham vínculo direto com a Administração Pública, mas a ela prestam serviços, estariam sujeitos à Lei de Acesso à Informação. Vale dizer, tem o cidadão direito de acesso, por exemplo, ao nome de um empregado de empresa terceirizada, ocupação, horário de trabalho e até mesmo remuneração?

Esta avaliação deve levar em consideração tanto a Lei de Acesso à Informação (LAI), quanto a Lei Geral de Proteção de Dados. A compatibilização entre as duas normativas é matéria que tem sido debatida recorrentemente, pois vige no ordenamento brasileiro o dever de transparência e, a partir da LGPD, a necessidade de proteção de dados pessoais.[25]

Contudo, inegável que o direito à privacidade sempre esteve articulado com base na dicotomia entre as esferas pública e privada e, portanto, entendido como liberdade negativa, à espera de que seu titular delimite quais fatos de sua vida deveriam ser excluídos do domínio público.[26]

Por outro lado, a evolução do conceito de privacidade, que engloba o conceito de proteção de dados pessoais, poderia ser entendida como

---

[25] FORTINI, Cristiana; AMARAL, Greycielle; CAVALCANTI, Caio Mário Lana. In: PIRONTI, Rodrigo (Coord.). *Lei Geral de Proteção de Dados no Setor Público*. Belo Horizonte: Fórum, 2021.

[26] BIONI, Bruno Ricardo. *Proteção de dados pessoais*: a função e os limites do consentimento. 2. ed. Rio de Janeiro: Forense, 2020. p. 93.

uma liberdade positiva, na medida em que deve ser exercido controle sobre as informações pessoais.

Tanto a *LAI* quanto a *LGPD* têm diretrizes voltadas ao tratamento de dados pessoais pautados no tripé confidencialidade, integridade e disponibilidade, contudo, seus objetivos são complementares na medida em que a LAI, ao publicizar informações do poder público, preocupa-se, na prestação de tais informações, assim como a LGPD, com a proteção dos dados pessoais das pessoas naturais.

Tanto é verdade que o §1º do art. 31 da LAI prevê que o tratamento dos dados deverá "ser feito de forma transparente e com respeito à intimidade, vida privada, honra e imagem das pessoas, bem como às liberdades e garantias fundamentais".

A relevância do debate entre a relação da privacidade e do direito às informações detidas pelo Poder Público se evidencia na constatação de que ambos os direitos emergem diretamente da Constituição.[27]

Com efeito, a proteção dos dados pessoais, como parte integrante da privacidade, é assegurada pelo inciso X do art. 5º da CF/88, que dispõe: "são invioláveis a intimidade, a vida privada, a honra e a imagem das pessoas, assegurado o direito à indenização pelo dano material ou moral decorrente de sua violação".

Igualmente a Constituição assegurou a todos (i) o direito de receber dos órgãos e entes públicos informações de seu interesse particular, ou de interesse coletivo ou geral, que serão prestadas no prazo da lei, sob pena de responsabilidade, ressalvadas aquelas cujo sigilo seja imprescindível à segurança da sociedade e do Estado; (ii) o acesso a registros administrativos e a informações sobre atos de governo; e (iii) a gestão da documentação governamental e as providências para franquear sua consulta a quantos dela necessitem.[28]

Dessa forma, importante contextualizar que o respeito à privacidade dos dados pessoais intrínseco à LGPD e a sua necessária exposição por imposição da LAI, apesar de aparentemente conflitantes, guardam igualmente, a necessidade de proteção dos dados pessoais, mesmo quando publicizados em decorrência de uma finalidade prevista em Lei. A LGPD não se presta a inviabilizar o tratamento de dados pessoais. Exige, entretanto, que haja transparência, finalidade e segurança no uso e compartilhamento dos dados.

---

[27] FRAZÃO, Ana; TEPEDINO, Gustavo; OLIVA, Milena Donato. Diálogos entre LGPD e Lei de Acesso a Informação. In: *Lei Geral de Proteção de Dados Pessoais e suas repercussões no Direito Brasileiro*. São Paulo: Thomson Reuters Brasil, 2019. p. 201.

[28] Arts. 5º, inciso XXXIII, 37, §3º, inciso II, e 216, §2º, todos da Constituição da República.

Portanto, o direito à proteção dos dados pessoais e o direito individual à obtenção de informações possuem a mesma relevância constitucional, inexistindo qualquer hierarquia ou prevalência entre tais direitos, havendo, se for o caso, apenas o necessário e inevitável sopesamento e harmonização entre tais direitos, de acordo com o caso concreto.

Logo, em primeiro lugar, cabe perquirir se o acesso aos dados de empregados terceirizados estaria inserido no rol de informação de interesse coletivo ou geral, passível, portanto, de serem acobertadas pelo direito constitucional ao acesso a informações de interesse público. Como o peso para balancear o referido acesso aos dados é o inciso X do art. 5º da CF/88, segundo o qual a inviolabilidade da intimidade, da vida privada, da honra e da imagem das pessoas, não pode ultrapassar a barreira da intimidade e vida privada, parece fácil estabelecer os limites, mas nem sempre o é.

A divulgação nominal da remuneração dos agentes administrativos no portal da transparência, por exemplo, já esteve no palco de debates. Já se sustentou que isso estaria a ferir o direito à intimidade. Mas, na Ação Ordinária nº 2.367, o STF afirmou que, sendo agente público remunerado pelos cofres públicos, a informação tem caráter estatal, ausente o conflito entre a intimidade e a publicidade. Na oportunidade, o Relator, Ministro Luís Roberto Barroso, destacou que o STF já havia se debruçado sobre o tema.[29] De fato, no julgamento do ARE nº 652.777, fixou-se a tese com repercussão geral segundo a qual é legítima a publicação, inclusive em sítio eletrônico mantido pela Administração Pública, dos nomes dos seus servidores e do valor dos correspondentes vencimentos e vantagens pecuniárias.

Não cabe falar em intimidade e vida privada quando o dado pessoal disser respeito a agente público, ou agentes estatais agindo nesta qualidade. Seus atos e a sua remuneração importam a toda a coletividade.

Voltando aos requisitos que marcam a contratação de serviços terceirizados fixados pelo art. 6º, XVI, da Lei nº 14.133/2021, temos as exigência de: a) disponibilidade dos empregados da empresa contratada nas dependências do contratante para a prestação dos serviços; b) não compartilhamento dos recursos humanos e materiais disponíveis de uma contratação para execução simultânea de outros contratos; c)

---

[29] Conferir: http://www.stf.jus.br/portal/cms/verNoticiaDetalhe.asp?idConteudo=388614. Acesso em: 20 nov. 2020.

fiscalização pelo contratante quanto à distribuição, controle e supervisão dos recursos humanos alocados aos seus contratos.

Como há exigência de dedicação exclusiva do terceiro estranho ao quadro da Administração Pública, há, via de consequência, absorção da totalidade do custo do contrato com a mão de obra. Isso está a indicar – não como único ou principal elemento – que a informação relativamente a esse empregado contratado enquanto no exercício de demanda administrativa interessa à coletividade, pois sua remuneração é custeada por recursos públicos e a sua atividade envolve exclusivamente serviços públicos.

Não é o fato de a demanda administrativa ser atendida por um estranho aos quadros da Administração Pública (contratado terceirizado) que perderia o caráter de interesse da coletividade. Muito pelo contrário: o ponto marcante é a natureza do serviço desempenhado, voltado ao interesse público envolvido.

Nesse horizonte, não é difícil concluir que a pessoa que presta serviço diário e contínuo para a Administração Pública, sendo remunerada pelo poder público, ainda que indiretamente por meio de empresas privadas, posiciona-se no holofote da coletividade. Os prestadores de serviços públicos terceirizados com regime de dedicação exclusiva de mão de obra são regidos, *primae facie*, pelo interesse público, transparência e prestação de contas. Logo, estariam jungidos à Lei de Acesso à Informação.

Mas como conciliar com a LGPD, já que o poder público não fugiu dos seus contornos? Basta uma análise perfunctória da LGPD para identificar a presença da figura do interesse público em sua estrutura orgânica. Ele foi ressaltado no art. 23 da LGPD, permeando o tratamento do dado pessoal pelo poder público.

A recente Lei de Diretrizes Orçamentárias – Lei nº 14.116, de 31 de dezembro de 2020, editada após a entrada em vigor da LGPD – acabou por definir pela divulgação em sítio eletrônico dos dados de empregados de empresas privadas contratados para prestar serviços terceirizados no âmbito da Administração Pública Federal. O seu art. 149 prescreveu a obrigatoriedade de os instrumentos de contratação exigirem das empresas contratadas o fornecimento do nome completo, CPF, cargo ou atividade exercida, lotação e local de exercício dos empregados na contratante.

Divulgar o nome do empregado terceirizado que exerce atividade pública de forma exclusiva e contínua, com o respectivo cargo ou atividade exercida, lotação e local de seu exercício teria a finalidade de cumprir a Lei de Acesso à Informação, bem como, no caso da Administração Federal, atender o disposto na Lei nº 14.116/2020.

Essa é uma forma de controle/participação, que caracteriza o paradigma estatal democrático.

Sabe-se que o Cadastro de Pessoa Física (CPF) é um documento que melhor identifica o cidadão atualmente no Brasil, pois apenas o nome pode conduzir a homonímias. Contudo, o próprio Governo Federal está adotando mecanismos para cumprir a finalidade da transparência com o cuidado de evitar a divulgação do número inteiro do CPF, tendo em vista o potencial prejudicial que pode ocasionar por meio de fraudes e uso indevido.

Com efeito, a Lei nº 14.116/2020[30] já determinou a utilização de apenas os três primeiros dígitos e os dois dígitos verificadores do CPF, pois ao mesmo tempo que melhora a identificação resguarda outros efeitos nefastos, tendo o condão de cumprir a LGPD.

Nesta situação, o poder público está definindo a finalidade e a forma do tratamento dos dados pessoais, assumindo, assim, o papel de controlador de dados e não mais de operador como no caso em que age como fiscal do contrato.[31] Dessa forma, compete ao controlador a definição da base legal (hipótese autorizativa para tratamento de dados) que, no caso em análise, parece encontrar respaldo no art. 7º, II e III, da LGPD, mantido o entrelaçamento com o art. 23. A finalidade estaria posta: atender o princípio da publicidade, transparência e acesso à informação, proporcionando a fiscalização popular relativamente às contas públicas até mesmo dos empregados terceirizados, especialmente daqueles que prestam serviços de forma exclusiva e contínua.

Definir a finalidade é imprescindível não só para aferir a possibilidade do tratamento de dados, mas também para reverberar a vedação da utilização do dado para outra finalidade.

Isso significa dizer que os dados dos trabalhadores terceirizados disponibilizados no portal da transparência têm como finalidade a

---

[30] Art. 149. Os instrumentos de contratação de serviços de terceiros deverão prever o fornecimento pela empresa contratada de informações contendo nome completo, CPF, cargo ou atividade exercida, lotação e local de exercício dos empregados na contratante, para fins de divulgação em sítio eletrônico.
[...]
§2º A divulgação prevista no *caput* deverá ocultar os três primeiros dígitos e os dois dígitos verificadores do CPF.

[31] Segundo o art. 5º, incisos VI – controlador: pessoa natural ou jurídica, de direito público ou privado, a quem competem as decisões referentes ao tratamento de dados pessoais; e VII – operador: pessoa natural ou jurídica, de direito público ou privado, que realiza o tratamento de dados pessoais em nome do controlador;

transparência das contas públicas, sendo vedada a utilização para qualquer outra finalidade. Os dados não podem ser "aproveitados", por exemplo, para compor banco de dados para o envio de propostas de financiamento, concessão de créditos, propagandas, entre outros, pois desvirtuada estaria a finalidade. Essa é a trava trazida pela LGPD e que não havia na LAI, sendo que o §3º do art. 7º da LGPD reforça a obrigação de o tratamento nos casos de acesso público observar não só a finalidade, como também a boa-fé e o interesse público que justificaram a disponibilização.

Mesmo considerando cumprida a finalidade e identificada a base legal, é crucial que a Administração Pública também dê a publicidade ao tratamento realizado, nos termos do inciso I do art. 23 da LGPD. Como os dados a serem divulgados dizem respeito a empregados privados que podem não estar acostumados ao ambiente público, mostra-se essencial constar no edital de licitação a divulgação que será dada no portal de transparência. Para além do registro no edital de licitação, dentro do espírito pretendido pela LGPD, recomenda-se constar expressamente no contrato de trabalho do empregado da empresa terceirizada, prestando todos os esclarecimentos que forem necessários, como requisito a ser cumprido pela empresa contratada. Não se trata de colher consentimento como base legal prevista no art. 7º, I, da LGPD, mas como forma de atender às demais exigências da LGPD, como informação e transparência.

Isso porque existem discussões sobre a identidade entre o consentimento previsto no art. 31 da LAI e o do art. 7º, I, da LGPD. Entretanto, não seria cabível o consentimento para efeito de divulgação de dados no portal. Primeiro, porque se é imposição legal não há opção em conceder ou não o consentimento. Ademais, uma vez disponibilizado o dado, o efeito já foi consumado.

Para além do dado pessoal que será publicizado por meio de divulgações proativas em sítios eletrônicos, existe também o pedido de acesso à informação que é direcionado aos canais disponíveis. É o caso de considerar a possibilidade de se pedir acesso à informação sobre dados de empregados terceirizados da Administração Pública.

Para esta situação, inegável que a figura da finalidade também se mantém íntegra, até mesmo com mais intensidade. O pedido de acesso que envolva dado pessoal de empregado terceirizado – aliás, de qualquer agente público – deve ser devidamente motivado, pois é nesse momento que a finalidade se apresenta. Sem isso, o indeferimento se mostra uma consequência natural, pois descumprido estaria o princípio da finalidade, sacrificada a análise sobre o interesse público envolvido.

6 Conclusão

A Lei Geral de Proteção de Dados (LGPD), inspirada na lei europeia – General Data Protection Regulation (*GDPR*) –, trouxe diretrizes que significam uma mudança de cultura, mesmo considerando que grande parte dos princípios nela insculpidos já se encontravam presentes no ambiente que rege a Administração Pública.

Da relação mantida entre o poder público e as empresas privadas prestadoras de serviços terceirizados, cujo conceito foi trazido pelo art. 6º, XVI, da Nova Lei de Licitações – Lei nº 14.133/2021 –, exsurgem duas finalidades para o tratamento dos dados dos empregados terceirizados pela Administração Pública, quais sejam: (i) controle e fiscalização do cumprimento das obrigações trabalhistas e previdenciárias, em razão da responsabilidade subsidiária e solidária; e (ii) acesso e divulgação de informações, por força dos princípios da publicidade e transparência pública.

Os titulares dos dados pessoais, no caso, os empregados privados das empresas contratadas, por sua vez, devem ter conhecimento sobre: (i) o compartilhamento a ser feito com a Administração Pública; (ii) a divulgação, preferencialmente em sítios eletrônicos; (iii) a concessão de acesso a qualquer cidadão, desde que a finalidade esteja atrelada ao interesse público, para fins de cumprimento da Lei de Acesso a Informação e desde que observados os demais requisitos legais e constitucionais.

Para tanto, mostra-se essencial que a Administração Pública exija da empresa contratada, em seus editais de licitação ou em outros instrumentos, a comprovação do conhecimento prévio do empregado sobre o tratamento dos seus dados pessoais no âmbito daquele contrato.

O tratamento deve se restringir ao mínimo necessário, considerando os princípios da adequação e necessidade, servindo como parâmetro o §2º do art. 149 da LDO, que já sinalizou a preocupação em harmonizar a transparência e a proteção de dados ao determinar a ocultação dos três primeiros dígitos e os dois dígitos verificadores do CPF na divulgação a ser feita no sítio eletrônico.

Em conclusão, portanto, é dizer que a pretensão da LGPD não é inviabilizar o tratamento dos dados pessoais, mas sim repensar o compartilhamento e a exigência de dados sem finalidade que os justifique, por meio de um arcabouço de regras que permitam o uso de dados pessoais, inclusive pela Administração Pública, mas de uma forma mais responsável compatibilizando, em última análise, os princípios constitucionais, tais como o direito à privacidade, sem perder de vista o direito também à informação.

Referências

BIONI, Bruno Ricardo. *Proteção de dados pessoais*: a função e os limites do consentimento. 2. ed. Rio de Janeiro: Forense, 2020.

BLUM, Renato Opice; LOPEZ, Nuria López. Lei Geral de Proteção de Dados no setor público: transparência e fortalecimento do Estado Democrático de Direito. Disponível em: https://bdjur.stj.jus.br/jspui/bitstream/2011/142294/lei_geral_protecao_blum.pdf. Acesso em: 21 jun. 2021.

BRASIL. *Constituição da República Federativa*, de 5 de outubro de 1988. Disponível em: http://www.planalto.gov.br/ccivil_03/constituicao/constituicao.htm. Acesso em: 30 jun. 2021.

BRASIL. *Decreto nº 2.271*, de 07 de julho de 1997. Disponível em: http://www.planalto.gov.br/ccivil_03/decreto/d2271.htm. Acesso em: 30 jun. 2021.

BRASIL. *Decreto nº 5.452*, de 1º de maio de 1943. Disponível em: http://www.planalto.gov.br/ccivil_03/decreto-lei/del5452.htm. Acesso em: 30 jun. 2021.

BRASIL. *Decreto-Lei nº 200*, de 25 de fevereiro de 1967. Disponível em: http://www.planalto.gov.br/ccivil_03/_ato2011-2014/2011/lei/l12527.htm Acesso em: 30 jun. 2021.

BRASIL. *Guia Agentes de Tratamento – ANPD*. Disponível em: https://www.gov.br/anpd/pt-br/assuntos/noticias/2021-05-27-guia-agentes-de-tratamento_final.pdf. Acesso em: 30 jun. 2021.

BRASIL. *Lei Complementar nº 101*, de 4 de maio de 2000. Disponível em: http://www.planalto.gov.br/ccivil_03/leis/lcp/lcp101.htm. Acesso em: 30 jun. 2021.

BRASIL. *Lei nº 12.527*, de 18 de novembro de 2011. Disponível em: http://www.planalto.gov.br/ccivil_03/_ato2011-2014/2011/lei/l12527.htm. Acesso em: 30 jun. 2021.

BRASIL. *Lei nº 13.467*, de 13 de abril de 1997. Disponível em: http://www.planalto.gov.br/ccivil_03/_ato2015-2018/2017/lei/l13467.htm. Acesso em: 30 jun. 2021.

BRASIL. *Lei nº 13.709*, de 14 de agosto 2018. Disponível em: http://www.planalto.gov.br/ccivil_03/_ato2015-2018/2018/lei/L13709.htm Acesso em: 30 jun. 2021.

BRASIL. *Lei nº 14.133*, de 1º de abril de 2021. Disponível em: http://www.planalto.gov.br/ccivil_03/_ato2019-2022/2021/lei/L14133.htm. Acesso em: 30 jun. 2021.

BRASIL. *Lei nº 7.418*, de 16 de dezembro de 1985. Disponível em: http://www.planalto.gov.br/ccivil_03/leis/l7418.htm. Acesso em: 30 jun. 2021.

BRASIL. *Lei nº 8.036*, de 11 de maio de 1990. Disponível em: http://www.planalto.gov.br/ccivil_03/leis/l8036consol.htm. Acesso em: 30 jun. 2021.

BRASIL. *Proposta de Emenda à Constituição nº 17*, de 2019. Disponível em: https://www25.senado.leg.br/web/atividade/materias/-/materia/135594. Acesso em: 30 jun. 2021.

BRASIL. Supremo Tribunal Federal. Ação Originária. *Processo nº 0016583-44.2018.1.00.0000*. Relator: Min. Roberto Barroso. 25 out. 2018. Disponível em: http://portal.stf.jus.br/processos/detalhe.asp?incidente=5524489. Acesso em: 30 jun. 2021.

BRASIL. Supremo Tribunal Federal. Recurso Extraordinário com Agravo. *Processo originário nº 0025982082010826005*3. Relator: Min. Teori Zavascki. Disponível em: http://portal.stf. jus.br/processos/detalhe.asp?incidente=4121428. Acesso em: 30 jun. 2021.

COÊLHO, Marcus Vinicius Furtado. O direito à proteção de dados e a tutela da autodeterminação informativa. *Revista Consultor Jurídico*, 28 jun. 2020.

FORTINI, Cristiana; AMARAL, Greycielle; CAVALCANTI, Caio Mário Lana. *In*: PIRONTI, Rodrigo (Coord.). *Lei Geral de Proteção de Dados no Setor Público*. Belo Horizonte: Fórum, 2021.

FORTINI, Cristiana; AVELAR, Mariana Magalhães. Access to Information and Its Disclosure. *In*: BLANKE, H. J.; PERLINGEIRO, R. (Ed.). *The Right of Access to Public Information*, 2018. Springer, Berlin, Heidelberg. Disponível em: https://doi.org/10.1007/978-3-662-55554-5_16.

FORTINI, Cristiana; AVELAR, Mariana Magalhães; FERREIRA, Raquel Bastos. Comentários à Lei de Acesso à Informação: contexto, desafios e polêmicas. *In*: MARQUES NETO, Floriano de Azevedo *et al*. (Org.) *Direito e Administração Pública*: Estudos em Homenagem a Maria Sylvia Zanella Di Pietro. São Paulo: Atlas, 2013.

FORTINI, Cristiana; PAIM, Flaviana Vieira; RAINHO, Renata Costa. Os serviços contínuos na Nova Lei de Licitação. *Fórum de Contratação e Gestão Pública – FCGP*, Belo Horizonte, ano 20, n. 233, maio 2021.

FRAZÃO, Ana. Direitos básicos dos titulares de dados pessoais. *Revista dos Advogados*, AASP, n. 144, nov. 2019.

FRAZÃO, Ana; TEPEDINO, Gustavo; OLIVA, Milena Donato. Diálogos entre LGPD e Lei de Acesso a Informação. *In: Lei Geral de Proteção de Dados Pessoais e suas repercussões no Direito Brasileiro*. São Paulo: Thomson Reuters Brasil, 2019.

TASSO, Fernando Antonio. Do tratamento de dados pessoais pelo poder público. *In*: MALDONADO, Viviane Nóbrega; BLUM, Renato Opice (Coord.). *LGPD*: Lei Geral de Proteção de Dados comentada. 2. ed. rev. atual. e ampl. São Paulo: Thomson Reuters Brasil, 2019.

VAINZOF, Rony. Disposições preliminares. *In*: MALDONADO, Viviane Nóbrega; BLUM, Renato Opice (Coord.). *LGPD*: Lei Geral de Proteção de Dados comentada. 2. ed. rev. atual. e ampl. São Paulo: Thomson Reuters Brasil, 2019.

WIMMER, Miriam. Proteção de dados pessoais no Poder Público: incidência, bases legais e especificidades. *Revista dos Advogados*, AASP, n. 144, nov. 2019.

Informação bibliográfica deste texto, conforme a NBR 6023:2018 da Associação Brasileira de Normas Técnicas (ABNT):

AMARAL, Greycielle; PEREIRA, Maria Fernanda Pires Carvalho; CHAGAS, Carolina F. Dolabela. Lei Geral de Proteção de Dados nos contratos de terceirização. *In*: FORTINI, Cristiana; PAIM, Flaviana Vieira (Coord.). *Terceirização na Administração Pública*: boas práticas e atualização à luz da Nova Lei de Licitações. Belo Horizonte: Fórum, 2022. p. 283-305. ISBN 978-65-5518-288-0.

AS BOAS PRÁTICAS NAS PARCERIAS ENTRE A ADMINISTRAÇÃO PÚBLICA E AS ORGANIZAÇÕES DA SOCIEDADE CIVIL NO MROSC (LEI Nº 13.019/2014)

TARSO CABRAL VIOLIN

As terceirizações no âmbito do Direito Administrativo podem existir em sentido amplo e em sentido estrito, sendo aquela qualquer tipo de parceria entre a Administração Pública e a iniciativa privada, também denominada de privatizações em sentido amplo, podendo ocorrer as privatizações em sentido estrito (venda parcial ou total de empresas estatais e bens públicos), concessões/permissões de serviços públicos, terceirizações em sentido estrito (contratação de prestação de serviços de atividades-meio pelo Poder Público) e as parcerias entre a Administração Pública e o Terceiro Setor (convênios, contratos de gestão com Organizações Sociais – OSs, Termos de Parcerias com as Organizações da Sociedade Civil de Interesse Público – OSCIPs e demais acordos com as Organizações da Sociedade Civil – OSCs).

O Marco Regulatório das Organizações da Sociedade Civil, disciplinado na Lei nº 13.019/2014, foi criado a partir de amplo debate entre Estado e Sociedade iniciado no governo da ex-presidenta Dilma Rousseff (PT) e estabelece o regime jurídico das parcerias entre a Administração Pública e as Organizações da Sociedade Civil, acordos esses que podem ser os termos de colaboração, os termos de fomento ou os acordos de cooperação.[1] No âmbito federal o MROSC foi regulamentado pelo Decreto nº 8.726/2016, após também existir debate com a sociedade.

Sobre o MROSC e as boas práticas nas terceirizações em sentido amplo entre a Administração Pública e as OSCs, explicitaremos posição da Estratégia Nacional de Combate à Corrupção e à Lavagem de Dinheiro (ENCCLA), a qual foi criada em 2003 e é considerada a principal rede de articulação para o arranjo e discussões em conjunto com uma diversidade de órgãos dos Poderes Executivo, Legislativo e Judiciário das esferas federal e estadual e, em alguns casos, municipal, bem como do Ministério Público de diferentes esferas, e para a formulação de políticas públicas e soluções voltadas ao combate àqueles crimes. Seu trabalho é concretizado nas chamadas Ações, as quais são elaboradas e pactuadas anualmente pelos seus membros.

A Ação nº 12 de 2016 da ENCCLA teve o intuito de "acompanhar a implementação do novo Marco Regulatório das Organizações da Sociedade Civil (MROSC) e seus efeitos sobre desvios de finalidade", com o objetivo estratégico de aumentar a efetividade do sistema preventivo da lavagem de dinheiro e da corrupção, sendo o coordenador do eixo "prevenção" a Secretaria de Governo da Presidência da República e os colaboradores várias entidades e órgãos públicos e privados.[2]

Seu documento final[3] foi aprovado na plenária da ENCCLA em 2016 e aponta a importância do MROSC, pois

---

[1] Sobre o MROSC e as demais parcerias da Administração Pública com o Terceiro Setor, ver o nosso VIOLIN, Tarso Cabral. *Terceiro Setor e as Parcerias com a Administração Pública*: uma análise crítica. 3. ed. Belo Horizonte: Fórum, 2015.

[2] A Associação Brasileira de Organizações Não Governamentais (ABONG), a Associação dos Juízes Federais do Brasil, a Associação Nacional dos Delegados da Polícia Federal, a Associação Nacional dos Procuradores da República, o Banco Central do Brasil, a Comissão de Valores Mobiliários (CVM), o Conselho de Controle de Atividades Financeiras do Ministério da Fazenda (COAF), o Conselho Nacional do Ministério Público (CNMP), o Departamento de Polícia Federal do Ministério da Justiça e Cidadania, a Federação Brasileira dos Bancos (Febraban), a Fundação Grupo Esquel Brasil, o Grupo de Institutos, Fundações e Empresas (Gife), o Grupo Nacional de Combate a Organizações Criminosas, o Instituto de Pesquisa Econômica Aplicada (Ipea), o Ministério da Justiça e Cidadania, o Ministério da Transparência, Fiscalização e Controladoria Geral da União (CGU), o Ministério do Planejamento, Desenvolvimento e Gestão, o Ministério Público do Estado de São Paulo, o Ministério Público do Estado do Paraná, o Ministério Público Federal, a Receita Federal do Brasil e o Tribunal de Contas da União (TCU).

[3] ENCCLA – ESTRATÉGIA NACIONAL DE COMBATE À CORRUPÇÃO E À LAVAGEM DE DINHEIRO. Produto final da Ação 12 – MROSC. 2016. Disponível em: E16A12_-_SG-PR_-_Produto_final_-_Tipologias_e_boas_pr_ticas_MROSC.pdf (participa.br). Acesso em: 06 jul. 2021.

impacta as relações entre poder público e OSCs em todo o país. A sua implementação estimula a gestão pública democrática nas diferentes esferas de governo e valoriza as Organizações da Sociedade Civil como parceiras do Estado na garantia e efetivação de direitos que qualificam as políticas públicas, aproximando-as das pessoas e das realidades locais além de possibilitar a solução de problemas sociais específicos de forma criativa e inovadora. Amparadas em regras claras e válidas em todo o país, com foco na transparência, na participação social nas tomadas de decisões, na qualidade do gasto público e no controle de resultados, as OSCs poderão ampliar suas capacidades de atuação e intensificar a incorporação de suas pautas à agenda pública.

Segundo a ENCCLA, essas parcerias passam por cinco fases: a de (1) planejamento, a de (2) seleção e celebração, a de (3) execução, a de (4) monitoramento e avaliação e a de (5) prestação de contas.[4]

Um dos influenciadores da Ação 12 da ENCCLA foi o Grupo de Ação Financeira contra a Lavagem de Dinheiro e o Financiamento do Terrorismo (GAFI/FATF), que é uma organização intergovernamental criada em 1989, com o propósito de desenvolver e promover políticas nacionais e internacionais de combate à lavagem de dinheiro e ao financiamento do terrorismo. O GIFE elabora políticas para gerar a vontade política necessária para realizar reformas legislativas e regulatórias nessas áreas e publica suas recomendações. Entre suas recomendações, para fins de barrar o financiamento do terrorismo e sua proliferação, a Recomendação nº 8 (são 40 recomendações de 2012)[5] trata das organizações sem fins lucrativos, nos seguintes termos:

> Os países deveriam verificar a adequação de leis e regulamentos relativos a entidades que possam ser usadas indevidamente para o financiamento do terrorismo. Os países deveriam aplicar medidas proporcionais e específicas, dentro da abordagem baseada em risco, às organizações sem fins lucrativos para protegê-las contra o financiamento do terrorismo: (a) por organizações terroristas que se passem por entidades legítimas;

---

[4] Ainda informa que entre as boas práticas disciplinadas no Decreto, para fins de garantir a transparência e a divulgação das ações, está a criação do Mapa das Organizações da Sociedade Civil (http://mapaosc.ipea.gov.br), que tem por finalidade dar transparência, reunir e publicizar informações sobre as OSC e as parcerias celebradas com a Administração Pública federal, gerido pelo Instituto de Pesquisa Econômica Aplicada (IPEA).

[5] GAFI. As recomendações do GAFI: padrões internacionais de combate à lavagem de dinheiro e ao financiamento do terrorismo e da proliferação. 2012. Disponível em: as-recomendacoes-do-gafi.pdf (www.gov.br). Acesso em: 06 jul. 2021.

(b) para explorar entidades legítimas como canais para o financiamento do terrorismo, inclusive para fins de escapar de medidas de congelamento de ativos;

(c) para ocultar ou camuflar o desvio clandestino de recursos destinados a fins legítimos para organizações terroristas.

A Ação nº 12 da ENCCLA utiliza o termo "tipologia de regularidade" com uma denominação específica, "boas práticas", e "assim como as boas práticas servem para detectar os exemplos a serem seguidos, tipologias de irregularidades – ou simplesmente tipologias – servem para detectar exemplos que devem ser evitados". O documento externaliza a preocupação de "separar o joio do trigo", no sentido de diferenciar impropriedades que podem acarretar irregularidades, mas saneáveis, "praticadas por organizações legitimamente constituídas e que foram induzidas a erro pelo próprio sistema que não foi eficaz para emitir a orientação correta", das condutas com evidência de dolo ou fraude, que demandam punição e responsabilização, por serem condutas ilícitas.

A ENCCLA, quando comenta sobre a primeira fase das parcerias, a de planejamento e transparência, informa que é essa etapa "que concentra o maior número de diretrizes e recomendações de boas práticas", pois "são determinadas muitas das variáveis que impactam o sucesso das parcerias, em praticamente todas as outras fases do processo de implementação". Se o Poder Público "for capaz de desenhar bem o que se espera ser executado e entender a capacidade de implementação das OSCs da área em questão, boa parte de problemas futuros podem ser antevistos e evitados", sendo nela que são definidos os termos do edital de chamamento público, obrigatório, como regra, a não ser nos casos de dispensa ou inexigibilidade. É o mesmo cuidado que a Administração Pública deve ter na fase interna de uma licitação. Um bom edital de licitação, ou de chamamento público, é "meio caminho andado" para que o procedimento transcorra de forma legítima, para atendimento do interesse público e para que o contrato administrativo, ou as parcerias, sejam executados a contento.

Para isso, a ENCCLA fixa como boas práticas, na fase de planejamento e transparência, várias diretrizes e recomendações para a União, os Estados, o Distrito Federal e os municípios. Como diretriz para aprofundar a avaliação e o planejamento da política ou programa com a inserção das parcerias com OSCs na estratégia de implementação, as recomendações para a gestão das parcerias por parte da Administração Pública: (a) conhecer bem o modelo de gestão da política ou programa e padronizar atividades a serem desenvolvidas em colaboração com OSCs, levando em consideração a dimensão territorial/federativa, mecanismos de monitoramento e avaliação e indicadores de desempenho, de fácil acompanhamento e mensuração, com periodicidade adequada; (b) desenhar os objetivos que se pretende a partir de execução de projetos em parceria com OSCs, que estejam conectados a política ou programa específico; (c) usar dados disponíveis no Mapa das OSCs, Siconv e outras bases de informações para reconhecer características institucionais das OSCs que atuam no território onde se pretende implementar a política ou programa; e (d) em caso de avaliação positiva em relação ao incentivo à atuação em rede no caso concreto, planejar os critérios para compor o edital de chamamento público, explicitando a autorização.

Como diretriz para planejar, dimensionar e qualificar recursos humanos e materiais necessários as recomendações para a gestão das parcerias por parte da Administração Pública seriam (a) avaliar a capacidade do órgão em executar todas as ações previstas no MROSC: instituir processos seletivos, avaliar as propostas de parceria com o rigor técnico necessário, controlar e fiscalizar a execução em tempo hábil e de modo eficaz e apreciar as prestações de contas; e (b) estruturar a equipe interna necessária, articulando iniciativas de capacitação ou recrutamento de novos colaboradores e determinar fluxo administrativo para elaboração de editais, análise de propostas, celebração, monitoramento e prestação de contas, incluindo a decisão da plataforma eletrônica que será utilizada. Para as OSCs, as recomendações são (a) manter atualizados seus documentos e certidões negativas de débito, em especial o seu estatuto social com as finalidades que reflitam as atividades e projetos da sua área de atuação, endereço atual e forma de governança; e (b) sistematizar sua experiência prévia em relatórios de atividades que permitam a identificação da área de atuação, público beneficiário, forma ou metodologia de execução das ações e resultados alcançados, incluindo os aprendizados, independente da fonte de financiamento, se pública ou privada.

A diretriz para estabelecer plataforma eletrônica de gestão de parcerias, com dados abertos e linguagem amigável às organizações da sociedade civil, com mecanismos que ampliem a gestão de informação, transparência e publicidade tem as recomendações para a gestão das parcerias por parte da Administração Pública: (a) desenvolver sistema próprio de gestão das parcerias ou funcionalidades em sistema existente, como o Siconv, para atender o MROSC, providenciando tempestivamente as melhorias e correções necessárias à operacionalização dos Termos de Colaboração, Termos de Fomento e Acordos de Cooperação; (b) desenvolver e disponibilizar painéis gerenciais com informações estratégicas sobre celebração, execução e prestação de contas para monitoramento das parcerias no Siconv e demais sistemas de gestão de parcerias; (c) promover e integrar a RedeSiconv, que articula diferentes atores que atuam nos âmbitos federal, estadual, distrital ou municipal em prol da boa gestão das parcerias e a melhoria da qualidade do gasto público; (d) elaborar tutorial, escrito e em audiovisual, com linguagem amigável para integrantes de OSCs, a respeito do funcionamento do sistema e realizar atendimento tempestivo aos usuários do mesmo; (e) estruturar, no sistema de gestão eletrônica das parcerias, informações amplas e suficientes, em dados abertos, que permitam o controle social e o cruzamento de dados para prevenção de irregularidades, incluindo informações sobre emendas parlamentares, acordos de cooperação, processos de dispensa e inexigibilidade de chamamento público; (f) realizar a sistematização, abertura e compartilhamento de dados sobre parcerias com OSCs, em cada esfera da federação, e permitir sua publicidade no Mapa das OSCs; (g) fomentar a criação e a implementação de soluções que permitam ao cidadão o acompanhamento concomitante da real execução das parcerias de seu interesse, por meio de tecnologias da informação, tal como o sistema *push*; (h) disponibilizar, em formato acessível às pessoas com deficiência, as informações das parcerias, nos diferentes canais de comunicação do órgão, da plataforma eletrônica de gestão das parcerias e no Mapa das OSCs; e como recomendação para as OSCs manter informações atualizadas no sistema de gestão das parcerias designado, no Mapa das OSCs e nas bases de dados públicos que exijam interação com as suas atividades, incluindo o Cartório e o CNPJ quando se tratar de atualização societária e cadastral.

Instituir a Comissão de Seleção e a Comissão de Monitoramento e Avaliação e definir os gestores das parcerias é outra diretriz da ENCCLA e as recomendações para a gestão das parcerias por parte da Administração Pública seriam: (a) estabelecer sistema de governança interna com poderes de decisão balanceados e funções críticas segregadas em relação à seleção e monitoramento e avaliação e tornar públicas a composição e as regras de atuação, tanto da Comissão de Seleção, quanto da Comissão de Monitoramento e Avaliação; e (b) definir previamente a Comissão de Seleção e a Comissão de Monitoramento e Avaliação, com composição diversificada e em número maior de integrantes do que os que serão nomeados para cada edital ou grupo de parcerias, oriundos de diferentes unidades – entre áreas finalísticas e meio do órgão – podendo ter apoio de especialistas.

Como diretriz para prever orçamento destinado às parcerias e dar a sua ampla divulgação as recomendações para a gestão das parcerias por parte da Administração Pública seriam inserir a previsão orçamentária nos Planos Plurianuais e nas Leis Orçamentárias Anuais, já planejando o que será feito em parceria com Organizações da Sociedade Civil pela modalidade 50; e tanto para a Administração Pública quanto para as OSCs: (a) dispor de memórias de cálculo consistentes sobre custos individuais padrões para as parcerias, especialmente pela Administração Pública nos casos de termos de colaboração e pela OSC nos casos de termos de fomento; e (b) elaborar documento com prioridades da política ou programa setorial para divulgar para parlamentares com o objetivo de orientá-los no aporte de emendas nas leis orçamentárias.

A diretriz para promover a participação social, com envolvimento das OSCs, movimentos sociais, usuários e familiares, além de promover ações de fortalecimento institucional das OSCs tem como recomendações para a gestão das parcerias por parte da Administração Pública (a) disponibilizar formulário com modelo padrão para viabilizar as Manifestações de Interesse Social dirigidas ao órgão e designar servidor responsável em controlar os prazos e encaminhar as respostas, como na Lei de Acesso à Informação, (b) utilizar instrumentos de participação social no planejamento das políticas públicas a fim de construir em conjunto com a sociedade as possibilidades de celebração das parcerias com OSCs, (c) disponibilizar as informações agregadas sobre as MIS recebidas num campo específico da página oficial do órgão ou estabelecer sistema próprio integrado entre os diversos órgãos, (d) realizar ações de comunicação e capacitação, cartilhas, encontros, oficinas, tira-dúvidas, *help desk* etc. antes mesmo da fase de seleção e celebração das parcerias como forma de orientar e fortalecer os participantes do processo, (e) realizar atividades formais e sistematizadas de interação, presenciais ou a distância, entre gestores e OSCs, em todas as fases das parcerias, (f) instalar em todos os entes federados os Conselhos de Fomento e Colaboração, com eleições para a composição paritária prevista na lei entre representantes do governo e da sociedade civil; tanto para o Poder Público quanto para as OSCs garantir eleições no processo de escolha dos integrantes das OSCs para os Conselhos de Fomento e Colaboração, com a presença da própria sociedade civil na Comissão Eleitoral, possibilitando o controle social do processo, além da participação do Ministério Público ou da Defensoria Pública no acompanhamento dos procedimentos; e específico para as OSCs propor MIS de maneira coletiva que atendam a demandas gerais de interesse público.

Instituir programas de capacitação, manual e canais de esclarecimentos sobre os dispositivos da Lei nº 13.019/2014 é outra diretriz da Ação 12 da ENCCLA e suas recomendações para a gestão das parcerias por parte da Administração Pública seriam: (a) criar modelos e suportes de divulgação, em linguagem simples e acessível, das regras para execução e parcerias da Lei de Fomento e Colaboração, tais como os modelos de perguntas e respostas mais frequentes, sistema de atendimento *on-line*, *chats* para discussão de problemas, linhas de atendimento telefônico e balcões de atendimento para tirar dúvidas e aconselhamento contábil ou legal etc.; (b) desenvolver programa de capacitação conjunta e permanente, presencial ou a distância, voltado aos servidores públicos, conselheiros de políticas públicas, representantes das OSCs e órgãos de controle, bem como aos usuários das plataformas eletrônicas de gestão das parcerias como o Siconv; e (c) elaborar e divulgar Manual e suas alterações que estabeleça, pelo menos, atribuições dos envolvidos, os *checklists* de documentos e procedimentos, além de orientações sobre a execução, monitoramento e prestação de contas.

Na fase de seleção e celebração, a ENCCLA deixa claro que o chamamento público não é igual a uma licitação comum, pois naquele "deve levar em consideração os aspectos peculiares que envolvem a complexidade de cada objeto, de cada política pública, de cada território onde se quer a operação a ser realizada por organizações da sociedade civil, cujas características a serem selecionadas têm muito mais proximidade com o conteúdo de cada ação do que com a forma". Com o MROSC, "ao invés de simplesmente se estimular a competição entre organizações, se privilegia seu desenvolvimento a partir de estratégias como a atuação em rede, que reúne duas ou mais organizações na execução de um único projeto ou atividade".

Para a ENCCLA as diretrizes para boas práticas na fase de seleção e celebração são: (a) buscar padronização de acordo com os objetivos específicos da política/programa ou ação nos chamamentos públicos; (b) realizar processo de seleção simplificado e desburocratizado, observando a inversão de fase documental prevista na lei; (c) designar as Comissões de Seleção e de Monitoramento; (d) divulgar o edital por, no mínimo, 30 dias, dando-lhe ampla publicidade quando de sua edição e do resultado da seleção; (e) elaborar parecer de órgão técnico com informações do planejamento; e (f) dar transparência e observar as regras específicas dos casos de emenda parlamentar, acordo de cooperação, dispensa e inexigibilidade. E, para se atingir essas diretrizes, as recomendações são: (a) utilizar as minutas-padrão como referência para os editais de chamamento público, os termos de fomento, termos de colaboração e acordos de cooperação elaborados pela Advocacia Geral da União; (b) mobilizar equipe interna ou mista, que pode contar com especialistas externos, formada por uma equipe multidisciplinar com profissionais de diferentes áreas – direito, área administrativa, financeira, planejamento e da política/programa finalístico – para estabelecer padronização quanto aos itens necessários, tais como, mas não se limitando a, objetos, métodos, custos, planos de trabalho e indicadores; (c) utilizar sistemas de custos já estabelecidos, tais como tabelas de preços ou honorários de profissões específicas, atas de registro de preços vigentes como referência, cotações já realizadas ou criar parâmetros quando não existirem sistemas de custos padronizados; (d) aprofundar o planejamento de critérios de seleção e de indicadores quantitativos e qualitativos de monitoramento e avaliação de resultados das parcerias, por meio de oficinas e outras metodologias participativas; (e) utilizar e divulgar *checklists* para facilitar a visualização e a checagem dos documentos ou procedimentos necessários à efetivação da contratualização na gestão interna e na apresentação do cumprimento dos requisitos pelas OSCs; (f) evitar a solicitação de certificados, declarações ou títulos adicionais que não sejam necessários ao processo de seleção e que restrinjam o universo dos proponentes, tais como o Certificado de Entidade Beneficente de Assistência Social, Organização da Sociedade Civil de Interesse Público, Organização Social ou Declaração de Utilidade Pública estadual ou municipal; (g) solicitar documentos comprobatórios dos requisitos estatutários e da não ocorrência de vedações para habilitação jurídica somente para as OSCs cujas propostas forem selecionadas; (h) checar a compatibilidade das finalidades estatutárias da OSC e o seu histórico de atuação para avaliar sua capacidade técnica e operacional, com o objeto da parceria ou de natureza semelhante, evitando a realização de projetos ou atividades fora do escopo de atuação da OSC ou de sua possibilidade de implementação; (i) atentar para a vedação de que não tenha dirigente na OSC que pretende ser parceira do Estado que seja membro de Poder ou do Ministério Público, ou dirigente de órgão ou entidade da administração pública da mesma esfera governamental na qual será celebrado o Termo de Colaboração ou de Fomento, e nem parentes de dirigente, em linha reta, colateral ou por afinidade, até o segundo grau, nas mesmas condições; (j) designar, no mínimo, três membros para a constituição da Comissão de Seleção, podendo utilizar os constantes de portaria anteriormente publicada em *Diário Oficial*, e analisar, no caso concreto de cada edital ou seleção, a ocorrência de possíveis conflitos de interesses ou impedimentos legais, substituindo eventual integrante, se assim se fizer necessário; (k) designar pessoas capacitadas para acompanhar o conjunto de parcerias do órgão, com perfis distintos para aspectos técnicos de cada política ou programa, domínio de aspectos financeiros e capacidade gerencial; (l) realizar a escuta e a interlocução ativa com as OSCs interessadas sobre os termos do edital durante o período de envio de propostas, com canais acessíveis e estratégias de trocas de informação como "perguntas e respostas mais frequentes" e oficinas de orientação para elaboração de propostas e planos de trabalho, como mecanismo de fortalecimento institucional e ganhos de aprendizagem; (m) prever seções exclusivas sobre a gestão de parcerias nos sítios eletrônicos dos órgãos da Administração Pública, além de divulgar resultados na plataforma eletrônica prevista na Lei nº 13.019/2014; (n) incluir no parecer técnico a análise sobre a compatibilidade de custos e o nexo causal entre a despesa prevista e o objeto pactuado, utilizando as análises realizadas na fase de planejamento da parceria e os custos apresentados pela OSC; (o) dar transparência e observar as regras específicas dos casos de emenda parlamentar, acordo de cooperação, dispensa e inexigibilidade; (p) verificar os impedimentos técnicos da OSC beneficiária de emenda parlamentar à lei orçamentária anual nos termos da Lei nº 13.019/2014, em especial, em relação às vedações de parentesco; (q) acordo de cooperação com compartilhamento patrimonial deve ter chamamento público que direcione o bem para sua melhor utilização em projetos ou atividades de interesse público e relevância social; (r) motivar, a partir do interesse público envolvido, a utilização da faculdade prevista para os casos de dispensa ou o enquadramento da inexigibilidade de chamamento público, observando os demais requisitos previstos pela lei e publicizar a sua justificativa integral.

Segundo a ENCCLA, na execução deve-se manter documentos comprobatórios da execução do objeto e compilá-los no Relatório correspondente (manter registro atualizado dos dados de execução do objeto, com comprovantes da realização das ações propostas, do alcance das metas e resultados pactuados, no decorrer da parceria, provendo informações para aferição dos indicadores com base nos meios de verificação previstos no plano de trabalho, e elaborar relatório de execução do objeto para a prestação de contas anual com informações sobre os resultados atingidos no período e as eventuais justificativas de não atingimento de metas, para fins de monitoramento e avaliação). Deve-se gerenciar os recursos financeiros em conta específica de banco público e aplicar o recurso não utilizado (manter os recursos financeiros depositados em conta específica para gerenciamento dos valores da parceria, com isenção de tarifa bancária em banco público determinado pelo gestor público, verificar opção de maior segurança para aplicação dos recursos, de acordo com a data prevista para utilização, e utilizar os rendimentos de aplicações financeiras e/ou remanejamento de recursos para aprimorar as metas pactuadas no objeto da parceria, solicitando sempre o apostilamento nos termos da lei vigente). Deve-se assegurar a boa aplicação dos recursos públicos garantindo eficiência e qualidade nas compras de bens e serviços e na contratação de equipe de trabalho (utilizar recursos vinculados à parceria para atender as metas e os resultados previstos no plano de trabalho, em relação à equipe de trabalho, fazer processo seletivo público próprio do universo privado para contratar profissionais de acordo com o perfil desejado, vínculo dos profissionais com a temática, com os territórios ou as comunidades envolvidas, utilizando a pesquisa de valores de mercado anteriormente realizada no momento da concepção do plano de trabalho para o patamar de remuneração, e fazer provisionamento gradativo e específico dos recursos para adimplir as obrigações trabalhistas previstas no plano de trabalho pactuado na parceria, notadamente o pagamento de encargos sociais e tributos, garantindo direitos e evitando eventuais passivos de natureza trabalhista, e para as compras de bens e serviços, a seleção de fornecedores deve utilizar métodos usuais do setor privado, tendo como valores de referência a pesquisa de mercado anteriormente realizada no momento da concepção do plano de trabalho, sendo importante fazer nova pesquisa de preços e registrar na plataforma eletrônica antes da realização da despesa, se o valor efetivo da despesa for maior que o previsto no plano de trabalho aprovado, garantindo a compatibilidade dos custos aprovados). Deve-se manter atualizados os registros dos pagamentos na plataforma eletrônica e guardar os documentos comprobatórios das despesas (guardar e sistematizar de forma organizada as informações necessárias à elaboração do Relatório de Execução Financeira que poderá ser solicitado em caso de não cumprimento do objeto da parceria; inserir os dados dos beneficiários finais das despesas na plataforma eletrônica, inclusive no caso de saques em espécie, checando as informações e buscando mecanismos que confirmem a idoneidade dessas, como, por exemplo, a compatibilidade entre o produto adquirido e a nota fiscal ou recibo apresentado ou a identidade do recebedor; manter relação atualizada de bens adquiridos, produzidos ou transformados com recursos da parceria, gravando com cláusula de inalienabilidade os bens e materiais permanentes móveis e imóveis com valores de relevância; manter atualizada na plataforma eletrônica a memória de cálculo com comprovação do rateio de despesas, quando for o caso, para despesas administrativas ou custos indiretos e pagamento de equipe de trabalho; e garantir que todas as despesas efetuadas com recursos da parceria tenham fato gerador ocorrido durante sua vigência, devendo ser excepcional o pagamento em data posterior ao término da execução do termo de fomento ou de colaboração). Deve-se dar publicidade e promover a transparência das informações da execução das parcerias (informar a Administração Pública sobre a sua forma de governança e de organização da gestão do projeto ou atividade em parceria, identificando as pessoas responsáveis pelas pesquisas de preço, contratações e pagamentos; e divulgação, no seu sítio eletrônico na internet ou em local visível em sua sede, do valor total da remuneração de seus dirigentes e contratados com recursos da parceria, incluindo os eventuais pagamentos de diárias, com a respectiva função e parceria à qual o pagamento está vinculado, além da provisão para o exercício).

No monitoramento e avaliação, as diretrizes são ter atuação preventiva e saneadora em relação às parcerias, utilizando plataforma eletrônica e visando ao controle de resultados (a Comissão de Monitoramento e Avaliação deve realizar reuniões periódicas e acompanhar o conjunto de parcerias de forma sistemática por meio das informações registradas na plataforma eletrônica e nos relatórios de monitoramento e avaliação elaborados pelo gestor da parceria, registrando boas práticas e necessidades de aprimoramentos dos procedimentos e padronizações, sejam de objeto, custos ou indicadores, visando ao cumprimento das metas estabelecidas e à geração de informações gerenciais úteis à tomada de decisão, constituindo um sistema contínuo de acompanhamento e monitoramento; o gestor da parceria deve manter diálogo constante com a OSC a fim de garantir a boa execução do objeto, apoiando e auxiliando nas dúvidas formuladas e orientando os melhores caminhos a serem seguidos, acompanhando também a movimentação financeira e os registros das ações executadas pela OSC periodicamente, fazendo anotações sobre este acompanhamento na plataforma eletrônica; utilizar ferramentas tecnológicas como *blogs*, grupos em redes sociais, consultas públicas *on-line*, entre outras, como forma de auxiliar o acompanhamento dos dados na plataforma eletrônica; instituir mecanismos de controle interno necessários que monitorem, avaliem e contribuam para a melhoria do desempenho das parcerias, com a utilização de dados da plataforma eletrônica que alertem sobre eventuais atrasos no repasse das parcelas com vistas a impedir a descontinuidade das ações e visando ao gerenciamento dos riscos; e os órgãos de supervisão, monitoramento e investigação que atuam nos temas do combate à corrupção, à lavagem de dinheiro e ao financiamento ao terrorismo devem adotar abordagem baseada no risco para que os diversos segmentos econômicos sob sua observância nos relacionamentos com organizações da sociedade civil atuem com a devida diligência e adotem as políticas de "conheça seu cliente", e deem especial atenção quanto à identificação das cadeias de controle e do beneficiário final de pessoas jurídicas). Deve-se coordenar monitoramento federativo e territorial com apoio de terceiros (manter rede de monitoramento territorializada, contando com o apoio de terceiros, para construir uma visão abrangente da implementação das ações em parcerias, inclusive sobre os parceiros – existentes ou potenciais – atuantes nos diferentes territórios). Recomenda-se produzir e publicizar relatórios técnicos de monitoramento e avaliação (construir Relatório Técnico de Monitoramento e Avaliação padrão com campos variáveis e que utilize preferencialmente informações do processo de gestão que estejam registradas em plataforma eletrônica, com a avaliação da prestação de contas anual quando for o caso). Deve-se utilizar mecanismos de monitoramento e avaliação (realizar, sempre que possível, nas parcerias com mais de um ano, pesquisa de satisfação, estabelecendo canal de escuta com a população atendida ou beneficiários do projeto ou atividade, por meio de suporte físico ou virtual, aproximando o cidadão da gestão pública e utilizando seus resultados para incrementar a execução da parceria; realizar visita técnica *in loco* com vistas ao diálogo sobre a execução da parceria, nas hipóteses em que esta for essencial para verificação do cumprimento do objeto da parceria e do alcance das metas, registrando o resultado circunstanciado em relatório que deve ser enviado à OSC para conhecimento, esclarecimentos e providências, podendo ser revisto caso haja elementos novos que ensejem sua modificação; e realizar exercício de monitoramento de seus projetos e suas atividades e sistematizar os resultados em relatórios públicos que apoiem a divulgação de suas *performances* e possibilitem o repasse das informações necessárias ao trabalho da Comissão de Monitoramento e Avaliação).

Para a ENCCLA as boas práticas na prestação de contas são: (a) prever elementos para verificação dos impactos sociais, do grau de satisfação do público beneficiário e o alcance das metas pactuadas para controle de resultados (a prestação de contas deve ser feita sempre no prazo estipulado e deverá trazer em seu texto elementos para avaliação dos impactos econômicos ou sociais das ações desenvolvidas; do grau de satisfação do público-alvo, que poderá ser indicado por meio de pesquisa de satisfação, declaração de entidade pública ou privada local e declaração do conselho de política pública setorial, entre outros; e da possibilidade de sustentabilidade das ações após a conclusão do objeto; o relatório de execução do objeto deve conter a demonstração do alcance das metas referentes ao período de que trata a prestação de contas; a descrição das ações desenvolvidas para o cumprimento do objeto; os documentos de comprovação do cumprimento do objeto, como listas de presença, fotos, vídeos, entre outros; os documentos de comprovação do cumprimento da contrapartida em bens e serviços, quando houver; além de produzir, se for o caso, as justificativas de não atingimento das metas de maneira clara, garantindo que seu texto informe os entraves que obstaculizaram ou atrasaram o seu cumprimento; e aferir o cumprimento das metas quantitativas e mensuráveis para verificação do objeto pactuado, avaliando, se for o caso, as justificativas de não atingimento das metas do relatório de execução do objeto); (b) utilizar o controle de meios como acessório quando a OSC não tiver comprovado a execução do objeto (solicitar e avaliar o Relatório de Execução Financeira somente quando a organização da sociedade civil não comprovar o alcance das metas ou quando houver evidência de existência de ato irregular; e guardar os documentos originais de execução financeira por 10 anos a contar da apresentação da prestação de contas, mantendo cópia digital além do arquivo físico, não devendo apresentar o mesmo comprovante de despesa em mais de uma parceria, exceto quando se tratar de rateio de despesa; (c) elaborar o parecer técnico conclusivo e submetê-lo à decisão final sobre a prestação de contas (propor relatório técnico padrão, de forma a simplificar sua elaboração e gerar possibilidade de comparação entre relatórios); (d) aplicar sanções administrativas à OSC após a análise da prestação de contas final (na hipótese de aplicação da sanção de advertência, considerar o seu caráter preventivo devendo ser utilizada quando verificadas improbidades praticadas pela organização da sociedade civil no âmbito da parceria que não justifiquem a aplicação de penalidade mais grave).

Por fim, a ENCCLA faz uma lista de condutas irregulares ou impróprias e a correspondente boa prática em cada uma delas, a qual recomendamos consultar. Seguindo essa espécie de "manual de boas práticas", tanto a Administração Pública quanto as OSCs parceiras diminuem consideravelmente seus riscos.

Informação bibliográfica deste texto, conforme a NBR 6023:2018 da Associação Brasileira de Normas Técnicas (ABNT):

VIOLIN, Tarso Cabral. As boas práticas nas parcerias entre a Administração Pública e as Organizações da Sociedade Civil no MROSC (Lei nº 13.019/2014). *In*: FORTINI, Cristiana; PAIM, Flaviana Vieira (Coord.). *Terceirização na Administração Pública*: boas práticas e atualização à luz da Nova Lei de Licitações. Belo Horizonte: Fórum, 2022. p. 307-320. ISBN 978-65-5518-288-0.

VINTE PERGUNTAS FREQUENTES SOBRE A ELABORAÇÃO E ANÁLISE DAS PLANILHAS DE CUSTOS E FORMAÇÃO DE PREÇOS

FLAVIANA PAIM

1 Todos os serviços continuados em regime de dedicação exclusiva de mão de obra demandam que o custo estimado seja definido por meio do preenchimento da planilha de custos e formação de preços? Por quê?

Sim, essa é a regra. Serviços que serão executados em regime de dedicação exclusiva de mão de obra, o valor referencial da licitação é formado a partir da elaboração da planilha detalhada de custos e formação de preços em atenção ao art. 7, §2º, II, e Anexo V – DIRETRIZES PARA ELABORAÇÃO DO PROJETO BÁSICO (PB) OU TERMO DE REFERÊNCIA (TR), item 2.9, subitem b.1. IN 5/17 Seges/MP. Todavia a planilha de custos e formação de preços pode ser motivadamente dispensada naquelas contratações em que a natureza do seu objeto torne inviável ou desnecessária para aferição da exequibilidade dos preços praticados.

Serviços contínuos em regime de dedicação exclusiva de mão de obra demandam o preenchimento de planilhas por 5 (cinco) principais motivos, conforme orientação trazida no Acórdão TCU nº 1.762/2010 – Plenário. Em primeiro lugar, em atenção ao princípio da transparência. Também porque o detalhamento em planilha se coaduna com a busca da proposta mais vantajosa, o princípio da isonomia e da necessária análise de exequibilidade em razão da responsabilização trabalhista que este tipo de contrato enseja e ainda porque o detalhamento dos custos em planilhas permite aumento na efetividade no controle dos recursos.

2 Qual a importância das planilhas de custos e formação de preços na Lei nº 14.133/21? A Nova Lei de Licitações traz alguma alteração significativa quanto a essa questão?

Não há alterações significativas na Nova Lei de Licitações no que tange à elaboração das planilhas de custos e formação de preços. A previsão legal para elaboração de orçamento estimado com composição dos preços utilizados para sua formação está no art. 18, inciso IV, da Lei nº 14.133/21, dentro do capítulo que trata da fase preparatória. Esse artigo, assim como na Lei nº 8.666/93, não determina como esse orçamento deve ser feito nem estabelece qual o nível de profundidade desse orçamento e obviamente não deveria tratar, já que essa é uma questão procedimental e depende da natureza de cada objeto e contrato.

Mas, em compensação, a elaboração dessas planilhas em serviços contínuos, se torna cada vez mais importante. Não é novidade que a nova lei incorporou, em seu texto, uma série de normas que já estavam previstas em instruções normativas federais e reiteradas orientações do TCU tratando de planejamento, do uso da repactuação e ainda de instrumentos de procedimentos de fiscalização para minimizar os riscos de descumprimentos trabalhistas por parte das empresas.

Parece-me que está muito claro que a intenção do legislador foi mesmo a de nacionalizar vários institutos e procedimentos usados em âmbito federal, e entre eles nós temos algumas regras que se vinculam às planilhas, especialmente no que diz respeito às planilhas de serviços contínuos em regime de dedicação exclusiva de mão de obra, que reforçam a necessidade de detalhamento dos custos em planilhas. Vamos citar 3 (três) dessas regras.

A primeira é a necessidade de avaliação da exequibilidade das propostas dos serviços contínuos onde será preciso verificar os custos apresentados. A segunda está no art. 25, §8º, inciso II,[1] e traz

---

[1] Art. 25. O edital deverá conter o objeto da licitação e as regras relativas à convocação, ao julgamento, à habilitação, aos recursos e às penalidades da licitação, à fiscalização e à gestão do contrato, à entrega do objeto e às condições de pagamento.

a obrigatoriedade do uso da repactuação quando houver regime de dedicação exclusiva de mão de obra ou predominância de mão de obra, mediante demonstração analítica da variação dos custos, o que se faz somente através de planilha de custos e formação de preços.

E a terceira previsão na Lei nº14.133/21 é a possibilidade de uso dos procedimentos de gestão e fiscalização relativos ao pagamento em conta depósito vinculada e pagamento pelo fato gerador que estão previstos nos incisos III e IV do §3º do art. 121. Esses dois procedimentos têm como base a planilha de custos e formação de preços e sem ela fica muito difícil, para não dizer impraticável, o uso desses procedimentos.

Como podemos concluir, mais do que nunca é preciso estar bem preparado para elaborar essas planilhas com muito cuidado, sempre focando nos custos da mão de obra, detalhando cada encargo trabalhista e previdenciário, com base nas orientações celetistas, na Convenção ou Acordo coletivo da categoria profissional da mão de obra, pois são as fontes jurídicas desses itens, assim como a base para as repactuações.

3 O que é indispensável ao orçamentista para a correta elaboração das planilhas de custos e formação de serviços indispensáveis para os serviços contínuos em regime de dedicação exclusiva de mão de obra?

Podemos citar 7 (sete) itens de conhecimento obrigatório:

- O instrumento de negociação coletiva da categoria econômica identificada para execução do objeto vigente à época da elaboração: a legislação trabalhista é bem clara no sentido de que o enquadramento sindical da empresa se dá pela atividade econômica preponderante desta e não pela descrição do cargo contratado. É de responsabilidade da licitante a indicação do ACT/CCT (Acordo Coletivo de Trabalho ou Convenção Coletiva de Trabalho) tendo em vista seu enquadramento sindical, conforme regras previstas nos artigos 511 e 581 da

---

[...]
§8º Nas licitações de serviços contínuos, observado o interregno mínimo de 1 (um) ano, o critério de reajustamento será por:
I – reajustamento em sentido estrito, quando não houver regime de dedicação exclusiva de mão de obra ou predominância de mão de obra, mediante previsão de índices específicos ou setoriais;
II – repactuação, quando houver regime de dedicação exclusiva de mão de obra ou predominância de mão de obra, mediante demonstração analítica da variação dos custos.

CLT. Lembrando, ainda, que os Acordos Coletivos prevalecem sobre as Convenções das categorias, quando existentes, conforme art. 620 da CLT.

- Conhecer os principais direitos trabalhistas previstos em CLT (Consolidação de Leis Trabalhistas) pertinentes ao objeto contratual: na prestação de serviços, o custo da mão de obra representa de 60% a 75% do custo do serviço. O direito do trabalho possui fontes específicas de direito e princípios que decorrem da natureza singular desse ramo do direito. Há influência de jurisprudência, Súmulas, Convenções e Acordos Coletivos e até usos e costumes que influenciam as relações de emprego.

- O valor da tarifa de transporte: este é um custo variável com que se deve ter bastante cuidado. A contratada deve arcar com ônus da sua proposta, sendo que previsão insuficiente não gera direito ao reequilíbrio econômico financeiro. Por outro lado, a tendência atual (até mesmo em razão do art. 63[2] da IN5/2017, mas não só ele) é de que a Administração Pública pagará pelos serviços demandados e executados, podendo este custo ser acompanhado e, caso não repassado ao empregado, poderá gerar adequações de pagamento.

- Os percentuais médios das provisões para rescisão e substituição do profissional ausente: esse é o "calcanhar de Aquiles" de qualquer formação de preços! Exige conhecimento de seu nicho de mercado, critérios de seleção e acompanhamento de seus próprios dados históricos, que podem ser buscados (ou conferidos) em especial pelas GFIPS entregues pelas empresas.

- Obter as especificações técnicas que influenciam nos custos e quantitativos dos insumos necessários à prestação de serviço:

---

[2] Art. 63. A contratada deverá arcar com o ônus decorrente de eventual equívoco no dimensionamento dos quantitativos de sua proposta, devendo complementá-los caso o previsto inicialmente em sua proposta não seja satisfatório para o atendimento ao objeto da licitação, exceto quando ocorrer algum dos eventos arrolados nos incisos do §1º do art. 57 da Lei nº 8.666, de 1993.
§1º O disposto no caput deve ser observado ainda para os custos variáveis decorrentes de fatores futuros e incertos, tais como os valores providos com o quantitativo de vale-transporte.
§2º Caso o eventual equívoco no dimensionamento dos quantitativos se revele superior às necessidades da contratante, a Administração deverá efetuar o pagamento seguindo estritamente as regras contratuais de faturamento dos serviços demandados e executados, concomitantemente com a realização, se necessário e cabível, de adequação contratual do quantitativo necessário, com base na alínea "b" do inciso I do art. 65 da Lei nº 8.666, de 1993.

o item "Insumos" da planilha sempre exige atenção. Como cada contrato é resultado de um planejamento pontual para atender a uma necessidade específica, importante que o Termo de Referência contenha todas as informações necessárias para a precificação, tais como as especificações técnicas dos materiais consumíveis, equipamentos, EPIs etc. E o imprescindível: as quantidades estimadas pela Administração.

- Conhecer as principais orientações do TCU e demais órgãos de controle relativos às planilhas para não inferir em irregularidades: para contratação de serviços continuados com dedicação exclusiva de mão de obra, tendo em vista, principalmente, os riscos de descumprimento de obrigações contratuais, há uma série de orientações previstas em Instruções Normativas e orientações que influenciam na formação de preços. Algumas já foram inclusive citadas nas respostas das perguntas.

- Identificar os regime tributários possíveis e os respectivos percentuais de tributos incidentes: temos 3 regimes tributários que podem ser utilizados: Lucro Real, Presumido e Simples Nacional. A Administração pode balizar sua formação de preços pelo regime mais utilizado entre os licitantes e que apresenta valores médios de tributação – lucro presumido ou balizar pelo regime que represente valores máximos de tributos mais altos, caso adote valor referencial máximo. Cada regime tributário possui peculiaridades que devem ser consideradas nas planilhas.

4 A Administração Pública pode indicar em Edital a Convenção Coletiva ou Acordo Coletivo que deverá ser utilizado para elaboração da planilha de custos da proposta?

Não. O edital deve indicar sindicato e o Instrumento de negociação coletiva utilizado como referência pela Administração para elaboração do seu orçamento estimado, mas o licitante pode utilizar norma coletiva de trabalho diversa daquela adotada pelo órgão ou entidade como parâmetro para o orçamento estimado. Isso porque a CLT prevê que o enquadramento sindical do empregador é definido por sua atividade econômica preponderante, e não em função da atividade desenvolvida pela categoria profissional que prestará os serviços mediante cessão de mão de obra (art. 581, §2º, da CLT, e art. 8º, inciso II, da Constituição Federal). Nesse sentido, a jurisprudência do TCU:

ACÓRDÃO TCU Nº 1.422/2018-2ª CÂMARA
1.7.1.2.1. especifique adequadamente, nos seus editais e anexos relativos à contratação de serviços continuados, *os instrumentos coletivos de trabalho* que devem ser utilizados pelas empresas licitantes para a elaboração das propostas, em especial no que concerne à vigência.

ACÓRDÃO TCU Nº 1.501/2018 -PLENÁRIO
9.3.1. ajustar o edital e anexos do Pregão Eletrônico 14/2018-AmD, identificando de forma clara e precisa o *sindicato, acordo coletivo, convenção coletiva ou sentença normativa que rege a categoria profissional que executará o serviço, com base na Classificação Brasileira de Ocupações (CBO)*, com a respectiva anulação de todos os atos já praticados no Pregão Eletrônico 14/2018-AmD desde a publicação do instrumento convocatório;

ACÓRDÃO TCU Nº 1.097/2019-PLENÁRIO
Licitação. Proposta. Preço. Demonstrativo de formação de preços. Convenção coletiva de trabalho. Categoria profissional. Atividade econômica. Enquadramento. Orçamento estimativo. Cessão de mão de obra.
Na elaboração de sua planilha de formação de preços, *o licitante pode utilizar norma coletiva de trabalho diversa daquela adotada pelo órgão ou entidade como parâmetro para o orçamento estimado* da contratação, tendo em vista que o enquadramento sindical do empregador é definido por sua atividade econômica preponderante, e não em função da atividade desenvolvida pela categoria profissional que prestará os serviços mediante cessão de mão de obra (art. 581, §2º, da CLT e art. 8º, inciso II, da Constituição Federal). (Representação, Relator Ministro Bruno Dantas)

5 O que deve ser considerado no momento de precificar um produto?

Em se tratando de serviços terceirizados, o preço de venda ideal em uma licitação é aquele que cobre todos os custos e despesas diretas que a empresa terá para executar o serviço e ainda lhe permita remuneração ou ao menos alcançar a estratégia comercial almejada com a contratação. Este preço certamente deve ser competitivo e melhor que o preço da concorrência. Portanto, tanto a Administração pública ao elaborar o valor referencial de uma licitação de serviços terceirizados, como o próprio licitante devem focar em "fazer melhor e com menos".

6   O que são preços manifestamente inexequíveis?

Nos termos do art. 48, inciso II, da Lei nº 8.6666/93, preços manifestamente inexequíveis são aqueles que não venham a ter demostrada sua viabilidade através de documentação que comprove que os custos dos insumos são coerentes com o mercado e que os coeficientes de produtividade são compatíveis com a execução do objeto do contrato. O Juízo da exequibilidade sempre tem como parâmetro o valor global da proposta e não itens isolados da planilha de custos. Quando itens de custos estão abaixo dos verificados e mercado, pode ser concedida a possibilidade do saneamento da proposta, realinhando os itens da planilha.

7   Como deve ser elaborado o orçamento estimativo em planilhas caso a Convenção Coletiva da categoria esteja vencida?

Em face de a legislação trabalhista ter proibido a ultratividade das regras coletivas, que perdem sua validade tendo sua vigência expirada, devemos utilizar outro parâmetro para o referenciamento de valores da mão de obra nas planilhas, tais como referenciais salariais e benefícios obtidos via pesquisa de preços, buscando verificar outros contratos similares na localidade, ou valores praticados no mercado por empresas que contratam profissionais com mesma característica da que iremos utilizar. Conforme o art. 614, §3º, da CLT, com a redação dada pela Lei nº 13.467/2017, "não será permitido estipular duração de convenção coletiva ou acordo coletivo de trabalho superior a dois anos, sendo vedada a ultratividade". Desta forma, as cláusulas da Convenção Coletiva de Trabalho, vigorarão apenas pelo prazo assinado na avença, não incorporando de forma definitiva aos contratos individuais de trabalho.

Como o gestor público tem o dever constitucional de agir em conformidade com a lei, uma CCT com vigência expirada não pode servir como parâmetro para fins de formação de preços na licitação, já que, com fulcro no art. 614, §3º, da CLT, as cláusulas da CCT vigoram exclusivamente no prazo assinado na avença, não incorporando de forma definitiva aos contratos individuais de trabalho. Nesse sentido a AGU expediu o Parecer nº 00041/2019/DECOR/CGU/AGU em 09.01.2020, abordando dois assuntos: (i) ultratividade e (ii) estimativa de custos nos contratos prestados com dedicação exclusiva de mão de obra na hipótese de CCT com vigência expirada que colaboram com a construção do entendimento aqui apresentado.

8 É possível a indicação em Edital de salários e benefícios a serem observados de forma obrigatória nas propostas?

A regra é sempre utilizar pisos salariais e demais benefícios previstos em Convenção Coletiva de trabalho como referência para a elaboração das planilhas, para evitar a prática vedada de atos de ingerência na Administração da contratada. No entanto, há casos específicos que podem vir a necessitar de profissionais com conhecimento, experiência ou habilitação superiores aos que são comuns no mercado, o que poderia justificar a fixação de valores salariais e benefícios acima dos ordinários. Todavia, há de se ter cuidado com essa prática pois valores acima dos ordinários demandam justificativa técnica e pesquisa de mercado que comprove o quanto pagar a mais, nos termos do art. 5º, inciso IV, da IN nº5/17 Seges/MP e inteligência do Acórdão TCU nº 1.097/2019 –Plenário a seguir arrolados:

IN nº 5/17 SEGES/MP
Art. 5º É *vedado* à Administração ou aos seus servidores praticar atos de *ingerência* na administração da contratada, a exemplo de:
VI – *definir o valor da remuneração* dos trabalhadores da empresa contratada para prestar os serviços, *salvo nos casos específicos* em que se necessitam de profissionais com habilitação/experiência superior à daqueles que, no mercado, são remunerados pelo piso salarial da categoria, desde que justificadamente;

ACÓRDÃO TCU Nº 1.097/2019 – Plenário
Admite-se na contratação por postos de serviço, a fixação de salários em valores superiores aos pisos estabelecidos em convenções coletivas de trabalho, desde que observados os seguintes requisitos: i) justificativa técnica de que os serviços demandam, por suas características e peculiaridades, a execução por profissional com nível de qualificação acima da média; e
ii) realização de pesquisa de preços demonstrando a compatibilidade com os valores de mercado para contratações similares, ou seja, comprovação de que no mercado existe tal distinção salarial em função da qualificação do trabalhador. (Representação, Relator Min. Bruno Dantas)

9 Licitantes concorrentes podem solicitar diligências para aferir a exequibilidade do preço do licitante classificado em primeiro lugar no certame?

Qualquer interessado poderá requerer que se realizem diligências para aferir a exequibilidade e a legalidade das propostas, devendo apresentar as provas ou os indícios que fundamentam o pedido. IN nº 5/17 MPOG, Anexo VII-A – Diretrizes Gerais para elaboração do Ato Convocatório, item 9.5.

10 Podemos contratar serviços terceirizados tendo como unidade de medida postos de trabalho ou simplesmente horas de trabalho?

A regra é sempre tentar encontrar unidade de medida que permita a apuração de resultado para pagamento da contratada, utilizando-se métricas para a quantificação dos serviços a serem contratados, tais como m^2 de área a ser limpa, km rodados num serviço de transporte, pontos de função, serviços demandados e executados, entre outros. No entanto, nem sempre isso é possível. Se não o for, a própria IN nº 5/17 Seges/MP determina a possibilidade de se pagar horas de trabalho ou posto de trabalho, como exceção. É o que dispõe o Anexo V – DIRETRIZES PARA ELABORAÇÃO DO PROJETO BÁSICO (PB) OU TERMO DE REFERÊNCIA (TR), no item 2.6, letra d.1.

Nesses casos, o Termo de Referência deverá ao menos trazer uma prévia da quantidade de horas demandadas na realização da atividade a ser contratada com a metodologia utilizada para a sua quantificação.[3]

11 Para a composição do orçamento estimado da contratação o servidor pode aproveitar os itens de um determinado pregão para compor a sua pesquisa de mercado?

Sim, desde que os itens pesquisados mantenham condições semelhantes às pretendidas no processo licitatório e se refiram a objeto idêntico ao da licitação.

---

[3] Anexo V – DIRETRIZES PARA ELABORAÇÃO DO PROJETO BÁSICO (PB) OU TERMO DE REFERÊNCIA (TR), no item 2.4, letra d.4.

Neste sentido, destaca-se o trecho do Acórdão nº 2.816/2014-Plenário:

> Sobre a alegação de que teria adotado as diretrizes contidas na IN 5/2014 SLTI/MPOG, vale salientar que embora essa norma preveja a *pesquisa com fornecedores* como um dos parâmetros a serem utilizados na pesquisa de preços, *ela não deve ser considerada isoladamente*. A própria norma, em seu art. 2º, prevê outros três parâmetros, quais sejam: Portal de Compras Governamentais (www.comprasgovernamentais.gov.br); pesquisa publicada em mídia especializada, sítios eletrônicos especializados ou de domínio amplo; e contratações similares de outros entes públicos. Nesse ponto, vale citar o inciso V do art. 15 da Lei 8.666/1993/1993, segundo o qual, sempre que possível, as compras devem ser balizadas pelos preços praticados no âmbito dos órgãos e entidades da Administração Pública. Embora o caput faça referência a compras, trata também de sistema de registro de preços, que tem sido empregado nas contratações em questão, de modo que o dispositivo parece ser aplicável ao caso sob análise.
> [...]
> Quanto à alegação de que, devido à especificidade do objeto, não teria sido possível encontrar atas de registro de preços que pudessem ser aproveitadas nas estimativas, entendemos que cabem algumas considerações. De fato, em razão das peculiaridades dos eventos promovidos pelas diferentes unidades, é muito difícil que a composição de uma licitação seja aproveitada por outra em sua integralidade. Não obstante, ainda que organizados de diferentes maneiras, há diversos itens que aparecem de forma recorrente nos certames destinados às contratações do tipo, que poderiam ser aproveitados na fase de planejamento da contratação, auxiliando o gestor na elaboração do orçamento estimado.

12 Preposto representa um custo direto a ser previsto em planilha?

O preposto, conforme previsto no art. 68 da Lei nº 8.666/93 e no art. 118 da Lei nº 14.133/21, é uma "espécie de condição do contrato administrativo", no sentido de ser o elo entre a empresa contratada e a Administração contratante. Assim sendo, como regra, seu custo faz parte dos custos indiretos do contrato.

Em que pese a lei determinar que ele esteja no local da obra ou dos serviços, não pressupõe exclusividade, pois, ao ser aceito pela Administração, esta fará análise das condições e da pessoa oferecida pela empresa para representá-la durante a execução. Agora, se for exigido em Edital dedicação exclusiva do preposto, concordo que seu custo deva ser incluído como direto.

13 O capital de giro necessário para execução de serviços em regime de dedicação de mão de obra deve ser previsto na planilha quando houver previsão de pagamento em conta depósito vinculada ou pagamento pelo fato gerador?

Pelas características dos contratos em regime de dedicação exclusiva de mão de obra, as empresas necessitam ter um capital de giro mínimo, suficiente para custear de forma antecipada a mobilização do pessoal que será alocado ao contrato, tais como pagar despesas com segurança do trabalho (laudos técnicos e exames admissionais), uniformes, vale-transporte e alimentação que precisam ser antecipados pelo empregador, aquisição de materiais, insumos e até maquinário necessários para a prestação dos serviços. Esse custo varia de um segmento para o outro e certamente pode ser maior quando utilizado um dos procedimentos de gestão de riscos, como conta depósito vinculada ou pagamento pelo fato gerador. Mas é praticamente uma condição do contrato, já que a regra é primeiro a empresa realizar o serviço contratado, para só então, após o atesto, receber o valor proposto pelo que executou, o que acaba ocorrendo quase 2 meses após o início da execução, a depender do prazo de pagamento previsto.

Após o primeiro recebimento, a empresa começa a formar seu fluxo de caixa natural em razão dos prazos de pagamento apresentados.

Assim tal custo, em serviços comuns, ditos padronizados, largamente terceirizados em âmbito público, não é repassado como custo direto na planilha esse capital de giro exigido no início do contrato. Mas o licitante não pode esquecer de pensar nele e incluí-lo como CUSTO INDIRETO na sua proposta.

14 É verdade que a planilha, após a realização do contrato, não pode mais ser alterada pela contratada?

Essa é uma verdade que comporta exceções. Na fase de seleção, o pregoeiro compara a planilha elaborada pela própria instituição com a planilha de custos e formação de preços apresentada na proposta. Havendo divergências, o pregoeiro pode solicitar o realinhamento da propostas, alterando a planilha apresentada, desde que não haja alteração dos valores globais e unitários apresentados nela, em harmonia com o instituto da diligência, permitindo assim o saneamento das propostas. No entanto, após homologação e assinatura do contrato, a planilha da proposta não pode mais ser alterada. Equívocos e erros, que porventura tenham passado despercebidos, devem ser suportados pela contratada na execução. Em outras palavras, a contratada arca com ônus da sua proposta, na linha preconizada no art. 63[4] da IN nº 5/17 Seges/MP.

15 Existe jogo de planilhas em serviços terceirizados?

Embora seja mais comum de vermos jogo de planilha em contratos de obras, é bem possível de encontrarmos em serviços terceirizados também. O jogo de planilhas ocorre quando existem muitos itens contratados de forma global, como, por exemplo, em um serviço que envolva muitos itens. Na fase de licitação, a empresa oferta preço acima do mercado para alguns itens e preços abaixo da referência para outros itens, de modo que no preço global ela se mantenha como menor preço.

Passada a licitação, na fase de execução, o equilíbrio é alterado mediante aditivos contratuais, com acréscimos quantitativos nos itens com sobrepreço. Às vezes também pode ocorre a redução de itens com preço abaixo de mercado, simultaneamente, de modo a camuflar a diferença quando observado apenas o valor global.

16 Empresas que tributam seus resultados utilizando o regime de tributação do lucro real possuem alguma peculiaridade que deva ser observada na elaboração de suas propostas?

A SEGES disciplinou o assunto[5] a partir do trabalho realizado pela CGU, no qual determinou que se considerem as alíquotas médias

---

[4] Art. 63. A contratada deverá arcar com o ônus decorrente de eventual equívoco no dimensionamento dos quantitativos de sua proposta, devendo complementá-los caso o previsto inicialmente em sua proposta não seja satisfatório para o atendimento ao objeto da licitação, exceto quando ocorrer algum dos eventos arrolados nos incisos do §1º do art. 57 da Lei nº 8.666, de 1993.
§1º O disposto no caput deve ser observado ainda para os custos variáveis decorrentes de fatores futuros e incertos, tais como os valores providos com o quantitativo de vale-transporte.
§2º Caso o eventual equívoco no dimensionamento dos quantitativos se revele superior às necessidades da contratante, a Administração deverá efetuar o pagamento seguindo estritamente as regras contratuais de faturamento dos serviços demandados e executados, concomitantemente com a realização, se necessário e cabível, de adequação contratual do quantitativo necessário, com base na alínea "b" do inciso I do art. 65 da Lei nº 8.666, de 1993.

[5] Disponível em: https://www.gov.br/compras/pt-br/centrais-de-conteudo/orientacoes-e-procedimentos/19-orientacoes-sobre-pis-e-cofins-em-contratacoes-de-prestacao-de-servicos-com-dedicacao-exclusiva-de-mao-de-obra.

de PIS e COFINS efetivamente recolhidas, comprovadas através da Escrituração Digital (EFD-Contribuições), uma vez que as alíquotas de 7,6% de Cofins e 2,88% de Pis são alíquotas máximas e as empresas podem vir a beneficiar-se de créditos tributários devido ao regime não cumulativo de apuração de PIS e Cofins ao qual estão sujeitas as empresas do lucro real.

Essa mesma comprovação também deverá ser feita no momento da repactuação ou da renovação contratual, a fim de se promover ajustes necessários. Nesse sentido:

ACÓRDÃO TCU nº 1.619/2008-PLENÁRIO
Atente, nas licitações em geral, tanto na fase de orçamentação, quanto na fase de análise das propostas, para a possibilidade de que as alíquotas referentes ao PIS e à COFINS, no que se refere às licitantes que sejam tributadas pelo Lucro Real, sejam diferentes do percentual limite previsto em lei, devido às possibilidades de descontos e/ou compensações previstas, devendo exigir, se for o caso, que as alíquotas indicadas, nominais ou efetivas reduzidas, sejam por elas justificadas, em adendo à Planilha de Custo ou Formação de Preços, ou outro instrumento equivalente. (Relator Min Andre Luis de Carvalho)

ACÓRDÃO TCU Nº 2.647/2009 – PLENÁRIO
VISTOS, relatados e discutidos estes autos de agravo interposto pela Câmara dos Deputados contra despacho do relator que determinou a adoção das medidas necessárias à correção das impropriedades ou faltas identificadas, de modo a prevenir a ocorrência de outras semelhantes, nos limites determinados no art. 43, inciso I, da Lei 8.443/1992. ACORDAM os Ministros do Tribunal de Contas da União, reunidos em sessão do Plenário, ante as razões expostas pelo Relator e com fundamento no art. 289 do Regimento Interno, em:
9.1. conhecer do presente agravo, para, no mérito, dar-lhe provimento parcial;
9.2. determinar à Câmara dos Deputados e ao Superior Tribunal de Justiça, em substituição ao despacho do relator (fls. 461/2, volume 2), que, relativamente aos contratos de execução indireta e contínua de serviços: [...]
9.2.4.2. exijam que as propostas apresentadas observem, desde o início, o regime de tributação da proponente e a incidência das alíquotas de ISS, PIS e Cofins sobre o faturamento da contratada, nos termos das leis 10.637/2002 e 10.833/2003;

17 Quais são os itens não renováveis nas planilhas de custos e formação de preços?

Em primeiro lugar, custos fixos não renováveis são aqueles que já foram pagos ou já amortizados ao longo do primeiro período de execução contratual, tendo em vista a sua previsão na proposta da licitação em razão de serem custos previsíveis cujo risco é todo da contratada. No entanto, quando há prorrogação contratual e consequentemente um histórico de prestação de serviços, com possível mensuração dos custos reais da contratada, as orientações estabelecidas pela Seges e em Acórdãos do TCU estabelecem a possibilidade de gerenciamento de custos que já tenham sido pagos e não utilizados no primeiro período contratual, pois caso sejam utilizados no segundo período já foram amortizados anteriormente. Temos inclusive uma Nota Técnica da SEGES sobre tal questão: NT nº 652/2017,[6] que dispõe sobre a forma de gerenciamento desses custos, em especial o aviso prévio (trabalhado e indenizado) da planilha.

O racional que precisamos ter em mente é que todos os itens de custos diretos que foram provisionados na planilha, caso comprovado que não tenham sido utilizados pela empresa contratada, podem ser retirados da planilha de custos nos termos do item 9 do ANEXO IX (DA VIGÊNCIA E DA PRORROGAÇÃO)[7] e item 1.2 do ANEXO VII-F (MODELO DE MINUTA DE CONTRATO)[8] da IN nº 5/17 Seges/MP.

São itens de custos que podem ser considerados não renováveis, a depender da forma como foram apresentados na proposta, além do aviso prévio (trabalhado e indenizado), as férias do substituto e todos os itens de custo de reposição de profissional ausente previstos e não utilizados (licença-maternidade, paternidade, auxílio-doença, faltas legais etc.).

---

[6] Disponível em: https://www.gov.br/compras/pt-br/centrais-de-conteudo/orientacoes-e-procedimentos/midia/notasei-652-2017.pdf.

[7] 9. A Administração *deverá realizar* negociação contratual para a redução e/ou eliminação dos custos fixos ou variáveis não renováveis que já tenham sido amortizados ou pagos no primeiro ano da contratação.

[8] **1.Vigência contratual e custos renováveis:**
[...]
1.2. Regras estabelecendo que nas eventuais **prorrogações** dos contratos com **dedicação exclusiva de mão de obra**, os custos não renováveis já pagos ou amortizados no primeiro ano da contratação *deverão ser eliminados* como *condição para a renovação*.

18 Por que o IRPJ e a CSLL não são previstos em planilha de custos e formação de preços?

Que o IRPJ e a CSLL não podem ir na planilha de custos referencial da Administração todos sabemos, mas e o porquê? Esses 2 tributos têm natureza direta e personalística, incidindo sobre o lucro contábil. Na planilha não temos lucro contábil, temos mera margem de remuneração estimada. A base de cálculo do IRPJ e da CSLL depende do regime de tributação adotado pela empresa e devem onerar apenas a empresa contratada. A questão foi inclusive sumulada pelo TCU – Súmula nº 254/2010. Mas isso não quer dizer que não possam ser considerados pelos licitantes, caso o Edital não traga uma vedação expressa para o licitante a respeito. Principalmente se empresa for tributada pelo Simples Nacional ou lucro presumido. Teor do Acórdão TCU nº 648/2016 – Plenário a seguir transcrito:

> 22. No que tange à inclusão de IRPJ e CSLL na composição do BDI dos contratos auditados, bem destacou o Ministério Público de Contas que o voto condutor do Acórdão 1.591/2008-Plenário, de minha relatoria, trouxe o entendimento de que "a indicação em destacado na composição do BDI do imposto de renda pessoa jurídica e da contribuição social sobre o lucro líquido não acarreta, por si só, prejuízos ao erário, pois é legítimo que empresas considerem esses tributos quando do cálculo da equação econômico-financeira de sua proposta.
> 23. Verifico, assim, que não há nenhuma ilegalidade no fato de a empresa contratada incluir tais rubricas na composição do seu BDI, desde que os preços praticados estejam em consonância com os paradigmas de mercado. Tanto a Súmula TCU nº 254/2010 como o art. 9o, do Decreto 7.983/2013, vedam a inclusão de tais rubricas apenas no orçamento-base da licitação, não sendo tais entendimentos aplicáveis aos preços ofertados pelos privados. (Relator: Min. Benjamin Zymler. Data: 23.03.2016)

19 A administração pode, em sede de repactuação, alterar a planilha de custos em razão de erro em seu dimensionamento inicial?

A repactuação não se presta a essa finalidade. Na repactuação, a variação dos custos é demonstrada analiticamente pela apresentação da planilha de custos e formação de preços. A planilha, portanto, deve ser corrigida na exata proporção do desequilíbrio que a parte interessada lograr comprovar, conforme inteligência trazida no Acórdão do TCU nº 1.563/04-Plenário.

20 É possível aceitar propostas de serviços continuados apresentadas com lucro zero ou pequeno prejuízo?

Embora uma proposta apresentada que demostre que a empresa não obterá ganho remuneratório possa soar estranha e na prática apresentar um risco acentuado de problemas de execução contratual, tecnicamente não existe impedimento legal para que as empresas contratadas pela Administração atuem sem margem de lucro ou com margem de lucro mínima, pois tal fato depende da estratégia comercial da empresa e não conduz, necessariamente, à inexecução da proposta. O que deve ser avaliado, mediante possível e permitida manifestação do licitante, é o efetivo risco de inexecução do contrato, e isso pode ser feito levando-se em consideração outros fatores além dos custos apresentados, como solidez no mercado, reconhecida reputação, estratégia comercial específica que leva a haver outros interesses na contratação etc. Essa é a linha preconizada no Acórdão do TCU nº 839/2020-1ª Câmara e Acórdãos do TCU nº 325/07, nº 2.528/12 e nº 1.092/13, todos do Plenário.

Informação bibliográfica deste texto, conforme a NBR 6023:2018 da Associação Brasileira de Normas Técnicas (ABNT):

PAIM, Flaviana. Vinte perguntas frequentes sobre a elaboração e análise das planilhas de custos e formação de preços. As boas práticas nas parcerias entre a Administração Pública e as Organizações da Sociedade Civil no MROSC (Lei nº 13.019/2014). *In*: FORTINI, Cristiana; PAIM, Flaviana Vieira (Coord.). *Terceirização na Administração Pública*: boas práticas e atualização à luz da Nova Lei de Licitações. Belo Horizonte: Fórum, 2022. p. 321-336. ISBN 978-65-5518-288-0.

ANEXO A

TERMO DE NOMEAÇÃO DE PREPOSTO

Contrato nº ....

Objeto: ....

Por meio deste instrumento, a (nome da empresa) nomeia e constitui seu (sua) preposto(a), o(a) Sr.(a) (nome do preposto), carteira de identidade nº..................., expedida pela ...., inscrito(a) no Cadastro de Pessoas Físicas (CPF) sob o nº ...., representar a contratada em reuniões e assinar respectivas atas – obrigando a contratada nos termos dela constantes, receber solicitações e orientações para o cumprimento do contrato, notificações de ajustes e aditivos contratuais, e todas as demais que imponham, ou não, a abertura de processo administrativo ou prazo para a contratada responder ou tomar providências, e para representá-la em todos os demais atos que se relacionem à finalidade específica desta nomeação, que é a condução do contrato acima identificado.

................................., ... de .... de ....

(nome da empresa)

(nome e assinatura do representante legal – confirmar poderes no estatuto social ou procuração)
(qualidade do representante legal – sócio-gerente, diretor, procurador)

(nome e assinatura do preposto)

ANEXO B

DECLARAÇÃO DE REALOCAÇÃO

Contrato nº..........................

Por meio deste instrumento, a EMPRESA X, CNPJ XXXX vem por meio desta declarar, sob as penas da Lei, que os empregos abaixo listados permanecerão em nosso quadro de pessoal e terão aproveitamento conforme informamos:

1. Fulano de tal, aproveitando a função de XXXX, no contrato com a YYYYY, percebendo salário igual ou superior que recebia durante o aproveitamento na contratação com V.Sa.
2. ...

Os demais empregados utilizados na contratação com V.Sa. e não constantes da listagem acima foram ou estão sendo demitidos, razão pela qual nos comprometemos a apresentar, em até 10 (dez) dias, documentos de comprovação da regularização rescisória.

Comprometemo-nos, outrossim, a apresentar GFIP do mês no realocação indicando tomador(es) de serviço(s) onde empregados foram realocados e a manter ou estender a garantia contratual até que seja provada a realocação ou rescisão regular quitada de todos os empregados utilizados no contrato acima identificado.

Cidade, ... de .... de ....

_____
(nome da empresa)

_____
(nome do representante legal – confirmar poderes)
(qualidade do representante legal – sócio-gerente, diretor, procurador...)

ANEXO C

MODELO DE NOTIFICAÇÃO GERAL

.........................., ... de .... de ....

NOTIFICAÇÃO Nº..................../202.....

À ....
(nome da empresa)

Prezado Senhor,

Notificamos V.Sa. para regularizar o cumprimento do contrato .... (número-objeto), corrigir ou completar a execução de modo a adimplir com todas as suas obrigações, em vista da inadimplência contratual decorrente de ....
A correção da execução contratual, embora amenize a gravidade da(s) falta(s), não afasta a possibilidade de penalização de V.Sa., de modo que serve esta também para abrir seu prazo para exercer seu direito facultativo de apresentar defesa, indicando as provas que deseja produzir, no .... (local onde deve ser entregue a defesa), no prazo de 05 (cinco) dias úteis, contados a partir do recebimento desta.
Provada a(s) falta(s) acima alegada(s) e não apresentada defesa ou não admitido(s) seu(s) argumento(s) de defesa/justificativa, serão aplicadas as previstas na Lei de Licitações e Lei do Pregão.
Esclarecemos, ainda, que fica franqueado à empresa vistas ao processo nesta Secretaria.

Atenciosamente,

_____
Nome/Cargo

Recebido em ____/____/_____

_____
Assinatura e identificação do representante da contratada

ANEXO D

CHECKLIST TRABALHISTA

CHECKLIST – PROCEDIMENTOS DE FISCALIZAÇÃO TRABALHISTA			
1) Processo:			
2) Objeto do contrato:			
3) Nome da empresa contratada:			
4) Mês de competência:	Mês/ANO		
PLANILHA RESUMO/LISTA FREQUÊNCIA			
O Quantitativo de trabalhadores informados na proposta corresponde ao nº de trabalhadores executores do serviço no mês em questão?	Sim		Não
Houve terceirizados em férias? Consignar período de gozo e substituto.	Sim		Não
Houve terceirizados em licença-paternidade? Consignar início e fim.	Sim		Não
Houve terceirizados em licença-maternidade? Consignar data de início e fim.	Sim		Não
Houve afastamento por doença?	Sim		Não
Houve admissões de terceirizados? Indicar admitidos e data de início.	Sim		Não
Houve demissões de terceirizados? Indicar demitidos e data de demissão.	Sim		Não
Houve realocação de empregado para outro contrato (sem demissão)? Indicar quem e data de realocação. Verificar alteração de tomador na GFIP e Folha e solicitar RE do tomador em que o empregado foi alocado.	Sim		Não
Houve substituição dos empregados demitidos ou afastados? Consignar nomes dos substitutos.	Sim		Não
Houve ausência de substituição do terceirizado? Caso positivo, glosar valor correspondente dos pagamentos, bem como avaliar possibilidade de sanção.	Sim		Não
ANÁLISE DA FOLHA DE PAGAMENTO			
Análise do cabeçalho da folha de pagamento: CNPJ, Competência etc.?	Sim		Não
Os terceirizados consignados na folha estão na GFIP e são os mesmos da planilha Resumo?	Sim		Não
Os salários e itens de remuneração correspondem aos valores indicados na proposta (com exceção dos valores calculados por média)?	Sim		Não
Salários estão atualizados conforme CCT/ACT?	Sim		Não
Valores são os mesmos previstos em Contracheques?	Sim		Não
Desconto do Vale-Transporte, Vale-Alimentação estão iguais à proposta?	Sim		Não
Descontos em Folha autorizados em contrato de trabalho (exceto INSS)?	Sim		Não

ADMISSÃO DE PESSOAL				
Os Terceirizados admitidos foram incluídos na Planilha Resumo?	Sim		Não	
Foi apresentada cópia CTPS (*print* Carteira Digital) com função e data de início igual ao anterior ao início do trabalho efetivo no posto?	Sim		Não	
Os salários e itens de remuneração correspondem aos valores indicados na proposta (com exceção dos valores calculados por média)?	Sim		Não	
Foram apresentados ASO (exames médicos admissionais)?	Sim		Não	
O salário confere com proposta e piso da CCT/ACT?	Sim		Não	
Foram apresentados comprovantes de qualificação profissional conforme previsto no Termo de Referência?	Sim		Não	
DEMISSÃO DE PESSOAL				
Data e motivo da demissão incluídos na Planilha Resumo?	Sim		Não	
Foi apresentada cópia CTPS (*print* Carteira Digital) com anotação da data de encerramento do contrato de trabalho?	Sim		Não	
Foi apresentado Aviso Prévio, caso seja rescisão por iniciativa do empregador?	Sim		Não	
Foram apresentados os exames médicos demissionais (NR7 MTE)?	Sim		Não	
Foi apresentado pedido de demissão, caso iniciativa tenha sido do empregado?	Sim		Não	
Houve apresentação do TRCT devidamente assinado pelas partes?	Sim		Não	
Foi apresentado comprovante de pagamento do Valor Líquido do TRCT – Termo de Rescisão de contrato de Trabalho? (Conferência depósito bancário)	Sim		Não	
Extratos dos depósitos efetuados nas contas vinculadas individuais do FGTS de cada empregado dispensado?	Sim		Não	
Foi apresentada a Guia de Recolhimento Rescisório (GRRF), no caso de demissão por iniciativa do empregador ou por acordo?	Sim		Não	
VALE-ALIMENTAÇÃO				
Todos os terceirizados constantes na planilha Resumo receberam o auxílio alimentação?	Sim		Não	
O período de pagamento corresponde ao mês objeto de análise?	Sim		Não	
O valor do benefício está de acordo com CCT/ACT e proposta apresentada?	Sim		Não	
Conforme CCT/ACT é devido pagamento em períodos de afastamento ou férias?	Sim		Não	
O benefício foi pago em cartão eletrônico?	Sim		Não	
VALE-TRANSPORTE				
Todos os terceirizados constantes na planilha Resumo receberam o Vale-Transporte (a que têm direito)?	Sim		Não	
O período de pagamento corresponde ao mês objeto de análise?	Sim		Não	
A CCT/ACT isenta a contribuição dos empregados (desconto dos 6%)?	Sim		Não	
O benefício foi pago em cartão eletrônico?	Sim		Não	
Em caso de funcionários que dispensaram o vale-transporte, foram apresentadas declarações de não opção?	Sim		Não	

ANEXO E

CHECKLIST TC E PROCEDIMENTAL

ingep

ANEXO III – RELATÓRIO CIRCUNSTANCIADO DA FISCALIZAÇÃO ADMINISTRATIVA DE SERVIÇOS COM DEMO.

1) Processo:							
2) Objeto do contrato:							
3) Nome da empresa contratada:							
4) Número do contrato:	Nº			6) Valor Contratual mensal		R$	-
5) Mês de competência:	Mês		Ano				

7 - SICAF

7.1) Foi consultado o SICAF?	Sim		Não
7.1.1) Todas as certidões do SICAF estão válidas?	Sim		Não

7.1.2) Caso a resposta do item anterior seja *negativa*, indique quais estão vencidas:

CERTIDÃO	CONSULTA SICAF:		CONSULTA DIRETA AO ÓRGÃO OU EMPRESA:	
	Válida	Vencida	Válida	Vencida
Certidão Negativa de Débitos relativos a Créditos Tributários Federais e à Dívida Ativa da União (CND);				
Certidões que comprovem a regularidade perante as Fazendas Estadual, Distrital;				
Certidão de regularidade Municipal do domicílio ou sede do contratado;				
Certidão de Regularidade do FGTS (CRF); e				
Certidão Negativa de Débitos Trabalhistas (CNDT).				

Constatada alguma certidão vencida, deverá o gestor do contrato notificar o fornecedor para que proceda com a regularização no prazo de 5 (cinco dias úteis), prorrogável por igual período, não havendo a regularização, os órgãos responsáveis pela fiscalização da regularidade fiscal deverão ser comunicados, conforme determina o regulamento do SICAF, art. 31. Certidão vencida não impede o prosseguimento da fiscalização, devendo apenas ser observadas as ações que devem ser tomadas já descritas acima.

Estando Válidas as certidões no SICAF, não há necessidade de consultar diretamente no site do órgão arrecadador/empresa.

8 – CONFERÊNCIA DOS VALORES PAGOS DIRETO A TRABALHADORES – MENSAL

CONTRACHEQUE/ REMUNERAÇÃO

Conferência mensal (devem ser cobrados do mês da competência do serviço)

Itens Remuneração	PAGO INTEGRAL	PAGO PARCIAL	NÃO PAGO	NÃO APLICA
Salário:				
Insalubridade:				
Periculosidade:				
Adicional noturno:				
Hora Extra Trabalhada:				
Adicional de hora extra no feriado trabalhado:				
Descanso remunerado semanal:				
Intervalo para repouso ou alimentação (Intrajornada):				
Adicional de hora noturna reduzida:				
Outros:				

O Recibo de transferência bancária do pagamento mensal confere com os valores do contracheque?	Sim		Não	

Os valores dos itens acima devem ser conferidos no contracheque e devem estar de acordo com a planilha de custos e com a CCT, ACT ou DCT.

8.1 - Relacionar os empregados que porventura tenham deixado de receber algum valor devido, notificar a empresa e conceder o prazo estabelecido na CCT, ACT ou DCT entre outras previsões legais. Não sendo pago dentro do prazo, aplicar as penalidades previstas nos referidos normativos legais a favor do empregado prejudicado e as sanções cabíveis indicadas no TR.

9 – CONFERÊNCIA DOS VALORES PAGOS DIRETO A TRABALHADORES – MENSAL

BENEFÍCIOS

Conferência mensal (devem ser cobrados do mês da competência do serviço)

ITEM	PAGO INTEGRAL	PAGO PARCIAL	NÃO PAGO	NÃO APLICA
Vale-transporte:				
Vale-refeição:				
Cesta Básica:				
Seguro de Vida:				
Plano odontológico:				
Plano de saúde:				
Outros:				

Existem comprovantes do pagamento destes benefícios?	Sim		Não	

Os valores dos itens acima devem ser conferidos no contracheque e devem estar de acordo com a planilha de custos e com a CCT, ACT ou DCT.

9.1 - Relacionar os empregados que porventura tenham deixado de receber algum valor devido, notificar a empresa e conceder o prazo estabelecido na CCT, ACT ou DCT entre outras previsões legais. Não sendo pago dentro do prazo, aplicar as penalidades previstas nos referidos normativos legais a favor do empregado prejudicado e as sanções cabíveis indicadas no TR.

ANEXO E
CHECKLIST TC E PROCEDIMENTAL

10 – CONFERÊNCIA DO PAGAMENTO DOS ENCARGOS PREVIDENCIÁRIOS E FGTS

Conferência mensal (devem ser cobrados do mês ANTERIOR da competência do serviço)

10-1 – Relação de tomadores/obras – RET (verificar na GFIP)

Pergunta	Sim/Não	Pergunta	Sim/Não	Pergunta	Sim/Não
A prestadora de serviço é a empresa contratada? E Tomador é o contratante?	Sim / Não	Modalidade de envio é "Branco" ou 9?	Sim / Não	A competência está correta?	Sim / Não
Consta o nome de todos os funcionários? (Compare Planilha Resumo/Folha Pagto)	Sim / Não	FAP e RAT conferem com a planilha da proposta?	Sim / Não	Código Recolhimento é 150?	Sim / Não
O Código NRA da GFIP é idêntico ao constante do Protocolo de Envio de Arquivos – Conectividade Social?	Sim / Não	As Remunerações estão corretas?	Sim / Não	Os valores retidos na Folha de pagamento de INSS estão indicados na RE ?	Sim / Não
O Valor total do FGTS e INSS confere com os totais da GFIP?	Sim / Não	Código de barras (sequencial nº) confere com demais comprovantes?	Sim / Não	Empresa optante Simples Nacional?	Sim / Não

Atenção para os meses em que for pago 13º Salário e Férias, esses valores devem estar na GFIP.

10.2 – GFIP:

Pergunta	Sim/Não	Pergunta	Sim/Não	Pergunta	Sim/Não
O valor total do FGTS da GFIP confere com a guia de recolhimento (GRF)?	Sim / Não	O valor total do INSS da GFIP confere com a guia (GPS) de recolhimento?	Sim / Não	O valor do recibo de pagamento de ambas as guias, confere?	Sim / Não
No arquivo "Declaração das Contribuições a recolher à Previdência Social e outras Entidades e Fundos", conferir RAT, Contribuições e Outras Entidades	Sim / Não	Guia DAR Gerada via DCTFWEB contém	Sim / Não		

10.3 – PROTOCOLO ENVIO DO CONECTIVIDADE SOCIAL

Pergunta	Sim/Não	Pergunta	Sim/Não
Confere competência, nome da empresa e data de envio dentro do prazo legal (até dia 7 mês seguinte?)	Sim / Não	Verificar NRA que deve ser igual ao Nº Arquivo demais Documentos (exceção RE)	Sim / Não

10.4 – CONFERÊNCIA DO PAGAMENTO DOS ENCARGOS PREVIDENCIÁRIOS E FGTS – POR AMOSTRAGEM

Pergunta	Sim/Não	Pergunta	Resposta
Foram solicitados este mês aos empregados terceirizados os extratos da conta do FGTS?	Sim / Não	Se a resposta anterior for negativa quando foi solicitado a última vez?	

a) Deve ser solicitado regularmente aos funcionários terceirizados que verifiquem se as contribuições previdenciárias e do FGTS estão sendo recolhidas em seus nomes.

b) E por amostragem deve se pedir o extrato, devendo ao final de um ano ter verificado todos os funcionários.

"Os extratos do FGTS e INSS individuais, dos terceirizados que fazem parte do contrato, devem ser anexados a este relatório. Em contratos menores, os extratos de todos terceirizados, devem ser conferidos e anexados mensalmente. Em contratos maiores, ao final de 12 meses, devem ter sido conferidos e anexados os extratos de todos os terceirizados."

11 – CONFERÊNCIA DOS VALORES PAGOS DIRETO A TRABALHADORES – FÉRIAS E 13º

13º SALÁRIO E FÉRIAS

Conferência Anual - 13º Salário e Férias.

ITEM	PAGO INTEGRAL	PAGO PARCIAL	NÃO PAGO
13° Salário - Normalmente pago em 2 parcelas - (Até 30/11 e 20/12)			
Competência 13 da GFIP foi apresentada quando do pagto do 13º? (Vencimento 20/12)			
Férias e 1/3 – Direito adquirido a cada 12 meses			
Algum funcionário adquiriu o direito a férias neste mês?	Sim		Não

Se a resposta anterior for positiva, relacione quais foram e o período de aquisição e gozo das férias:

Nome Completo	Período aquisitivo		Período de gozo de férias	
	Início	Término	Início	Término

CONCLUSÃO

☐ **Na função de Gestor deste contrato,** considerando os aspectos em que é possível à Administração empreender a fiscalização administrativa, <u>CONCLUO</u> pela regularidade da atuação da empresa no que toca ao cumprimento de suas obrigações com relação **ao objeto do contrato e de acordo com o Termo de referência, Edital e seus anexos** o que o faço na forma do artigo 67 da Lei 8.666/93, da IN 05/2017 da SLTI/MPDG, ANEXO VIII-B, e declaro que emitirei o TERMO CIRCUNSTANCIADO PARA EFEITO DE RECEBIMENTO DEFINITIVO, a fim de que a empresa emita a NF.

☐ **Na função de Fiscal administrativo deste contrato,** considerando os aspectos em que é possível à Administração empreender a fiscalização administrativa, <u>CONCLUO</u> pela regularidade da atuação da empresa no que toca ao cumprimento de suas obrigações com relação **ao objeto do contrato e de acordo com o Termo de referência, Edital e seus anexos** o que o faço na forma do artigo 67 da Lei 8.666/93, da IN 05/2017 da SLTI/MPDG, ANEXO VIII-B e encaminho ao Gestor do Contrato esse formulário todos os documentos nele citados, para que emita o TERMO CIRCUNSTANCIADO PARA EFEITO DE RECEBIMENTO DEFINITIVO, a fim de que a empresa emita a NF.

_____
Nome do Servidor

Fiscal Administrativo ou Gestor do Contrato Portaria Nº de

LOCAL:	DATA:

SOBRE OS AUTORES

Andréa Heloisa da Silva Soares
Bacharel em Administração e Direito, especialista em Direito Público, empregada pública de carreira da Companhia de Desenvolvimento de Minas Gerais.

Carolina F. Dolabela Chagas
Mestre em direito público pela universidade FUMEC. Membro da Comissão de Proteção de Dados da OAB-MG. Advogada. Consultora em LGPD e governança em proteção de dados pessoais.

Christianne de Carvalho Stroppa
Doutora e Mestra em Direito pela Pontifícia Universidade Católica de São Paulo. Graduada em Direito pelo Centro Universitário Eurípedes Soares da Rocha de Marília (1990). Assessora de Controle Externo no Tribunal de Contas do Município de São Paulo. Ex-Assessora Jurídica na Secretaria da Saúde do Município de São Paulo. Ex-Procuradora da Universidade de São Paulo. Atualmente é Professora de Direito Administrativo da Pontifícia Universidade Católica de São Paulo. Membro associado do Instituto Brasileiro de Direito Administrativo (IBDA), do Instituto de Direito Administrativo Paulista (IDAP), do Instituto dos Advogados de São Paulo (IASP) e do Instituto de Direito Administrativo Sancionador Brasileiro (IDASAN). É sócia do escritório Carvalho Stroppa Sociedade de Advogados.

Flávia Cristina Mendonça Faria
Mestre em Direito Público pela Universidade FUMEC. Especialista em Direito Processual Civil. Advogada na área de Direito Administrativo e Regulatório. Consultora jurídica de entidades do Sistema "S" e de entidades sindicais patronais de grau superior.

Flaviana V. Paim
Contadora formada pela UNISINOS (Universidade do Vale do Rio dos Sinos) e advogada, formada pela Ulbra (Universidade Luterana do Brasil), pós-graduada em Auditoria e Perícia Contábil pela Fapa (Faculdade Porto-Alegrense). Sócia da Paim & Furquim Contabilidade, em Gravataí/RS. Assessora técnica e articulista para as áreas de finanças e Licitações do INGEP (Instituto Nacional de Gestão Pública) em Porto Alegre. Professora de Pós-graduação convidada do Centro Educacional Renato Saraiva (CERS), do Instituto Imadec-Ensino Jurídico de São Luiz/Ma e da Escola Superior da Advocacia da OAB/MG (ESA/MG).

Palestrante e Congressista na área de Licitações e Contratos, sendo reconhecida nacionalmente como especialista em Terceirização na Administração Pública.

Franklin Brasil Santos
Mestre em Controladoria e Contabilidade pela FEA/USP. Auditor de Controle Interno da CGU desde 1998. Coordenador do NELCA, comunidade de prática de compradores públicos. Pesquisador em compras públicas. Coautor de diversos livros, entre eles *Como combater a corrupção em licitações* e *Como combater o desperdício no setor público*.

Gabriela Verona Pércio
Advogada e consultora em Licitações e Contratos. Mestre em Gestão de Políticas Públicas. Sócia na GVP Parcerias Governamentais. Presidente do Instituto Nacional da Contratação Pública (INCP). Membro associado do Instituto de Direito Administrativo Sancionador Brasileiro (IDASAN). Professora convidada do Centro Educacional Renato Saraiva (CERS), do Instituto Goiano de Direito (IGD), do Instituto Mineiro de Direito (IMD) e das Faculdades Polis Civitas. Autora de livros e artigos.

Greycielle Amaral
MBA em Direito da Economia e da Empresa pela Fundação Getúlio Vargas (FGV). Especialista em Mediação, Conciliação e Arbitragem pelo Instituto para o Desenvolvimento Democrático (IDDE). Professora de Prática Jurídica. Advogada.

Gustavo Cauduro Hermes
Advogado e Administrador de Empresas. Professor Universitário. Palestrante e Consultor de Licitações e Contratos. Coordenador do Núcleo de Estudos de Licitações e Contratos do Instituto Nacional de Gestão Pública (INGEP).

Isabela Gomes Gebrim
Graduada em Administração pela Universidade de Brasília – UnB (2007), com pós-graduação em Gestão Pública, com ênfase em Gestão Governamental e Políticas Públicas, pela União Pioneira de Integração Social – UPIS (2009). Ganhadora do prêmio Mérito Acadêmico em Administração, concedido pelo Conselho Regional de Administração do DF, como melhor monografia e aluna da turma do curso de Administração de Empresas do 2º semestre letivo de 2007 da UnB. Premiada no 22º Concurso de inovação da Escola Nacional de Administração Pública (ENAP) 2018 como membro da equipe responsável pela iniciativa: TáxiGov – Mobilidade de servidores no governo federal. Atualmente ocupa o cargo de Coordenadora-Geral de Serviços Compartilhados da Central de Compras do Governo Federal.

José dos Santos Carvalho Filho
Mestre em Direito do Estado pela UFRJ. Integrou o Ministério Público do Estado do Rio de Janeiro. Autor de diversas obras. Palestrante e Consultor.

Luís Guilherme Izycki
Graduado em Engenharia Elétrica pela Universidade Tecnológica Federal do Paraná (2015). Premiado no 22º Concurso de inovação da Escola Nacional de Administração Pública (ENAP) 2018 como membro da equipe responsável pela iniciativa: TáxiGov – Mobilidade de servidores no governo federal. Atualmente ocupa o cargo de Coordenador de Serviços Compartilhados da Central de Compras do Governo Federal.

Maria Fernanda Pires Carvalho Pereira
Mestre em direito administrativo pela UFMG. Doutora em direito público pela PUC Minas. Ex-Presidente do IMDA (Instituto Mineiro de Direito Administrativo). Advogada.

Maria Sylvia Zanella Di Pietro
Mestre e Doutora em Direito pela USP. Procuradora do Estado de São Paulo aposentada. Professora titular aposentada do Curso de Graduação em Direito da Universidade de São Paulo. Professora de Direito Administrativo do Programa de Pós-Graduação da USP. Autora de diversas obras. Palestrante e Consultora.

Renila Lacerda Bragagnoli
Mestranda em Direito Administrativo e Administração Pública pela Universidade de Buenos Aires (UBA). Especialização em Políticas Públicas, Gestão e Controle da Administração pelo Instituto Brasiliense de Direito Público (IDP/DF). Advogada de carreira de empresa pública federal desde 2009. Gerente da Procuradoria Jurídica da EPL. Professora, autora, palestrante.

Tânia Lopes Pimenta Chioato
Graduada em Matemática e Engenharia Civil pela Universidade de Brasília (UnB). Auditora de Controle Externo do TCU desde 2008, instituição em que exerceu diversas funções de assessoramento e direção. Atualmente é titular da Secretaria de Controle Externo de Aquisições Logísticas (Selog), unidade especializada na fiscalização de licitações e contratos públicos.

Tarso Cabral Violin
Advogado. Pós-Doutorando em Direito do Estado pela Faculdade de Direito do Largo de São Francisco (USP), Mestre e Doutor pela Universidade Federal do Paraná. Vice-Coordenador do Núcleo de Pesquisa em Direito do Terceiro Setor e Políticas Públicas do Programa de Pós-Graduação em Direito da UFPR, Professor de Direito Administrativo e autor do livro *Terceiro Setor e as Parcerias com a Administração Pública: uma análise crítica* (Fórum, 3. ed., 2015).

Thiago Zagatto
Auditor Federal de Controle Externo do TCU. Advogado e Engenheiro Civil. Mestrando em Direito Econômico (PUCPR). Especialista em terceirização, tendo coordenado a reformulação do modelo de contratação dos serviços com cessão de mão de obra no âmbito do TCU e participado de diversas fiscalizações na área. Autor de diversos artigos sobre o tema. Professor e Palestrante.

Virgínia Bracarense Lopes
Especialista em Políticas Públicas e Gestão Governamental do Ministério da Economia, cedida para atuar como assessora do Secretário de Estado de Planejamento e Gestão de Minas Gerais.

Virginia Kirchmeyer Vieira
Advogada. Mestre em Direito Administrativo pela Universidade Federal de Minas Gerais (UFMG). Professora da Especialização da Escola Superior de Advocacia da OAB/MG. Assessora da Diretoria de Regulação e Jurídica e do Conselho de Administração da Companhia Energética de Minas Gerais (CEMIG). Coordenou o grupo de estudos para implantação da Lei nº 13.303/16 no Estado de Minas Gerais.

Esta obra foi composta em fonte Palatino Linotype, corpo 10 e impressa em papel Offset 75g (miolo) e Supremo 250g (capa) pela Gráfica Formato.